Anlagen für Ferien- und
Erholungsaufenthalte im Blickfeld
des Städtebaurechts

Europäische Hochschulschriften

European University Studies

Publications Universitaires Européennes

Reihe II	**Rechtswissenschaft**
Series II	Law
Série II	Droit

Band/ Volume **6007**

Carlotta Maria Storz

Anlagen für Ferien- und Erholungsaufenthalte im Blickfeld des Städtebaurechts

Zulässigkeit und Steuerungsmöglichkeiten

PETER LANG

Bibliografische Information der Deutschen Nationalbibliothek
Die Deutsche Nationalbibliothek verzeichnet diese Publikation in der Deutschen Nationalbibliografie; detaillierte bibliografische Daten sind im Internet über http://dnb.d-nb.de abrufbar.

Zugl.: Kiel, Univ., Diss., 2017

D8
ISSN 0531-7312
ISBN 978-3-631-75707-9 (Print)
E-ISBN 978-3-631-75729-1 (E-PDF)
E-ISBN 978-3-631-75730-7 (EPUB)
E-ISBN 978-3-631-75731-4 (MOBI)
DOI 10.3726/b14185

Peter Lang – Berlin · Bern · Bruxelles · New York · Oxford · Warszawa · Wien

Diese Publikation wurde begutachtet.

www.peterlang.com

Inhalt

A. Einleitung

I. Ziel der Untersuchung

Die vorliegende Arbeit soll aufzeigen, welchen gesetzlichen Bestimmungen des Städtebaurechts solche baulichen Anlagen unterliegen, die zum Ferien- und Freizeitaufenthalt dienen. Ziel ist eine zusammenfassende Darstellung der planungsrechtlichen Zulässigkeitsanforderungen und Möglichkeiten der Städte und Gemeinden, um Gebiete für den Fremdenverkehr zu entwickeln, zu steuern und zu sichern. In den Blick genommen werden dabei ausschließlich solche baulichen Anlagen, die für den tage- oder wochenweisen Urlaubsaufenthalt bestimmt sind und in denen eine Übernachtung stattfindet. Nicht behandelt werden hingegen Anlagen, die lediglich dem Tagestourismus dienen wie etwa Ferienparks, Spaßbäder und kulturelle Einrichtungen sowie solche Anlagen, in denen zwar übernachtet werden kann, bei denen jedoch die Gesundheitspflege im Vordergrund steht wie Psychotherapie-, Reha- und Kureinrichtungen oder mit denen in erster Linie soziale Zwecke verfolgt werden wie Obdachlosenunterkünfte, Erholungsheime von gewerblichen Betrieben oder Versicherungen, Jugend- und Ferienheime, die lediglich Verbandsmitgliedern offen stehen. Schon in tatsächlicher Hinsicht sind die Möglichkeiten des touristischen Unterkommens vielschichtig und allerlei Mischformen denkbar. Die Arbeit muss sich daher darauf beschränken, typische Anlagenformen herauszugreifen und wesentliche rechtliche Eckpunkte zu thematisieren. Ein Schwerpunkt liegt dabei auf der bauplanungsrechtlichen Einordnung von Ferienhäusern und -wohnungen, Wochenendhäusern und dem Boardinghouse oder Serviced Apartment. Zudem wird vor allem untersucht, welche Besonderheiten bei der Konfigurierung von Bebauungsplänen bestehen, mit denen die Nutzung von Anlagen für den Ferien- und Freizeitaufenthalt festgesetzt werden soll.

Die deutschen Urlaubsregionen wurden in den vergangenen Jahren zunehmend attraktiver[1]. Dies gilt nicht nur für landschaftlich besonders reizvolle Bereiche, sondern auch für die Großstädte[2]. Die hohe Nachfrage nach touristischen Übernachtungsmöglichkeiten und nach eigengenutzten Feriendomizilen, also wiederholt durch den Eigentümer aufgesuchten Ferienhäusern und Ferienwohnungen, hat nicht nur positive wirtschaftliche Auswirkungen, sondern führt je nach Region zu unterschiedlichen Problemen.

In den Großstädten und Ballungsräumen hat die hohe Nachfrage nach Ferienwohnungen eine weitere Verknappung des ohnehin schon geringen Angebots an Wohnungen für die ortsansässige Bevölkerung zur Folge. Hier wurde vor allem versucht, durch den Erlass von Zweckentfremdungsgesetzen und daraufhin er-

---

1 Deutscher Tourismusverband e. V., Daten – Zahlen – Fakten, 4 ff.

2 Vgl. für Berlin Wüsthof, ZMR 2014, 421; Blümmel, Grundeigentum 2012, 310.

lassenen Verordnungen das Angebot an privat angebotenen Ferienwohnungen zugunsten des Dauerwohnens weiter zu reduzieren[3]. Spezielle Probleme stellen sich in den Gebieten, die zumeist aufgrund herausragend schöner Landschaften für die Nutzung einer eigenen Ferienwohnung oder eines Ferienhauses attraktiv sind. Zu nennen sind beispielsweise die Bodenseeregion, die Nord- und Ostseeinseln und die Küstengegenden. In diesen Gebieten ist nach wie vor eine verstärkte Ausbreitung von Zweitwohnungen feststellbar, die jedoch nur wenige Wochen im Jahr bewohnt werden und den Rest des Jahres leer stehen. Die Verdrängung der ortsansässigen Bevölkerung und lediglich saisonale Nutzung hat eine Verödung der Innenstädte und eine fehlende Auslastung der Infrastruktur außerhalb der Saisonzeiten zur Folge. Dieser Entwicklung wurde seitens des Gesetzgebers vor allem mit dem Mittel der Einführung der Möglichkeit eines Genehmigungsvorbehalts für die Begründung für Rechte nach dem Wohnungseigentumsgesetz begegnet[4].

Die planungsrechtliche Zulässigkeit der Nutzung von Ferienwohnungen und Ferienhäusern betreffend, sind zudem regionsunabhängig ganz grundsätzliche Probleme festzustellen, die bisher weder von Gesetzgebung noch Rechtsprechung zufriedenstellend gelöst worden sind. Vor allem stellt sich die Frage, wie die Vermietung von Ferienwohnungen und Ferienhäusern an ständig wechselnde Gäste planungsrechtlich zutreffend einzuordnen ist[5]. Nach ganz herrschender Auffassung ist diese nicht als Wohnnutzung, aber nach jedenfalls in der Rechtsprechung weit verbreiteter Auffassung auch nicht als Betrieb des Beherbergungsgewerbes anzusehen mit der Folge, dass die Zulässigkeit dieser Anlagen auf entsprechend ausgewiesene Sondergebiete beschränkt ist. In diesen Sondergebieten kann wiederum ein Nutzungsmix aus Dauerwohnen und Ferienwohnen planungsrechtlich nach Auffassung des Bundesverwaltungsgerichts nur als bestandssichernde Festsetzung zulässig sein[6]. In der Praxis der Bauaufsicht ist keine einheitliche Linie festzustellen. Während mancherorts gegen die eigentlich planungsrechtlich unzulässige Nutzung nicht vorgegangen wird, werden andernorts Nutzungsuntersagungen erlassen wie etwa im Kreis Rostock[7]. Für Investoren und Vermieter sind diese Unsicherheiten schwer aushaltbar und angesichts der auch volkswirtschaftlichen Bedeutung des Tourismus kaum verständlich.

Vor allem die Vermietung von Ferienwohnungen wirft erhebliche Probleme auch in anderen Rechtsbereichen auf. Dies betrifft etwa Fragen der zivilrechtlichen Zulässigkeit einer Vermietung an Feriengäste[8] oder auch das Bestehen zivilrechtlicher Mängelrechte beim Erwerb von in Ferienhausgebieten nach § 10 Abs. 4 BauNVO be-

---

3 Dazu unter J.
4 Siehe unter I.
5 Im Einzelnen unter C.III.
6 Näher unter C.VI.4.
7 Siehe aus der Online-Presse Bengelsdorf, Nordkurier vom 25.09.2014.
8 Dazu Wüsthof, ZMR 2014, 421 ff.

legenen Grundstücken[9]. Des Weiteren können Rechte im Verhältnis der Wohnungseigentümer und der Eigentümergemeinschaft nach dem Wohnungseigentumsgesetz miteinander im Konflikt stehen und die Einordnung der Vermietung im Gewerberecht problematisch sein[10]. Nicht unerheblich ist für den einzelnen Vermieter auch die Behandlung von vermieteten oder selbst genutzten Anlagen im Steuerrecht. Diese weiteren Aspekte, mögen diese für den jeweiligen gewerblichen Investor oder privaten Vermieter auch äußerst praxisrelevant sein, werden jedoch bewusst ausgeklammert zugunsten einer umfänglichen Darstellung der bauplanungsrechtlichen Fragestellungen. Auf weitere Rechtsgebiete wird nur dann näher eingegangen, sofern diese für die planungsrechtlichen Einordnungen und Probleme relevant sind.

Schließlich stellen sich hinsichtlich der Nutzung allgemein von Anlagen für den Ferien- und Freizeitaufenthalt viele Einzelfragen auf verschiedenen planungsrechtlichen Ebenen, dies betrifft z.B. die Nutzung von Campingplätzen und deren Festsetzung in Bebauungsplänen und Darstellung in Flächennutzungsplänen oder Nutzungen von Anlagen im Außenbereich als privilegiert, nicht privilegiert oder teilprivilegiert. Es scheint lohnenswert, auch diese Problemstellungen zu erfassen und zu einem Gesamtbild zusammenzufügen. Ein Patentrezept für die Steuerung des Fremdenverkehrs kann es nicht geben. Mit der vorliegenden Arbeit sollen zum einen in die Breite gehend die maßgeblichen zur Verfügung stehenden Möglichkeiten aufgezeigt und in die Tiefe gehend die typischen wiederkehrenden Probleme behandelt werden. Von welcher der dargestellten und erörterten Möglichkeiten eine Gemeinde Gebrauch macht, ist stets eine Frage des Einzelfalls. Jeder Planungs- bzw. Steuerungsanlass muss isoliert für sich analysiert und die Alternativen hinsichtlich der Effektivität in Richtung Planungsziel abgewogen werden.

Die Bundesregierung hat am 30.11.2016 den von der Bundesministerin für Umwelt, Naturschutz, Bau und Reaktorsicherheit vorgelegten Entwurf eines Gesetzes zur Umsetzung der Richtlinie 2014/52/EU im Städtebaurecht und zur Stärkung des neuen Zusammenlebens in der Stadt beschlossen[11], der die Einführung eines § 13a BauNVO beinhaltet. Dieser soll neben einer Definition des Begriffs „Ferienwohnungen", zusammengefasst und zunächst vereinfacht ausgedrückt, eine Einordnung von Ferienwohnungen primär als sonstige Gewerbebetriebe und daneben als Betriebe des Beherbergungsgewerbes enthalten. Des Weiteren enthält der Entwurf einen Vorschlag zur Änderung des § 22 BauGB zur Erfassung der Bildung von Bruchteilseigentum und eine Anwendung auch auf den Fall der Nutzung von Räumen in Wohngebäuden oder Beherbergungsbetrieben als Nebenwohnung, wenn die Räume insgesamt an mehr als der Hälfte der Tage eines Jahres unbewohnt sind. Die vorliegende Arbeit widmet sich den vorgeschlagenen Änderungen jeweils in separaten Abschnitten.

---

9 Näher Grziwotz, ZfIR 2015, 61 f.

10 Vgl. zu diesem Problem weiterführend Bueb, ZWE 2016, 207 ff.; Ingold, DÖV 2016, 595 ff.; Wüsthof, ZMR 2014, 421 ff.

11 BR.-Drs. 806/16.

II. Untergliederung der Ausgangsfrage und Einordnung in die planungsrechtlichen Grundstrukturen

Die Arbeit nimmt im Wesentlichen zwei verschiedene Positionen in den Blick. Zum einen wird ausgehend vom planungsrechtlichen Istzustand untersucht, unter welchen Bedingungen bestimmte typische Vorhaben für den Ferien- und Freizeitaufenthalt planungsrechtlich zulässig sein können. Zum anderen sind aus der Perspektive der planenden Gemeinde aus gesehen, die verschiedenen Entwicklungs-, Steuerungs- und Sicherungsmöglichkeiten aufzuzeigen, die speziell für Gebiete mit Fremdenverkehrsfunktion und Freizeitwohnen zur Verfügung stehen.

Die planungsrechtliche Zulässigkeit eines Vorhabens bestimmt sich in einem ersten Schritt danach, in welchem der verschiedenen planungsrechtlichen Bereiche sich das Vorhaben befindet[12]. Es kann innerhalb des Geltungsbereichs eines Bebauungsplanes liegen, § 30 BauGB. Bejahendenfalls ist danach zu differenzieren, ob es sich um einen sog. qualifizierten Bebauungsplan nach § 30 Abs. 1 BauGB, einen einfachen Bebauungsplan nach § 30 Abs. 3 BauGB oder einen vorhabenbezogenen Bebauungsplan nach § 30 Abs. 2 i.V.m. § 12 BauGB handelt[13]. Schließlich kann sich auch ein Bebauungsplan erst in Aufstellung befinden. § 33 BauGB enthält besondere Regelungen für die Zulässigkeit von Vorhaben während der Planaufstellung[14].

Ein qualifizierter Bebauungsplan enthält gem. § 30 Abs. 1 BauGB selbst oder gemeinsam mit sonstigen baurechtlichen Vorschriften mindestens Festsetzungen über die Art und das Maß der baulichen Nutzung, die überbaubaren Grundstücksflächen und die örtlichen Verkehrsflächen. Ein Vorhaben ist nach § 30 Abs. 1 BauGB planungsrechtlich zulässig, wenn es diesen Festsetzungen nicht widerspricht und die Erschließung gesichert ist. Ein Bebauungsplan, der hinter den in § 30 Abs. 1 BauGB geregelten Voraussetzungen zurückbleibt, stellt nach der Legaldefinition des § 30 Abs. 3 BauGB einen einfachen Bebauungsplan dar. Die Zulässigkeit eines Vorhabens bestimmt sich nach den in ihm enthaltenen Festsetzungen und im Übrigen nach den §§ 34, 35 BauGB, richtet sich also nach den Voraussetzungen für die Zulässigkeit eines Vorhabens im Innen- oder Außenbereich. Im Geltungsbereich eines vorhabenbezogenen Bebauungsplans nach § 12 BauGB ist ein Vorhaben zulässig, wenn es dem Bebauungsplan nicht widerspricht und die Erschließung gesichert ist, § 30 Abs. 2 BauGB. Befindet sich das Vorhaben außerhalb des Geltungsbereichs eines Bebauungsplanes oder innerhalb eines einfachen Bebauungsplanes, so richtet sich die Zulässigkeit im ersten Fall gänzlich und im zweiten Teil ergänzend nach § 34 oder § 35 BauGB. Soweit das Vorhaben innerhalb eines geschlossenen Ortsteils liegt,

12 Vgl. die zusammenfassende Darstellung bei Krautzberger, in: Ernst/Zinkahn/Bielenberg/Krautzberger, Band 2, Vorb. §§ 29 bis 38 Rn. 2 ff.; Muckel/Ogorek, § 7 Rn. 31 ff.

13 Siehe vertiefend Söfker, in: Ernst/Zinkahn/Bielenberg/Krautzberger, Band 2, BauGB § 30 Rn. 10 ff.; Schmidt-Eichstaedt/Weyrauch/Zemke, 308 ff.

14 Vgl. zur Zulässigkeit bei Planaufstellung allgemein Rieger, in: Schrödter, § 33 Rn. 5 ff.; Battis, Rn. 417 ff.; Muckel/Ogorek, § 7 Rn. 76.

greift § 34 BauGB ein. Liegt das Vorhaben dagegen außerhalb eines geschlossenen Ortsteils, also im Außenbereich, richtet sich die Zulässigkeit nach § 35 BauGB.

Die Arbeit orientiert sich an diesen soeben dargestellten Grundstrukturen und widmet sich in einem ersten Abschnitt der Frage, welche für den Ferien- und Freizeitaufenthalt bestimmte Anlagen in den verschiedenen genannten planungsrechtlich relevanten Bereichen unter welchen Voraussetzungen zulässig sind und welche rechtlichen Anforderungen besonders zu beachten sind. Nach einer Erläuterung und Abgrenzung von für das Verständnis wichtigen Grundbegriffen werden typische Anlagen für den Ferien- und Freizeitaufenthalt Nutzungsarten der Baunutzungsverordnung zugeordnet und die verschiedenen Probleme bei der Einordnung erörtert. So könnte die Nutzung eines Gebäudes oder einer Wohnung zum Urlaubsaufenthalt etwa als Wohnnutzung qualifiziert werden, eine nur in einem Sondergebiet nach § 10 oder § 11 BauNVO zulässige Nutzungsform oder auch einen Betrieb des Beherbergungsgewerbes oder einen sonstigen Gewerbebetrieb darstellen. Nicht nur für die Prüfung der Zulässigkeit eines Vorhabens innerhalb des Geltungsbereichs eines Bebauungsplanes, sondern auch mit Blick auf § 34 Abs. 2 BauGB ist notwendig zu erarbeiten, inwieweit verschiedene Erscheinungsformen der Anlagennutzung für Zwecke des Ferien- oder Freizeitaufenthalts in die typisierten Nutzungsformen der Baunutzungsverordnung einzuordnen sind und in den einzelnen Baugebieten zulässige Nutzungen darstellen können. Auch im Rahmen der Prüfung der Zulässigkeit eines Vorhabens nach § 34 Abs. 1 BauGB sind trotz des primären Abstellens auf die tatsächlich vorhandene Bebauung die Aussagen der Baunutzungsverordnung insoweit von Bedeutung, als diese eine sachverständige Konkretisierung der auch im unbeplanten Innenbereich zu beachtenden städtebaulichen Planungsgrundsätze darstellen und als Auslegungshilfe herangezogen werden können[15]. Für den Außenbereich sind Regelungen der Baunutzungsverordnung zwar nicht vordergründig relevant, können aber mittelbar Auswirkungen haben. So kann im Einzelfall z. B. bei der Bestimmung des zulässigen Nutzungsmaßes eines in einer Splittersiedlung geplanten Vorhabens auf die Grundsätze des § 34 Abs. 1 BauGB zurückgegriffen werden und darüber können wiederum Wertungen der Baunutzungsordnung einfließen[16].

Nach einer Übersicht über die für die Arbeit relevanten Grundbegriffe werden daher zunächst verschiedene Erscheinungs- und Betriebsformen der Nutzung von Anlagen für Ferien- und Freizeitaufenthalte in die typisierten Nutzungsformen der Baunutzungsverordnung eingeordnet. Ein Schwerpunkt liegt dabei auf der Darstellung der Zulässigkeit von Anlagen in Sondergebieten nach § 10 und § 11 BauNVO und den dafür bestehenden Konfigurierungsmöglichkeiten, insbesondere unter Klärung der Möglichkeiten zur Verhinderung, aber auch Einbeziehung des

---

15 BVerwG, Urteil vom 23.04.1969 - IV C 12.67 -, BVerwGE 32, 31, 36; Urteil vom 23.03.1994 - 4 C 18.92 -, BVerwGE 95, 277, 278; König, in: König/Roeser/Stock, Einleitung Rn. 31.

16 König, in: König/Roeser/Stock, Einleitung Rn. 42.

Dauerwohnens in solchen Gebieten. In diesem Zusammenhang erfolgt auch eine Darstellung ergänzender Festsetzungs- und Steuerungsmöglichkeiten wie etwa die Begrenzung der höchstzulässigen Zahl von Wohnungen nach § 9 Abs. 1 Nr. 6 BauGB oder die Eintragung von Fremdenverkehrsdienstbarkeiten. Dieser von Festsetzungen in Bebauungsplänen und einzelnen Baugebieten ausgehenden Betrachtung schließt sich eine Erörterung der Zulässigkeit im unbeplanten Innenbereich nach § 34 BauGB und im Außenbereich nach § 35 BauGB an.

Als einen weiteren zentralen Aspekt wird die Möglichkeit der Sicherung von Gebieten mit Fremdenverkehrsfunktionen über das Mittel der Fremdenverkehrssatzung nach § 22 BauGB dargestellt[17]. Die noch relativ junge im Jahre 1987 eingeführte und durch das Bau- und Raumordnungsgesetz 1998[18] sowie das Europarechtsanpassungsgesetz Bau 2004[19] geänderte Vorschrift ermöglicht es den vom Fremdenverkehr ganz oder in Teilen geprägten Gemeinden, bestimmte Rechte nach dem Wohnungseigentumsgesetz, vor allem die Begründung oder Teilungen von Wohnungseigentum und Teileigentum nach § 1 WEG, einer Genehmigung zu unterwerfen. Der Gesetzgeber wollte diesen Gemeinden damit ein starkes Instrument zur Verfügung stellen, um der vermehrten Einrichtung von nur in der Saison bewohnten Eigentumswohnungen und den damit einhergehenden Problemen entgegenzuwirken. Für den Eigentümer bedeutet die Einführung eines solchen Genehmigungsvorbehalts jedoch eine nicht zu unterschätzende Eingrenzung seiner nicht zuletzt verfassungsrechtlich verbürgten Eigentumsrechte. Dennoch wurde die Vorschrift in der Literatur bisher verhältnismäßig spärlich aufgearbeitet. Neben den Kommentierungen zum Baugesetzbuch finden sich nur wenige weitere Beiträge in den Fachzeitschriften, die sich der Regelung des § 22 BauGB intensiv widmen. Dies verwundert umso mehr als eine eingehende Befassung mit dem Instrumentarium der Fremdenverkehrssatzung offenbart, dass viele einzelne Problembereiche in der Literatur allenfalls lediglich angeschnitten werden. Dies betrifft selbst ganz fundamentale Fragestellungen, etwa ob der Gemeinde bei der Prüfung, ob sie im ganzen oder in einzelnen Teilen durch den Fremdenverkehr geprägt ist, ein gerichtlich nur eingeschränkter Beurteilungsspielraum zusteht oder wie das Merkmal einer nur vorgesehenen Zweckbestimmung für den Fremdenverkehr in § 22 Abs. 1 Satz 3 BauGB auszulegen und zu begrenzen ist.

Die Arbeit konzentriert sich damit schwerpunktmäßig auf den Bereich des Städtebaurechts und behandelt weitere Rechtsgebiete wie Bauordnungsrecht, Immissionsschutzrecht und das Recht zur Verhinderung der Zweckentfremdung von Wohnraum lediglich soweit sie für das Verständnis und zur Abrundung des Themas dienlich sind. Gleiches gilt für Einzelheiten des baurechtlichen Genehmigungsverfahrens und des Planaufstellungsverfahrens.

---

17 Dazu im Einzelnen unter I.

18 Gesetz zur Änderung des Baugesetzbuchs und zur Neuregelung des Rechts der Raumordnung vom 18.08.1997, BGBl. I, 2081.

19 Gesetz zur Anpassung des Baugesetzbuchs an EU-Richtlinien vom 24.06.2004, BGBl. I, 1359.

B. Übersicht und Abgrenzung relevanter Begriffe und Nutzungsformen

Gewissermaßen vor die Klammer gezogen, ist eine Auseinandersetzung mit einigen im Zusammenhang mit Anlagen für den Ferien- und Freizeitaufenthalt bedeutsamen Begriffen des Bauplanungsrechts, vor allem der Baunutzungsverordnung, angezeigt. Daneben sind einzelne Nutzungen auch in tatsächlicher Hinsicht zu umschreiben und einzugrenzen. Die Einordnung der konkret durchgeführten oder geplanten Nutzung in eine nach der Baunutzungsverordnung typisierte Nutzung kann oftmals nur im Wege der Abgrenzung zu weiteren Nutzungsarten vorgenommen werden, dies betrifft insbesondere die Nutzungen des Wohnens, der Beherbergung und des Ferienwohnens bzw. Erholungswohnens.

I. Wohnen, Wohngebäude und Wohnung

Zunächst ist zu klären, was unter einer Wohnnutzung und damit verwandten Begriffen zu verstehen ist. Die Baunutzungsverordnung verwendet beispielsweise in den §§ 3 Abs. 1, 4 Abs. 1 oder 6 Abs. 1 BauNVO den Begriff „Wohnen" zur Beschreibung der allgemeinen Zweckbestimmung des Baugebietes. Weiter heißt es etwa in § 3 Abs. 2 Nr. 1 oder § 4 Abs. 2 Nr. 1 BauNVO, dass „Wohngebäude" in den Gebieten zulässig sind. Dagegen findet sich in den §§ 7 bis 9 BauNVO nur der Begriff „Wohnungen" (etwa „Wohnungen für Aufsichts- und Bereitschaftspersonen" in § 7 Abs. 2 Nr. 6 BauNVO und „sonstige Wohnungen" in § 7 Abs. 2 Nr. 7 BauNVO). Die Baunutzungsverordnung führt damit die Begriffe „Wohnen", „Wohngebäude" und „Wohnungen" selbständig nebeneinander auf, ohne dass diese jedoch im Planungsrecht, vor allem der Baunutzungsverordnung, definiert wären[20]. Daneben wird in der Literatur und Rechtsprechung zudem der Begriff der „Gebäude mit Wohnungen" verwendet, der selbst allerdings nicht in der Baunutzungsverordnung zu finden ist[21]. Unter einem Wohngebäude ist nach einhelliger Auffassung eine bauliche Anlage zu verstehen, die dem dauernden Wohnen dient und dazu geeignet ist[22]. Eine Wohnung stellt die dem Wohnen dienende selbständige Wohneinheit dar[23]. Zur Definition auch der Begriffe „Wohngebäude" und „Wohnung" ist damit entscheidend, was unter dem Begriff des „Wohnens" selbst zu verstehen ist.

---

20 Vgl. OVG Berlin-Brandenburg, Beschluss vom 06.07.2006 - 2 S 2.06 -, LKV 2007, 39; Boeddinghaus, § 3 Rn. 2 für den Begriff des Wohnens; BVerwG, Beschluss vom 08.01.2001 - 4 B 62.00 -, BauR 2001, 1698 für den Begriff der Wohnung.

21 Stock, in: Ernst/Zinkahn/Bielenberg/Krautzberger, Band 6, BauNVO § 3 Rn. 34.

22 Stock, in: König/Roeser/Stock, § 3 Rn. 15; Fickert/Fieseler, § 3 Rn. 10.1; Knaup/Stange, § 3 Rn. 18.

23 Stock, in: König/Roeser/Stock, § 3 Rn. 21; Fugmann-Heesing, DÖV 1996, 322, 324.

1. Wohnbegriff

Die Rechtsprechung[24] und ebenso ersichtlich einhellig die Literatur[25] kennzeichnen das Wohnen durch eine auf jedenfalls eine gewisse Dauer angelegte Häuslichkeit mit der Möglichkeit der Eigengestaltung der Haushaltsführung und des häuslichen Wirkungskreises unter Freiwilligkeit des Aufenthalts. Diese weite Umschreibung soll es ermöglichen, die besonderen Umstände einer Nutzung zu bewerten und in das System der jeweiligen Nutzungsbegriffe der Baunutzungsverordnung einzuordnen und von anderen Arten der baulichen Nutzung, insbesondere der Beherbergung, abzugrenzen[26]. Zur Beurteilung, ob die Voraussetzungen einer Wohnnutzung erfüllt sind, ist richtigerweise in erster Linie auf das Nutzungskonzept und auf objektive Gegebenheiten wie die Aufteilung und Größe des Gebäudes oder der Wohnung abzustellen, auf die individuellen, rein subjektiven Bedürfnisse und Verhaltensweisen der Nutzer kommt es nicht an[27]. Dies gilt jedenfalls, solange sich die Angaben des Betreibers oder Nutzers als plausibel darstellen. Erfolgt dagegen eine dem Nutzungskonzept zuwider laufende Nutzung, stellt sich die Frage, ob eine planungsrechtlich unzulässige Nutzung aufgenommen worden ist oder eine unzulässige Nutzungsänderung vorliegt[28].

Die scheinbar so deutliche und für sich genommen unstreitige Definition des Wohnens im planungsrechtlichen Sinne bereitet jedoch im Detail erhebliche Probleme, die hinsichtlich diverser Einzelfälle, auch über die Frage der Einordnung von Nutzungen für den Ferien- oder Freizeitaufenthalt hinaus, noch keiner Lösung zugeführt worden sind[29].

a) Eigengestaltung der Haushaltsführung und des häuslichen Wirkungskreises

Wesentliches Element des Begriffs des Wohnens ist die Möglichkeit der Eigengestaltung der Haushaltsführung. Die Räumlichkeiten müssen ihrer Aufteilung und ihrer Einrichtung nach eine eigenständige, also nicht fremdbestimmte Haushaltsführung

---

24 BVerwG, Beschluss vom 25.03.1996 - 4 B 302.95 -, NVwZ 1996, 893, 894; OVG Greifswald, Beschluss vom 08.01.2008 - 3 M 190/07 -, NordÖR 2008, 169, 170; OVG Lüneburg, Beschluss vom 18.07.2008 - 1 LA 203/07 -, BauR 2008, 2022, 2023; OVG Berlin-Brandenburg, Beschluss vom 06.07.2006 - OVG 2 S 2.06 -, BauR 2006, 1711, 1712; VG Berlin, Beschluss vom 23.01.2012 - 19 L 294.11 -, LKV 2012, 93.

25 Fickert/Fieseler, § 3 Rn. 1 ff.; Boeddinghaus, § 3 Rn. 2; Decker, in: Jäde/Dirnberger/Weiß, BauNVO § 3 Rn. 3; Knaup/Stange, § 3 Rn. 13; Stock, in: König/Roeser/Stock, § 3 Rn. 16.

26 Stock, in: Ernst/Zinkahn/Bielenberg/Krautzberger, Band 6, BauNVO § 3 Rn. 40.

27 Fraatz-Rosenfeld/Kahrmann, VR 2014, 37; Stock, in: König/Roeser/Stock, § 3 Rn. 17; ähnlich Fugmann-Heesing, DÖV 1996, 322, 326; vgl. OVG Greifswald, Beschluss vom 21.12.2010 - 3 M 244/10 -, juris Rn. 7; OVG Berlin-Brandenburg, Beschluss vom 06.07.2006 - 2 S 2.06 -, LKV 2007, 39, 40.

28 Siehe zum Abstellen auf das Nutzungskonzept näher unter C.I.

29 Weiterführend dazu Stock, in: Ernst/Zinkahn/Bielenberg/Krautzberger, Band 6, BauNVO § 3 Rn. 43 ff.

jedenfalls ermöglichen[30]. Zur Bejahung einer eigenständigen Haushaltsführung gehört richtigerweise, dass den Nutzern rechtlich, mindestens aber tatsächlich der Wohnraum hinreichend gesichert zugeordnet und dieser Lebensbereich gegen unmittelbare Verfügungsgewalt Dritter wirksam als Rückzugsraum für die Entfaltung des privaten Lebens abgeschirmt ist[31]. Voraussetzung ist in jedem Fall ein baulich abgeschlossener Raum, aus dem zur Ermöglichung einer Privatsphäre Dritte ausgeschlossen werden dürfen[32]. Des Weiteren muss eine gewisse Mindestausstattung der Räume vorhanden sein. Jedenfalls gehöre dazu nach Ansicht des Bundesverwaltungsgerichts eine Küche oder eine Kochgelegenheit und eine Toilette[33], wobei gemeinschaftliche, auch durch andere Personen genutzte Einrichtungen eine eigene Haushaltsführung nicht unbedingt ausschließen[34]. Feste, in jedem Fall zu erfüllende Voraussetzungen lassen sich jedoch kaum aufstellen. Vielmehr dürfte im konkreten Fall zu fragen sein, ob unter den jeweiligen Umständen die Entfaltung eines eigenen häuslichen Lebens möglich ist[35].

b) Dauerhaftigkeit

Das Merkmal der Dauerhaftigkeit ist auf den ersten Blick insoweit irreführend, als nicht entscheidend ist, dass der Aufenthalt etwa auf unbestimmte Zeit erfolgt oder tatsächliche Mindestaufenthaltszeiten zu verlangen sind. Das Merkmal der Dauerhaftigkeit soll ein Wohngebäude oder eine Wohnung vielmehr als die Heimstatt des Alltags von anderen Nutzungsarten abgrenzen, die nur ein übergangsweises Wohnen darstellen bzw. bei denen das Wohnen lediglich einem bestimmten Zweck dient, wobei es auf die letztlich in der Wohnstätte verbrachte Zeit nicht ankommt[36].

c) Freiwilligkeit des Aufenthalts

Schließlich kennzeichnet den Begriff „Wohnen" die Freiwilligkeit des Aufenthalts. In der Praxis relevant wird dieses Merkmal insbesondere bei der Unterbringung von Asylbewerbern[37], Justizvollzugsanstalten oder Wohngruppen des Jugendstrafvollzugs[38]. Streitig ist insbesondere, ob dieses Merkmal neben der Möglichkeit einer

---

30 Stock, in: König/Roeser/Stock, § 3 Rn. 19.

31 Stock, in: Ernst/Zinkahn/Bielenberg/Krautzberger, Band 6, BauNVO § 3 Rn. 38.

32 Ziegler, in: Brügelmann, Band 6, BauNVO § 3 Rn. 35; OVG Hmbg., Urteil vom 10.04.1997 - Bf II 72/96 -, ZfBR 1998, 112 (Leitsatz); OVG Bremen, Beschluss vom 22.09.1992 - 1 B 82/92 -, ZfBR 1993, 42; OVG Bremen, Beschluss vom 12.02.1991 - 1 B 78/90 -, NVwZ 1991, 1006.

33 BVerwG, Urteil vom 29.04.1992 - 4 C 43.89 -, BVerwGE 90, 140, 142.

34 Stock, in: König/Roeser/Stock, § 3 Rn. 18; Fugmann-Heesing, DÖV 1996, 322, 324.

35 Zutreffend Fugmann-Heesing, DÖV 1996, 322, 324.

36 Stock, in: Ernst/Zinkahn/Bielenberg/Krautzberger, Band 6, BauNVO § 3 Rn. 39; Stock, in: König/Roeser/Stock, § 3 Rn. 17.

37 Stock, in: König/Roeser/Stock, § 3 Rn. 20.

38 OVG Weimar, Beschluss vom 29.02.2012 - 1 B 317/1 -, BRS 79 Nr. 79.

selbständigen Haushaltsführung überhaupt einen eigenen Gehalt aufweist[39]. Für den Bereich der planungsrechtlichen Zulässigkeit von Anlagen für den Ferien- und Freizeitaufenthalt ist diese Voraussetzung jedoch ohne Belang, so dass sich eine vertiefte Auseinandersetzung mit diesem Merkmal erübrigt.

2. Wohngebäude

Unter einem Wohngebäude ist eine bauliche Anlage zu verstehen, die dem dauernden Wohnen dient und dazu geeignet ist[40]. Auf die Größe kommt es grundsätzlich nicht an, der Begriff des Wohngebäudes umfasst Anlagen vom Einfamilienhaus bis zum vielgeschossigen Mietshaus[41]. Ein Wohngebäude kann, es muss aber nicht selbst Wohnungen enthalten[42].

Im Falle der gemischten Nutzung eines Gebäudes kann dieses nur solange als Wohngebäude eingestuft werden, wie es von der Wohnnutzung geprägt ist[43]. Ein Wohngebäude ist auch dann noch als Wohngebäude einzustufen, wenn in einzelnen Räumen in dem jeweiligen Baugebiet zulässige oder zulassungsfähige Anlagen genehmigt werden. So wird etwa teils noch dann von einem Wohngebäude ausgegangen, wenn in einem mindestens dreigeschossigen Gebäude mit Wohnungen nur im Erdgeschoss Läden oder andere zulässige oder zulassungsfähige Nutzungen stattfinden[44]. Eine feste Grenze wird sich hier jedoch kaum ziehen lassen, sondern ist stets eine Frage des Einzelfalls.

Der Begriff des Wohngebäudes ist im Bauordnungsrecht von größerer Relevanz als im Bauplanungsrecht. Die Frage, ob es sich bei dem Gebäude, in dem ein Vorhaben verwirklicht werden soll, planungsrechtlich im engeren Sinne um ein Wohngebäude handelt, ist zumeist von untergeordneter Bedeutung, da die Zulassungsfähigkeit einer Nutzung, z.B. zur Vermietung als Ferienwohnung, nicht von der Charakterisierung des Gebäudes selbst abhängt, sondern vielmehr die Einordnung für jede einzelne Nutzungseinheit gesondert erfolgt[45]. Auf die Einstufung eines Gebäudes als Wohngebäude kommt es indes für die Frage an, ob nach § 9 Abs. 1 Nr. 6 BauGB seitens des Plangebers eine Beschränkung der zulässigen Zahl

---

39 Vgl. dazu Schiller, in: Bracher/Reidt/Schiller, Rn. 1514; Stock, in: König/Roeser/Stock, § 3 Rn. 20.

40 Stock, in: König/Roeser/Stock, § 3 Rn. 15; Fickert/Fieseler, § 3 Rn. 10.1; Knaup/Stange, § 3 Rn. 18.

41 Knaup/Stange, § 3 Rn. 18.

42 Stock, in: Ernst/Zinkahn/Bielenberg/Krautzberger, Band 6, BauNVO § 3 Rn. 34; Fickert/Fieseler, § 3 Rn. 10.1; Knaup/Stange, § 3 Rn. 19.

43 Fraatz-Rosenfeld/Kahrmann, VR 2014, 37; Ziegler, in: Brügelmann, Band 6, BauNVO § 3 Rn. 17; Stock, in: König/Roeser/Stock, § 3 Rn. 29.

44 Stock, in: König/Roeser/Stock, § 3 Rn. 29.

45 OVG Greifswald, Beschluss vom 30.04.2015 - 3 M 116/14 -, juris Rn. 12; Fraatz-Rosenfeld/Kahrmann, VR 2014, 37; missverständlich Schmidt-Eichstaedt, ZfBR 2016, 225, 229.

an Wohnungen zulässig ist, da eine solche ausdrücklich nur für Wohngebäude erfolgen darf[46].

3. Wohnung

Zur Definition des bauplanungsrechtlichen Wohnungsbegriffes wird vielfach pauschal auf die Definition des Bauordnungsrechts[47] zurückgegriffen oder auf den Wohnungsbegriff des am 01.01.2002 außer Kraft getretenen Zweiten Wohnungsbaugesetzes (II. WoBauG)[48] verwiesen. Eine allgemeingültige Definition des Wohnungsbegriffs im Bauordnungsrecht existiert allerdings naturgemäß nicht. Der Begriff ist in den jeweiligen Landesbauordnungen jedenfalls im Detail unterschiedlich ausgestaltet und kann nicht pauschal auf das Planungsrecht übertragen werden[49]. In diesem Fall würde auch eine Wohnung im bauplanungsrechtlichen Sinne in den meisten Bundesländern das Vorhandsein eines Abstellraumes (vgl. § 49 Abs. 2 LBO SH) voraussetzen; ein Ergebnis, das nach Sinn und Zweck der planungsrechtlichen Zulässigkeitsregelungen absurd anmutet. Auch können aus dem ohnehin nicht mehr geltenden II. WoBauG nicht ohne weiteres Rückschlüsse auf das Planungsrecht gezogen werden, da das II. WoBauG die Förderung auf Wohnungen mit einem zeitgemäßen Mindeststandard beschränken sollte[50]. Aber auch ohne Rückgriff auf diese Definitionen kann man als Mindestvoraussetzung für das Vorliegen einer Wohnung fordern, dass eine Kochgelegenheit und eine Toilette vorhanden sein müssen[51]. Eine Wohnung muss von anderen Wohnungen und fremden Räumen baulich abgeschlossen sein und einen eigenen abschließbaren Zugang unmittelbar vom Freien, von einem Treppenraum, einem Flur oder einem anderen Vorraum haben[52].

Herauszustellen ist, dass die vorgenannten Voraussetzungen ausschließlich den Begriff der Wohnung im planungsrechtlichen Sinne erfassen. Davon zu unterscheiden ist die Frage, ob es sich bei einem Vorhaben um eine Wohnnutzung handelt. Aus diesem Grund kann es sich etwa als Wohnnutzung darstellen, wenn dem Nutzer ein Raum zur Verfügung gestellt wird, jedoch lediglich eine Gemeinschaftsküche für

---

46 Siehe dazu unter C.VI.4.b)bb).

47 Leder/Scholtissek, § 7 Rn. 5; Roeser, in: König/Roeser/Stock, § 7 Rn. 22 und König, in: König/Roeser/Stock, § 3 Rn. 21; wohl auch Knaup/Stange, § 7 Rn. 34; Fickert/Fieseler, § 7 Rn. 11.

48 BVerwG, Urteil vom 23.12.1981 - 4 B 196.81 -, Buchholz 406.11 § 1 BBauG Nr. 25 unter Hinweis auf Urteil vom 26.08.1971 - VIII C 44.70 -, BVerwGE 38, 290, 293; vgl. auch Fugmann-Heesing, DÖV 1996, 322, 324 und 326.

49 Vgl. Ziegler, in: Brügelmann, Band 6, BauNVO § 3 Rn. 22.

50 Fugmann-Heesing, DÖV 1996, 322, 324.

51 Stock, in: König/Roeser/Stock, § 3 Rn. 21; Fugmann-Heesing, DÖV 1996, 322, 324; im Ergebnis BVerwG, Urteil vom 23.12.1981 - 4 B 196.81 -, Buchholz 406.11 § 1 BBauG Nr. 25.

52 BVerwG, Urteil vom 23.12.1981 - 4 B 196.81 -, Buchholz 406.11 § 1 BBauG Nr. 25; Roeser, in: König/Roeser/Stock, § 7 Rn. 22; Knaup/Stange, § 7 Rn. 34.

mehrere Personen zur Verfügung gestellt wird. In diesem Fall handelt es sich um eine Wohnnutzung, jedoch nicht um eine eigene Wohnung[53].

Der Vollständigkeit halber ist anzumerken, dass soweit die Baunutzungsverordnung lediglich „Wohnungen" für zulässig oder zulassungsfähig nennt (z. B. in § 7 Abs. 2 Nr. 6 BauNVO), die Zulässigkeit von Wohngebäuden damit nicht ausgeschlossen werden soll[54]. So können etwa § 7 Abs. 2 Nr. 6 BauNVO unterfallende Wohnungen auch in einem extra für sie errichteten Gebäude untergebracht werden, sofern noch ein funktionaler Zusammenhang besteht[55].

II. Ferienwohnen, Dauerwohnen und Zweitwohnen

Bei den im Zusammenhang mit Anlagen für den Ferien- und Freizeitaufenthalt verwendeten Begriffen „Ferienwohnen" und „Dauerwohnen" handelt es sich nicht um solche des Baugesetzbuchs, der Baunutzungsverordnung oder eines sonstigen Regelwerks. Vielmehr dient dieses Begriffspaar Rechtsprechung und Literatur zur Abgrenzung und schlagwortartigen Beschreibung zweier tatsächlicher Nutzungsformen. Während der Begriff des „Dauerwohnens" letztlich lediglich eine Wohnnutzung nach der Baunutzungsverordnung beschreibt und dahingehend in seiner Verwendung wenig Anlass für Missverständnisse bietet, bedarf der Begriff des „Ferienwohnens" näherer Betrachtung. Der Begriff des „Ferienwohnens" dient dazu, die Nutzung einer Wohnung oder eines Gebäudes durch wechselnde Feriengäste, also eine von § 10 Abs. 4 BauNVO erfasste Nutzung, zu beschreiben. Dies ist zu betonen, da andernfalls irrtümlich davon ausgegangen werden könnte, dass auch die Eigennutzung einer Wohnung oder eines Gebäudes im Sinne eines Zweitwohnsitzes ausschließlich zum Ferienaufenthalt bei Verwendung des Begriffs „Ferienwohnen" gemeint sein könnte. Die Nutzung eines Zweitwohnsitzes auch zum Zweck des Ferienaufenthalts stellt aber grundsätzlich eine Wohnnutzung im planungsrechtlichen Sinne dar, also auch ein Dauerwohnen[56].

Allerdings kann die Gemeinde bei Festsetzung eines Sondergebietes nach § 11 BauNVO den Begriffen der Baunutzungsverordnung einen eigenen Sinngehalt geben[57]. Auch soweit sie einen Begriff aus dem Nutzungsartenkatalog der Baunutzungsverordnung verwendet, ist sie nicht gehindert, ihn entsprechend der be-

---

53 Stock, in: König/Roeser/Stock, § 3 Rn. 21.

54 Ziegler, in: Brügelmann, Band 6, BauNVO § 3 Rn. 23; Stock, in: König/Roeser/Stock, § 3 Rn. 21.

55 Knaup/Stange, § 7 Rn. 34; Söfker, in: Ernst/Zinkahn/Bielenberg/Krautzberger, Band 6, BauNVO § 7 Rn. 37; Fickert/Fieseler, § 7 Rn. 11.

56 Siehe im Einzelnen unter C.III.1.

57 OVG Lüneburg, Beschluss vom 12.12.2013 - 1 LA 123/13 -, DVBl. 2014, 254, 255 unter Hinweis auf BVerwG, Beschluss vom 08.05.1989 - 4 B 78.89 -, NVwZ 1989, 1060; BVerwG, Beschluss vom 16.09.1998 - 4 B 60.98 -, NVwZ-RR 1999, 224; Stock, in: König/Roeser/Stock, § 11 Rn. 16 und § 4a Rn. 25 und Stock, in: Ernst/Zinkahn/Bielenberg/Krautzberger, Band 6, BauNVO § 4 Rn. 114.

sonderen Zweckbestimmung des Sondergebiets abzuwandeln. Desgleichen kann sie auch für ein Sondergebiet den Begriff des „Dauerwohnens“ so bestimmen, dass die Nutzung als Zweitwohnsitz ausgeschlossen ist[58].

III. Ferienhäuser und -wohnungen, Wochenendhäuser und -wohnungen

Die Baunutzungsverordnung erwähnt die Begriffe „Ferienhäuser“ und „Wochenendhäuser“ lediglich in § 10 BauNVO. Dieser enthält Regelungen für Sondergebiete, die der Erholung dienen. Nach § 10 Abs. 4 Satz 1 BauNVO sind in Ferienhausgebieten Ferienhäuser zulässig, die aufgrund ihrer Lage, Größe, Ausstattung, Erschließung und Versorgung für den Erholungsaufenthalt geeignet und dazu bestimmt sind, überwiegend und auf Dauer einem wechselnden Personenkreis zur Erholung zu dienen. Nach § 10 Abs. 3 Satz 1 BauNVO sind in Wochenendhausgebieten Wochenendhäuser als Einzelhäuser zulässig.

1. Wochenendhäuser und Wochenendwohnungen

In § 10 Abs. 3 BauNVO wird der Begriff des „Wochenendhauses“ verwendet, jedoch weder dort noch an anderer Stelle definiert. Man kann sich diesem von zwei Seiten nähern, von der bautechnischen und von der planungsrechtlichen Seite aus. In der Regel sind Wochenendhäuser in tatsächlicher Hinsicht primitiver ausgestattet als Ferienhäuser und erst recht als Wohnungen und Gebäude zum Dauerwohnen, dies muss jedoch nicht zwingend der Fall sein und eine entsprechende einfachere Ausstattung kann städtebaulich nicht vorgeschrieben werden[59]. Planungsrechtlich findet in einem Wochenendhaus eine wiederholte Nutzung durch einen begrenzten Personenkreis statt[60]. Der bauplanungsrechtliche Begriff des Wochenendhauses erschließt sich weiter aus der Charakterisierung des Wochenendhausgebietes selbst, also aus der Zweckbestimmung, die die Baunutzungsverordnung den Wochenendhausgebieten in § 10 Abs. 3 BauNVO zuweist, und flankierend aus speziellen Regelungen der Baunutzungsverordnung, die den Wochenendhausgebieten ihr spezifisches Gepräge geben[61]. So resultiert aus den Vorgaben der Baunutzungsverordnung, dass Wochenendhäuser eine verhältnismäßig kleine Größe haben. Nach § 10 Abs. 3 Satz 3 BauNVO ist in einem Bebauungsplan die zulässige Grundfläche der Wochenendhäuser festzusetzen. Nach § 17 Abs. 1 BauNVO darf im Wochenendhausgebiet weder die Grundflächenzahl noch die Geschossflächenzahl 0,2 über-

---

58 Siehe im Einzelnen unter C.VI.4.a)cc).

59 Ziegler, in: Brügelmann, Band 6, BauNVO § 3 Rn. 43; vgl. auch Stock, in: König/Roeser/Stock, § 10 Rn. 21.

60 Vgl. Söfker, in: Ernst/Zinkahn/Bielenberg/Krautzberger, Band 6, BauNVO § 10 Rn. 16, 18.

61 Vgl. Stock, in: König/Roeser/Stock, § 10 Rn. 18; Knaup/Stange, § 10 Rn. 24.

schreiten. Nach § 17 Abs. 2 Satz 2 BauNVO ist eine ausnahmsweise Überschreitung für Wochenendhausgebiete ausdrücklich ausgeschlossen. Wochenendhausgebiete weisen daher eine äußerst niedrige Bebauungsdichte auf.

Der Aufenthalt in einem Wochenendhausgebiet darf weder in die intensivere Ferienhausnutzung mit ständig wechselnden Nutzern noch in ein Dauerwohnen übergehen[62]. Der Begriff „Wochenende“ ist allerdings nicht eng auszulegen, sondern vielmehr als Freizeitnutzung zu verstehen[63]. Der Aufenthalt muss nicht zwingend auf das Wochenende begrenzt sein, sondern ist insgesamt möglich an Wochenenden, in den Ferien bzw. im Urlaub oder in sonstiger Freizeit[64]. Dem Erfordernis, dass das Wochenendhaus nicht von einem wechselnden Personenkreis genutzt werden darf und lediglich für einen zeitweiligen Aufenthalt bestimmt ist, wird jedoch nicht widersprochen, wenn das Wochenendhaus teilweise von einem wechselnden Personenkreis, ggf. als Mieter, nacheinander genutzt wird[65]. Es darf jedoch nicht auf Dauer mietweise zu Ferien- oder Wohnzwecken genutzt werden[66]. Die Übergänge sind fließend. Es handelt sich bei einem Sondergebiet für Wochenendhäuser damit um ein nichtgewerbliches Erholungsgebiet zum vorübergehenden Freizeitwohnen in einem Umfeld mit niedriger Bebauungsdichte[67].

Wochenendwohnungen dienen wie Wochenendhäuser im Wesentlichen der Erholungsnutzung durch den Eigentümer und seiner Familie[68]. Unter einer Wochenendwohnung ist im planungsrechtlichen Sinne eine Wohnung zu verstehen, in der die einem Wochenendhaus entsprechende Nutzung stattfindet, die also auch nicht zum Dauerwohnen genutzt werden darf. Die Bedeutung der Wochenendwohnungen ist im Gegensatz zum Steuerrecht[69] im Planungsrecht eher gering. Dabei ist auch zu berücksichtigen, dass das Wochenendhaus schon qua Definition eine so geringe Größe aufweist, dass sich abgeschlossene Wohnungen in der Regel schon nicht schaffen lassen bzw. kein Bedürfnis nach derart kleinen Wohnungen besteht[70]. Wochenendwohnungen im planungsrechtlichen Sinne können denklogisch überhaupt nur vorliegen, wenn sie in einem Sondergebiet nach § 10 BauNVO liegen. Außerhalb solcher Gebiete ist die Nutzung einer Wohnung zu Ferienzwecken durch den Eigentümer selbst als Dauernutzung im Sinne eines Zweitwohnsitzes zu qualifizieren.

---

62 Knaup/Stange, § 10 Rn. 22; Stock, in: König/Roeser/Stock, § 10 Rn. 18.

63 Vgl. Ziegler, in: Brügelmann, Band 6, BauNVO § 3 Rn. 43.

64 Söfker, in: Ernst/Zinkahn/Bielenberg/Krautzberger, Band 6, BauNVO § 10 Rn. 18; Stock, in: König/Roeser/Stock, § 10 Rn. 18; Knaup/Stange, § 10 Rn. 22.

65 Söfker, in: Ernst/Zinkahn/Bielenberg/Krautzberger, Band 6, BauNVO § 10 Rn. 18.

66 BGH, Urteil vom 10.04.1986 - III ZR 209/84 -, NVwZ 1987, 168.

67 Stock, in: König/Roeser/Stock, § 10 Rn. 18.

68 OVG Greifswald, Beschluss vom 27.03.2015 - 3 M 38/15 -, juris Rn. 32.

69 Siehe zur fehlenden Steuerbegünstigung nach § 10e Abs. 1 Satz 2 EStG etwa BFH, Urteil vom 14.11.2001 - X R 24/00 -, juris Rn. 10 und zur Bedeutung einer etwaigen Genehmigung zum Dauerwohnen für § 2 Abs. 1 Satz 2 EigZulG BFH, Beschluss vom 25.01.2006 - IX B 155/05 -, BFH/NV 2006, 1066, 1067.

70 Vgl. Stock, in: König/Roeser/Stock, § 10 Rn. 19.

Faktisch spielt die Wochenendwohnung planungsrechtlich keine Rolle, so dass im Folgenden lediglich Wochenendhäuser thematisiert werden.

2. Ferienhäuser und Ferienwohnungen

Während das Wochenendhaus durch einen festen Personenkreis wiederholt genutzt wird, aber die Nutzung auf kürzere Zeiträume ausgelegt ist, können Ferienhäuser und Ferienwohnungen nach der Definition des § 10 Abs. 4 BauNVO auf Dauer einem wechselnden Personenkreis dienen. Es findet gewissermaßen eine dauerhafte Nutzung durch verschiedene Personen statt. Ferienhäuser verfügen deshalb in der Regel über eine Größe und Ausstattung, die über die Anforderungen an ein Wochenendhaus hinausgehen und zuweilen an die eines normalen Wohngebäudes heranreichen können[71]. Ferienwohnungen unterscheiden sich für gewöhnlich nicht wesentlich von Ausstattung und Raumaufteilung her von einer Wohnung für Dauerwohnen, so dass ein Wechsel von der einen zur anderen Nutzung praktisch möglich, aber in aller Regel planungsrechtlich unzulässig ist. Die Handlungsmöglichkeiten betreffend den Nutzungswechsel und auch das planungsrechtliche Nebeneinander von Ferienwohnen und Dauerwohnen werden an späterer Stelle ausführlich thematisiert[72].

IV. Betriebe des Beherbergungsgewerbes

Für die planungsrechtliche Einordnung von Anlagen für den Ferien- und Freizeitaufenthalt relevant sind weiter die Nutzungsformen „Betriebe des Beherbergungsgewerbes“ und „kleine Betriebe des Beherbergungsgewerbes“. Nach § 4 Abs. 3 Nr. 1 BauNVO können beispielsweise im allgemeinen Wohngebiet Betriebe des Beherbergungsgewerbes ausnahmsweise zugelassen werden. Nach § 3 Abs. 3 Nr. 1 BauNVO können im reinen Wohngebiet ausnahmsweise kleine Betriebe des Beherbergungsgewerbes zugelassen werden.

1. Zum Begriff des Betriebs des Beherbergungsgewerbes

Der Begriff des Betriebs des Beherbergungsgewerbes setzt sich aus zwei eigenen Begriffen zusammen, dem des „Betriebs“ und dem des „Beherbergungsgewerbes“.

Unter einem Betrieb im planungsrechtlichen Sinne versteht man eine organisatorische Zusammenfassung von Betriebsanlagen und Betriebsmitteln zu einem bestimmten Betriebszweck, wobei es auf die Eigentumsverhältnisse dabei nicht ankommt[73]. Dem Beherbergungsgewerbe sind die Betriebe zuzuordnen, die einem ständig wechselnden Kundenkreis gegen Entgelt vorübergehend Übernachtungsmöglichkeiten

71 Stock, in: König/Roeser/Stock, § 10 Rn. 30.
72 Siehe C.VI.4.
73 BVerwG, Beschluss vom 27.11.1987 - 4 B 230–231.87, 4 B 230.87, 4 B 231.87 -, DÖV 1988, 382; Stock, in: König/Roeser/Stock, § 8 Rn. 17.

bieten, ohne dass diese dort ihren häuslichen Wirkungskreis entfalten könnten[74]. Dem Begriff des Betriebs des Beherbergungsgewerbes unterfällt damit eine große Bandbreite an Betrieben, so etwa Hotels, Motels, Pensionen, das Hotel garni, Gasthöfe oder Gästehäuser[75]. Zum Betrieb des Beherbergungsgewerbes zählen nicht nur die eigentlichen Gästezimmer, sondern auch Räume zur Erbringung sog. „hotelmäßiger Leistungen“ wie Gemeinschaftsräume, etwa für die Einnahme von Speisen, die Küche, Rezeption und Büros sowie Nebenräume zur Lagerung von Reinigungsmitteln oder Lebensmitteln, Waschküche und dergleichen[76]. Gemeinschaftsräume zur Verpflegung der Gäste bzw. Restaurants sind dann noch Bestandteil des Beherbergungsbetriebs, solange sie nicht jedermann zum Besuch offenstehen. Werden sie dagegen auch Dritten zugänglich gemacht, so sind diese Betriebsteile selbständig planungsrechtlich als Schank- und Speisewirtschaften zu beurteilen[77]. Anhaltspunkte dafür, dass ein über die Übernachtungsgäste hinausgehender Personenkreis das Restaurant nutzen kann, sind insbesondere Umfang, Größe, Ausstattung und das Angebot[78].

Keine Betriebe des Beherbergungsgewerbes sind hingegen solche Anlagen, bei denen der soziale, gesundheitliche oder sportliche Zweck deutlich dominiert, mögen diese ihre Gäste bzw. Patienten oder Insassen im weiteren Sinne auch „beherbergen“[79]. Zu nennen sind etwa Privatkliniken oder Obdachlosenunterkünfte, Erholungsheime von gewerblichen Betrieben oder Versicherungen, Jugend- und Ferienheime, die lediglich von Verbandsmitgliedern genutzt werden können[80].

2. Kleine Betriebe des Beherbergungsgewerbes

In der Baunutzungsverordnung findet sich zudem der Begriff „kleine Betriebe des Beherbergungsgewerbes“ als ausnahmsweise zulässige Nutzung im reinen Wohngebiet nach § 3 Abs. 3 Nr. 1 BauNVO. Ob ein Beherbergungsbetrieb bauplanungsrechtlich als klein einzustufen ist, lässt sich nicht generalisierend etwa mit Blick auf eine bestimmte Bettenzahl bestimmen, mag diese auch einen ersten Ausschlag geben[81]. In der Rechtsprechung wurde etwa eine Pension mit 20 Betten noch als

74 BVerwG, Beschluss vom 08.05.1989 - 4 B 78.89 -, NVwZ 1989, 1060; OVG Bautzen, Beschluss vom 28.11.2012 - 1 B 261/12 -, juris Rn. 16; Stock, in: König/Roeser/Stock, § 4a Rn. 23; Stock, in: Ernst/Zinkahn/Bielenberg/Krautzberger, Band 6, BauNVO § 4 Rn. 110; Knaup/Stange, § 3 Rn. 46.

75 Stock, in: Ernst/Zinkahn/Bielenberg/Krautzberger, Band 6, BauNVO § 4 Rn. 110.

76 Stock, in: König/Roeser/Stock, § 4a Rn. 23; Stock, in: Ernst/Zinkahn/Bielenberg/Krautzberger, Band 6, BauNVO § 4 Rn. 110.

77 Knaup/Stange, § 3 Rn. 47; Stock, in: König/Roeser/Stock, § 4a Rn. 23; Ziegler, in: Brügelmann, Band 6, § 3 BauNVO Rn. 82.

78 Stock, in: Ernst/Zinkahn/Bielenberg/Krautzberger, Band 6, BauNVO § 4 Rn. 111.

79 Fickert/Fieseler, § 3 Rn. 20.5; Knaup/Stange, § 3 Rn. 47.

80 Ebenda.

81 VG Schwerin, Urteil vom 20.12.2012 - 2 A 1577/10 -, juris Rn. 50 (BauR 2013, 822 nur Leitsatz).

klein eingestuft, wobei in der konkreten Entscheidung auch die Zimmergröße berücksichtigt worden ist[82]. Dagegen wurde ein Betrieb mit 30 Betten als nicht mehr lediglich kleiner Betrieb des Beherbergungsgewerbes eingeordnet[83]. Klein ist ein Betrieb nach allgemeiner Auffassung unabhängig von der Bettenzahl vielmehr dann, wenn er gebietsverträglich ist, weil er sich nach Umfang, Erscheinungs- und Betriebsform sowie Betriebsführung unauffällig in das Gebiet einordnet und damit dort keine Unruhe hineinbringt[84].

Zur Beurteilung, ob der Beherbergungsbetrieb in diesem Sinne gebietsverträglich ist, sind die Festsetzungen eines etwaig vorhandenen Bebauungsplans und die örtlichen Verhältnisse ebenso von Bedeutung wie auch Art und Umfang des Beherbergungsbetriebs und seine potentiellen oder bereits vorhandenen Auswirkungen auf die Wohnruhe[85]. In höher verdichteten reinen Wohngebieten sind tendenziell demnach größere Bettenzahlen zulassungsfähig als z.B. in Gebieten, in denen Wohngebäude mit lediglich höchstens zwei Wohnungen allgemein zulässig sind[86]. Für die Beurteilung der von dem Betrieb ausgehenden Störungen ist z.B. in den Blick zu nehmen, ob die Gäste für längere Zeit wohnähnlich untergebracht sind oder ob es sich um einen Hotelbetrieb mit einem täglich wechselnden Gästekreis handelt, der entsprechend mehr Verkehr verursacht und deshalb die Wohnruhe stärker beeinträchtigt[87]. Auf die Frage, wie luxuriös der Betrieb gestaltet ist, kommt es richtigerweise jedoch nicht an[88], da daraus nicht mit Bestimmtheit Rückschlüsse auf das von dem Betrieb ausgehende Störpotential erfolgen können.

V. Jugendherbergen

Jugendherbergen sind entgegen im Schrifttum weit verbreiteter Auffassung[89] sowohl als Beherbergungsbetriebe als auch als soziale Einrichtungen einzuordnen[90], wobei sie jedoch nicht als kleine Betriebe des Beherbergungsgewerbes angesehen

---

82 OVG Hmbg., Beschluss vom 07.01.2000 - 2 Bs 344/99 -, BauR 2000, 1841 f.

83 BVerwG, Beschluss vom 27.11.1987 - 4 B 230.66 - BRS 18 Nr. 14.

84 BVerwG, Beschluss vom 24.11.1967 - IV B 230.66 -, BRS 18 Nr. 14; VG Schwerin, Urteil vom 20.12.2012 - 2 A 1577/10 -, juris Rn. 50 (BauR 2013, 822 nur Leitsatz); Ziegler, in: Brügelmann, Band 6, BauNVO § 3 Rn. 98; Stock, in: König/Roeser/Stock, § 3 Rn. 41; Knaup/Stange, § 3 Rn. 48; Fraatz-Rosenfeld/Kahrmann, VR 2014, 37, 39.

85 Stock, in: König/Roeser/Stock, § 3 Rn. 41; OVG Hmbg., Beschluss vom 07.01.2000 - 2 Bs 344/99 -, BauR 2000, 1841 f.; VGH Mannheim, Urteil vom 31.01.1997 - 8 S 3167/96 -, BRS 59 Nr. 58.

86 Stock, in: König/Roeser/Stock, § 3 Rn. 41; Ziegler, in: Brügelmann, Band 6, BauNVO § 3 Rn. 103.

87 Stock, in: König/Roeser/Stock, § 3 Rn. 41.

88 A.A. offenbar Stock, in: König/Roeser/Stock, § 3 Rn. 41.

89 Ziegler, in: Brügelmann, Band 6, BauNVO § 3 Rn. 90; Fickert/Fieseler, § 3 Rn. 20.5; Knaup/Stange, § 3 Rn. 47.

90 Hoefer, 428 m.w.N.

werden können[91]. Zum einen schließt die steuerliche Begünstigung und Bezuschussung nicht aus, sie als gewerbliche Betriebe anzusehen. Sie sind auf eine Gewinnerzielung ausgerichtet und bieten den Gästen die Möglichkeit zur Übernachtung, mögen im Einzelfall auch weniger typische Dienstleistungen eines klassischen Beherbergungsbetriebs angeboten werden. Faktisch kann jedermann in Jugendherbergen des DJH übernachten, er benötigt ggf. lediglich eine Mitgliedskarte[92]. Allerdings kommt es auf diese Differenzierung vom Ergebnis her nach heutigem Stand der Baunutzungsverordnung nicht an, da Jugendherbergen als Anlagen für soziale Zwecke entweder unter denselben Voraussetzungen zulässig sind wie Betriebe des Beherbergungsgewerbes oder erleichterten Voraussetzungen unterliegen. In Kleinsiedlungsgebieten sind zwar soziale Einrichtungen ausnahmsweise zulässig, was auf den ersten Blick eine Besserstellung gegenüber reinen Beherbergungsbetrieben bedeuten würde, Jugendherbergen sind indes nicht kleinsiedlungsgebietsverträglich[93]. In reinen Wohngebieten sind sie als soziale Einrichtung nicht gebietsverträglich und als Beherbergungsbetrieb unzulässig, da sie nicht als kleiner Betrieb des Beherbergungsgewerbes eingeordnet werden können und im Übrigen auch allgemein nicht gebietsverträglich im reinen Wohngebiet sind. Desgleichen sind Jugendherbergen im allgemeinen Wohngebiet zwar allgemein als soziale Einrichtung oder ausnahmsweise als Betrieb des Beherbergungsgewerbes zulässig, konkret aber zumeist gebietsunverträglich[94]. In besonderen Wohngebieten, Dorfgebieten, Mischgebieten und Kerngebieten sind Einrichtungen für soziale Zwecke und Beherbergungsbetriebe gleichgestellt und Jugendherbergen zulässig, sofern sie im Einzelfall gebietsverträglich sind. Im Gewerbegebiet sind sie als Gewerbebetriebe aller Art zulässig[95], so dass es auf eine ausnahmsweise Zulässigkeit als soziale Einrichtung nicht ankommt. Im Industriegebiet sind sie auch als Gewerbebetriebe aller Art in der Regel unzulässig, da die von den weiteren Nutzungen ausgehenden Störungen unzumutbar sind[96].

VI. Boardinghouse – Serviced Apartment

Eine jedenfalls im deutschen Raum noch relativ neue, aber sich zunehmender Beliebtheit erfreuende Betriebsform stellt das sog. „Boardinghouse“ dar. Weitere Bezeichnungen für diese Einrichtungen sind Serviced Apartment, Apartment-Hotel, Aparthotel oder Hotel-Apartment. In der Literatur und Rechtsprechung zum Städtebaurecht findet jedoch der Begriff des „Boardinghouse“ geläufig Verwendung, während Betreiber eher die Bezeichnung Serviced Apartment zu wählen scheinen.

---

91 Hoefer, 421 m.w.N.

92 Vgl. die Darstellung des DJH, online unter http://www.jugendherberge.de/de-DE/FAQ/Mitgliedschaft (zuletzt besucht am 13.03.2017).

93 Hoefer, 416 m.w.N.

94 Hoefer, 421 m.w.N.

95 Hoefer, 430 m.w.N.

96 Hoefer, 430 m.w.N.

Ein Boardinghouse stellt in tatsächlicher Hinsicht und ohne bereits eine bauplanungsrechtliche Einordnung vorwegzunehmen eine Übergangsform zwischen Wohnnutzung und Hotelbetrieb dar[97]. Es ist zumeist im innerstädtischen Bereich belegen. Unter der Bezeichnung „Boardinghouse“ oder „Serviced Apartment“ kann sich eine Bandbreite von konkreten Betriebsformen verbergen. Ausstattung und Service variieren erheblich. Manch ein Haus bietet lediglich hoteltypische Nebenleistungen nicht an, verfügt etwa nicht über ein Restaurant, eine Bar, Tagungsräume oder ein Angebot für sportliche Betätigungen, unterscheidet sich im Übrigen jedoch nicht von einem Hotel. Andere Häuser haben nur eine eingeschränkte Rezeptionsöffnungszeit oder die Bettwäsche wird nicht täglich gewechselt. Einige Häuser bieten einen Reinigungsservice für Wäsche an oder ein Frühstücksbuffet. Gemeinsam dürfte jedoch jedem als Boardinghouse bezeichneten Haus sein, dass es über eine Kochgelegenheit, die eine Selbstversorgung ermöglicht, und einen Kühlschrank verfügt, die Zimmer sind für gewöhnlich größer geschnitten als die eines üblichen Hotels oder weisen ein Schlaf- und ein Wohnzimmer auf[98]. Als Gäste angesprochen werden dabei vor allem Personen, die längere Zeit, etwa auch mehrere Wochen, an einem Ort verweilen möchten und dabei in gewissem Maße unabhängig sein wollen, insbesondere soll die Möglichkeit bestehen, sich selbst zu verpflegen. Der Aufenthalt wird oftmals beruflich veranlasst sein, kann aber auch aufgrund eines längeren Ferienaufenthalts erfolgen, so dass die Behandlung des Boardinghouse in dieser Arbeit erforderlich erscheint[99]. Zudem werden manchmal solche Anlagen als Boardinghouse oder Serviced Apartment bezeichnet, die sich jedoch bei genauerer Betrachtung als Anlage zur Vermietung von Ferienwohnungen herausstellen. Nicht selten wird neben einer einen längeren Zeitraum umspannenden Vermietung auch eine Kurzzeitvermietung als Regel- oder Zwischennutzung angeboten. Diese Vermischung erschwert die planungsrechtliche Einordnung nicht unerheblich.

VII. Mobiles Unterkommen

Neben den dargestellten ortsfesten Anlagen für den Ferien- und Freizeitaufenthalt bilden die mobilen Unterkünfte eine weitere touristische Säule. In rechtlicher Hinsicht sind zunächst Campingplätze, Zeltplätze und Wochenendplätze zu unterscheiden. Der Begriff des Campingplatzes ist bundesrechtlich nicht definiert und findet lediglich in § 10 Abs. 5 BauNVO als dort zulässige Nutzungsform Erwähnung. In Anlehnung an die Campingplatzverordnungen der Länder ist ein Campingplatz ein auf Dauer angelegter Platz, der ständig oder regelmäßig während bestimmter Zeiten im Jahr betrieben wird und dazu bestimmt ist, dem Aufstellen und vorübergehenden

97 Vgl. Thies, jurisPR-UmwR 11/2015 Anm. 4; Hermanns/Hönig, BauR 2001, 1523, 1524; Lippert/Kindler, ZfBR 2016, 219.

98 Ebenda.

99 Im Einzelnen unter C.IV.

Bewohnen von wenigstens drei Wohnwagen oder Zelten zu dienen[100]. Von einem Campingplatz unterscheidet sich der ebenfalls in § 10 Abs. 5 BauNVO erwähnte Zeltplatz nur durch die Form des Unterkommens[101]. Wochenendplätze bzw. Wochenendplatzgebiete werden im Bauplanungsrecht nicht erwähnt und sind vielmehr zum Teil auf bauordnungsrechtlicher Ebene in Rechtsverordnungen der Länder zum Campingplatzwesen geregelt[102]. Wochenendplatzgebiete sehen als nach § 10 Abs. 1, Abs. 2 BauNVO zulässiges unbenanntes Erholungssondergebiet in der Regel die Unterbringung von kleinen Wochenendhäusern, Mobilheimen und Wohnwagen vor[103]. Die vorstehenden Ausführungen dienen lediglich einer ersten Orientierung. An späterer Stelle wird auf die Festsetzungsmöglichkeiten näher eingegangen[104].

---

100 Stock, in: König/Roeser/Stock, § 10 Rn. 34; Söfker, in: Ernst/Zinkahn/Bielenberg/Krautzberger, Band 6, BauNVO § 10 Rn. 32; VG Karlsruhe, Urteil vom 16.10.2014 - 9 K 3426/13 -, juris Rn. 29.

101 Stock, in: König/Roeser/Stock, § 10 Rn. 34.

102 Z.B. § 1 Abs. 6 Landesverordnung über Camping- und Wochenendplätze SH (Camping- und Wochenendplatzverordnung) vom 13.07.2010, GVOBl. 2010, 522.

103 Vgl. Stock, in: König/Roeser/Stock, § 10 Rn. 39.

104 Siehe unten C.VI.2.c)bb)(3).

C. Zulässigkeit typischer Anlagen für Ferien- und Freizeitaufenthalte in den Baugebieten der Baunutzungsverordnung

Für die Zulässigkeit und Steuerung baulicher Anlagen ist die Einordnung in die typisierten Nutzungsarten der Baunutzungsverordnung, wie eingangs dargestellt, von zentraler Bedeutung. Selbst für Anlagen im Außenbereich kann die Einordnung relevant sein[105]. Im Geltungsbereich eines Bebauungsplanes, der die Art der baulichen Nutzung regelt, oder in einem Gebiet nach § 34 Abs. 2 BauGB bedeutet die Einordnung einer tatsächlichen Nutzung in eine Nutzungsart der Baunutzungsverordnung in aller Regel schon die entscheidende Weichenstellung für die Zulässigkeit des Vorhabens. Während hinsichtlich des Maßes der baulichen Nutzung zumeist noch Modifizierungen des Vorhabens möglich sind, kann die avisierte Nutzung als solche oftmals nur noch sehr gering verändert werden, ohne dass das Vorhaben vollständig seinen Charakter verliert.

Im Folgenden ist zu erörtern, wie die verschiedenen für Zwecke des Ferien- und Freizeitaufenthalts genutzten baulichen Anlagen in den einzelnen Baugebieten der Baunutzungsverordnung zulässig sein können. Dafür wird abstrakt untersucht, welchen Nutzungsarten der Baunutzungsverordnung die typischen Erscheinungs- oder Betriebsformen unterfallen und welche Probleme sich bei der Einordnung stellen. Wie noch näher zu sehen sein wird, gestaltet sich insbesondere die Einordnung der Vermietung von Ferienwohnungen an einen wechselnden Personenkreis als schwierig mit weitreichenden Auswirkungen auf die Zulässigkeit in den einzelnen Baugebieten.

Dabei ist zu berücksichtigen, dass die folgenden Ausführungen sich zunächst nur auf die Verwendung der Nutzungsformen in den §§ 2 bis 10 BauNVO beziehen. Die Gemeinde darf, wie bereits angedeutet wurde, bei Festsetzung eines Sondergebietes nach § 11 BauNVO den Begriffen der Baunutzungsverordnung einen eigenen Sinngehalt geben. Auch soweit sie einen Begriff aus dem Nutzungsartenkatalog der Baunutzungsverordnung verwendet, ist sie nicht gehindert, ihn entsprechend der besonderen Zweckbestimmung des Sondergebiets abzuwandeln[106]. So kann die Gemeinde beispielsweise ausdrücklich festlegen, dass es sich bei der Vermietung von Ferienwohnungen um einen Beherbergungsbetrieb handelt, während dies nach weit verbreiteter Auffassung in Rechtsprechung und Literatur gerade nicht der Fall ist[107].

---

105 A.II.

106 OVG Lüneburg, Beschluss vom 12.12.2013 - 1 LA 123/13 -, DVBl. 2014, 254, 255 unter Hinweis auf BVerwG, Beschluss vom 08.05.1989 - 4 B 78.89 -, NVwZ 1989, 1060; BVerwG, Beschluss vom 16.09.1998 - 4 B 60.98 -, NVwZ-RR 1999, 224; Stock, in: König/Roeser/Stock, § 11 Rn. 16 und § 4a Rn. 25; Stock, in: Ernst/Zinkahn/Bielenberg/Krautzberger, Band 6, BauNVO § 4 Rn. 114.

107 Siehe z. B. OVG Lüneburg, Beschluss vom 12.12.2013 - 1 LA 123/13 -, DVBl. 2014, 254, 255; siehe näher unter C.III.2.b)aa).

I. Nutzungskonzept und Betriebsbeschreibung als planungsrechtliche Ausgangspunkte

Bevor die Zulässigkeit einer Nutzung unter bauplanungsrechtlichen Gesichtspunkten geprüft werden kann, sind die für die Beurteilung erforderlichen Eckpunkte der Nutzung zu bestimmen. Dafür ist auf den jeweiligen dem Vorhaben zugrundeliegenden Nutzungszweck abzustellen[108]. Der Nutzungszweck ergibt sich wiederum in erster Linie aus der nach der jeweiligen landesrechtlichen Bestimmung zu den erforderlichen Bauvorlagen[109] beizubringenden Betriebsbeschreibung oder einem Nutzungskonzept des Bauherren bzw. eines Betreibers, aber auch in zweiter Linie aus objektiven baulichen Gegebenheiten und weiteren Hinweisen, die Aufschluss über den erkennbar tatsächlich beabsichtigten Nutzungszweck geben[110]. Letzteres gilt vor allem dann, wenn Hinweise für einen sog. Etikettenschwindel vorliegen, also Anhaltspunkte vorhanden sind, das tatsächlich beabsichtigte Vorhaben weiche in rechtlich erheblicher Weise von den Bauvorlagen oder der Betriebsbeschreibung ab[111]. Bei einer bereits durchgeführten Nutzung ist naturgemäß diese in erster Linie ausschlaggebend[112].

Dagegen kommt es nicht darauf an, wie das Vorhaben bei Stellung des Bauantrags oder im Rahmen einer etwaigen Anhörung bezeichnet wird[113]. So geschieht es nicht selten, dass das Vorhaben schlagwortartig mit einer in der Hotelbranche typischen Bezeichnung umschrieben, aber tatsächlich eine ganz andere Nutzung beabsichtigt wird[114]. Beispielsweise gibt es eine eigene Nutzungsform „Boardinghouse" in der Baunutzungsverordnung nicht, so dass damit naturgemäß auch keine typisierte Nutzungsform umschrieben werden kann[115]. Vielmehr ist das Vorhaben mit seinen für die bauplanungsrechtliche Zulässigkeit erheblichen tatsächlichen Gegebenheiten so klar wie möglich zu umschreiben. Für Anlagen für den Ferien- und Erholungsaufenthalt bedeutet dies, dass im Falle einer Vermietung nicht nur

---

108 BVerwG, Urteil vom 29.04.1992 - 4 C 43.89 -, BVerwGE 90, 140, 142; VG Ansbach, Urteil vom 22.01.214 - AN 9 K 13.01327 -, juris Rn. 39.

109 Vgl. z. B. für Schleswig-Holstein § 9 der Landesverordnung über Bauvorlagen in bauaufsichtlichen Verfahren und bauaufsichtliche Anzeigen vom 24.03.2009, GVOBl. 2009, 161 ff.

110 OVG Lüneburg, Beschluss vom 12.12.2013 - 1 LA 123/13 -, DVBl. 2014, 254, 255 f.; OVG Berlin-Brandenburg, Beschluss vom 06.07.2006 - OVG 2 S 2/06 -, LKV 2007, 39, 40; VG Ansbach, Urteil vom 22.01.2014 - AN 9 K 13.01327 -, juris Rn. 39.

111 OVG Lüneburg, Beschluss vom 12.12.2013 - 1 LA 123/13 -, DVBl. 2014, 254, 255 f. m.w.N.; VGH Mannheim, Beschluss vom 25.02.1991 - 5 S 41/91 -, BRS 52 Nr. 57.

112 Vgl. VG Berlin, Beschluss vom 23.01.2012 - 19 L 294.11 -, LKV 2012, 93.

113 BVerwG, Urteil vom 29.04.1992 - 4 C 43.89 -, BVerwGE 90, 140, 142; VG Ansbach, Urteil vom 22.01.2014 - AN 9 K 13.01327 -, juris Rn. 39.

114 Vgl. etwa OVG Berlin-Brandenburg, Beschluss vom 06.07.2006 - OVG 2 S 2.06 -, LKV 2007, 39, 40.

115 VG Ansbach, Urteil vom 22.01.2014 - AN 9 K 13.01327 -, juris Rn. 39.

die Zimmergröße, die Ausstattung und das Serviceangebot, sondern insbesondere auch die maximal mögliche und minimal erforderliche Aufenthaltsdauer der Gäste genannt ist.

Im Rahmen der Beantragung eines Bauvorbescheids kann noch anderes gelten. Der Bauvorbescheid hat sich an der Bauvoranfrage zu orientieren und darf nicht über diese hinausgehen[116]. Eine Erläuterung des Vorhabens auch in wirtschaftlicher Hinsicht ist hier noch nicht erforderlich. Die Präzisierung muss dann allerdings im Baugenehmigungsverfahren erfolgen[117].

II. „Klassische“ Betriebe des Beherbergungsgewerbes

Wenig problematisch ist die Einordnung der gewissermaßen klassischen Unterkunftsmöglichkeiten des Beherbergungsgewerbes, die den Gästen lediglich eine Übernachtung ermöglichen, ohne einen freien Gestaltungsspielraum zu schaffen, der einer Wohnnutzung ähneln könnte z. B. durch das Fehlen von Serviceleistungen. Als Betriebe des Beherbergungsgewerbes im Sinne der Baunutzungsverordnung sind nach gängiger Definition solche Betriebe zuzuordnen, die einem ständig wechselnden Kundenkreis gegen Entgelt vorübergehend Übernachtungsmöglichkeiten bieten, ohne dass diese dort ihren häuslichen Wirkungskreis entfalten könnten[118]. Dem Begriff des Betriebs des Beherbergungsgewerbes auch im Sinne der Baunutzungsverordnung wie etwa in § 4 Abs. 3 Nr. 1 BauNVO oder § 6 Abs. 2 Nr. 3 BauNVO unterfällt damit eine große Bandbreite von Einrichtungen. Sofern diese Häuser ausstattungsbedingt nicht die Möglichkeit einer eigenständigen Haushaltsführung eröffnen, also insbesondere über keine Gelegenheit zur Zubereitung von Speisen verfügen, stellen sich in der Regel keine Probleme, diese als Betriebe des Beherbergungsgewerbes einzuordnen. Eine Reihe von Anlagen und Betriebsformen werfen in bauplanungsrechtlicher Hinsicht damit keine Probleme auf und sind zweifelsohne als Betriebe des Beherbergungsgewerbes bzw. kleine Betriebe des Beherbergungsgewerbes einzuordnen. Zu denken ist etwa an Hotels, Motels, Pensionen, Gasthöfe oder Gästehäuser. Auf diese soll daher nicht näher eingegangen, sondern auf die einschlägige Kommentarliteratur[119] und die obigen Ausführungen[120] verwiesen werden.

116 Burzynska, in: Große-Suchsdorf, § 73 Rn. 23; Schretter/Schenk, in: Reichel/Schulte, Kap. 14 Rn. 143.

117 VG Braunschweig, Urteil vom 27.11.2002 - 2 A 567/01 -, juris Rn. 23.

118 BVerwG, Beschluss vom 08.05.1989 - 4 B 78.89 -, NVwZ 1989, 1060; OVG Bautzen, Beschluss vom 28.11.2012 - 1 B 261/12 -, juris Rn. 16; Stock, in: König/Roeser/Stock, § 4a Rn. 23; Stock, in: Ernst/Zinkahn/Bielenberg/Krautzberger, Band 6, BauNVO § 4 Rn. 110; Knaup/Stange, § 3 Rn. 46.

119 Fickert/Fieseler, § 3 Rn. 20 ff.; Knaup/Stange, § 3 Rn. 46 ff.; Stock, in: König/Roeser/Stock, § 3 Rn. 41; Ziegler, in: Brügelmann, Band 6, BauNVO § 3 Rn. 77 ff.; Stock, in: Ernst/Zinkahn/Bielenberg/Krautzberger, Band 6, BauNVO § 3 Rn. 76 ff.

120 B.IV.

III. Nutzung von Ferienhäusern und Ferienwohnungen

Näherer Betrachtung bedarf hingegen die planungsrechtliche Einordnung von Ferienwohnungen und Ferienhäusern. Dabei sind verschiedene Nutzungen zunächst in tatsächlicher und dann in rechtlicher Hinsicht zu unterscheiden. Es ist möglich, dass das Gebäude bzw. die Wohnung im Sinne eines Zweitwohnsitzes durch den Eigentümer oder sonst Berechtigten genutzt wird; also ausschließlich eine Eigennutzung stattfindet. Des Weiteren kann eine Vermietung an ständig wechselnde Gäste erfolgen. Schließlich ist aber auch eine gewissermaßen gemischte Nutzung denkbar, indem der Eigentümer das Gebäude bzw. eine Wohnung den weitaus überwiegenden Teil des Jahres selbst nutzt und lediglich zeitweise an Gäste weitervermietet oder anders herum. Als besonders problematisch kann sich die Nutzung solcher Anlagen darstellen, die als Boardinghouse oder Serviced Apartment[121] zur Genehmigung gestellt werden, da drei verschiedene Nutzungsformen einschlägig sein können, nämlich Wohnnutzung, Beherbergung oder Nutzung als Ferienwohnung[122].

1. Ausschließliche Eigennutzung

Werden Ferienhäuser oder Ferienwohnungen ausschließlich durch den Eigentümer oder eine Person mit dem Eigentum vergleichbarer Besitzherrschaft genutzt, so kommt als einzige passende Nutzungsform die Wohnnutzung in Betracht. Die Nutzung einer Wochenendwohnung entspricht dabei planungsrechtlich der einer Ferienwohnung, da sie dem Erholungsaufenthalt durch den Eigentümer und seiner Familie dient[123]. Wie bereits dargestellt, kennzeichnen die Rechtsprechung und ebenso ersichtlich einhellig die Literatur das Wohnen durch eine auf eine gewisse Dauer angelegte Häuslichkeit mit der Möglichkeit der Eigengestaltung der Haushaltsführung und des häuslichen Wirkungskreises unter Freiwilligkeit des Aufenthalts[124]. Die für die Wohnnutzung erforderliche Möglichkeit einer auf Dauer angelegten Häuslichkeit schließt die Verfügung über ein Ferienhaus oder eine Ferienwohnung im Sinne eines Zweitwohnsitzes nach ersichtlich unumstrittener Auffassung nicht aus[125]. Entscheidend ist richtigerweise nicht, wie oft die

---

121 Siehe zum Begriff des „Boardinghouse“ oder „Serviced Apartment“ bereits unter B.VI.

122 Siehe näher unter C.IV.

123 Siehe oben unter B.III.1.

124 Siehe B.I.1.

125 VGH München, Beschluss vom 04.09.2013 - 14 ZB 13.6 -, BRS 81 Nr. 84; OVG Greifswald, Beschluss vom 08.01.2008 - 3 M 190/07 -, NordÖR 2008, 169, 170 und Urteil vom 11.07.2007 - 3 L 74/06 -, NordÖR 2007, 418; Fickert/Fieseler, § 3 Rn. 1.2; Meiners/Kronsbein/Birkhölzer, in: Hoppenberg/de Witt, Band 1, A III Rn. 128; Fraatz-Rosenfeld/Kahrmann, VR 2014, 37 f.; Roesch, ZfBR 1989, 187.

Anlage tatsächlich aufgesucht wird[126]. Ausschlaggebend für die Qualifizierung eines Zweitwohnsitzes als Wohnnutzung ist jedoch, dass über die Anlage eine Besitzherrschaft besteht[127]. Diese kann sich etwa aus Eigentum, Miete oder Pacht ergeben[128].

Sind eine solche Besitzherrschaft, dadurch eine auf Dauer angelegte Häuslichkeit und damit eine Wohnnutzung zu bejahen, so wird die Wohnnutzung nicht allein dadurch aufgehoben, dass die Anlage auch Dritten in Zeiten der Abwesenheit des eigentlich Berechtigten zur Verfügung gestellt wird. Richtigerweise müssen konkrete Anhaltspunkte vorliegen, die dafür sprechen, dass eine auf Dauer angelegte Häuslichkeit aufgegeben worden ist[129]. Davon zu trennen ist allerdings die Frage, ob der zwischenzeitliche Aufenthalt der Dritten bzw. die Überlassung an Dritte für sich betrachtet eine Wohnnutzung darstellt[130].

Ohne weiteres ist eine Besitzherrschaft zu bejahen, wenn diese aufgrund von Eigentum besteht. Der Eigentumserwerb – auch von Wohnungseigentum – spricht dafür, dass eine möglichst autarke Lebensweise verwirklicht werden soll, um sich auch persönlich in dem Gebäude oder der Wohnung entfalten zu können. Eigentum bietet bereits rein objektiv die Möglichkeit, Dritte vollständig oder zumindest weitgehend von der Nutzung auszuschließen und etwa auch die Inneneinrichtung nach den eigenen Vorlieben gestalten zu können. Zudem wird durch das Eigentum eine dauerhafte Bindung zur Nachbarschaft hergestellt. Es ist in aller Regel zu erwarten, dass sich der Eigentümer damit sozial in die Umgebung einordnet und eine angemessene Rücksicht walten lassen wird. Dies gilt insbesondere hinsichtlich Lärmbelästigungen, aber auch hinsichtlich des sonstigen Umgangs mit der Umgebung, z. B. Pflege von Gemeinschaftsanlagen.

Fraglich ist jedoch, auf welche Aspekte bei der Frage abzustellen ist, ob eine Besitzherrschaft durch Miete oder Pacht zu bejahen ist. Speziell für den Bereich des Ferien- oder Freizeitaufenthalts liegen ersichtlich keine Entscheidungen oder Ausführungen in der Literatur vor, die sich mit dieser Frage näher beschäftigen. Letztlich muss jedoch entscheidend sein, ob die Besitzherrschaft dem Berechtigten eine dem Eigentum vergleichbare Position einräumt, die es ihm erlaubt, überhaupt eine auf Dauer angelegte Häuslichkeit in dem Objekt aufzubauen, und er auf der anderen Seite die beschriebene soziale Ein- und Unterordnung erfährt, die die städtebauliche Gleichbehandlung mit einem Eigentümer rechtfertigt. Dies ist naturgemäß eine Frage des Einzelfalls.

---

126 OVG Greifswald, Urteil vom 11.07.2007 - 3 L 74/06 -, NordÖR 2007, 418.

127 OVG Greifswald, Urteil vom 11.07.2007 - 3 L 74/06 -, NordÖR 2007, 418, 419; Ewer, Dolde-Festschrift, 419, 423; Fickert/Fieseler, § 3 Rn. 1.2.

128 Fickert/Fieseler, § 3 Rn. 1.2.

129 OVG Greifswald, Urteil vom 11.07.2007 - 3 L 74/06 -, NordÖR 2007, 418, 419.

130 Vgl. dazu unter C.III.3.

2. Vermietung von Ferienhäusern und -wohnungen an wechselnde Gäste

Erfolgt keine ausschließliche Eigennutzung, sondern eine Vermietung an wechselnde Gäste, wirft die Einordnung in eine bestimmte Art der baulichen Nutzung nach der Baunutzungsverordnung nicht wenige Probleme auf. Angesichts der tatsächlichen Selbstverständlichkeit der Vermietung von Ferienwohnungen, sei es im urbanen oder ländlichen Raum, kann dies naturgemäß nur verblüffen.

a) Vermietung als Wohnnutzung?

Die Vermietung von Ferienwohnungen oder Ferienhäuser an ständig wechselnde Gäste für einige Tage oder Wochen stellt nach zutreffender Auffassung in Literatur und Rechtsprechung keine Wohnnutzung nach der Baunutzungsverordnung dar[131]. Ganz selbstverständlich ist dies jedoch nicht. Schließlich lässt der allgemeine Sprachgebrauch durchaus zu, etwa ein Ferienhaus als ein Wohngebäude zu bezeichnen[132]. Zudem fallen unter den bauordnungsrechtlichen Begriff des Wohngebäudes auch solche Gebäude, die allein die Möglichkeit des zeitweiligen Wohnens bieten, wie gerade Ferienhäuser und Wochenendhäuser[133].

aa) Zur ablehnenden Sicht der Rechtsprechung

In Fällen der tage- oder wochenweisen Vermietung von Ferienwohnungen oder Ferienhäusern ausschließlich an ständig wechselnde Gäste geht die Rechtsprechung einheitlich davon aus, dass keine Wohnnutzung vorliegt[134]. Exemplarisch sei eine Entscheidung des Oberverwaltungsgerichts Greifswald herausgestellt, die in den Entscheidungsgründen besonders anschaulich die wesentlichen rechtlichen Gesichtspunkte darstellt[135]. Das Oberverwaltungsgericht Greifswald führt aus, die Frage, ob sich eine Ferienwohnnutzung bauplanungsrechtlich lediglich als eine Unterform der Wohnnutzung darstelle und damit im allgemeinen Wohngebiet zulässig sei, beantworte sich dahingehend, dass es sich bei der gebotenen typisierenden Betrachtung bei der Ferienwohnnutzung gegenüber der allgemeinen Wohnnutzung

---

131 Im Einzelnen sogleich unter C.III.2.a)aa) und C.III.2.a)bb).

132 Vgl. OVG Greifswald, Beschluss vom 08.01.2008 - 3 M 190/07 -, NordÖR 2008, 169, 170.

133 VG Schwerin, Urteil vom 09.04.2015 - 2 A 1214/13 -, juris Rn. 19; VG Greifswald, Urteil vom 31.08.2012 - 5 A 760/11 -, amtlicher Umdruck, 7.

134 BVerwG, Urteil vom 11.07.2013 - 4 CN 7.12 -, NVwZ 2014, 72, 73; OVG Berlin-Brandenburg, Beschluss vom 30.05.2016 - 10 S 34.15 -, NVwZ-RR 2016, 650, 651; VGH Mannheim, Urteil vom 27.07.2012 - 8 S 233/11 -, juris Rn. 25; OVG Greifswald, Beschluss vom 08.01.2008 - 3 M 190/07 -, NordÖR 2008, 169, 170; OVG Saarlouis, Beschluss vom 28.09.2011 - 5 L 785/11 -, juris Rn. 47; VG Schwerin, Urteil vom 20.12.2012 - 2 A 621/11 -, juris Rn. 19.

135 OVG Greifswald, Beschluss vom 08.01.2008 - 3 M 190/07 -, NordÖR 2008, 169 ff.

um eine eigenständige Nutzungsart handele. Zwar könne nach allgemeinem Sprachgebrauch auch ein Ferien- oder Wochenendhaus als ein Wohngebäude bezeichnet werden; denn auch Ferien- oder Wochenendhäuser dienten dem Wohnen. Gleichwohl unterscheide das Bauplanungsrecht begrifflich zwischen Wohngebäuden einerseits und Ferien- und Wochenendhäusern andererseits. Während nach den §§ 2, 3, 4, 4a, 5 und 6 BauNVO "Wohngebäude" in den entsprechenden Baugebieten zulässig seien, beziehe sich § 10 Abs. 3 BauNVO auf "Wochenendhäuser" und § 10 Abs. 4 BauNVO auf "Ferienhäuser". Diese begriffliche Unterscheidung sei im Bauplanungsrecht angelegt. Die Baunutzungsverordnung führe die allgemeine Wohnnutzung einerseits und die Ferienwohnnutzung andererseits als eigenständige Nutzungsarten auf.

Um den Wohnbegriff in Abgrenzung zu anderen Nutzungsarten unter Zugrundelegung der typisierenden bauplanungsrechtlichen Betrachtungsweise sachgerecht zu erfassen, bedürfe es einer wertenden Betrachtung aller Umstände. Zu unterscheiden sei die im Wesentlichen an der Zweckbestimmung des Aufenthalts in den Räumen ausgerichtete (reine) Wohnnutzung von der Ferienwohnnutzung, in der der für das Dauerwohnen maßgebende eigenständige bzw. unabhängig zu gestaltende häusliche Wirkungskreis nicht angenommen werden könne. Zum Begriff des Wohnens gehöre eine auf Dauer angelegte Häuslichkeit, zu der auch die Eigengestaltung der Haushaltsführung und des häuslichen Wirkungskreises gehöre. Mit der Dauerhaftigkeit des Wohnens sei zunächst nicht der Gegensatz von längerer und kürzerer oder von unbestimmter und bestimmter Dauer zu verbinden. So schließe etwa eine auf Dauer angelegte Häuslichkeit als Inbegriff des Wohnens einen Zweitwohnsitz nicht aus. Ausgehend von der Zweckbestimmung des Aufenthalts in den Räumen unterscheide sich Wohnen von anderen Nutzungsarten, die sich durch ein übergangsweises, nicht "alltägliches" Wohnen oder ein provisorisches, einem begrenzten Zweck dienendes Unterkommen auszeichneten. Ferienwohnen sei ebenso wenig auf Dauer angelegt wie das Unterkommen in Herbergen jeder Art. Vom Nutzungskonzept her böten Ferienwohnungen den zumeist wochenweisen vorübergehenden Aufenthalt für ständig wechselnde Feriengäste, während reine (Dauer-)Wohnungen ungeachtet der Frage der Aufenthaltsdauer von einem über einen längeren Zeitraum gleichbleibenden Bewohnerkreis genutzt würden. Gerade die daraus resultierenden unterschiedlichen bodenrechtlichen Auswirkungen der beiden Nutzungsarten rechtfertigten die bauplanungsrechtliche typisierende Unterscheidung. Ersichtlich findet sich keine dieser Einschätzung widersprechende Rechtsprechung[136].

bb) Zu den abweichenden Literaturmeinungen

In der Literatur werden unterschiedliche Auffassungen zu der Frage vertreten, ob die Vermietung von Ferienwohnungen als Wohnnutzung nach der Baunutzungsverordnung einzustufen ist, wobei die Auffassung, die mit der Rechtsprechung eine Wohnnutzung ablehnt, als herrschend angesehen werden kann.

---

136 Siehe allerdings zum Boardinghouse noch unter C.IV.1.

Der weitaus überwiegende Teil der Literatur nimmt in den Fällen der tage- oder wochenweisen Überlassung von Ferienwohnungen und Ferienhäusern keine Wohnnutzung an[137]. Sofern sich eine Begründung über den zustimmenden Hinweis auf die Rechtsprechung hinaus findet, wird zumeist darauf abgestellt, dass das Merkmal der Dauerhaftigkeit nicht erfüllt sei, um eine Wohnnutzung annehmen zu können[138]. Es finden sich jedoch vereinzelt auch Gegenauffassungen, die eine Wohnnutzung bejahen. *Jäde*[139] hat vorgetragen, Wohnen sei unter dem Blickwinkel der bauplanungsrechtlichen Zulässigkeit eines Vorhabens nicht notwendig Dauerwohnen, sondern könne unter Umständen auch vorübergehendes Wohnen sein, etwa bei der Vermietung von Fremdenzimmern und auch von Ferienwohnungen, sofern hiervon auf das prinzipiell nur einer Wohnnutzung gewidmete Umfeld keine anderen als eben „wohnartige" Einwirkungen ausgingen. *Jäde* hat also bei der Einordnung, ob eine Wohnnutzung vorliegt, auf die von der Nutzung ausgehenden Störungen abgestellt.

Pfeffer meint, die Nutzung einer Ferienwohnung unterfalle dem bauplanungsrechtlichen Begriff des Wohnens, da das Wohnen nach der Baunutzungsverordnung nicht unbedingt auf einen dauernden Aufenthalt ausgerichtet sei[140]. Die Ferienwohnung sei wohnfertig eingerichtet und solle nach ihrem Nutzungskonzept den Gästen für die Dauer ihres Aufenthalts eine eigengestaltete Haushaltsführung erlauben. Gerade diese Eigenständigkeit kennzeichne die Ferienwohnung und sei für die Urlauber ausschlaggebend, diese Form der Unterkunft z. B. einem Hotel vorzuziehen.

Richtigerweise kann die tage- oder wochenweise Vermietung von Gebäuden und Wohnungen für Zwecke des Ferienaufenthalts nicht als Wohnnutzung eingestuft werden. Dies folgt bereits daraus, dass der Gast schon aufgrund der geringen Aufenthaltsdauer keine auf Dauer angelegte Häuslichkeit entfalten kann. Allein der Aufenthalt in einer möblierten Unterkunft mit der Möglichkeit der Selbstversorgung stellt noch keine auf Dauer angelegte Häuslichkeit dar. Ferienwohnungen bieten den zumeist wochenweisen vorübergehenden Aufenthalt für ständig wechselnde Feriengäste, während allgemeine Wohnungen von einem über einen längeren Zeitraum gleichbleibenden Bewohnerkreis genutzt werden. Es kann als erwiesen angesehen werden, dass eine Person, die lediglich zum vorübergehenden Aufenthalt ein Objekt nutzt, im Zweifel nicht dieselbe Rücksicht walten lässt wie in den Fällen, dass sie

---

137 Stock, in: König/Roeser/Stock, § 3 Rn. 17; Ewer, Dolde-Festschrift, 419, 423; Fraatz-Rosenfeld/Kahrmann, VR 2014, 37 f.; vgl. Fickert/Fieseler, § 3 Rn. 1.2 und Rn. 19; Stock, in: Ernst/Zinkahn/Bielenberg/Krautzberger, Band 6, BauNVO § 3 Rn. 41.

138 Stock, in: König/Roeser/Stock, § 3 Rn. 17; Schiller, in: Bracher/Reidt/Schiller, Rn. 1511; ähnlich Fraatz-Rosenfeld/Kahrmann, VR 2014, 37 f., die hervorheben, dass nicht die Dauer der Nutzung selbst, sondern das Nutzungskonzept entscheidend sei.

139 Jäde, in: Jäde/Dirnberger/Weiß, 7. Auflage, BauNVO § 3 Rn. 4; a.A. nunmehr Decker, in: Jäde/Dirnberger/Weiß, 8. Auflage, § 3 Rn. 5; missverständlich jedoch Ziegler, in: Brügelmann, Band 6, BauNVO § 3 Rn. 83 und 10.

140 Pfeffer, VBlBW 2015, 503, 504 und NVwZ 2016, 729 ff.

sich in diesem Umfeld zukünftig dauerhaft oder jedenfalls für längere Zeit etwa mehrere Monate aufhalten wird. Im Falle des Urlaubsaufenthalts, der in aller Regel den Rahmen eines vierwöchigen Verweilens nicht überschreitet und zumeist noch deutlich darunter liegen wird, fehlt es für gewöhnlich an dem nachbarschaftlichen Verhältnis, das zu Mäßigung und Rücksicht zwingt, das sonst für das Zusammenleben von Menschen auf Dauer typisch ist[141]. Gerade in der Urlaubszeit besteht das Bedürfnis, sich nicht zurückzunehmen und sich insgesamt mehr zu erlauben, als die Alltagszwänge und soziale Kontrolle durch das Umfeld am eigentlichen Wohnsitz oft gestatten[142]. Als Urlauber sieht man sich weniger der Gefahr ausgesetzt, sich zukünftig tatsächlich für etwaiges rücksichtsloses Verhalten rechtfertigen zu müssen bzw. überhaupt in einen intensiven Kontakt mit seinem Umfeld treten zu müssen. Natürlich handelt es sich dabei lediglich um eine pauschale Betrachtung. Im konkreten Fall können die Dinge anders liegen. Vor allem die von den Bewohnern in einem großen Mietshaus oder gar Wohnblöcken in sog. Problemvierteln ausgehenden Belästigungen können im konkreten Fall höher sein als die vom Gast einer Ferienwohnung ausgehenden. Das Planungsrecht erfordert jedoch eine typisierende und pauschalisierende Betrachtung; rein zufälliges oder spontanes Verhalten Einzelner ist richtigerweise bodenrechtlich nicht maßgeblich[143].

Der Auffassung *Jädes* mag insoweit noch zuzustimmen sein, dass das Merkmal der Dauerhaftigkeit etwa auch durch einen wiederkehrenden Aufenthalt wie im Falle des Zweitwohnsitzes erfüllt werden kann oder im Sinne einer dauerhaften Zugriffsmöglichkeit verstanden werden kann und sich *diese* Form des „Ferienwohnens" als Wohnnutzung darstellt. Auf eine im konkreten Fall zu erwartende Einwirkungsintensität kann es jedoch für die planungsrechtliche Zulässigkeit nicht ankommen. Den Einteilungen der Baunutzungsverordnung liegt eine pauschalisierende Betrachtungsweise und Einteilung anhand der allgemein von verschiedenen Nutzungen zu erwartenden Störungen zugrunde. Zutreffend wird von *Fraatz-Rosenfeld/Kahrmann* eingewandt, soweit die konkrete Einwirkungsintensität oder Störintensität für die Zulässigkeit eines Vorhabens entscheidend sei, werde dies ausdrücklich von der Baunutzungsverordnung normiert[144]. Dies verdeutliche etwa die Regelung des § 3 Abs. 3 Nr. 1 BauNVO, der die ausnahmsweise Zulässigkeit nicht störender Handwerksbetriebe vorsieht. Hätte der Gesetzgeber bzw. Verordnungsgeber im Bereich der Wohnnutzung eine solche Differenzierung gewünscht, so hätte dies in einer anderen Formulierung in der Baunutzungsverordnung zum Ausdruck kommen müssen.

---

141 Vgl. auch VG Berlin, Beschluss vom 21.02.2014 - VG 13 L 274/13 -, juris; VGH München, Beschluss vom 04.09.2013 - 14 ZB 13.6 -, BRS 81 Nr. 84; ähnlich Krebs, juris PR-MietR 17/2006 Anm. 5; a.A. Pfeffer, VBlBW 2015, 503, 504 f.

142 Vgl. auch von Nicolai, NordÖR 2015, 361, 362.

143 Stock, in: König/Roeser/Stock, § 3 Rn. 17; vgl. auch VGH München, Beschluss vom 04.09.2013 - 14 ZB 13.6 -, BRS 81 Nr. 84.

144 Fraatz-Rosenfeld/Kahrmann, VR 2014, 37, 38.

b) Vermietung von Ferienwohnungen und -häusern als Betrieb des Beherbergungsgewerbes?

Die Vermietung von Ferienhäusern und Ferienwohnungen bedeutet, Räume einem wechselnden Personenkreis für begrenzte Zeiträume gegen Zahlung zu überlassen. Nicht fernliegend scheint daher, die Vermietung von Ferienhäusern und Ferienwohnungen als Betriebe des Beherbergungsgewerbes oder ggf. kleine Betriebe des Beherbergungsgewerbes einzuordnen. Dies hätte zur Folge, dass die Vermietung von Ferienwohnungen an wechselnde Gäste in besonderen Wohngebieten nach § 4a Abs. 2 Nr. 2 BauNVO, Dorfgebieten nach § 5 Abs. 2 Nr. 5 BauNVO, Mischgebieten nach § 6 Abs. 2 Nr. 3 BauNVO und Kerngebieten nach § 7 Abs. 2 Nr. 2 BauNVO allgemein und im reinen Wohngebiet nach § 3 Abs. 3 Nr. 1 BauNVO und allgemeinen Wohngebiet nach § 4 Abs. 3 Nr. 1 BauNVO ausnahmsweise planungsrechtlich zulässig sein könnte. Ob jedoch die Vermietung von Ferienwohnungen oder Ferienhäuser als Betrieb des Beherbergungsgewerbes angesehen werden kann, ist umstritten.

aa) Auffassungen in der Rechtsprechung

In der Rechtsprechung wird die Frage, ob die Vermietung zu Zwecken des Ferienwohnens als Wohnnutzung angesehen werden kann, nicht einheitlich beantwortet.

(1) Zur Haltung des 4. Senats des Bundesverwaltungsgerichts

Der 4. Senat des Bundesverwaltungsgerichts lehnte in einigen Entscheidungen eine Subsumtion der Vermietung von Ferienwohnungen unter den Begriff des Betriebs des Beherbergungsgewerbes ab. In einem Beschluss aus dem Jahre 1984 heißt es schon, dass vieles dafür spreche, dass bereits die Nutzung „Betriebe des Beherbergungsgewerbes“ nicht die allgemeine Wohnnutzung einschließlich der Nutzung als Zweitwohnung und nicht die Ferienwohnung im Sinne des § 10 Abs. 4 BauNVO umfasse, weil die Baunutzungsverordnung die allgemeine Wohnnutzung und die Ferienwohnnutzung als städtebaulich relevante, eigenständige Nutzungsarten neben der Nutzungsart „Beherbergungsbetriebe“ regele[145]. Weiter wird in einer Entscheidung aus dem Jahr 1989 betont, dass das Vermieten von Apartments auch zum Zweck der Vermietung an Feriengäste nicht als Betrieb des Beherbergungsgewerbes einzustufen sei, und dazu ausgeführt, dass auch ein Vermieten von Apartments schon nach dem allgemeinen Sprachgebrauch keine Beherbergung sei. In der Baunutzungsverordnung würden zudem die allgemeine Wohnnutzung und die Ferienwohnnutzung als eigenständige Nutzungsart aufgeführt. Die damit vorgegebene Unterscheidung verbiete es, den Begriff der Beherbergung so weit zu fassen, dass er auch die mietweise Überlassung von selbständigen Wohnungen, sei es auch nur zu Ferienzwecken, einschließe. Ein Beherbergungsbetrieb liege nur vor, wenn Räume

---

145 BVerwG, Beschluss vom 07.09.1984 - 4 N 3.84 -, NVwZ 1985, 338, 339.

ständig wechselnden Gästen zum vorübergehenden Aufenthalt zur Verfügung gestellt werden würden, ohne dass diese dort ihren häuslichen Wirkungskreis entfalten könnten[146]. Das Bundesverwaltungsgericht betonte damit zunächst deutlich die gesonderte Erwähnung der Begriffe der allgemeinen Wohnnutzung und die Ferienwohnnutzung als städtebaulich relevante, eigenständige Nutzungsarten neben der Nutzungsart Betriebe des Beherbergungsgewerbes und schloss ausdrücklich aus, dass auch die mietweise Überlassung von selbständigen Wohnungen, sei es auch nur zu Ferienzwecken, vom Begriff des Beherbergungsbetriebs umfasst sein könnte.

Näher in den Blick zu nehmen ist dann eine Entscheidung des Bundesverwaltungsgerichts aus dem Jahre 1987[147], die in der Literatur und Rechtsprechung teilweise als Beleg dafür herangezogen wird, das Bundesverwaltungsgericht ordne – völlig entgegengesetzt zu seiner bisherigen Rechtsprechung – die Vermietung von Ferienwohnungen als Betrieb des Beherbergungsgewerbes ein[148]. Gegenstand des Verfahrens war allerdings die Rechtsfrage, inwieweit die Vermietung von Ferienwohnungen als ein einheitlicher Betrieb des Beherbergungsgewerbes oder als Einzelbetrieb zu beurteilen sei. Zu sehen ist, dass es sich in prozessualer Hinsicht um ein Beschwerdeverfahren handelte, das offenbar lediglich auf den Revisionsgrund der „Grundsatzrüge“ gestützt worden ist. Die Kläger stellten als klärungsbedürftige Frage von grundsätzlicher Bedeutung, ob Ferienwohnungen dann einem eigenständigen Beherbergungsbetrieb zuzuordnen und damit „zusammenzurechnen“ seien, wenn sie räumlich so benachbart liegen und ihre Nutzung organisatorisch so eng verknüpft seien, dass sie sich in einem Baugebiet als Einheit auswirkten. Diese Frage bedurfte nach Auffassung des Bundesverwaltungsgerichts nicht der Klärung in einem Revisionsverfahren. Die Entscheidungsgründe befassen sich dann weiter auch nur mit dieser Fragestellung. Indem die Kläger jedoch ihre Beschwerde lediglich auf diesen Aspekt beschränkt hatten, hat sich der Senat aus verfahrenstechnischen Gründen gar nicht mehr mit der vorgeschalteten Frage befasst, ob es sich bei dem Vorhaben überhaupt um einen Betrieb des Beherbergungsgewerbes handelt. Durch die Einordnung des Vorhabens als Betrieb des Beherbergungsgewerbes waren die Kläger auch schon nicht beschwert. Damit kann aber diese Entscheidung keineswegs als Beleg dafür herangezogen werden, das Bundesverwaltungsgericht bzw. der 4. Senat vertrete die Auffassung, bei der Vermietung von Ferienwohnungen handele es sich um einen Betrieb des Beherbergungsgewerbes. Diese Frage wurde aus prozessualen Gründen gar nicht thematisiert[149].

Allerdings zeichnet sich mit einer Entscheidung aus dem Jahre 1992 eine vorsichtige Öffnung ab[150]. Der Entscheidung lag der Sachverhalt zugrunde, dass die Klägerin

---

146 BVerwG, Beschluss vom 08.05.1989 - 4 B 78.98 -, NVwZ 1989, 1060.

147 BVerwG, Beschluss vom 27.11.1987 - 4 B 230 und 231.87 -, DÖV 1988, 382; vorgehend OVG Lüneburg, Urteil vom 20.05.1987 - 1 A 124/86 -, BRS 47 Nr. 37.

148 So z.B. Stock, in: König/Roeser/Stock, § 4a Rn. 25; Fickert/Fieseler, § 3 Rn. 20.

149 So auch OVG Greifswald, Urteil vom 19.02.2014 - 3 L 212/12 -, NordÖR 2014, 323, 325.

150 BVerwG, Urteil vom 29.04.1992 - 4 C 43.89 -, BVerwGE 90, 140 ff.

eine Baugenehmigung unter anderem zum Umbau und zur Nutzungsänderung eines Teils eines Lagerhallengebäudes in eine Pension beantragte. Es handelte sich um sieben Räume, die in den Bauunterlagen jeweils als Zweibettzimmer mit Vorraum, Dusche/WC und Kochnische dargestellt waren. Angesprochen werden sollten nach Angabe der Klägerin allerdings nicht Erholungssuchende, sondern Arbeitnehmer, z.B. Montagearbeiter. Die Pension sollte vorübergehenden Wohnbedarf etwa für zwei bis sechs Monate abdecken. Das Vorhaben war in einem Gewerbegebiet nach § 8 BauNVO belegen. Der Senat hat mangels Entscheidungserheblichkeit offen gelassen, ob es sich bei dem Vorhaben der Klägerin um einen Beherbergungsbetrieb handelt, dies grundsätzlich jedoch ausdrücklich als möglich angesehen und dazu formuliert:

> „In einem weiteren Sinne könnte auch das Vorhaben der Klägerin noch einen Beherbergungsbetrieb darstellen. Diese Frage kann aber letztlich offenbleiben, weil das Vorhaben auch dann, wenn es als Beherbergungsbetrieb einzuordnen wäre, in einem Gewerbegebiet nicht zugelassen werden kann."[151]

Im konkreten Fall hatte der Senat die Zulässigkeit des Vorhabens verneint, da es selbst in dem Fall, dass man es als Beherbergungsbetrieb einstufte, einer wohnähnlichen Nutzung zuzuordnen sei und daher im Gewerbegebiet mit der von der Baunutzungsverordnung vorausgesetzten typischen Funktion nicht im Einklang stünde. Angesichts seiner aufgezeigten bisherigen Rechtsprechung hätte nahegelegen, überhaupt nicht in Betracht zu ziehen, dass das Vorhaben einen Betrieb des Beherbergungsgewerbes darstellen könnte. Dies gilt erst recht, wenn man bedenkt, dass Räume für eine Aufenthaltsdauer von zwei bis sechs Monaten für beruflich veranlasste Aufenthalte, insbesondere Montagearbeiter, zur Verfügung gestellt werden sollten. Hier eine auf eine gewisse Dauer angelegte Häuslichkeit anzunehmen, die einen Beherbergungsbetrieb ausschließt, liegt noch näher als bei der Vermietung von Ferienwohnungen.

Damit bleibt festzuhalten, dass der 4. Senat des Bundesverwaltungsgerichts zunächst ständig eine strenge Auffassung vertrat und verneinte, das Vermieten von Apartments auch zu Ferienzwecken könne dem Begriff des Betriebs des Beherbergungsgewerbes unterfallen. Die Entscheidung aus dem Jahre 1992 deutet aber immerhin eine vorsichtige Öffnung dahingehend an, dass der Senat eine solche Einordnung jedenfalls nicht für gänzlich ausgeschlossen hält.

(2) Zu den differenzierenden Auffassungen in den unteren Instanzen

In der Rechtsprechung der Oberverwaltungsgerichte und Verwaltungsgerichte werden zu der Frage, ob im Falle der Vermietung von Ferienwohnungen das Vorliegen eines Beherbergungsbetriebs anzunehmen ist, unterschiedliche Auffassungen vertreten.

151 BVerwG, Urteil vom 29.04.1992 - 4 C 43.89 -, BVerwGE 90, 140, 142.

Beispielsweise betonen das Verwaltungsgericht Schwerin und das Oberverwaltungsgericht Lüneburg, das Vermieten von Apartments, sei es auch nur zu Ferien- bzw. Urlaubszwecken, unterfiele nicht dem Begriff des Beherbergungsgewerbes, weil in Ferienwohnungen regelmäßig aufgrund der Ausstattung die Möglichkeit zur unabhängigen, wenn auch nur temporären Gestaltung eines häuslichen Wirkungskreises bestehe[152]. Dagegen vertrat das Oberverwaltungsgericht Lüneburg selbst in einer Entscheidung aus dem Jahre 1987 noch die Auffassung, die Vermietung von Ferienwohnungen sei als Betrieb des Beherbergungsgewerbes einzustufen[153]. Der Senat sah keinen Grund, den Begriff im Bauplanungsrecht anders zu beurteilen als im Gaststättenrecht. Dort sei anerkannt, dass das Vermieten von Apartments an Feriengäste die tatbestandlichen Voraussetzungen eines Beherbergungsbetriebs (nach § 1 Abs. 1 Nr. 3 GastG a. F.) erfüllen könne. Auch in anderem Zusammenhang knüpfe die Baunutzungsverordnung an gaststättenrechtliche Begriffe an, so etwa bei der Definition des Begriffs der Schank- und Speisewirtschaft. Weiter enthalte die Baunutzungsverordnung keine Hinweise, die gegen die Annahme eines Beherbergungsbetriebs sprechen könnten. Der Umstand, dass § 10 Abs. 1, Abs. 4 BauNVO Ferienhausgebiete als gesonderte Baugebiete aufführe, deute nicht darauf hin, dass die Vermietung von Ferienwohnungen nicht Gegenstand eines Beherbergungsbetriebs sein könne. Die Notwendigkeit, den Begriff der Ferienwohnnutzung in diesem Zusammenhang einzuführen, erkläre sich schon daraus, dass der in den vorangegangenen Vorschriften verwendete Begriff des Beherbergungsbetriebes eine umfassendere Nutzung zum Ausdruck bringe als die Nutzung durch Ferienwohnungen, denn er beinhalte neben dieser auch das Anbieten von Unterkunftsmöglichkeiten mit Frühstück in Räumen, die nicht die Ausstattung einer Wohnung haben. Dieser Auffassung schloss sich z. B. das Verwaltungsgericht Braunschweig unter Verweis auf die Entscheidung des Oberverwaltungsgerichts Lüneburg an[154]. Das Verwaltungsgericht Ansbach vertritt ohne nähere Begründung die Auffassung, außerhalb von Ferienhausgebieten sei die entgeltliche Unterbringung von Feriengästen in Ferienwohnungen planungsrechtlich als Beherbergung zu bewerten, und verweist dann auf den Beschluss des Bundesverwaltungsgerichts vom 27.11.1987 - 4 B 230 bis 231/87 -[155], der jedoch, wie bereits erörtert[156], die Auffassung nicht inhaltlich stützen kann.

---

152 VG Schwerin, Urteil vom 20.11.2014 - 2 A 90/13 -, juris Rn. 26 ff.; Urteil vom 20.12.2012 - 2 A 1577/10 -, juris Rn. 54 (BauR 2013, 822 nur Leitsatz); Urteil vom 20.12.2012 - 2 A 621/11 -, juris Rn. 30 ff.; Urteil vom 20.12.2012 - 2 A 857/11 -, juris Rn. 30 ff.; OVG Lüneburg, Urteil vom 15.01.2015 - 1 KN 61/14 -, juris Rn. 25; Beschluss vom 12.12.2013 - 1 LA 123/13 -, DVBl. 2014, 254, 255; ebenfalls ablehnend, aber ohne nähere Begründung VGH München, Beschluss vom 04.09.2013 - 14 ZB 13.6 -, BRS 81 Nr. 84.

153 OVG Lüneburg, Urteil vom 20.05.1987 - 1A 124/86 -, BRS 47 Nr. 37, 101.

154 VG Braunschweig, Urteil vom 27.11.2002 - 2 A 567/01 -, juris Rn. 26.

155 VG Ansbach, Urteil vom 22.01.2014 - AN 9 K 13.01327 -, juris Rn. 60.

156 C.III.2.b)aa)(1).

Das Verwaltungsgericht Greifswald führt aus[157], dass es sich bei der Vermietung von Ferienwohnungen um einen Beherbergungsbetrieb handele, da vollständig möblierte Ferienwohnungen, die wechselnden Feriengästen für die übliche Urlaubs- und Feriendauer zur Verfügung gestellt werden, ohne weiteres die Definition eines Beherbergungsbetriebs erfüllen würden. Insbesondere könne nicht angenommen werden, dass die Gäste dort ihren häuslichen Wirkungskreis entfalten könnten. Der Gast könne die Wohnung nur so nutzen, wie sie ihm angeboten werde. Zu einer räumlichen Umgestaltung sei er nicht berechtigt. Allein der Umstand, dass der Gast in einer Küche Speisen selbst zubereiten könne, reiche nicht aus, um eine unabhängige häusliche Gestaltung annehmen zu können. Das Oberverwaltungsgericht Greifswald hat sich dieser Auffassung des Verwaltungsgerichts Greifswald jedoch nicht angeschlossen und führt dazu aus[158]: Ferienwohnungen und Betriebe des Beherbergungsgewerbes seien bauplanungsrechtlich unterschiedliche Nutzungsarten, da sie im Bauplanungsrecht begrifflich unterschieden würden. Während das Ferienwohnen nur in § 10 Abs. 4 BauNVO bezogen auf den Spezialfall der Ferienhäuser Erwähnung finde, nenne die Baunutzungsverordnung Betriebe des Beherbergungsgewerbes in verschiedenen Vorschriften als allgemein oder ausnahmsweise zulässig. Zudem böten Ferienwohnungen die Möglichkeit der Gestaltung eines häuslichen Wirkungskreises. Um einen Beherbergungsbetrieb könne es sich nur dann handeln, wenn hotelähnliche Nebenleistungen in einem nennenswerten Umfang angeboten werden würden wie Frühstücksbuffet, Reinigungsdienst, Wäscheservice, Bettwäschewechsel oder Lebensmitteldienste. Eine generelle Einordnung von Ferienwohnungen als Betrieb des Beherbergungsgewerbes sei auch nicht im Hinblick auf die städtebauliche Zielsetzung der Baunutzungsverordnung gerechtfertigt. Zwar würde tatsächlich auf den ersten Blick vieles dafür sprechen, dass das Störpotential von Ferienwohnungen auf die Umgebung dem von Beherbergungsbetrieben ähnlich sei. Andererseits könnten gerade die typischerweise geringere Größe der Räumlichkeiten und das Vorhandensein bewirtschafteter Servicebereiche in Betrieben des Beherbergungsgewerbes auch Anlass dazu bieten, anzunehmen, das Störpotential eines Beherbergungsbetriebes könnte geringer sein bzw. vom Vermieter besser gesteuert werden. Hinzukomme, dass für die bauplanungsrechtliche Beurteilung nicht nur die ggf. störenden Auswirkungen eines Vorhabens in den Blick zu nehmen seien, sondern auch seine Anforderungen an die Umgebung. Diese könnten sich deshalb bei Ferienwohnungen und Betrieben des Beherbergungsgewerbes unterscheiden, weil der Beherbergungsbetrieb im Hinblick auf seine Bewirtschaftung bereits selbst ein Maß an „Infrastruktur“ garantiere, das deshalb nicht in der Umgebung vorgehalten werden müsse. Ein weiterer Unterschied ergebe sich aus dem häufigen Leerstand von Ferienwohnungen außerhalb der Saison. Es sei Sache des Verordnungsgebers, eine Änderung der Baunutzungsverordnung vorzunehmen, wenn die Nutzung von Ferienwohnungen nicht nur in Sondergebieten zulässig sein soll.

157 VG Greifswald, Urteil vom 31.08.2012 - 5 A 760/11 -, amtlicher Umdruck, 8.
158 OVG Greifswald, Urteil vom 19.02.2014 - 3 L 212/12 -, NordÖR 2014, 323, 324 ff.

Der Verwaltungsgerichtshof Mannheim schließt die Annahme, dass die gewerbliche Vermietung von Ferienwohnungen als Betrieb des Beherbergungsgewerbes angesehen werden könnte, ausdrücklich jedenfalls nicht aus[159].

bb) Literaturmeinungen

In der Literatur existieren verschiedene Auffassungen zur Fragestellung, ob die Vermietung von Anlagen zum Zwecke des Ferienwohnens als Betrieb des Beherbergungsgewerbes eingeordnet werden kann. Von nicht einmal wenigen Stimmen in der Literatur wird angenommen, außerhalb von Ferienhausgebieten, die nach § 10 Abs. 4 BauNVO festgesetzt sind, sei die entgeltliche Unterbringung von Feriengästen in Ferienwohnungen und Ferienhäusern planungsrechtlich als Beherbergung zu bewerten[160]. Begründet wird diese Auffassung zum überwiegenden Teil allerdings nicht näher. Soweit sich eine Erläuterung findet, heißt es lediglich, das Vermieten von Ferienwohnungen sei eher mit der Beherbergung verwandt als mit dem Wohnen[161] oder dass solche Unterkünfte von ständig wechselnden Gästen für einen von vornherein mehr oder weniger kurzen, zumeist wochenweisen, vorübergehenden Aufenthalt zu Ferienzwecken genutzt würden[162]. *Fraatz-Rosenfeld/Kahrmann*[163] führen aus, der ausschlaggebende Grund für die Einordnung einer Ferienwohnung als Beherbergungsbetrieb sei ein argumentum a maiore ad minus. Wenn nämlich schon in Beherbergungsbetrieben eine Unterbringung von Feriengästen inklusive ihrer Bewirtung möglich sein soll, was zweifelsohne eine intensivere Nutzung darstelle, dann müsse das erst recht für die reine Unterbringung in Ferienwohnungen gelten[164]. Insofern sei auch ein – ohnehin nicht mehr zeitgemäßer Verweis – auf das Gaststättenrecht nicht vonnöten. Das Oberverwaltungsgericht Lüneburg hatte, wie oben dargestellt, in einer Entscheidung aus dem Jahr 1987 an den gaststättenrechtlichen Begriff angeknüpft und die Annahme eines Beherbergungsbetriebs bejaht. Das oftmals und auch vom Bundesverwaltungsgericht vorgebrachte Wortlautargument verfange nicht. Herberge bezeichne der Herkunft nach einen „das Heer bergenden Ort“. Eine Herberge bezeichne zwar auch ein Gasthaus, vor allem aber ein Haus, in

---

159 VGH Mannheim, Beschluss vom 19.07.2016 - 5 S 2220/15 -, juris Rn. 10.

160 Stock, in: Ernst/Zinkahn/Bielenberg/Krautzberger, Band 6, BauNVO § 4 Rn. 114; Stock, in: König/Roeser/Stock, § 4a Rn. 25; Pernice-Warnke, NVwZ 2015, 112, 113; Fraatz-Rosenfeld/Kahrmann, VR 2014, 37, 38 f.; Ingold, DÖV 2016, 595, 601; Fickert/Fieseler, § 3 Rn. 20, jedoch mit fehlerhaftem Verweis auf BVerwG, Beschluss vom 27.11.1987 - 4 B 230 und 231.87 -, BRS 47 Nr. 36, das sich mit der Frage in diesem Beschluss nicht befasst, sondern nur mit der Frage der Beurteilung eines Beherbergungsbetriebs als „klein“ nach § 3 Abs. 3 BauNVO; Meiners/Kronsbein/Birkhölzer, in: Hoppenberg/De Witt, Band 1, A III Rn. 145, die jedoch die Rechtsprechung ersichtlich ebenfalls unzutreffend wiedergeben.

161 Stock, in: König/Roeser/Stock, § 4a Rn. 25.

162 Stock, in: Ernst/Zinkahn/Bielenberg/Krautzberger, Band 6, BauNVO § 4 Rn. 114.

163 Fraatz-Rosenfeld/Kahrmann, VR 2014, 37, 38 f.

164 Ähnlich Dyroff, ZMR 2014, 936.

dem man für die Nacht Unterkunft finde. Beherbergen meine auch, jemanden unterzubringen bzw. als Gast aufzunehmen. Voraussetzung sei demnach nicht zwingend, dass auch Zusatzleistungen wie etwa ein Frühstücksservice angeboten werden[165].

Reidt/von Landwüst bejahen das Vorliegen eines Beherbergungsbetriebs, wenn auch beherbergungstypische Dienstleistungen angeboten würden. Lediglich sofern Dienstleistungen in einem nennenswerten Umfang angeboten werden würden, würde es sich bei dem Vermieten von Apartments um einen Beherbergungsbetrieb handeln[166]. Des Weiteren stelle die Vermietung von Ferienwohnungen keine eigenständige Nutzungsart der Baunutzungsverordnung dar. Dies folge zum einen daraus, dass § 10 Abs. 4 BauNVO nur Ferienhäuser und nicht Ferienwohnungen bezeichne. Die in § 10 Abs. 4 BauNVO normierten Anforderungen hinsichtlich Lage, Größe und Ausstattung würden nicht auf Gebäude mit Ferienwohnungen Anwendung finden können[167]. Zudem wird darauf hingewiesen, dass eine dem § 11 Abs. 3 Satz 1 BauNVO entsprechende Regelung fehle. Der bloße Umstand, dass § 10 Abs. 1 BauNVO einen beispielhaften Katalog von Baugebieten benenne, reiche für die Charakterisierung als eigenständige Nutzungsart nicht aus, da auch für zahlreiche andere Nutzungen Sondergebiete festgesetzt werden könnten, wie § 11 Abs. 1 BauNVO belege.

Ein anderer Teil der Literatur lehnt die Einordnung als Beherbergungsbetrieb ab[168]. Dem Begriff des Beherbergungsbetriebs sei immanent, dass die zur Beherbergung bestimmten Räume ständig wechselnden Gästen zur Verfügung gestellt werden würden, ohne dass diese dort ihren häuslichen Wirkungskreis unabhängig gestalten könnten, so dass die Vermietung von Apartments – sei es auch nur zu Ferien- bzw. Urlaubszwecken – nicht dem so verstandenen Begriff des Beherbergungsgewerbes unterfallen könne[169].

cc) Kritik und für die Einordnung als Betrieb des Beherbergungsgewerbes sprechende Gründe

Richtigerweise bestehen keine durchgreifenden Bedenken, die Vermietung von Ferienwohnungen und Ferienhäusern an wechselnde Gäste unter den Begriff des Betriebs des Beherbergungsgewerbes bzw. ggf. den Begriff des kleinen Betriebs des Beherbergungsgewerbes zu subsumieren. Betrachtet man zunächst lediglich die allgemein anerkannte Definition des Betriebs des Beherbergungsgewerbes, nämlich, dass Räume ständig wechselnden Gästen zum vorübergehenden Aufenthalt zur Verfügung gestellt werden, ohne dass diese dort ihren häuslichen Wirkungskreis entfalten können[170], so drängt sich kein Grund auf, die Vermietung von Ferienwohnungen nicht als ggf. kleinen Betrieb des Beherbergungsgewerbes einzustufen.

---

165 Fraatz-Rosenfeld/Kahrmann, VR 2014, 37, 38.
166 Reidt/von Landwüst, UPR 2015, 12 und Die Gemeinde 2015, 7.
167 Reidt/von Landwüst, UPR 2015, 12, 13 und Die Gemeinde 2015, 7, 8.
168 Knaup/Stange, § 3 Rn. 46; von Nicolai, NordÖR 2015, 361, 363.
169 Ebenda.
170 Siehe Nachweise unter B.IV.1.

Es handelt sich zunächst ohne weiteres um einen „Betrieb“ im Sinne der Baunutzungsverordnung. Selbst die Vermietung nur einer Ferienwohnung stellt eine organisatorische Zusammenfassung von Betriebsanlagen und Betriebsmitteln zu einem bestimmten Betriebszweck dar[171]. Des Weiteren findet eine Vermietung an ständig wechselnde Gäste statt. Schließlich besteht in einer Ferienwohnung, die für den üblichen Ferienaufenthalt (maximal einige Wochen) gebucht wird, nicht die Möglichkeit, einen häuslichen Wirkungskreis entfalten zu können. Gleiches gilt auch für ein Ferienhaus. Dies ist im Folgenden näher darzulegen.

(1) Zur fehlenden Möglichkeit der Eigengestaltung der Haushaltsführung und der Begründung eines häuslichen Wirkungskreises

Wenn von Teilen der Rechtsprechung und Literatur angeführt wird, in Ferienwohnungen sei ausstattungsbedingt, wenn auch nur zeitweise, die Gestaltung eines häuslichen Wirkungskreises möglich, so kann dem nicht gefolgt werden. Letztlich kann der Streit darauf heruntergebrochen werden, dass die Gegner der Einordnung unter den Begriff des Beherbergungsbetriebs die Auffassung vertreten, dass bei einer Anmietung von Ferienwohnungen auch durch einen wechselnden Kreis von Gästen die Möglichkeit der Eigengestaltung der Haushaltsführung und des häuslichen Wirkungskreises bestehe, diese aber nicht auf Dauer. Aufgrund des Fehlens der Dauerhaftigkeit handele es sich um keine Wohnnutzung, aber aufgrund der ausstattungsbedingten Möglichkeit der Eigengestaltung der Haushaltsführung und des häuslichen Wirkungskreises eben auch nicht um einen Beherbergungsbetrieb.

Aber was ist genau unter der Möglichkeit der Eigengestaltung der Haushaltsführung und des häuslichen Wirkungskreises zu verstehen? Ist es tatsächlich so, dass schon einige Ausstattungsmerkmale wie Küche und Kühlschrank und das Fehlen von Serviceleistungen ausreichend sind, um die Möglichkeit der Eigengestaltung der Haushaltsführung und des häuslichen Wirkungskreises zu bejahen?

Tatsächlich setzt die Möglichkeit der Eigengestaltung der Haushaltsführung und des häuslichen Wirkungskreises deutlich mehr voraus, als nur das Vorhandensein bestimmter Ausstattungsmerkmale. Wie bereits oben herausgestellt, handelt es sich bei der Ausstattung der Räume lediglich um eine Mindestvoraussetzung. Die Möglichkeit, Speisen zu lagern und zubereiten zu können, ist überhaupt Grundvoraussetzung der Möglichkeit der Eigengestaltung der Haushaltsführung und des häuslichen Wirkungskreises, aber keineswegs ausreichend. Zur Bejahung der Möglichkeit der Eigengestaltung der Haushaltsführung und des häuslichen Wirkungskreises gehört, wie oben bereits ausgeführt, dass den Nutzern rechtlich, mindestens aber tatsächlich der Wohnraum hinreichend gesichert zugeordnet und dieser Lebensbereich gegen unmittelbare Verfügungsgewalt Dritter wirksam als Rückzugsraum für die Entfaltung des privaten Lebens abgeschirmt ist[172]. Voraussetzung ist in jedem Fall ein

---

171 Vgl. Stock, in: Ernst/Zinkahn/Bielenberg/Krautzberger, Band 6, BauNVO § 4 Rn. 110 für die Vermietung eines Gästezimmers.

172 Stock, in: Ernst/Zinkahn/Bielenberg/Krautzberger, Band 6, BauNVO § 3 Rn. 38.

baulich abgeschlossener Raum, der als Rückzugsraum zur Verfügung steht und aus dem Dritte ausgeschlossen werden dürfen und so eine Privatsphäre ermöglicht[173]. Dies ist aber bei einer Ferienwohnung oder einem Ferienhaus nicht der Fall. Insbesondere ist es im Rahmen der Anmietung einer Ferienwohnung in der Regel nicht möglich, den Vermieter so auszuschließen, wie dies bei einer Wohnraummiete der Fall ist. Vielmehr hat der Vermieter einer Ferienwohnung tatsächlich dieselben Möglichkeiten der Einflussnahme wie bei einem Beherbergungsbetrieb. Selbst wenn bei einer Ferienwohnung nur eine Endreinigung stattfindet und der Nutzer die Wohnung über einige Wochen ohne weitere Behelligung nutzen kann, so ist es doch abwegig anzunehmen, dass hier die Möglichkeit der Eigengestaltung der Haushaltsführung und des häuslichen Wirkungskreises bestehen würde. Darüber hinaus fühlt sich kaum jemand in einer Ferienwohnung im engeren Sinne zu Hause und bekommt auch gar nicht die Möglichkeit eröffnet, sich dort frei zu entfalten. Die Wohnung wird mit einer bestimmten Ausstattung angeboten, die man so annimmt, wie man sie vorfindet. Man richtet sich dort, abgesehen von einigen Gegenständen des täglichen Gebrauchs, nicht wirklich ein. Sicherlich kann auch eine Wohnung zum Dauerwohnen möbliert und voll eingerichtet angemietet werden; dass dort auch ein häuslicher Wirkungskreis begründet werden kann, ist nicht zu leugnen, man denke z. B. auch an Zimmer in Studentenwohnheimen. Der Unterschied liegt aber darin, dass man den Raum für diese Zeit dennoch als seinen eigenen empfindet, von Seiten des Vermieters auch so empfinden darf und entsprechend behandelt. Auch erwirbt man ggf. Gegenstände hinzu, dekoriert den Raum um, tauscht jedenfalls für die Zeit der Benutzung Gegenstände aus, die nicht dem eigenen Geschmack entsprechen, stellt Pflanzen auf und entwickelt ein Gefühl, sich dort jedenfalls ein Stück weit entfalten zu können.

(2) Innere Systematik der Baunutzungsverordnung

Näherer Betrachtung bedarf weiter das auf den ersten Blick durchschlagende systematische Argument, dass durch die Nennung von Ferienhäusern in § 10 Abs. 4 BauNVO die Subsumtion der Vermietung von Ferienwohnungen bzw. Ferienhäusern unter den Begriff des Betriebs des Beherbergungsgewerbes ausgeschlossen sei. Wie bereits erwähnt, wird auch dies zum überwiegenden Teil der Rechtsprechung gegen die Möglichkeit der Fassung von Ferienwohnungen unter den Begriff des Betriebs des Beherbergungsgewerbes angeführt[174]. Dass durch die Nennung von Ferienhäusern in § 10 BauNVO tatsächlich die Zulässigkeit in anderen Gebieten ausgeschlossen ist, ist aber abzulehnen. Allerdings ist es unzutreffend, wenn von einigen Autoren hervorgehoben wird, dass § 10 Abs. 4 BauNVO nur für Ferien-

---

173 Stock, in: König/Roeser/Stock, § 3 Rn. 19; OVG Hmbg., Urteil vom 10.04.1997 - Bf II 72/96 -, ZfBR 1998, 112 (Leitsatz); OVG Bremen, Beschluss vom 22.09.1992 - 1 B 82/92 -, ZfBR 1993, 42; OVG Bremen, Beschluss vom 12.02.1991 - 1 B 78/90 -, NVwZ 1991, 1006.

174 Siehe unter C.III.2.b)aa).

häuser gelte und nicht für Ferienwohnungen[175]. Letztlich bezieht sich auch § 10 Abs. 4 BauNVO auf eine Nutzung, nicht auf einen Gebäudetyp. In der Baunutzungsverordnung werden lediglich Nutzungen geregelt, aber keine Gebäudetypen, mag dies sprachlich auch anders formuliert sein[176]. So findet sich in §§ 2 bis 6 BauNVO der Begriff Wohngebäude und nur in §§ 7 bis 9 der Begriff der Wohnung. Letztlich geht es aber stets darum, ob die konkret avisierte Nutzung „Wohnen" zulässig ist. Entsprechend ist es durchaus auf den ersten Blick nicht abwegig, dass durch § 10 Abs. 4 BauNVO allgemein die Nutzung „Ferienwohnen" auf entsprechend ausgewiesene Sondergebiete beschränkt sein soll.

Reidt/von Landwüst stellen aber darüber hinaus vollkommen zutreffend fest, dass die Systematik der Baunutzungsverordnung gegen einen Ausschluss des Ferienwohnens in den übrigen Baugebieten spricht[177]. § 11 Abs. 2 Satz 2 BauNVO bestimmt, dass als sonstige Sondergebiete insbesondere Gebiete für Einkaufszentren und großflächige Handelsbetriebe in Betracht kommen. In § 11 Abs. 2 Satz 2 BauNVO findet sich dieselbe Regelungssystematik wie in § 10 Abs. 1 BauNVO. § 11 Abs. 3 Satz 1 BauNVO bestimmt dann aber ausdrücklich, dass die unter § 11 Abs. 3 Satz 1 Nr. 1 bis 3 BauNVO genannten Vorhaben außer in Kerngebieten nur in für sie festgesetzten Sondergebieten zulässig sind. Eine solche ausdrückliche Zuweisung der Zulässigkeit in ein Sondergebiet findet sich aber in § 10 BauNVO gerade nicht. Hätte der Verordnungsgeber gewollt, dass Ferienhäuser bzw. Ferienwohnungen grundsätzlich lediglich in dafür ausgewiesenen Sondergebieten zulässig sind, so hätte er dies entsprechend der Regelung des § 11 Abs. 3 Satz 1 BauNVO normieren müssen. Dass ein solcher Ausschluss nicht in § 10 BauNVO für Ferienhausgebiete enthalten ist, spricht gerade dagegen, dass die Nennung von Ferienhäusern in § 10 Abs. 1 und Abs. 4 BauNVO ausschließen soll, dass diese nicht auch als Betrieb des Beherbergungsgewerbes angesehen werden können[178].

Ein entsprechender Wille des Verordnungsgebers kann auch den einschlägigen Gesetzesmaterialien zur 2. Änderung der Baunutzungsverordnung[179] nicht entnommen werden. § 10 in seiner ursprünglichen Fassung der Baunutzungsverordnung 1962 ist durch die ÄnderungsVO 1977 wesentlich modifiziert worden[180]. § 10 BauNVO enthielt in der Fassung von 1962 zunächst lediglich die Regelung, dass Wochenendhäuser als Einzelhäuser zulässig seien und ihre Grundfläche im Bebauungsplan begrenzt nach der besonderen Eigenart des Gebiets unter Berücksichtigung der landschaftlichen Gegebenheiten festzusetzen sei. Auf Vorschlag des Bundesrates sind die Ferienhausgebiete und Campingplatzgebiete

---

175 Schmidt/Eichstaedt, ZfBR 2016, 225, 229; Reidt/von Landwüst, UPR 2015, 12, 13.

176 Vgl. auch Fraatz-Rosenfeld/Kahrmann, VR 2014, 37; Ziegler, in: Brügelmann, Band 6, BauNVO § 3 Rn. 17; vgl. oben unter B.I.2.

177 Reidt/von Landwüst, UPR 2015, 12, 13.

178 So auch VGH Mannheim, Beschluss vom 19.07.2016 - 5 S 2220/15 -, juris Rn. 9.

179 BR-Drs. 261/77.

180 Vgl. Söfker, in: Ernst/Zinkahn/Bielenberg/Krautzberger, Band 6, BauNVO § 10 Rn. 2.

als Sondergebiete, die der Erholung dienen, in § 10 BauNVO zusätzlich zu den Wochenendhausgebieten unter Neugestaltung des § 10 BauNVO aufgenommen worden. Diese Änderung bezweckte ausweislich der Begründung zum Beschluss des Bundesrates, der Änderung der Baunutzungsverordnung zuzustimmen, dass nicht nur Wochenendhausgebiete regelungsbedürftig seien, sondern auch andere Gebiete, die der Erholung dienen. Die Neufassung des § 10 BauNVO diene dem Zweck, für alle diese Gebiete Regelungen, soweit notwendig, zu schaffen[181]. Dass damit die Zulässigkeit von Ferienhäusern und Ferienwohnungen in den übrigen Baugebieten ausgeschlossen werden sollte, kann dem nicht entnommen werden. Hingegen finden sich in der Begründung zum Gesetzesvorschlag ausführliche Erläuterungen dazu, dass nach § 11 Abs. 3 Satz 1 BauNVO die unter Nr. 1 bis 3 näher beschriebenen Vorhaben außer in Kerngebieten nur in für sie festgesetzten Sondergebieten zulässig sein sollen[182]. Wenn jedoch hinsichtlich der Zuweisung in § 11 Abs. 3 Satz 1 BauNVO eine solche ausführliche Begründung vorhanden ist, eine Begründung hinsichtlich der Regelung des § 10 BauNVO gänzlich fehlt, so spricht auch dies dafür, dass hinsichtlich § 10 BauNVO ein entsprechender Ausschluss schon gar nicht bezweckt sein sollte. Vielmehr dürfte die Nennung von Ferienhäusern in § 10 Abs. 1, Abs. 4 BauNVO so aufgefasst werden, dass mit § 10 Abs. 1, Abs. 4 BauNVO lediglich die Möglichkeit eröffnet werden sollte, für die Vermietung von Ferienhäusern und Ferienwohnungen ein Sondergebiet zu entwickeln und über ein solches weitreichendere Festsetzungsmöglichkeiten zu schaffen, als über die Baugebiete nach §§ 2 bis 9 BauNVO möglich wäre[183].

(3) Zum vergleichbaren Störpotential

Auch bestehen bezüglich der von Ferienwohnungen und Ferienhäusern ausgehenden Störungen keine Bedenken, diese Anlagen als Betrieb eines Beherbergungsgewerbes einzuordnen. Im Gegenteil ist das von Ferienwohnungen und Ferienhäusern ausgehende Störpotential dem von klassischen Betrieben des Beherbergungsgewerbes sehr ähnlich[184]. Dies gilt zunächst hinsichtlich der vom Gästewechsel ausgehenden Störungen. Sowohl bei Beherbergungsbetrieben als auch bei Ferienwohnungen ist die Verweildauer nach Tagen oder Wochen bemessen, so dass regelmäßig und in ähnlichen Abständen Gäste an- und abreisen. Man kann sogar annehmen, dass die Fluktuation bei klassischen Beherbergungsbetrieben wie Hotels oder Pensionen eher noch höher ist als bei Ferienwohnungen

---

181 BR-Drs. 261/77, 33 und Empfehlung der Ausschüsse, BR-Drs. 261/1/77, 9; vgl. auch Söfker, in: Ernst/Zinkahn/Bielenberg/Krautzberger, Band 6, BauNVO § 10 Rn. 2a.

182 BR-Drs. 261/77, 35 ff.

183 So auch Pernice-Warnke, NVwZ 2015, 112, 113; Schröder, GewArch 2015, 392, 393 f.; ähnlich OVG Lüneburg, Urteil vom 18.09.2014 - 1 KN 123/12 -, BauR 2015, 452, 453; Urteil vom 20.05.1987 - 1 A 124/86 -, BRS 47 Nr. 37.

184 Vgl. auch Fraatz/Rosenfeld/Kahrmann, VR 2014, 37, 38; VG Schleswig, Urteil vom 06.07.2016 - 8 A 155/15 -, juris Rn. 18.

oder Ferienhäusern. Auch hinsichtlich der zu erwartenden geringen Rücksichtnahme auf die Umgebung im Vergleich zur Wohnnutzung ergeben sich keine signifikanten Unterschiede. Nicht nachvollziehbar ist dahingehend die Auffassung des Oberverwaltungsgerichts Greifswald, es könne ebenso angenommen werden, die von Beherbergungsbetrieben ausgehenden Störungen könnten auch geringer sein als von Ferienwohnungen, da die Räume in Beherbergungsbetrieben in der Regel kleiner seien und vom Betriebsinhaber besser gesteuert werden könnten[185]. Die Größe der Räume sagt nichts über die durch die Nutzer verursachten Störungen aus. Dass der Betreiber eines Hotels oder einer Pension die von den Nutzern ausgehenden Störungen nach außen besser kontrollieren kann oder dies auch tatsächlich durchsetzt, dürfte sich eher im Theoretischen abspielen. Letztlich dürfte es vom mehr zufälligen Verhalten der einzelnen Nutzer und des Betreibers abhängen, welche Störungen vom konkreten Objekt am konkreten Ort ausgehen. Jedenfalls aber spricht tatsächlich nichts dafür, dass *in der Regel* von der Ferienwohnnutzung größere Störungen zu erwarten sind als von einem klassischen Beherbergungsbetrieb wie einem Hotel oder einer Pension. Eher ist aufgrund der stärkeren Fluktuation bei klassischen Beherbergungsbetrieben wie Hotels, Motels oder Pensionen das Gegenteil zu erwarten.

(4) Infrastruktur, Ausstattung und Serviceangebot als zu vernachlässigende Anhaltspunkte

Differenzierungen hinsichtlich der vorzuhaltenden Infrastruktur, Ausstattung und des Serviceangebots[186] gehen an der Realität vorbei. Es trifft nicht zu, dass jedes Hotel und jede Pension ein Frühstück anbietet, oftmals ist dies an einen etwas entfernt liegenden Gaststättenbetrieb ausgelagert. Ebenso unzutreffend ist, dass jeder Nutzer einer Ferienwohnung sich täglich selbst Mahlzeiten zubereitet. Die Entscheidung für eine Ferienwohnung hängt nicht selten allein damit zusammen, dass für denselben Preis mehr Raum für mehr Personen zur Verfügung steht und gerade geschätzt wird, dass nicht täglich Personal die Räume reinigt und die Bettwäsche tauscht. Insbesondere aber ist nicht nachvollziehbar, warum Infrastruktur, Ausstattung und Serviceangebot überhaupt maßgeblich darüber entscheiden sollen, ob ein Beherbergungsbetrieb vorliegt. Letztlich wird über die Regelungen der Baunutzungsverordnung versucht, konfligierende Nutzungen so nebeneinander zuzulassen oder auszuschließen, dass ein sozialverträgliches Nebeneinander ermöglicht ist. Sinn und Zweck der Baunutzungsverordnung ist also Konfliktvermeidung. Dies gilt sowohl auf der Planungsebene als auch auf der Nutzungsebene. Sofern die vorzuhaltende Infrastruktur, die Ausstattung und das Serviceangebot keine Auswirkungen auf das Störpotential haben, sind sie eher von untergeordneter Bedeutung.

---

185 OVG Greifswald, Urteil vom 19.02.2014 - 3 L 212/12 -, NordÖR 2014, 323, 326.

186 OVG Greifswald, Urteil vom 19.02.2014 - 3 L 212/12 -, NordÖR 2014, 323, 326; vgl. Darstellung bei Reidt/von Landwüst, UPR 2015, 12, 13.

dd) Zusammenfassung

Nach alledem ist festzuhalten, dass die Vermietung von Ferienwohnungen und Ferienhäusern richtigerweise als Betrieb des Beherbergungsgewerbes nach der Baunutzungsverordnung einzuordnen ist. In tatsächlicher Hinsicht führt die Einordnung der Vermietung von Ferienwohnungen und Ferienhäusern unter den Begriff des Beherbergungsgewerbes zu solchen Ergebnissen, die für die Praxis tauglich sind. So wäre die Vermietung von Ferienwohnungen außer in entsprechende Festsetzungen erhaltenden Sondergebieten in reinen und allgemeinen Wohngebieten nur ausnahmsweise zulässig[187]. Allgemein zulässig wären Ferienwohnungen in besonderen Wohngebieten nach § 4a Abs. 2 Nr. 2 BauNVO in Dorfgebieten nach § 5 Abs. 2 Nr. 5 BauNVO in Mischgebieten nach § 6 Abs. 2 Nr. 3 BauNVO und in Kerngebieten nach § 7 Abs. 2 Nr. 2 BauNVO und ausnahmsweise in allgemeinen Wohngebieten nach § 4 Abs. 3 Nr. 1 BauNVO und in reinen Wohngebieten nach § 3 Abs. 3 Nr. 1 BauNVO, sofern es sich um kleine Betriebe handelt. Eine Zulässigkeit in Gewerbegebieten und in Industriegebieten scheidet regelmäßig aus[188]. Die Einordnung fügt sich damit auch systematisch harmonisch ein und ermöglicht die in der Praxis erforderliche Legalisierung von Ferienwohnungen insbesondere in den Wohngebieten.

Eine Änderung der Baunutzungsverordnung[189] ist daher nicht erforderlich, angesichts der divergierenden Auffassungen innerhalb der Rechtsprechung und Literatur wäre allerdings eine Klarstellung in der Baunutzungsverordnung zweckdienlich. Dafür sollte in die §§ 3 bis 7 BauNVO jeweils hinter den Begriff „Betrieb des Beherbergungsgewerbes" der Zusatz eingefügt werden „einschließlich Ferienhäuser und Ferienwohnungen". Die Möglichkeiten der Feinsteuerung für Betriebe des Beherbergungsgewerbes sind auch für die Vermietung von Ferienwohnungen und Ferienhäusern angezeigt. Einer eigenen Definition der Begriffe „Ferienhäuser und Ferienwohnungen" bedarf es nicht; eine Klarstellung in der Begründung zur Änderung der Baunutzungsverordnung wäre ausreichend. Für reine Wohngebiete nach § 3 BauNVO sollte in der Begründung darauf hingewiesen werden, dass sich im reinen Wohngebiet die Maßstäbe zur Zulässigkeit von Ferienhäusern und Ferienwohnungen an denen der kleinen Betriebe des Beherbergungsgewerbes orientieren sollen. Auf die in dem Entwurf des Landes Mecklenburg-Vorpommern enthaltene Beschränkung auf „kleine Ferienwohnungen" bzw. „kleine Ferienhäuser"[190] sollte verzichtet werden, da sie den Anschein erweckt, es käme auf die Größe der Räume an. Entscheidend sind jedoch die städtebaulichen Auswirkungen, die nicht absolut bestimmbar sind, sondern sich erst aus einem Vergleich der Auswirkungen im konkreten Gebiet ergeben können.

---

187 Siehe auch Fraatz-Rosenfeld/Kahrmann, VR 2014, 37, 39.

188 Siehe unter C.III.2.c)bb).

189 Siehe zu dem im Regierungsentwurf vom 30.11.2016 enthaltenen Vorschlag der Schaffung eines § 13a BauNVO näher unter C.V.1.

190 Siehe unten unter C.V.2.

Mehrere Gebäude, die als Ganzes für Zwecke des Ferienwohnens vermietet werden oder in denen jeweils Ferienwohnungen vermietet werden, sind dann als ein einheitlicher Beherbergungsbetrieb anzusehen, wenn sie räumlich so nahe beieinanderliegen und ihre Nutzung so eng miteinander verknüpft sind, dass sie sich im Baugebiet als Einheit auswirken[191]. Dabei kommt es auf die Eigentumsverhältnisse nicht an, so dass auch in dem Fall, dass die Gebäude im Eigentum verschiedener Personen stehen, was auch im Falle von Wohnungseigentum möglich ist, ein einheitlicher Betrieb angenommen werden kann[192].

Auch sofern man sich nicht der Auffassung anschließt, dass Ferienwohnungen und Ferienhäuser als Betriebe des Beherbergungsgewerbes eingeordnet werden können, sollten diese in jedem Fall als eigene zulässige Nutzungsart parallel zur allgemeinen oder ausnahmsweisen Zulässigkeit der Beherbergungsbetriebe aufgeführt werden. Alternativ könnte in Anlehnung an den Entwurf des Bundeslandes Mecklenburg-Vorpommern in den Baugebieten der §§ 3 bis 7 BauNVO jeweils ein eigener Zulässigkeitstatbestand eingeführt werden „Ferienhäuser und Ferienwohnungen", mit dem jeweils parallel zur Zulässigkeit der Betriebe des Beherbergungsgewerbes die generelle oder ausnahmsweise Zulässigkeit bestimmt wird.

Eine solche Klarstellung könnte jedoch stets nur für die Zukunft Rechtssicherheit schaffen. Vorherigen Planungsentscheidungen von Gemeinden kann über eine erst nach Erlass des Bebauungsplanes erfolgte Änderung der Baunutzungsverordnung kein neuer Inhalt „untergeschoben" werden. Es dürfte nicht zuletzt im Hinblick auf Art. 28 Abs. 2 GG ausgeschlossen sein, eine Übergangsregelung oder ähnliches zu finden, die in verfassungskonformer Weise eine Anwendung der Neuregelung auch bei alten Plänen gestattet. Für bereits erlassene Bebauungspläne bleibt nur die Möglichkeit der Auslegung des Begriffs Betriebe des Beherbergungsgewerbes unter Einschluss der Vermietung von Ferienwohnungen und Ferienhäuser.

c) Vermietung von Ferienwohnungen und -häusern als sonstige Gewerbebetriebe?

Auf den ersten Blick scheint nicht ausgeschlossen, dass das Vermieten von Ferienwohnungen als sonstiger Gewerbebetrieb zulässig sein könnte. Unter Gewerbe versteht man in Anlehnung an das Gewerbe- und Steuerrecht jede nicht sozial unwertige, generell nicht verbotene, selbständige auf Dauer angelegte und auf Gewinnerzielung gerichtete Tätigkeit, ausgenommen Urproduktion, freie Berufe und bloße Verwaltung und Nutzung eigenen Vermögens[193]. Dem Gewerbebegriff nach

---

191 BVerwG, Beschluss vom 27.11.1987 - 4 B 230–231.87, 4 B 230.87, 4 B 231.87 -, DÖV 1988, 382; OVG Lüneburg, Urteil vom 20.05.1987 - 1 A 124/86 -, BRS 47 Nr. 37; Fickert/Fieseler, § 3 Rn. 20.

192 BVerwG, Beschluss vom 27.11.1987 - 4 B 230–231.87, 4 B 230.87, 4 B 231.87 -, DÖV 1988, 382.

193 BVerwG, Urteil vom 26.01.1993 - 1 C 25.91 -, NVwZ 1993, 775 zu § 14 GewO; Söfker, in: Ernst/Zinkahn/Bielenberg/Krautzberger, Band 6, BauNVO § 8 Rn. 22.

dem Gewerberecht unterfallen damit auch Hotels und andere Formen der Bereitstellung von Aufenthaltsmöglichkeiten bzw. Übernachtungsmöglichkeiten gegen Entgelt[194] und auch die Vermietung von Ferienwohnungen, wenn die Vermietung nicht mehr lediglich als Verwaltung eigenen Vermögens erscheint[195]. Wegen der spezifisch ordnungsrechtlichen Zielsetzung des Gewerberechts können jedoch die gewerberechtlichen Einordnungen nicht ohne weiteres auf das Baurecht übertragen werden[196].

Vereinzelt wird in der Literatur[197] und der Rechtsprechung[198] angenommen, dass das Vermieten von Ferienwohnungen planungsrechtlich einen sonstigen Gewerbebetrieb darstellt. Richtigerweise muss jedoch eine differenzierte Betrachtung erfolgen. Für die Möglichkeit einer Subsumtion unter den Begriff des sonstigen Gewerbebetriebs kommt es richtigerweise in einem ersten Schritt darauf an, in welchem Gebiet der Baunutzungsverordnung sich die Anlage befindet. Grundsätzlich gilt, dass, soweit sich innerhalb der Regelungen zu einem Baugebiet eine abschließend unter einem Spezialbegriff genannte Form des Gewerbes findet, diese als lex specialis vorgeht[199].

aa) Wohngebiete, §§ 2 bis 7 BauNVO

Der soeben genannte Grundsatz gilt auch für die Nutzungsform des Betriebs des Beherbergungsgewerbes[200]. Vertritt man wie hier die Auffassung, dass es sich bei dem Vermieten von Ferienwohnungen um einen ggf. auch kleinen Betrieb des Beherbergungsgewerbes handelt, ist daher eine Subsumtion unter den Begriff des sonstigen Gewerbebetriebs für die Wohngebiete nach §§ 2 bis 7 BauNVO ausgeschlossen. Sieht man das Vermieten von Ferienwohnungen nicht als Betrieb des Beherbergungsgewerbes an, so kann das Vermieten von Ferienwohnungen dennoch nicht als sonstiger Gewerbebetrieb eingestuft werden, weil das Vermieten von Ferienwohnungen dem Beherbergungsgewerbe so nahesteht und jedenfalls als „jenseitige Beherbergungsform" bezeichnet werden kann, dass die Sperrwirkung der Spezialregelung eingreift[201]. Für Kleinsiedlungsgebiete ist klarzustellen, dass zwar

---

194 Söfker, in: Ernst/Zinkahn/Bielenberg/Krautzberger, Band 6, BauNVO § 8 Rn. 22; Stock, in: König/Roeser/Stock, § 8 Rn. 16 und § 2 Rn. 49.

195 BVerwG, Urteil vom 26.01.1993 - 1 C 25.91 -, NVwZ 1993, 775, 776 zu § 14 GewO.

196 BVerwG, Urteil vom 26.01.1993 - 1 C 25.91 -, NVwZ 1993, 775, 776.

197 Reidt/von Landwüst, UPR 2015, 12 f. und Die Gemeinde 2015, 7; Schröer/Kümmel, NVwZ 2016, 1452, 1454; Schmidt-Eichstadt, ZfBR 2016, 225, 229.

198 VGH Mannheim, Beschluss vom 19.07.2016 - 5 S 2220/15 -, juris Rn. 7; VG Sigmaringen, Beschluss vom 17.07.2015 - 7 K 2123/14 -, juris Rn. 32.

199 Stock, in: König/Roeser/Stock, § 8 Rn. 16; Stock, in: Ernst/Zinkahn/Bielenberg/Krautzberger, Band 6, BauNVO § 4a Rn. 60; VG Schwerin, Urteil vom 20.12.2012 - 2 A 621/11 -, juris Rn. 37; a.A. offenbar Reidt/von Landwüst, UPR 2015, 12.

200 Ebenda.

201 VG Schwerin, Urteil vom 20.12.2012 - 2 A 621/11 -, juris Rn. 37.

in § 2 BauNVO der Betrieb des Beherbergungsgewerbes nicht ausdrücklich geregelt ist, die Zulässigkeit von Beherbergungsbetrieben ist aber in den Wohngebieten insgesamt abschließend als geregelt anzusehen, so dass Beherbergungsbetriebe nicht als sonstige Gewerbebetriebe in Kleinsiedlungsgebieten zulässig sind[202].

bb) Gewerbe- und Industriegebiete, §§ 8, 9 BauNVO

Erfolgt innerhalb des Baugebietstyps keine Differenzierung nach einzelnen Formen des Gewerbebetriebs, namentlich in den Fällen der § 8 und § 9 BauNVO, ist die Einordnung der Vermietung von Ferienwohnungen und Ferienhäusern als Gewerbebetrieb nicht grundsätzlich ausgeschlossen. Inwiefern diese Nutzung als sonstiger Gewerbebetrieb zulässig sein kann, richtet sich weiter danach, ob die konkrete Art der Nutzung mit der allgemeinen Zweckbestimmung des Gebiets zu vereinbaren ist. Entscheidend ist, welche typischen Belästigungen den Gästen noch als erträglich abverlangt werden können[203]. Das Bundesverwaltungsgericht hat zu Beherbergungsbetrieben festgestellt, dass sie im Gewerbegebiet nur zulässig sein können, wenn ihren Gästen die typischen Belästigungen eines solchen Gebiets zugemutet werden können. Dies könne beispielsweise bei größeren Hotels mit regelmäßig kurzer Verweildauer der Gäste und bei kerngebietstypischen Beherbergungsstätten angenommen werden. Dagegen sei etwa die Fremdenpension eines Urlaubsortes oder ein Kurhotel mit dem Charakter eines Gewerbegebiets nicht vereinbar. Das Vorhaben des Klägers im zu entscheidenden Fall – eine Apartmentvermietung an Montagearbeiter – sei nicht genehmigungsfähig, da es, auch wenn es nicht mehr vom Begriff der Wohnnutzung umfasst sei, zumindest einer wohnähnlichen Nutzung diene[204]. Wendet man diese Grundsätze auf das Vermieten von Ferienwohnungen an, ist die Nutzung in aller Regel im Gewerbegebiet und erst recht im Industriegebiet unzulässig. Denn auch wenn es sich bei dieser Nutzung nicht im engeren Sinne um eine Wohnnutzung handelt, so findet dort aber eine dem Wohnen hinsichtlich der zumutbaren Störungen vergleichbare Nutzung statt.

Nach alledem unterfällt das Vermieten von Ferienwohnungen in keinem Baugebiet der Baunutzungsverordnung dem Begriff des sonstigen Gewerbebetriebs.

d) Sondergebietsspezifische Nutzungen nach §§ 10, 11 BauNVO

In jedem Fall handelt es sich bei der Vermietung von Ferienhäusern und Ferienwohnungen um eine § 10 Abs. 4 BauNVO unterfallende Nutzung, die damit in

---

202 Stock, in: König/Roeser/Stock, § 2 Rn. 49; Ziegler, in: Brügelmann, Band 1, BauGB § 2 Rn. 75; Stock, in: Ernst/Zinkahn/Bielenberg/Krautzberger, Band 6, BauNVO § 2 Rn. 89.

203 BVerwG, Urteil vom 29.04.1992 - 4 C 43.89 -, BVerwGE 90, 140, 145.

204 BVerwG, Urteil vom 29.04.1992 - 4 C 43.89 -, BVerwGE 90, 140, 145; vgl. für ein Seniorenwohnheim BVerwG, Beschluss vom 13.05.2002 - 4 B 86.01 -, BauR 2002, 1499, 1500.

einem Ferienhausgebiet oder einem eine entsprechende Nutzung festsetzenden sonstigen Sondergebiet nach § 10 Abs. 2 BauNVO der Art der baulichen Nutzung nach zulässig ist[205]. Gem. § 10 Abs. 4 BauNVO sind in Ferienhausgebieten Ferienhäuser zulässig, die aufgrund ihrer Lage, Größe, Ausstattung, Erschließung und Versorgung für den Erholungsaufenthalt geeignet und dazu bestimmt sind, überwiegend und auf Dauer einem wechselnden Personenkreis zur Erholung zu dienen. Entgegen teilweise vertretener Auffassung[206] erfasst die Regelung auch Ferienwohnungen[207].

Lehnt man ab, die Vermietung von Ferienwohnungen als Beherbergungsbetrieb einzuordnen, so kann diese Nutzung lediglich in einem Ferienhausgebiet nach § 10 Abs. 1, Abs. 4 BauNVO, in einem entsprechende Festsetzungen enthaltenden unbenannten Sondergebiet nach § 10 Abs. 1, Abs. 2 BauNVO oder § 11 Abs. 1 BauNVO zulässig sein. Auf Besonderheiten hinsichtlich der Konfigurierung entsprechender Sondergebiete wird an späterer Stelle gesondert eingegangen[208].

e) *Zulässigkeit als bestandssichernde Festsetzung oder Fremdkörperfestsetzung*

Schließlich kann die Vermietung von Ferienwohnungen und Ferienhäusern außerhalb von Sondergebieten auch über eine bestandssichernde Festsetzung in anderen Baugebieten, vor allem in Wohngebieten, zulässig sein. Festsetzungen, die dem Bestandsschutz dienen, dürfen nur dann erfolgen, wenn sie quantitativ und qualitativ so in den Hintergrund treten, dass die eigentliche Bebauung das Erscheinungsbild des Gebiets nach wie vor prägt, z.B. das Dauerwohnen. Festsetzungen zum Bestandsschutz dürften nicht dazu führen, dass ein diffuses Mischgebiet entsteht[209]. Dabei sind vor allem die Zahl, Größe und auch Lage solcher Anlagen, die zur eigentlichen Nutzung im Gebiet bestimmt sind, und derjenigen, in denen Erholungswohnen zulässig ist oder dauerhaft geduldet wird, festzustellen und ins Verhältnis zu setzen. Je größer der Anteil an Gebäuden mit Ferienwohnungen oder Ferienhäusern und je auffälliger ihr Größenunterschied zu den übrigen Nutzungen und je mehr das Plangebiet mit ihnen durchsetzt ist, desto eher stellt die Ferienwohnnutzung den Charakter des Gebiets zum Dauerwohnen in Frage[210].

---

205 Fraatz-Rosenfeld/Kahrmann, VR 2014, 37, 39.

206 Reidt/von Landwüst, UPR 2015, 12, 13.

207 Siehe nur Stock, in: König/Roeser/Stock, § 10 Rn. 30; Ziegler, in: Brügelmann, Band 6, BauNVO § 10 Rn. 70.

208 Siehe unten unter C.VI.

209 BVerwG, Urteil vom 11.07.2013 - 4 CN 7.12 -, NVwZ 2014, 72, 74 für Dauerwohnen im Sondergebiet; vgl. auch Gatz, JurisPR-BVerwG 22/2013, Anm. 6.

210 BVerwG, Urteil vom 11.07.2013 - 4 CN 7.12 -, NVwZ 2014, 72, 74 f.

3. Zwischen- oder Weitervermietung zu Zwecken des Ferienaufenthalts

Schwierigkeiten bereiten die Fallkonstellationen, in denen eine Wohnung oder ein Gebäude durch den Eigentümer oder Hauptmieter primär selbst genutzt wird und Räumlichkeiten im Gebäude gelegentlich an Urlaubsgäste gewerblich aber auch privat überlassen werden. Gerade in attraktiven und exklusiven Urlaubsregionen liegt es nahe, in Zeiten der Abwesenheit des Eigentümers oder Mieters auf diese Weise die Räume mitunter äußerst lukrativ an Dritte zu vermieten. Es stellt sich zudem die Frage, inwieweit die Überlassung an Freunde und Familie planungsrechtlich noch der Eigennutzung durch den Eigentümer oder Mieter unterfällt und ab wann der Wechsel zu einer anderen Nutzungsform stattfindet, insbesondere von einer Wohn- zu einer Ferienwohnnutzung übergeht.

a) Gewerbliche Vermietung

Weniger problematisch stellen sich dagegen die Fälle dar, in denen Räume in der Regel mit Gewinnerzielungsabsicht an Fremde weitervermietet werden. Dabei handelt es sich nicht etwa bloß um eine Untervermietung, die als Wohnnutzung eingestuft werden könnte[211]. So hatte das Oberverwaltungsgericht Münster über einen Fall zu entscheiden, in dem die Klägerin Eigentümerin eines Einfamilienhauses war, das in einem faktischen reinen oder allgemeinen Wohngebiet nach § 34 Abs. 2 BauGB i.V.m. §§ 3 und 4 BauNVO belegen war[212]. Das Gebäude bewohnte sie selbst und vermietete zugleich einzelne Räume unter Mitbenutzung von Küche und Bad an Messegäste für die Dauer von jeweils bis zu fünf Tagen. Weitere Serviceleistungen wie Zimmerreinigung, Frühstück oder Bettwäschewechsel wurden nicht erbracht. In den Entscheidungsgründen stellt der Senat zutreffend heraus, die tageweise Nutzung vollständig eingerichteter und mit Bettwäsche bzw. Handtüchern ausgestatteter Gästezimmer durch Messegäste sei schon nach dem natürlichen Wortsinn nicht als „Wohnen" zu bezeichnen. Eine teleologische Auslegung des § 3 Abs. 1, Abs. 3 Nr. 1 und des § 4 Abs. 1, Abs. 3 Nr. 1 BauNVO unter Berücksichtigung der dazu vorliegenden Rechtsprechung ergebe nichts anderes. Von einem „Wohnen" könne nur dann die Rede sein, wenn die zu prüfende Nutzung durch eine auf Dauer angelegte Häuslichkeit, durch die Eigengestaltung der Haushaltsführung und die Freiwilligkeit des Aufenthalts geprägt sei. Gegenüber der Beherbergung sei das Wohnen vor allem durch das Merkmal der Dauerhaftigkeit geprägt. Die angebotene Leistung sei auf die Schaffung einer vorübergehenden Beherbergung, nicht aber die Schaffung einer Wohngelegenheit gerichtet.

---

211 OVG Münster, Beschluss vom 14.08.2007 - 10 A 1219/06 -, BauR 2007, 2033; Ziegler, in: Brügelmann, Band 6, BauNVO § 3 Rn. 11; Ingold, DÖV 2016, 595, 601.

212 OVG Münster, Beschluss vom 14.08.2007 - 10 A 1219/06 -, BauR 2007, 2033, die genaue Einordnung wurde mangels Entscheidungserheblichkeit offengelassen.

Daher handelt es sich bei der Weitergabe der eigenen Wohnung an Fremde, die über entsprechende Portale wie z. B. Airbnb oder Wimdu vermittelt werden, nicht lediglich um eine von der Wohnnutzung umfasste Nutzung. Vielmehr stellt dies planungsrechtlich eine Vermietung einer Ferienwohnung dar, die je nach der dazu vertretenen Auffassung lediglich in einem Sondergebiet nach § 10 oder § 11 BauNVO zulässig wäre oder einen Betrieb des Beherbergungsgewerbes darstellt.

b) Weitergabe an Freunde und Familie

Schwerer einzuordnen sind jedoch die Fälle, in denen der Eigentümer oder Hauptmieter die Räume Freunden oder Familienmitgliedern, also nahestehenden Personen, zu Urlaubszwecken zur Verfügung stellt. Unzweifelhaft umfasst eine Wohnnutzung planungsrechtlich das Aufnehmen von Gästen. Dies gilt auch für den Fall, dass die dort eigentlich dauerhaft wohnenden Personen selbst nicht anwesend sind[213]. Problematisch wird es aber, wenn die Nutzung durch die Gäste einen Umfang erreicht, der das Aufsuchen der Räume als eine eigene Nutzung neben der eigentlichen Wohnnutzung erscheinen lässt. Feste Grenzen, ab wann die Nutzung durch die Gäste in eine selbstständige Nutzung umschlägt, lassen sich indes äußerst schwer ziehen, etwa eine nach Tagen oder Wochen bestimmte maximale jährliche Aufenthaltsdauer festzulegen. Vielmehr hängt es vom Einzelfall ab, ob sich die Weitergabe noch als Ausübung einer Wohnnutzung darstellt oder ob es sich bereits um Ferienwohnen handelt. Unerheblich ist nach zutreffender Auffassung, ob für die Überlassung ein Entgelt gezahlt wird[214]. Richtigerweise kann es nur darauf ankommen, ab wann im konkreten Fall die Nutzung ihrem äußeren Erscheinungsbild nach sich nicht mehr wesentlich von der einer Ferienwohnnutzung unterscheidet[215]. Wie bereits dargestellt, ist wesentliches Merkmal der Ferienwohnnutzung die Intensität der Nutzung mit erhöhtem Störpotential, das sich wesentlich von der alltäglichen Wohnnutzung unterscheidet[216]. Zudem fehlt es in der Regel an einem sozialen Rechtfertigungsdruck, der beim alltäglichen Wohnen zu einer Anpassung an das wohnliche Umfeld führt und den Nutzer jedenfalls bei pauschaler Betrachtung zu einem rücksichtsvolleren Verhalten veranlasst. Derjenige, der zeitgleich mit dem Eigentümer oder Hauptmieter vor Ort ist, passt sein Verhalten als Gast in der Regel diesem an. Gerade dies rechtfertigt es, die Aufnahme von Gästen noch als von der Wohnnutzung umfasst anzusehen. Daher ist aber entgegen der Auffassung des Verwaltungsgerichts Schwerin[217] die Enge der Beziehung zwischen Eigentümer und weiterem Nutzer und der getroffenen Absprachen gerade nicht unerheblich. Derjenige, der gewissermaßen statt des eigentlich Berechtigten vor Ort ist, wird

213 So auch Ingold, DÖV 2016, 595, 601.
214 VG Schwerin, Urteil vom 09.10.2014 - 2 A 1666/11 -, juris Rn. 25 ff.; a.A. Ingold, DÖV 2016, 595, 601.
215 VG Schwerin, Urteil vom 09.10.2014 - 2 A 1666/11 -, juris Rn. 25 ff.
216 Siehe unter C.III.2.a).
217 VG Schwerin, Urteil vom 09.10.2014 - 2 A 1666/11 -, juris Rn. 26.

auch bei pauschaler Betrachtung ein ähnliches Maß an Rücksicht an den Tag legen wie der eigentlich Berechtigte. Es besteht ein deutlich höherer sozialer Rechtfertigungsdruck als bei der Anmietung einer Ferienwohnung von einem Fremden oder einem professionellen Anbieter. Ist man zwar nicht selbst gehalten, sich gegenüber dem Umfeld zu rechtfertigen, so weiß man aber doch, dass ggf. der Eigentümer oder der Hauptmieter nach Rückkehr gegenüber dem Umfeld für das eigene Verhalten geradestehen muss. Dieser Rechtfertigungsdruck ist umso höher, je enger die persönliche Bindung zwischen den Beteiligten ist.

4. Zur gelegentlichen Eigennutzung durch den Eigentümer bei Vermietung an ständig wechselnde Gäste

Eine gelegentliche Eigennutzung einer Ferienwohnung oder eines Ferienhauses durch den Eigentümer selbst ist zulässig, auch wenn am konkreten Standort ausschließlich eine Fremdvermietung zulässig ist, etwa bei Festsetzung eines Sondergebietes nach § 10 oder § 11 BauNVO. Die Nutzung stellt sich als Annex zu einer im Übrigen regelmäßigen Fremdvermietung dar[218]. Entscheidend ist dabei allerdings, dass die Eigennutzung tatsächlich nur gelegentlich erfolgt und die Fremdvermietung deutlich überwiegt.

IV. Planungsrechtliche Einordnung des Boardinghouse – Serviced Apartment

Schwierigkeiten bereitet die planungsrechtliche Einordnung von als Boardinghouse bezeichneten baulichen Anlagen. Wie aus den bisherigen Ausführungen deutlich wird, ist die Nutzung einer Wohnung oder eines Gebäudes zu Zwecken des Ferien- oder Freizeitaufenthalts im planungsrechtlichen Sinne nicht als Wohnnutzung einzustufen, sofern die Räume an ständig wechselnde Gäste vermietet werden. Dieser Befund schränkt jedoch die möglichen Standorte für die Vermietung von Ferienwohnungen oder Ferienhäusern erheblich ein. Die Situation gewinnt noch dadurch an Schärfe, dass, wie gesehen, vom weitaus überwiegenden Teil der Rechtsprechung abgelehnt wird, die Nutzung als Betrieb des Beherbergungsgewerbes einzuordnen[219]. Verneint man aber die Einordnung als Beherbergungsbetrieb, dann sind entsprechende Nutzungen lediglich in dafür ausgewiesenen Sondergebieten planungsrechtlich zulässig.

Faktisch besteht jedoch ein hohes Bedürfnis, die Vermietung für den Ferien- und Freizeitaufenthalt über die klassischen Betriebe des Beherbergungsgewerbes wie Pensionen und Hotels hinaus auch in Wohngebieten zuzulassen. Eine zunehmende

---

218 OVG Lüneburg, Beschluss vom 12.12.2013 - 1 LA 123/13 -, DVBl. 2014, 254, 256; im Ergebnis auch VGH Mannheim, Urteil vom 27.10.1994 - 8 S 2223/94 -, NVwZ-RR 1995, 485, 486.

219 Siehe Abschnitt C.III.2.b).

Anzahl von Gästen legt auf eine gewisse Selbständigkeit Wert und schätzt insbesondere die Möglichkeit der Selbstverpflegung. Eine Ausweichmöglichkeit wird verstärkt in der Deklarierung der Nutzung als sog. Boardinghouse gesehen[220]. Wie bereits ausgeführt, wird unter der Bezeichnung Boardinghouse eine Betriebsform schlagwortartig zusammengefasst, die als eine Mischform zwischen Hotel- und Wohnnutzung aufgefasst wird[221]. Gemeinsam ist jedem Boardinghouse, dass es über eine zur Zubereitung von Speisen ausreichende Kochgelegenheit und einen Kühlschrank verfügt. Es handelt sich letztlich von der Ausstattung her um eine Apartment-Vermietung[222]. Darüber hinaus ist die Bandbreite an zusätzlichen Serviceleistungen unüberschaubar groß und variiert stark[223]. Ein klassisches Boardinghouse richtet sich in erster Linie an Geschäftsreisende oder allgemein an Personen, die über eine längere Zeit, für gewöhnlich über mehrere Monate, an einem Ort verweilen. Allerdings dürfte es wiederum faktisch eher den Regelfall darstellen, dass zumindest als Zwischenvermietung auch die Möglichkeit eines tage- oder wochenweisen Aufenthalts angeboten wird, und gerade diese Kurzzeitvermietung stellt sich als sehr problematisch dar. Nicht wenige als Boardinghouse oder Serviced Apartment bezeichnete Betriebe geben den Preis daher als Wochenpreis oder sogar Übernachtungspreis an.

1. Behandlung in der Rechtsprechung und Literatur

Betrachtet man die Entscheidungen, die sich mit der planungsrechtlichen Zulässigkeit eines als „Boardinghouse“ bezeichneten Vorhabens befassen[224], so fällt auf, dass die Entscheidungsgründe in der Regel und jedenfalls seit der als richtungsweisend betrachteten Entscheidung des Oberverwaltungsgerichts Berlin-Brandenburg aus dem Jahre 2006 in aller Regel folgende Struktur aufweisen:

Zunächst wird herausgestellt, es handele sich bei einem Boardinghouse um eine Mischform zwischen Beherbergung und Wohnnutzung. Ein Boardinghouse, das vor allem für solche Personen gedacht sei, die meist geschäftlich über einen längeren Zeitraum am Ort verweilen müssten und denen dabei eine gewisse Eigenständigkeit und Unabhängigkeit von hoteltypischen Serviceleistungen auch aus Kostengründen wichtig sei, stelle grundsätzlich eine Übergangsform zwischen einer Wohnnutzung und einem Beherbergungsbetrieb dar, wobei die schwerpunktmäßige Zuordnung

220 Hermanns/Hönig, BauR 2001, 1523, 1524.
221 Siehe Begriffserläuterung unter B.VI und Hermanns/Hönig, BauR 2001, 1523, 1524.
222 Drasdo, NJW-Spezial 2007, 561.
223 Siehe Begriffserläuterung unter B.VI und Hermanns/Hönig, BauR 2001, 1523, 1524.
224 OVG Berlin-Brandenburg, Beschluss vom 06.07.2006 - OVG 2 S 2.06 -, BauR 2006, 1711 ff.; VG Berlin, Beschluss vom 23.01.2012 - VG 19 L 294.11 -, LKV 2012, 93 f.; dazu Dyroff, Info M 2012, 136; VG Ansbach, Urteil vom 22.01.2014 - AN 9 K 13.01327 -, juris Rn. 51; VGH München, Beschluss vom 04.09.2013 - 14 ZB 13.6 -, BRS 81 Nr. 84; VG Aachen, Urteil vom 14.07.2001 - 5 K 802/10 -, juris Rn. 68 ff.; VGH Mannheim, Beschluss vom 17.01.2017 - 8 S 1641/16 -, juris Rn. 17.

von den konkreten Verhältnissen des Einzelfalls abhinge. Sodann wird geprüft, ob insbesondere die Ausstattung, die Größe und die Erschließung der einzelnen Wohnungen den Eindruck vermitteln würden, der Gast könne seinen häuslichen Wirkungskreis unabhängig gestalten, so dass eine Wohnnutzung angenommen werden könnte. Dagegen sei ein reichhaltiges Serviceangebot ein Hinweis dafür, dass keine Wohnnutzung vorliege, sondern ein Beherbergungsbetrieb.

Die Zuordnung zur Wohnnutzung sei nach Auffassung des Oberverwaltungsgerichts Berlin-Brandenburg auch nicht vom Nachweis ausschließlich längerfristiger Vermietung abhängig, denn die Aufenthaltsgestaltung in einem Boardinghouse komme ohnehin schon wegen des mit dieser Wohnform verbundenen Zeitaufwands, wie beispielsweise für Einkäufe, Essenszubereitung und Wäschewaschen, nur für einen sich längerfristig am Ort aufhaltenden Nutzerkreis in Betracht. Allein die Größe der Räumlichkeiten und deren Ausstattung setzten besondere Ansprüche an die Aufenthaltsqualität voraus, die täglich wechselnde Hotelgäste in der Regel nicht hätten, so dass sich die Verweildauer von selbst regeln dürfte. Die Vermietung von Wohnungen bei Bedarf auch an Kurzzeitmieter sei jedenfalls für die Zuordnung zur Wohnnutzung unschädlich, solange sich die sonstigen Rahmenbedingungen für diese Nutzer nicht änderten[225].

Das Verwaltungsgericht Berlin stellt fest, bei einer etwa nur nach Tagen bemessenen Mietdauer schiene es ausgeschlossen, dass eine auf Dauer angelegte Häuslichkeit sich auch nur ansatzweise entfalten könnte. Im konkreten Fall sah das Nutzungskonzept eine tageweise Vermietung als Zwischennutzung vor, die Antragstellerin vermiete ihre Wohnungen nach ihrem unwidersprochenen Vortrag aber für Zeiträume zwischen drei und acht Monaten und soweit der Antragsgegner dem entgegnet habe, es bestünde auch die Möglichkeit tageweiser Mietverträge, habe er nicht dargelegt, dass diese Möglichkeit auch tatsächlich in nennenswertem Umfang ausgeschöpft werde[226].

Das Verwaltungsgericht Aachen stellt in einer Entscheidung zu einem als Boardinghouse bezeichneten Vorhaben zum Zeitfaktor ersichtlich gar keine Überlegungen an und hebt nur auf die Ausstattung der Apartments und die angebotenen Serviceleistungen ab. Es stellt lediglich fest, dass die Größe der Apartments von 40 m^2, 60 m^2 und 80 m^2 auf eine längere Verweildauer der Gäste zugeschnitten sei und nicht den typischen Merkmalen von Hotelzimmern entspreche[227].

In der Literatur ist das Thema Boardinghouse bisher wenig behandelt worden. Sofern sich eine Bearbeitung findet, wird im Wesentlichen die dargestellte Behandlung in der Rechtsprechung wiedergegeben[228]. Insbesondere wird das von der

---

225 OVG Berlin-Brandenburg, Beschluss vom 06.07.2006 - OVG 2 S 2.06 -, BauR 2006, 1711 ff.

226 VG Berlin, Beschluss vom 23.01.2012 - VG 19 L 294.11 -, LKV 2012, 93, 94.

227 VG Aachen, Urteil vom 14.07.2011 - 5 K 802/10 -, juris Rn. 68 ff.

228 Lippert/Kindler, ZfBR 2016, 219 ff.; Hermanns/Hönig, BauR 2001, 1523 ff.; Drasdo, NJW-Spezial 2007, 561; Ewer, Dolde-Festschrift, 419, 429 ff.; Ziegler, in: Brügel-

Rechtsprechung herangezogene Modell des Nutzungsschwerpunkts nicht kritisch hinterfragt.

2. Kritik am Modell des Nutzungsschwerpunkts

Die bisher zum Boardinghouse ergangene Rechtsprechung mag auf den ersten Blick nachvollziehbar und plausibel erscheinen, muss bei näherer Betrachtung aber überwiegend Bedenken begegnen. Nicht unwidersprochen kann zunächst bleiben, dass zur Bestimmung der planungsrechtlich zulässigen Nutzung ohne weiteres auf den Nutzungsschwerpunkt abgestellt wird und darüber eine Kurzzeitvermietung gewissermaßen als eine Art Randnutzung zugelassen wird. Diese Vorgehensweise ist systematisch äußerst problematisch.

Zunächst ist festzuhalten, dass die Nutzung eines als Boardinghouse bezeichneten Vorhabens tatsächlich eine Wohnnutzung darstellen kann. Dies ist jedoch nur der Fall, wenn es sich um eine Apartmentvermietung für einen längeren Aufenthalt handelt und keine tage- oder wochenweise Vermietung stattfindet. Das Serviceangebot kann letztlich weniger entscheidend sein als die Frage der Mietdauer. Soll nach dem Nutzungskonzept auch eine Kurzzeitvermietung stattfinden, so ist die Annahme einer Wohnnutzung ausgeschlossen. Das Bereitstellen von Räumen zum Ferien- oder Freizeitaufenthalt für wechselnde Gäste ist aber stets als Kurzzeitvermietung anzusehen, da sie in aller Regel maximal für vier Wochen erfolgen wird[229]. Bei Fehlen eines nennenswerten Serviceangebots ergeben sich dann letztlich keinerlei Unterschiede zu der Vermietung von Ferienhäusern und Ferienwohnungen[230]. Auch diese ermöglichen ausstattungsbedingt eine eher autarke selbstbestimmte Gestaltung des Aufenthalts, verfügen insbesondere über eine Küchenzeile, Serviceleistungen wie etwa Wäschewechsel oder Reinigung finden für gewöhnlich nicht oder nur in ganz unwesentlichem Umfang statt. Letztlich ist allein die Bezeichnung eine andere.

Eine Kurzzeitvermietung über wenige Tage oder Wochen kann nicht als Wohnnutzung eingestuft werden. Die Kurzzeitvermietung, insbesondere aber auch nicht ausschließlich für Zwecke des Ferienaufenthalts[231], stellt eine vollkommen andere Nutzungsform dar als die längerfristige, wenn auch zeitlich begrenzte Vermietung, in der der Bewohner über die Möglichkeit verfügt, einen eigenen häuslichen Wirkungskreis jedenfalls für die Zeit seines Aufenthalts einzurichten.

Die von den Gerichten zum ganz überwiegenden Teil vorgenommene Betrachtung nach dem Nutzungsschwerpunkt ist dem Bauplanungsrecht bei der Prüfung der Zulässigkeit einer avisierten Nutzung fremd und widerspricht der planungsrechtlichen Dogmatik. Letztlich wird dadurch im Windschatten der zulässigen

---

mann, Band 6, BauNVO § 3 Rn. 85; Stock, in: Ernst/Zinkahn/Bielenberg/Krautzberger, Band 6, BauNVO § 4 Rn. 113.

229 So auch VG Ansbach, Urteil vom 22.01.2014 - AN 9 K 13.01327 -, juris Rn. 40 ff.

230 Ebenda.

231 Vgl. auch Redeker, IMR 2016, 346.

Nutzung – Wohnnutzung oder Beherbergung – eine für sich betrachtet unzulässige Nutzung legalisiert. Vielmehr verhält es sich so, dass der Bauherr bzw. Betreiber das Vorhaben als Ganzes durch den Bauantrag, eine Bauvoranfrage oder Ähnliches bestimmt. Dieses Vorhaben steht so wie bezeichnet zur Prüfung und die zuständige Behörde ist nicht berechtigt, selbstständig das Vorhaben aufzuteilen[232]. Es obliegt dem Antragsteller, das Vorhaben in einzelne Teilbereiche aufzuteilen und zur Genehmigung zu stellen, sofern denn das Vorhaben rechtlich und tatsächlich überhaupt teilbar ist[233]. Eine Teilbarkeit wird aber in der Regel bei einem Boardinghouse zu verneinen sein. Dies folgt schon daraus, dass dieselben Räume zur Langzeit- oder Kurzzeitvermietung gestellt werden und damit eine räumlich-funktionale Verknüpfung der Nutzungen vorliegt[234].

Auf den Nutzungsschwerpunkt kann es lediglich für die Frage ankommen, ob bei Betrachtung des Gesamtgebäudes noch ein Wohngebäude vorliegt[235], aber nicht für die Überlegung, ob die einzelnen zur Genehmigung stehenden Nutzungen planungsrechtlich zulässig sind. Allenfalls kann es zulässig sein, eine Kurzzeitvermietung in einem ganz unwesentlichen Umfang als Annexnutzung zuzulassen. Eine Kurzzeitvermietung darf jedoch nicht Teil des Nutzungskonzepts sein und zudem auch nicht entsprechend beworben werden. Das Betriebskonzept darf nicht auf die Aufnahme von Urlaubsgästen zugeschnitten sein, sondern darf sich lediglich an solche Personen richten, die für einen längeren Aufenthalt vor Ort sind[236].

Des Weiteren irritiert, dass seitens des überwiegenden Teils der Rechtsprechung bei Verneinung einer Wohnnutzung eines als Boardinghouse bezeichneten Vorhabens – etwa eben weil die Vermietungsdauer vom Nutzungsschwerpunkt her auf Kurzzeitaufenthalt zugeschnitten ist – gewissermaßen reflexartig angenommen wird, das Vorhaben stelle dann einen Beherbergungsbetrieb dar[237]. Dies muss umso mehr erstaunen, als von einem großen Teil der Rechtsprechung das Vermieten von Apartments jeder Art gerade nicht als Beherbergungsbetrieb einstuft wird[238]. Offenbar wird von einigen Gerichten übersehen, dass nicht nur die Alternativen bestehen, das Vorhaben als Wohnnutzung oder als Beherbergungsbetrieb einzustufen, sondern dass es sich auch um die Vermietung von Ferienwohnungen handeln kann oder um eine gemischte Nutzung, die in der Baunutzungsverordnung schlicht keine Entsprechung findet.

---

232 VG Lüneburg, Urteil vom 22.06.2010 - 277/09 -, juris Rn. 30.

233 OVG Lüneburg, Urteil vom 24.07.2013 - 1 LB 245/10 -, juris Rn. 19 und VG Stuttgart, Urteil vom 15.04.2014 - 5 K 1953/13 -, juris Rn. 56 unter Hinweis auf die ständige Rechtsprechung des Bundesverwaltungsgerichts zum Vorhabenbegriff; VG Lüneburg, Urteil vom 22.06.2010 - 2 A 277/09 -, juris Rn. 30.

234 Siehe zu den Voraussetzungen der Teilbarkeit des Vorhabens BVerwG, Urteil vom 27.04.1993 - 1 C 9.92 -, NVwZ-RR 1993, 545, 546.

235 Siehe dazu oben unter B.I.2.

236 So auch VG Ansbach, Urteil vom 22.01.2014 - AN 9 K 13.01327 -, juris Rn. 40 ff.

237 Siehe Nachweise unter C.IV.1.

238 Siehe oben unter C.III.2.b)aa).

3. Zusammenfassung

Die Behandlung des Boardinghouses in der bisherigen Rechtsprechung stellt sich damit in weiten Teilen als verfehlt dar. Dies beginnt damit, dass in zahlreichen Entscheidungen der Eindruck erweckt wird, bei einem Boardinghouse würde es sich um eine eigene Nutzungsform handeln, die eine besondere rechtliche Behandlung rechtfertigen würde. Richtigerweise sollte – wie sonst auch im Bauplanungsrecht – zunächst geprüft werden, welche tatsächlichen Nutzungen im Betrieb bzw. bei der zu prüfenden baulichen Anlage aufgenommen werden sollen oder aufgenommen worden sind. Dazu ist der Nutzungszweck anhand der gängigen Methoden herauszuarbeiten; wie das Vorhaben bezeichnet wird, ist unerheblich[239]. Ob der Bauherr dieses als „Boardinghouse", „Serviced Apartment", „Vermietung von Ferienwohnungen", „Vermietung von Dauerwohnungen" oder als „Hotel" bezeichnet, ist für die Einordnung der Nutzung ohne Belang.

Weiter ist dann im konkreten bauplanungsrechtlichen Gebiet zu untersuchen, ob die Anlage der Art der baulichen Nutzung nach sich als planungsrechtlich zulässig erweist. Bei Anlagen, die als Boardinghouse oder Serviced Apartment bezeichnet werden, sind die Nutzungsarten Wohnnutzung, Betrieb des Beherbergungsgewerbes und eine Ferienwohnnutzung vorrangig in den Blick zu nehmen. Möglich ist auch eine entsprechende passend erscheinende Festsetzung in einem Sondergebiet. Oftmals wird sich die Vermietung tatsächlich als Vermietung von Ferienwohnungen oder eine ähnliche Kurzeitvermietung zu anderen als Wohnzwecken darstellen. Es stellt sich dann das Folgeproblem, wie diese Vermietung planungsrechtlich einzuordnen ist, also ob es sich um einen Betrieb des Beherbergungsgewerbes handelt oder um ein Vorhaben, das nur in einem entsprechend konfigurierten Sondergebiet zulässig ist.

V. Vorliegende Entwürfe zur Änderung der Baunutzungsverordnung

1. Regierungsentwurf zur Umsetzung der Richtlinie 2014/52/EU – Einfügen eines § 13a BauNVO

Kritischer Betrachtung bedarf der im Regierungsentwurf zur Umsetzung der Richtlinie 2014/52/EU vom 16.06.2016 enthaltene Entwurf zur Einführung eines § 13a BauNVO[240].

a) Inhalt und Begründung der vorgeschlagenen Änderung

Nach dem zum Bearbeitungsschluss vorliegenden Regierungsentwurf soll der neu einzufügende § 13a BauNVO den folgenden Inhalt haben[241]:

239 Siehe im Einzelnen unter C.I.
240 BR-Drs. 806/16.
241 BR-Drs. 806/16, 18.

„§ 13a Ferienwohnungen

> Räume oder Gebäude, die einem ständig wechselnden Kreis von Gästen gegen Entgelt vorübergehend zur Unterkunft zur Verfügung gestellt werden und die zur Begründung einer eigenen Häuslichkeit geeignet und bestimmt sind (Ferienwohnungen), gehören unbeschadet des § 10 in der Regel zu den nicht störenden Gewerbebetrieben nach § 2 Absatz 3 Nummer 4 und § 4 Absatz 3 Nummer 2 oder zu den Gewerbebetrieben nach § 4a Absatz 2 Nummer 3, § 5 Absatz 2 Nummer 6, § 6 Absatz 2 Nummer 4, § 6a Absatz 2 Nummer 4 und § 7 Absatz 2 Nummer 3. Abweichend von Satz 1 können Räume nach Satz 1 in den übrigen Fällen insbesondere bei einer baulich untergeordneten Bedeutung gegenüber der in dem Gebäude vorherrschenden Hauptnutzung zu den Betrieben des Beherbergungsgewerbes nach § 4 Absatz 3 Nummer 1, § 4a Absatz 2 Nummer 2, § 5 Absatz 2 Nummer 5, § 6 Absatz 2 Nummer 3, § 6a Absatz 2 Nummer 2 und § 7 Absatz 2 Nummer 2 oder zu den kleinen Betrieben des Beherbergungsgewerbes nach § 3 Absatz 3 Nummer 1 gehören."

Es ist also zusammengefasst vorgesehen, dass in den Baugebieten nach §§ 2 bis 7 BauNVO die Nutzung von Ferienwohnungen und Ferienhäusern durch wechselnde Gäste jeweils „in der Regel" als Gewerbebetrieb eingeordnet wird (je nach Baugebiet als sonstiger oder nicht störender oder nicht wesentlich störender) mit den Rechtsfolgen der allgemeinen oder ausnahmsweisen Zulässigkeit. Des Weiteren wird vorgeschlagen, dass abweichend von dieser Einordnung, „insbesondere" im Fall einer untergeordneten Nutzung im Vergleich zur gegenüber der in dem Gebäude vorherrschenden Hauptnutzung, die Nutzung der Ferienwohnungen und Ferienhäuser als Betrieb des Beherbergungsgewerbes bzw. kleiner Betrieb des Beherbergungsgewerbes je nach Baugebiet allgemein oder ausnahmsweise zulässig sein soll.

Nach der Begründung des Gesetzentwurfs[242] soll mit dem vorgeschlagenen § 13a BauNVO in Anlehnung an § 3 Abs. 4 BauNVO „klarstellend"[243] geregelt werden, dass Ferienwohnungen unbeschadet des § 10 BauNVO in der Regel zu den nach § 2 Abs. 3 Nr. 4 BauNVO und § 4 Abs. 3 Nr. 2 BauNVO ausnahmsweise zulässigen nicht störenden Gewerbebetrieben sowie zu den nach § 4a Abs. 2 Nr. 3, § 5 Abs. 2 Nr. 6, § 6 Abs. 2 Nr. 4, § 6a Abs. 2 Nr. 4 und § 7 Abs. 2 Nr. 3 BauNVO zulässigen Gewerbebetrieben zählen. Ferienwohnungen würden dabei definiert als Räume oder Gebäude, die einem ständig wechselnden Kreis von Gästen gegen Entgelt vorübergehend zur Unterkunft zur Verfügung gestellt werden und die zur Begründung einer eigenen Häuslichkeit geeignet und bestimmt sind. Der Begriff Ferienwohnung impliziere dabei, dass eine Anmietung regelmäßig zu Freizeit- und Erholungszwecken erfolge. Zweckentfremdungsgesetze der Länder, die auf der Gesetzgebungskompetenz der Länder für das Wohnungswesen beruhen, würden von der Neuregelung nicht tangiert. An der Qualifizierung von Ferienwohnungen als Gewerbebetriebe ändere sich auch in Gewerbe und Industriegebieten nichts; aufgrund des wohn-

242 BR-Drs. 806/16, 48 ff.

243 Siehe zur Unanwendbarkeit auf bereits erlassene Bebauungspläne C.III.2.b)dd).

ähnlichen Charakters sei hier jedoch im Einzelfall zu prüfen, ob sie gebietsverträglich seien; die Neuregelung solle daher nicht auf diese Gebietsarten erstreckt werden. Nach § 13a Satz 2 BauNVO könnten als Ferienwohnung dienende Räume insbesondere bei einer untergeordneten Bedeutung gegenüber der in dem Gebäude vorherrschenden Hauptnutzung abweichend von § 13a Satz 1 BauNVO zu den Betrieben des Beherbergungsgewerbes nach § 4 Abs. 3 Nr. 1, § 4a Abs. 2 Nr. 2, § 5 Abs. 2 Nr. 5, § 6 Abs. 2 Nr. 3, § 6a Abs. 2 Nr. 2 und § 7 Abs. 2 Nr. 2 BauNVO oder zu den kleinen Betrieben des Beherbergungsgewerbes nach § 3 Abs. 3 Nr. 1 BauNVO gehören. Dies könnte beispielsweise der Fall sein, wenn eine Einliegerwohnung als Ferienwohnung vermietet wird. In diesen Fällen kann auch ohne beherbergungstypische Bewirtungsleistungen die städtebauliche Wirkung einer Ferienwohnung, einschließlich ihres Störpotentials, derjenigen eines (kleinen) Betriebs des Beherbergungsgewerbes entsprechen. Schließlich könnten Ferienwohnungen Gegenstand isolierter Bebauungsplanfestsetzungen nach § 1 Abs. 9 BauNVO sein.

b) Auseinandersetzung mit dem geplanten Regelungsinhalt

Die Initiative, der gewerblichen Vermietung von Ferienhäusern und Ferienwohnungen einen festen rechtlichen Rahmen zu geben, ist grundsätzlich begrüßenswert. Die Zeit für Planungssicherheit ist mehr als reif. Indes kann der vorliegende Entwurf keine Zustimmung erfahren und muss in vielerlei Hinsicht kritisch hinterfragt werden.

aa) Zur fehlenden Notwendigkeit der Einführung eines § 13a BauNVO

Wie bereits ausgeführt, lässt sich die Vermietung von Ferienwohnungen und Ferienhäusern an ständig wechselnde Gäste ohnehin unter die Nutzungsform „Betriebe des Beherbergungsgewerbes" subsumieren[244]. Eine Änderung der Baunutzungsverordnung ist schon nicht erforderlich und die Einführung eines § 13a BauNVO erübrigt sich. Wie bereits ausgeführt, ließe sich eine angesichts der ablehnenden Rechtsprechung aber wünschenswerte Klarstellung für zukünftig zu erlassende Bebauungspläne schon dadurch erzielen, dass hinter den Begriff „Betrieb des Beherbergungsgewerbes" in den §§ 2 bis 7 BauNVO jeweils eingefügt wird „einschließlich Ferienhäuser und Ferienwohnungen". Die Regelungen der §§ 10, 11 BauNVO blieben davon ohnehin unberührt. Die Möglichkeiten der Feinsteuerung für Betriebe des Beherbergungsgewerbes sind ausreichend. Diese Auslegung fügt sich stimmig in das Gesamtsystem der Baunutzungsverordnung ein[245]. In der Begründung des Gesetzentwurfs wird dies sogar gesehen, wenn es heißt, die städtebauliche Wirkung einer Ferienwohnung sei mit dem Störpotential eines (kleinen) Betriebs des Beherbergungsgewerbes vergleichbar[246].

---

244 Siehe unter C.III.2.b)cc).
245 Siehe oben C.III.2.b)dd).
246 BR-Drs. 806/16, 49.

bb) Inhalt der Regelung des § 13a BauNVO im Einzelnen

Die geplante Regelung begegnet jedoch auch inhaltlich Bedenken.

(1) Zur Legaldefinition des Begriffs „Ferienwohnung"

Äußerst fraglich ist bereits, ob die in dem Entwurf enthaltene Legaldefinition des Begriffs der Ferienwohnung zutreffend ist. Ferienwohnungen werden dort definiert als Räume oder Gebäude, die einem ständig wechselnden Kreis von Gästen gegen Entgelt vorübergehend zur Unterkunft zur Verfügung gestellt werden und die zur Begründung einer eigenen Häuslichkeit geeignet und bestimmt sind. Zunächst sollte der letzte Halbsatz „die zur Begründung einer eigenen Häuslichkeit geeignet und bestimmt sind" unbedingt entfallen. Wenn auch in der Begründung des Entwurfs nicht ausdrücklich erwähnt, so dürfte dieser Satzteil mutmaßlich der Abgrenzung zu der Nutzung eines Beherbergungsbetriebs dienen. Indes wurde bereits an anderer Stelle herausgearbeitet, dass an ständig wechselnde Gäste vermietete Ferienwohnungen gerade nicht dazu dienen, einer eigene Häuslichkeit zu begründen[247]. Häuslichkeit setzt mehr voraus, als Speisen selbst zuzubereiten und über einen Kühlschrank zu verfügen. Auch das Fehlen von bestimmten Serviceleistungen begründet keine eigene Häuslichkeit im Umkehrschluss.

Die ohne den Zusatz „die zur Begründung einer eigenen Häuslichkeit geeignet und bestimmt sind" verbleibende Definition „Räume oder Gebäude, die einem ständig wechselnden Kreis von Gästen gegen Entgelt vorübergehend zur Unterkunft zur Verfügung gestellt werden" ist jedenfalls inhaltlich nicht unrichtig, wenn auch nach hier vertretener Auffassung überflüssig, da Ferienwohnungen und Ferienhäuser ohnehin als (kleine) Betriebe des Beherbergungsgewerbes einzustufen sind.

(2) Zur Einordnung als (nicht störender) Gewerbebetrieb nach § 13a Satz 1 BauNVO „in der Regel"

Nach der Fassung des § 13a Satz 1 BauNVO des Regierungsentwurfs wird die Nutzung von Ferienwohnungen und Ferienhäusern sprachlich nicht stets, sondern nur „in der Regel" als sonstiger nicht störender Gewerbebetrieb eingeordnet. Dazu, warum hier von einer Gleichstellung nur „in der Regel" ausgegangen wird, verhält sich die Begründung des Entwurfs bedauerlicherweise nicht und sie sollte entfallen. Aus sich heraus ist die Einschränkung nicht erklärlich und widerspricht zudem auch dem System der Baunutzungsverordnung. Denn diese kennt lediglich die generelle Zulässigkeit einer Nutzung oder die ausnahmsweise Zulässigkeit. Bei der Einordnung als (nicht störender) Gewerbebetrieb „in der Regel" stellt sich zudem die Frage, wann von einem solchen Fall auszugehen sein soll, dass die Gleichstellung nicht geboten ist. Die Nutzung von Ferienwohnungen und Ferienhäusern weist kein besonders weites Spektrum auf. Die Räume und Gebäude mögen in der Größe divergieren und das Serviceangebot variieren, letztlich werden aber stets Räume von

247 Siehe oben unter C.III.2.b)cc)(1).

wechselnden Gästen genutzt, die sich selbst versorgen. Weder der vorgeschlagenen Regelung selbst noch der Begründung ist darauf ein Hinweis zu entnehmen, in welchen Fällen die Gleichstellung nicht erfolgen sollte.

(3) Abweichende Einordnung als Betrieb des Beherbergungsgewerbes nach § 13a Satz 2 BauNVO

Schließlich enthält der Entwurf des § 13a BauNVO in Satz 2 die Regelung, dass abweichend von Satz 1 in den übrigen Fällen insbesondere bei einer baulich untergeordneten Bedeutung gegenüber der in dem Gebäude vorherrschenden Hauptnutzung Ferienwohnungen zu den Betrieben des Beherbergungsgewerbes oder zu den kleinen Betrieben des Beherbergungsgewerbes gehören können. Sinn und Zweck des vorgeschlagenen § 13a Satz 2 BauNVO erschließt sich nicht. Er ist zudem systematisch verfehlt.

(a) Umkehrung des systematischen Verhältnisses des Betriebs des Beherbergungsgewerbes zu dem sonstigen Gewerbebetrieb

Es wurde bereits zuvor erläutert, dass sich das systematische Verhältnis von Betrieben des Beherbergungsgewerbes und (sonstigen) Gewerbebetrieben als genau umgekehrt darstellt, als es in § 13a BauNVO vorgesehen ist. Die Nutzung „Betrieb des Beherbergungsgewerbes" ist die gegenüber dem „(sonstigen) Gewerbebetrieb" speziellere Nutzung. Es ist daher bereits systematisch äußerst schwierig, wenn „in den übrigen Fällen", also wenn Satz 1 nicht vorgeht, die Nutzung als Betrieb des Beherbergungsgewerbes gelten soll.

(b) Unklarheit hinsichtlich der Anwendungsfälle des Satzes 2

Abgesehen von dem eben dargestellten systematischen Problem stellt sich die Vorschrift insoweit als zu unbestimmt dar, als unklar bleibt, welche Anwendungsfälle von Satz 2 überhaupt erfasst werden sollen. Es heißt dort lediglich, die Nutzung nach Satz 1 könne in den übrigen Fällen, insbesondere bei einer baulich untergeordneten Bedeutung gegenüber der in dem Gebäude vorherrschenden Hauptnutzung, zu den Betrieben des Beherbergungsgewerbes gehören.

Es fällt zunächst auf, dass die Regelung strenggenommen als „Kann-Vorschrift" formuliert ist. Unklar ist, ob damit eine Ermessensregelung begründet werden soll. Systematisch ist es jedoch bereits gar nicht möglich, dass es sich um eine Ermessensregelung handelt, da es um die Gleichstellung einer Nutzung mit einer anderen Nutzung der Baunutzungsverordnung auf Tatbestandsebene geht.

Die Formulierung lässt überdies vollkommen offen, welche Fälle erfasst sein sollen. Unklar ist, welche Konstellationen nicht Satz 1 unterfallen sollen, so dass Satz 2 zur Anwendung kommt. Aus welchem Grund der in der Begründung des Entwurfs genannte Fall der Vermietung einer Einliegerwohnung als Ferienwohnung nicht unter Satz 1 des § 13a BauNVO fallen, sondern als Beherbergungsbetrieb nach Satz 2 erfasst werden soll, erschließt sich schon nicht. Zum anderen ist ungewiss, welche Fälle dann den Beherbergungsbetrieben gleichgestellt werden sollen.

Dass die Gleichstellung insbesondere bei einer baulichen Unterordnung der Nutzung als Ferienwohnung gegenüber der Hauptnutzung ermöglicht werden soll, ist zudem unverständlich. Satz 2 dürfte sich von den Rechtsfolgen aus betrachtet überhaupt nur wesentlich in einem reinen Wohngebiet auswirken können. Im reinen Wohngebiet sind Gewerbebetriebe gar nicht zulässig, so dass dort die Vermietung einer Ferienwohnung nur als kleiner Betrieb des Beherbergungsgewerbes ausnahmsweise zulässig sein könnte. Nach dem Wortlaut des Satzes 2 wäre dies möglich, insbesondere bei einer baulich untergeordneten Bedeutung gegenüber der in dem Gebäude vorherrschenden Hauptnutzung. Die Zulässigkeit soll dann anscheinend von den weiteren Nutzungen im Gebäude abhängen. Ein Ferienhaus wäre dann wohl unabhängig von seiner Größe nicht zulässig, da es sich um die einzige Nutzung des Gebäudes handelt. Zwei Ferienwohnungen in einem Gebäude mit weiteren drei gleich großen Wohnungen könnten dann als Betriebe des Beherbergungsgewerbes ausnahmsweise zulässig sein, sofern sie sich insgesamt noch als kleine Betriebe des Beherbergungsgewerbes darstellen. Eine Ferienwohnung in einem Gebäude mit einer weiteren gleich großen Wohnung zum Dauerwohnen könnte aber nicht als kleiner Betrieb des Beherbergungsgewerbes ausnahmsweise zulässig sein, weil sie nicht mehr gegenüber der Hauptnutzung untergeordnet wäre. Diese einfachen Beispiele verdeutlichen, dass es schon nicht sinnvoll sein kann, die Gleichstellung insbesondere davon abhängig zu machen, ob die Vermietung der Ferienwohnung im Verhältnis zu den weiteren Nutzungen baulich untergeordnet ist.

(c) Keine Anwendung des § 13a BauNVO auf bei Inkrafttreten bereits erlassene Bebauungspläne

Schließlich ist § 13a BauNVO nicht auf bereits bei Inkrafttreten erlassene Bebauungspläne anwendbar. Nach der Intention des Gesetzgebers handelt es sich bei §13a BauNVO zwar lediglich um eine klarstellende Regelung, was den Eindruck erwecken könnte, § 13a BauNVO sei auch auf bei Inkrafttreten bereits erlassene Bebauungspläne anwendbar. In der Sache handelt es sich jedoch um eine konstitutive Neuregelung. Eine solche konstitutive Neuregelung kann aber in jedem Fall nur für diejenigen Bebauungspläne gelten, die auf Grundlage der Neuregelung erlassen werden. Vorherigen Planungsentscheidungen von Gemeinden kann über eine erst nach Erlass des Bebauungsplanes erfolgte Änderung der Baunutzungsverordnung rückwirkend kein neuer Inhalt „untergeschoben“ werden. Erfasst man die Vermietung von Ferienwohnungen und Ferienhäusern hingegen als „Betrieb des Beherbergungsgewerbes“, handelt es sich lediglich um eine Form der Auslegung der Baunutzungsverordnung.

(4) Fazit

Die vorgeschlagene Regelung des § 13a BauNVO kann insgesamt nicht befürwortet werden. Angesichts der vorherrschenden Probleme hinsichtlich der planungsrechtlichen Zulässigkeit von Ferienhäusern und Ferienwohnungen sollte unbedingt eine Klarstellung in der Baunutzungsverordnung erfolgen, um jedenfalls für zukünftig zu erlassende Bebauungspläne rechtliche Sicherheit zu gewährleisten. Indes würde die Regelung des § 13a BauNVO mehr Fragen aufwerfen als lösen. Zusammengefasst ist sie nach diesseitiger Auffassung schon nicht erforderlich. Die pauschale Gleichstellung von Ferienwohnungen und Ferienhäusern mit den Betrieben des Beherbergungsgewerbes wäre angezeigt und ausreichend. Der vorgeschlagene § 13a Satz 1 BauNVO enthält darüber hinaus eine unzutreffende Definition von Ferienwohnungen und Ferienhäusern und stellt sich sprachlich als unbestimmt dar, vor allem bleiben die Anwendungsfälle des Satzes 2 unklar. Das Abstellen in Satz 2 auf eine bauliche Unterordnung gegenüber der Hauptnutzung ist verfehlt.

2. Verordnungsantrag des Landes Mecklenburg-Vorpommern

Nähere Betrachtung verdient der Verordnungsantrag des Landes Mecklenburg-Vorpommern vom 01.04.2015[248]. Dieser sieht zusammengefasst vor, dass in den jeweiligen Baugebieten ein weiterer Zulässigkeitstatbestand eingeführt wird „Ferienwohnungen". In Kleinsiedlungsgebieten wären dann Ferienwohnungen nach § 2 Abs. 3 Nr. 5 BauNVO ausnahmsweise und in allgemeinen Wohngebieten nach § 4 Abs. 3 Nr. 6 BauNVO ausnahmsweise zulässig. In reinen Wohngebieten wären nach § 3 Abs. 3 Nr. 3 BauNVO kleine Ferienwohnungen ausnahmsweise zulässig. Nach § 4a Abs. 2 Nr. 6, § 5 Abs. 2 Nr. 10, § 6 Abs. 2 Nr. 9 und § 7 Abs. 2 Nr. 8 BauNVO wären Ferienwohnungen allgemein zulässig.

In der Begründung des Entwurfs heißt es, die Gemeinden erhielten die Möglichkeit, in Kleinsiedlungsgebieten und reinen sowie allgemeinen Wohngebieten Ferienwohnungen ausnahmsweise zuzulassen. Die ausnahmsweise Zulassung sei wie alle Ausnahmevorschriften einschränkend zu handhaben. Der Antrag solle daher außerhalb von Ferienhausgebieten jedenfalls die historisch gewachsene Vermietung an Feriengäste sichern und eine behutsame Fortentwicklung des Ferienwohnens ermöglichen. Ein städtebaulicher Grund für eine Ausnahme könne in Gemeinden vorliegen, die durch den Tourismus geprägt sind, denn hier bestehe möglicherweise ein Allgemeinwohlinteresse an der Förderung des Fremdenverkehrs. Auch wenn Ferienwohnungen keine Gewerbe- oder Beherbergungsbetriebe im eigentlichen Sinne darstellten, sei städtebaulich nur schwer erklärbar, weshalb nicht störende Gewerbebetriebe nach § 2 Abs. 3 Nr. 4 BauNVO, kleine Betriebe des Beherbergungsgewerbes nach § 3 Abs. 3 Nr. 1 BauNVO sowie Betriebe des Beherbergungsgewerbes und sonstige nicht störende Gewerbebetriebe nach § 4 Abs. 3 Nr. 1 und 2 BauNVO in den Gebietsarten ausnahmsweise zulässig seien, wogegen für Ferienwohnungen etwas völlig anderes gelten soll. Denn die durch Ferienwohnungen entstehende Belastung der Anwohner übersteige regelmäßig nicht diejenige der vorgenannten Nutzungen. Der Rechtsbegriff „klein" in § 3 Abs. 3 Nr. 3 BauNVO werde gewählt, um eine Konkretisierung im Einzelfall, nämlich unter Bezug auf das im Bebauungsplan festgesetzte Baugebiet, zu ermöglichen. Die im reinen Wohngebiet ausnahmsweise

248 BR-Drs. 141/15.

zuzulassenden Ferienwohnungen stünden dabei in besonderer Weise unter dem Primat der zu gewährleistenden Wohnruhe. Der Nutzungsumfang habe sich nach der Eigenart des betreffenden Baugebiets zu richten; das Gebot der Rücksichtnahme gegenüber der nachbarschaftlichen Umgebung werde damit gewahrt. Die Regelung ließe begrenzten Raum für Ferienwohnnutzung in diesen Gebieten. Für die ausnahmsweise zulässige Nutzung sei in jedem Fall eine Genehmigung erforderlich, womit die rechtmäßige Umsetzung der Planung gewährleistet werden könne.

Die allgemeine Zulässigkeit von Ferienwohnungen solle nach der Begründung auch in den besonderen Wohngebieten, Dorf-, Misch- und Kerngebieten nach §§ 4a bis 7 BauNVO gelten. Hiermit würde eine Gleichstellung mit bereits jetzt allgemein zulässigen Anlagen oder Betrieben erreicht, wie mit Betrieben des Beherbergungsgewerbes und sonstigen Gewerbebetrieben, von denen eine der Ferienwohnnutzung vergleichbare Belastung der Nachbarschaft ausgehe.

Der Entwurf des Landes Mecklenburg-Vorpommern kann im Großen und Ganzen Zustimmung verdienen. Wenn man einmal hinwegdenkt, dass es sich nach der in dieser Arbeit vertretenen Auffassung bei der Vermietung von Ferienwohnungen um Betriebe des Beherbergungsgewerbes handelt, so kommt der Entwurf letztlich zu ganz ähnlichen Ergebnissen. Wesentliche Unterschiede ergeben sich lediglich in Kleinsiedlungsgebieten, in denen Ferienwohnungen nicht zulässig sind, wenn man Ferienwohnungen als Betriebe des Beherbergungsgewerbes einordnet, nach dem Entwurf aber ausnahmsweise zulässig wären. Die Ermöglichung einer ausnahmsweisen Zulässigkeit von Ferienwohnungen im Kleinsiedlungsgebiet begegnet jedenfalls keinen durchgreifenden Bedenken. Kleinsiedlungen dienen nach § 2 Abs. 1 BauNVO vorwiegend der Unterbringung von Kleinsiedlungen einschließlich Wohngebäuden mit entsprechenden Nutzgärten und landwirtschaftlichen Nebenerwerbsstellen. Streng genommen widersprechen Beherbergungsbetriebe und damit auch Ferienwohnungen und Ferienhäuser der Zweckbestimmung des Gebiets und rufen bei typisierender Betrachtungsweise eine gebietsunübliche Unruhe hervor, so dass sie nach geltendem Recht im Kleinsiedlungsgebiet nicht zulässig wären[249]. Kleine Beherbergungsbetriebe können sich im Einzelfall in das Gebiet aber jedenfalls einpassen[250], so dass der Ermöglichung einer Zulässigkeit auch nicht entschieden entgegengetreten werden müsste.

Der Entwurf zielt lediglich auf Ferienwohnungen. Allerdings sollte zwischen Ferienwohnungen und Ferienhäusern nicht differenziert werden, letztlich kommt es im Ergebnis jedoch nicht darauf an. Denn Gegenstand der Zulässigkeitsprüfung ist ohnehin lediglich die Zulässigkeit der in den Räumen vorgenommenen Nutzung. Da ein Ferienhaus aus einer oder mehreren Ferienwohnungen besteht, würden sich bei der Zulässigkeitsprüfung keine Änderungen ergeben. Die Nennung von Ferienhäusern und Ferienwohnungen würde allerdings dahingehende Unklarheiten gar nicht erst aufkommen lassen.

---

249 Stock, in: Ernst/Zinkahn/Bielenberg/Krautzberger, Band 6, BauNVO § 2 Rn. 89.
250 Ebenda.

Schließlich ist fraglich, ob die für reine Wohngebiete nach § 3 BauNVO vorgesehene Einschränkung auf „kleine Ferienwohnungen“ sinnvoll ist. Sprachlich ist diese Formulierung eher unglücklich, da es auf die räumliche Größe der Ferienwohnungen nicht ankommt. Aus der Begründung geht jedoch hervor, dass gemeint ist, dass die städtebaulichen Auswirkungen mit denen eines kleinen Betriebs des Beherbergungsgewerbes vergleichbar sein sollen. Dies stellt sich als stimmig dar.

Nach alledem bleibt festzuhalten, dass dem Entwurf des Landes Mecklenburg-Vorpommern hinsichtlich des Regelungsinhalts grundsätzlich durchaus gefolgt werden kann.

VI. Zulässige Nutzungen in Sondergebieten nach §§ 10, 11 BauNVO und Konfigurierungsmöglichkeiten

Von besonderer Relevanz ist die Möglichkeit der Schaffung von Sondergebieten nach § 10 oder § 11 BauNVO, um dort die Zulässigkeit von Anlagen für den Ferien- und Freizeitaufenthalt festzusetzen. Dies resultiert nicht zuletzt daraus, dass nach der jedenfalls in der Rechtsprechung bisher herrschenden Auffassung Ferienhäuser und Ferienwohnungen überhaupt nur in entsprechend festgesetzten Sondergebieten zulässig sein können[251]. Allerdings ist der Satzungsgeber auch bei der Festsetzung von Sondergebieten alles andere als frei. Der folgende Abschnitt soll vom Allgemeinen ins Besondere gehend die für die Festsetzung von Sondergebieten nach § 10 und § 11 BauNVO bestehenden rechtlichen Rahmenbedingungen und Problemstellungen aufzeigen.

1. Allgemeines zu den Sondergebieten nach §§ 10, 11 BauNVO

Zunächst seien die gleichsam für Sondergebiete nach § 10 und § 11 BauNVO geltenden Regelungen und Grundsätze dargestellt.

a) Festsetzung der allgemeinen Zweckbestimmung und Art der baulichen Nutzung

Sondergebiete zeichnen sich dadurch aus, dass der Satzungsgeber selbst die allgemeine Zweckbestimmung und die Art der Nutzung festzusetzen hat, wobei der Verordnungsgeber die Grundnutzungsmöglichkeiten des Sondergebietes nach § 10 BauNVO im Verhältnis zu solchen nach § 11 BauNVO bereits zum Teil eingeschränkt hat. Für die Zweckbestimmung eines Gebiets nach § 10 BauNVO ist der Rahmen insofern vorgegeben, als es sich um Sondergebiete handeln muss, die, dem Begriff der Erholung entsprechend, auf das zeitweilige Freizeitwohnen ausgerichtet sind[252]. Während nach § 1 Abs. 3 Satz 1, 2 BauNVO der Satzungsgeber in einem Bebau-

251 Siehe im Einzelnen im Abschnitt C.III.2.b).

252 BVerwG, Urteil vom 11.07.2013 - 4 CN 7.12 -, NVwZ 2014, 72, 73.

ungsplan[253] ein in § 1 Abs. 2 BauNVO bezeichnetes Baugebiet festsetzt und damit die Vorschriften der §§ 2 bis 14 BauNVO Bestandteil des Bebauungsplans werden, soweit nicht auf Grund von § 1 Abs. 4 bis 10 BauNVO etwas anderes bestimmt wird, hat der Satzungsgeber bei Festsetzung eines Sondergebietes abweichende Möglichkeiten. Daraus folgt, dass nicht wie im Fall der Festsetzung eines Baugebietes nach §§ 2 bis 9 BauNVO sich die Zulässigkeit einer Nutzung unmittelbar aus dem Gesetz bzw. ergänzend aus den abweichenden Festsetzungen nach § 1 Abs. 4 bis 10 BauNVO ergibt, sondern primär der Festsetzung des Bebauungsplans selbst zu entnehmen ist[254]. Die Festsetzung der Zweckbestimmung dient denselben Zielen wie die sonst im jeweiligen ersten Absatz der einzelnen Baugebiete zu findende vom Verordnungsgeber bestimmte Zweckbestimmung. Die Zweckbestimmung ist Voraussetzung für die Sicherstellung der städtebaulichen Entwicklung und setzt den Rahmen für die Festsetzung der Art der baulichen Nutzung. Des Weiteren ergeben sich aus der Zweckbestimmung Vorgaben für die Anwendbarkeit von § 15 BauNVO und §§ 12, 14 BauNVO[255].

Notwendigerweise kann daher bei der nun folgenden Darstellung der Blick nicht wie zuvor isoliert auf eine in der Baunutzungsverordnung aufgeführte Art der baulichen Nutzung gerichtet und untersucht werden, ob eine Betriebsform dieser Art der baulichen Nutzung unterfällt. Vielmehr ist zu fragen, ob in entsprechenden Sondergebieten typischerweise zu findende Festsetzungen sich überhaupt als zulässig erweisen. Die Variationsbreite an Festsetzungsmöglichkeiten ist sodann zu skizzieren. Als besonders problematisch erweist sich die parallele Festsetzung einer Nutzung zum Dauerwohnen in den Erholungssondergebieten nach § 10 und Gebieten für den Fremdenverkehr nach § 11 BauNVO. Diese Problemstellung wird in einem gesonderten Abschnitt behandelt[256].

b) Zum Verhältnis der Sondergebiete nach § 10 und § 11 BauNVO zueinander und zu den übrigen Baugebieten

§ 10 BauNVO regelt die Festsetzung von Sondergebieten, die der Erholung dienen. § 11 BauNVO eröffnet die Option der Festsetzung sonstiger Sondergebiete. Nach § 11 Abs. 1 BauNVO sind als sonstige Sondergebiete solche Sondergebiete darzustellen und festzusetzen, die sich von den Baugebieten nach den §§ 2 bis 10 wesentlich unterscheiden. In § 11 Abs. 2 BauNVO werden dann als ausdrücklich benannte Möglichkeiten Gebiete für den Fremdenverkehr, wie Kurgebiete und Gebiete für die Fremdenbeherbergung, erwähnt. Aus Absatz 1 geht hervor, dass ein Sondergebiet nach § 11 BauNVO nicht festgesetzt werden kann, wenn die Möglichkeit besteht, die

---

253 Siehe für den Flächennutzungsplan unter D.III.

254 Vgl. zur Systematik der Sondergebiete im Vergleich zu den übrigen Baugebieten Knaup/Stange, § 10 Rn. 1 und § 11 Rn. 1; Fickert/Fieseler, § 10 Rn. 2.

255 Söfker, in: Ernst/Zinkahn/Bielenberg/Krautzberger, Band 6, BauNVO § 10 Rn. 9.

256 Siehe unten unter C.VI.4.

Planungsabsichten auch über ein Gebiet nach §§ 2 bis 10 BauNVO zu verwirklichen. Für Vorhaben des Ferien- oder Erholungsaufenthalts ist daher zunächst zu prüfen, ob sich die Planung durch Festsetzung eines Baugebietes nach §§ 2 bis 9 BauNVO oder eines Sondergebietes nach § 10 BauNVO verwirklichen lässt.

Für die Baugebiete nach §§ 2 bis 9 BauNVO heißt das, dass insbesondere darauf zu achten ist, ob durch die Modifikationsmöglichkeiten des § 1 Abs. 4 bis 10 BauNVO die Planungsziele ermöglicht werden können[257]. Darauf ist im Rahmen der Betrachtung der Möglichkeiten zur Schaffung eines Sondergebietes nach § 11 BauNVO noch näher einzugehen[258]. Steht bei den avisierten Festsetzungen hinsichtlich der Art der baulichen Nutzung die Erholungsfunktion mit Freizeitwohnen im Vordergrund, so geht die Regelung des § 10 BauNVO vor. Das zeitweilige Freizeitwohnen kennzeichnet das Sondergebiet nach § 10 BauNVO im Allgemeinen[259]. Anlagen für die Fremdenbeherbergung finden daher in einem Sondergebiet nach § 11 BauNVO und nicht nach § 10 BauNVO ihren Platz[260]. Allerdings kommt es für die Rechtmäßigkeit des Bebauungsplanes nicht darauf an, dass die Rechtsgrundlage korrekt gewählt und bezeichnet worden ist. Entscheidend ist nur, ob die Festsetzungen nach § 10 oder § 11 BauNVO materiell zulässig sind[261].

2. Sondergebiete, die der Erholung dienen, § 10 BauNVO

Untersucht sei nunmehr, inwieweit und mit welchem Inhalt Sondergebiete nach § 10 BauNVO zur Realisierung von Vorhaben für den Ferien- und Erholungsaufenthalt festgesetzt werden können.

a) Grundsätzliches zu den Sondergebieten mit Erholungsfunktion

Über § 10 Abs. 1, Abs. 2 BauNVO lassen sich sowohl die ausdrücklich benannten Gebiete nach den Absätzen 3 bis 5 (Wochenendhausgebiete, Ferienhausgebiete, Campingplatzgebiete) festsetzen als auch unbenannte weitere Sondergebiete. Letzteres ergibt sich aus der Formulierung „insbesondere“[262]. Nach § 10 Abs. 2 Satz 1 BauNVO sind für Sondergebiete, die der Erholung dienen, seien es die benannten oder die unbenannten Gebiete, die Zweckbestimmung und die Art der Nutzung darzustellen und festzusetzen. Nach § 10 Abs. 2 Satz 2 BauNVO kann weiter festgesetzt werden, dass bestimmte, der Eigenart des Gebiets entsprechende Anlagen

257 Knaup/Stange, § 11 Rn. 11; Ziegler, in: Brügelmann, Band 6, BauNVO § 11 Rn. 7.
258 C.VI.3.
259 Stock, in: König/Roeser/Stock, § 10 Rn. 7; Bischopink, in: Bönker/Bischopink, § 10 Rn. 2.
260 Söfker, in: Ernst/Zinkahn/Bielenberg/Krautzberger, Band 6, BauNVO § 10 Rn. 5; der VGH Kassel, Urteil vom 02.12.2002 - 9 N 3208/98 -, NuR 2003, 299, 300 ordnet die Hotelnutzung der des Freizeitwohnens nach § 10 Abs. 1 BauNVO zu.
261 Ziegler, in: Brügelmann, Band 6, BauNVO § 11 Rn. 15.
262 Stock, in: König/Roeser/Stock, § 10 Rn. 7.

und Einrichtungen zur Versorgung des Gebiets und für sportliche Zwecke allgemein zulässig sind oder ausnahmsweise zugelassen werden können. Die Absätze 3 bis 5 des § 10 BauNVO enthalten dann weitere Vorschriften für bestimmte einzelne Unterarten des Sondergebietes.

b) Gemeinsame Regelungen für alle Sondergebiete mit Erholungsfunktion

Im Folgenden seien zunächst die Regelungen dargestellt, die für benannte und unbenannte Sondergebiete gleichermaßen gelten.

aa) Anlagen und Einrichtungen zur Versorgung des Gebiets und für sportliche Zwecke, § 10 Abs. 2 Satz 2 BauNVO

Nach § 10 Abs. 2 Satz 2 BauNVO kann im Bebauungsplan festgesetzt werden, dass bestimmte der Eigenart des Gebiets entsprechende Anlagen und Einrichtungen zur Versorgung des Gebiets und für sportliche Zwecke allgemein zulässig sind oder ausnahmsweise zugelassen werden können. Es kann sich dabei z.B. um der Versorgung des Gebiets dienende Läden, Schank- und Speisewirtschaften oder auch nicht störende Handwerksbetriebe handeln, aber auch Aufenthaltsräume, Wohngebäude und Wohnungen für Hausmeister und Betriebspersonal, Tennisplätze, Frei- oder Hallenbad, Anlagen für die Unterbringung von Sportgeräten usw.[263]. Dass die Zulässigkeit solcher Anlagen nicht reflexartig erfolgt, sondern in das Ermessen des Planungsträgers gestellt ist, erweist sich als zweckmäßig, da somit die Möglichkeit besteht, das Sondergebiet in das Gesamtkonzept der Gemeinde einzubetten. Es ist dem Planungsträger überlassen, den Bedarf des Sondergebiets über in anderen Gemeindeteilen bestehende Anlagen zu decken oder im Sondergebiet vorzuhalten[264]. Ausreichend ist, wenn diese Anlagen und Einrichtungen im Wesentlichen der Versorgung des Gebiets dienen. Wenn eine Nutzung zum Teil auch von Personen außerhalb des Gebiets erfolgt, ist dies unschädlich[265]. Die Frage, welche Einrichtungen und Anlagen dem Gebiet dienen, ist anhand der konkreten nach Absatz 2 Satz 1 festzusetzenden Zweckbestimmung zu bestimmen[266]. Eine Festsetzung, die sich in einer Wiederholung des Wortlauts des Satzes 2 erschöpft bzw. annähert, reicht demnach als Festsetzung richtigerweise nicht aus[267]. Man kann davon ausgehen, dass für ein Wochenendhausgebiet ein deutlich geringerer Bedarf an Anlagen zur Versorgung des Gebietes besteht, da dieses schon nach seiner Bestimmung einen

---

263 Ziegler, in: Brügelmann, Band 6, BauNVO § 10 Rn. 72.

264 Knaup/Stange, § 10 Rn. 16.

265 VGH Kassel, Urteil vom 12.11.2012 - 4 C 2052/11.N -, juris Rn. 41; Söfker, in: Ernst/Zinkahn/Bielenberg/Krautzberger, Band 6, BauNVO § 10 Rn. 15.

266 Ziegler, in: Brügelmann, Band 6, BauNVO § 10 Rn. 72; Stock, in: König/Roeser/Stock, § 10 Rn. 16.

267 Knaup/Stange, § 10 Rn. 16 mit Beispiel.

zeitweiligen Leerstand aufweist, wohingegen das Ferienhausgebiet durchaus auch aufgrund der ständig wechselnden Nutzer durchgängig belegt sein kann und für eine besonders gewinnbringende Nutzung schließlich auch sollte[268].

Der Verwaltungsgerichtshof Kassel hat sich in einer Entscheidung aus dem Jahre 2012 eingehend mit einer im konkreten Fall unzulässigen Festsetzung nach § 10 Abs. 2 Satz 2 BauNVO auseinandergesetzt und aufgezeigt, wie die Gemeinde die Festsetzung rechtssicher hätte gestalten können[269]. Für ein Feriengebiet war als ausnahmsweise zulässige Nutzung „Vergnügungsstätten nach § 4a Abs. 3 Nr. 2 BauNVO" festgesetzt worden. Der Verwaltungsgerichtshof Kassel stellt heraus, dass mit der ausnahmsweisen Zulassung eine Nutzung ermöglicht werde, die unter Zugrundelegung der gebotenen typisierenden Betrachtungsweise regelmäßig zu erheblichen Lärmbelästigungen führe. Es liege in der Natur von Vergnügungsstätten, insbesondere Diskotheken, mehr oder minder von Unruhe, Lautheit und anderen der Wohnruhe abträglichen Begleiterscheinungen geprägt zu sein und eine starke Anziehungskraft auf Jugendliche auszuüben und allgemein auf ein größeres Publikum und daher vor allem auf ein überörtliches Publikum zu zielen. Eine Zuordnung zu dem Ferienhausgebiet hätte die Gemeinde dadurch erzielen können, dass sie die Nutzungsart „nicht kerngebietstypische Vergnügungsstätte" in den textlichen Festsetzungen mit einer der Versorgung des Gebiets dienenden Funktion verknüpft, um mit dieser Nutzungseinschränkung klarzustellen, dass die zugelassene Nutzung der üblichen Freizeitbetätigung in einem Ferienhausgebiet dienen soll und gerade nicht die typischen Merkmale einer Diskothek aufweist[270].

Der Vollständigkeit halber ist zu erwähnen, dass es unzulässig ist, im Bebauungsplan Festsetzungen zur Häufigkeit und Dauer der Veranstaltungen zu treffen, um auf diese Weise eine Reduzierung der Lärmemissionen zu erreichen. § 9 BauGB enthält dazu keine Rechtsgrundlage, insbesondere kann über § 9 Abs. 1 Nr. 24 BauGB lediglich eine Festsetzung von baulichen oder sonstigen Vorkehrungen zum Schutz, zur Vermeidung oder Minderung schädlicher Umwelteinwirkungen zulässig sein[271].

bb) Zulässigkeit von Gebäuden und Räumen für freie Berufe, § 13 BauNVO

§ 13 BauNVO regelt die Zulässigkeit von Räumen und Gebäuden für die freiberufliche Tätigkeit. Für die Berufsausübung freiberuflich Tätiger und solcher Gewerbetreibender, die ihren Beruf in ähnlicher Art ausüben, sind in den Baugebieten nach §§ 2 bis 4 BauNVO Räume, in den Baugebieten nach den §§ 4a bis 9 BauNVO auch Gebäude zulässig. Diese Regelung wird allein durch Festsetzung eines Baugebietes wirksam, wenn der Bebauungsplan nichts anderes bestimmt[272]. Wie sich schon aus dem Wortlaut ergibt, fallen Räume und Gebäude in Sondergebieten nach §§ 10, 11

---

268 Vgl. Ziegler, in: Brügelmann, Band 6, BauNVO § 10 Rn. 45, 72.
269 VGH Kassel, Urteil vom 12.11.2012 - 4 C 2052/11.N -, NVwZ-RR 2013, 349 ff.
270 VGH Kassel, Urteil vom 12.11.2012 - 4 C 2052/11.N -, NVwZ-RR 2013, 349, 351.
271 Ebenda.
272 Schwier, 18.11.

BauNVO jedoch nicht in den Anwendungsbereich der Vorschrift. Möglich ist aber zum einen, entsprechende Festsetzungen ausdrücklich zu treffen[273], wonach auch ein tatsächliches Bedürfnis bestehen kann[274]. Dies gilt z. B. für die Ermöglichung von Arzt- oder Physiotherapiepraxen, Massagestudios und Apotheken, aber auch Kulturberufe können theoretisch gewünscht sein[275]. Naturgemäß ist es eine Frage des Einzelfalls und insbesondere von Lage und Größe des Gebiets abhängig, ob entsprechende Festsetzungen sich als zweckmäßig erweisen. Dabei ist auch zu berücksichtigen, dass entsprechend der Zweckbestimmung eines Sondergebietes nach §§ 10, 11 BauNVO, das für Ferien- und Freizeitnutzung bestimmt ist, keine zu großen Anreize geschaffen werden dürfen, einen außerhalb des eigentlichen Siedlungsgebietes liegenden Bedarf an freiberuflichen Nutzungen zu decken, um auf der einen Seite die Erholungsfunktion des Gebietes nicht zu gefährden, aber auf der anderen Seite einen Grundbestand an freiberuflichen Nutzungen im Siedlungsgebiet zu erhalten. Dies kann etwa in sehr ländlichen Gebieten der Fall sein, die bereits einen Bevölkerungsrückgang und eine allgemein negative wirtschaftliche Entwicklung zu verzeichnen haben. Dort kann es passieren, dass aufgrund einer negativen wirtschaftlichen Entwicklung in den Siedlungsteilen die Ansiedlung dem Freiberufler weniger attraktiv erscheint als in einem florierenden und dauernd belegten Feriengebiet.

Entgegen zum Teil vertretener Auffassung[276] können zum anderen aber auch dann, wenn eine ausdrückliche Zulässigkeit nicht im Bebauungsplan bestimmt ist, entsprechende Nutzungen für freie Berufe richtigerweise durchaus zulässig sein. Dies ist im Wege der Auslegung des Bebauungsplans insbesondere mit Blick auf die Zweckbestimmung zu ermitteln[277]. Unter Berücksichtigung dessen, dass diese nach dem Wortlaut des § 13 BauNVO nicht automatisch zulässig sind, ist eine restriktive Handhabung angezeigt. Die Zulässigkeit muss sich im Hinblick auf die Zweckbestimmung gewissermaßen aufdrängen. Wenn der Bebauungsplan sich nicht in der Bestimmung der allgemeinen Zweckbestimmung erschöpft, sondern die zulässigen und ausnahmsweise zulässigen Nutzungen genau festsetzt, so spricht dies eher gegen die Zulässigkeit von Räumen oder Gebäuden für freie Berufe[278].

cc) Zulässigkeit von Stellplätzen und Garagen, § 12 BauNVO

Nach § 12 Abs. 2 BauNVO sind in Sondergebieten, die der Erholung dienen, Stellplätze und Garagen nur für den durch die zugelassene Nutzung verursachten Bedarf

273 Stock, in: König/Roeser/Stock, § 13 Rn. 27.
274 A.A. Bischopink, in: Bönker/Bischopink, § 10 Rn. 5.
275 Vgl. Stock, in: König/Roeser/Stock, § 13 Rn. 27.
276 Knaup/Stange, § 13 Rn. 5; Boeddinghaus, § 13 Rn. 1 und wohl auch Fickert/Fieseler, § 13 Rn. 8.2.
277 Stock, in: König/Roeser/Stock, § 13 Rn. 27; Stock, in: Ernst/Zinkahn/Bielenberg/Krautzberger, Band 6, BauNVO § 13 Rn. 65; Schwier, 18.3.
278 Schwier, 18.3.

zulässig. Die Baunutzungsverordnung differenziert an dieser Stelle zwischen Erholungssondergebieten nach § 10 BauNVO und solchen nach § 11 BauNVO. Für letztere gilt § 12 Abs. 1 BauNVO[279]. Durch die eingeschränktere Zulässigkeit trägt die Baunutzungsverordnung der erhöhten Störempfindlichkeit und Schutzwürdigkeit auch der Erholungssondergebiete Rechnung[280]. Die Beschränkung auf den durch das Baugebiet selbst verursachten Bedarf soll das Gebiet davor bewahren, zum Standort privater Parkflächen zu werden[281]. Für Einzelheiten sei auf die einschlägige Kommentarliteratur verwiesen[282].

dd) Zur Schutzwürdigkeit und Störanfälligkeit der Erholungssondergebiete

Die Funktion eines Sondergebietes nach § 10 BauNVO liegt gerade darin, ein Freizeitwohnen zu ermöglichen, das der Erholung dient. Aus dieser spezifischen Funktion leitet sich die Schutzwürdigkeit bzw. die Störanfälligkeit des Erholungssondergebietes als Rahmen ab. Dies gilt sowohl hinsichtlich Geräusch- als auch Geruchsimmissionen. Die Schutzbedürftigkeit kann je nach Ausgestaltung der Festsetzungen, insbesondere solcher nach Absatz 2 Satz 1 weiter zu konkretisieren sein[283]. Naturgemäß ist bei einer Mischnutzung z. B. von Wochenendhäusern und Campingplätzen das Schutzniveau entsprechend zu bestimmen[284].

(1) Geräuschimmissionen

Hinsichtlich Lärmimmissionen enthält lediglich das Beiblatt 1 der DIN 18005, die nach der Rechtsprechung als Orientierungshilfe für die Ermittlung des gebietsbezogenen Zumutbarkeitsmaßstabs herangezogen werden kann[285], Orientierungswerte für die benannten Erholungssondergebiete nach § 10 Abs. 1 BauNVO. § 2 Abs. 2 Satz 2 16. BImSchV (Verkehrslärmschutzverordnung) und § 2 Abs. 6 Satz 2 Sportanlagenlärmschutzverordnung stellen für die Beurteilung der maximal zulässigen Immissionsgrenzwerte für sonstige in Bebauungsplänen festgesetzte Flächen für Anlagen und Gebiete allgemein auf die Schutzbedürftigkeit ab. Desgleichen enthält die TA Lärm für Sondergebiete keine konkreten Immissionsrichtwerte. Nach Beiblatt 1 der DIN 18005 sollen für Wochenendhausgebiete und für Ferienhausgebiete die auch für reine Wohngebiete vorgesehenen Orientierungswerte von tags 50 dB(A) und nachts 40 dB(A) bzw. 35 dB(A) gelten. Für Campingplatzgebiete sollen die Orientierungswerte für allgemeine Wohngebiete und Kleinsiedlungsgebiete

---

279 Stock, in: König/Roeser/Stock, § 12 Rn. 11.

280 Schwier, 21.26; Stock, in: König/Roeser/Stock, § 12 Rn. 17.

281 Stock, in: König/Roeser/Stock, § 12 Rn. 21.

282 Ziegler, in: Brügelmann, Band 6, BauNVO § 12; Stock, in: Ernst/Zinkahn/Bielenberg/Krautzberger, Band 6, BauNVO § 12.

283 Söfker, in: Ernst/Zinkahn/Bielenberg/Krautzberger, Band 6, BauNVO § 10 Rn. 8; Bischopink, in: Bönker/Bischopink, § 10 Rn. 10.

284 Vgl. Fickert/Fieseler, § 10 Rn. 4.

285 BVerwG, Beschluss vom 18.12.1990 - 4 N 6.88 -, NVwZ 1991, 881, 883.

von tags 55 dB(A) und nachts 45 dB(A) bzw. 40 dB(A) in Ansatz gebracht werden. Bei den Nachtwerten soll der niedrigere Wert für Industrie-, Gewerbe-, und Freizeitlärm sowie für Geräusche von vergleichbaren öffentlichen Einrichtungen gelten. Das Oberverwaltungsgericht Lüneburg hat entsprechend, ohne allerdings auf den Orientierungswert des Beiblatts 1 der DIN 18005 Bezug zu nehmen, für ein Gebiet „Fremdenbeherbergung und Campen" den Schutzanspruch eines allgemeinen Wohngebietes und der Verwaltungsgerichtshof München für ein Ferienhausgebiet das Schutzbedürfnis eines reinen Wohngebietes angenommen[286].

In der Literatur wird teilweise darauf hingewiesen, dass das Wochenendwohnen und das Ferienwohnen von der Schutzbedürftigkeit her nicht vergleichbar seien. Dem Ferienhausgebiet solle allgemein eher das Schutzniveau eines allgemeinen Wohngebietes zukommen[287]. Diese Einschätzung ist insoweit nicht abwegig, als dem Ferienhausgebiet allein durch die Nutzung immer wieder wechselnder Personen mit den bereits beschriebenen typischen Störungen grundsätzlich tatsächlich schwerlich das Schutzniveau eines reinen Wohngebiets zugesprochen werden kann. Letztlich ist die Ermittlung der zumutbaren Belastung jedoch richtigerweise stets nur das Ergebnis einer tatrichterlichen Beurteilung, da konkrete Grenzwerte gerade nicht existieren[288]. Die Zumutbarkeit richtet sich nach den Umständen des Einzelfalls, insbesondere nach dem Gebietscharakter und einer planerischen oder tatsächlichen Vorbelastung[289]. Dahingehend kann die DIN 18005 lediglich als Orientierung gelten und auch eine deutliche Überschreitung des Orientierungswertes im konkreten Fall, z. B. um 5 dB(A), zulässig sein[290]. In diesem Zusammenhang kann dann auch angemessen berücksichtigt werden, dass dem Ferienhausgebiet durchaus auch ein niedrigeres Schutzniveau zukommen kann als einem Wochenendhausgebiet.

Es lässt sich daher zusammenfassen, dass hinsichtlich der benannten Gebiete tendenziell von einem abgestuften Schutzniveau auszugehen ist und dem Wochenendhausgebiet der höchste Schutz, dem Campingplatzgebiet der niedrigste Schutz zukommt und sich das Ferienhausgebiet zwischen beiden Extremen positioniert. Letztlich muss aber im konkreten Einzelfall anhand der Ausgestaltung des Gebiets, insbesondere hinsichtlich weiterer Anlagen nach § 10 Abs. 2 Satz 2 BauNVO oder auch nach § 13 BauNVO, und etwaiger Vorbelastungen das Schutzniveau konkret bestimmt werden.

---

286 OVG Lüneburg, Beschluss vom 22.04.2009 - 1 LA 129/08 -, NdsVBl. 2009, 234, 235; VGH München, Beschluss vom 29.03.2010 - 15 CS 09.2233 -, juris Rn. 15 f.

287 Fickert/Fieseler, § 10 Rn. 4.

288 BVerwG, Beschluss vom 18.12.1990 - 4 N 6.88 -, NVwZ 1991, 881, 883; dies betonend Knaup/Stange, § 10 Rn. 8, die das Ferienhausgebiet tendenziell eher dem allgemeinen Wohngebiet zuordnen; VGH Kassel, Urteil vom 12.11.2012 - 4 C 2052/11.N -, juris Rn. 48 hat im konkreten Fall für ein Ferienhausgebiet mindestens das Schutzniveau eines allgemeinen Wohngebiets angenommen.

289 Schwier, 50.55.

290 BVerwG, Beschluss vom 18.12.1990 - 4 N 6.88 -, NVwZ 1991, 881, 883.

(2) Geruchsimmissionen

Hinsichtlich Geruchsimmissionen enthält die Geruchsimmissionsrichtlinie (GIRL), die ein technisches Regelwerk mit der Bedeutung eines antizipierten generellen Sachverständigengutachtens darstellt[291], in Punkt 3.1 keine Orientierungswerte für die Sondergebiete, die der Erholung dienen. Auch die Technische Anleitung Luft (TA Luft) ist nicht anwendbar, da es sich bei den Erholungssondergebieten nicht um Wohnsiedlungen handelt[292]. Für Campingplätze kommt in der Regel aufgrund der relativ hohen von ihnen ausgehenden Störungen zumeist nur ein Standort im Außenbereich in Betracht, woraus Nutzungskonflikte mit anderen typischen Außenbereichsvorhaben, insbesondere landwirtschaftlicher Nutzung, resultieren können. Man kann hier jedoch allgemein annehmen, dass für Campingplätze ein deutlich geringeres Schutzniveau gilt als für Wochenendhausgebiete und Ferienhausgebiete, da in der Regel bei Campingplätzen zum einen selbst eine höhere von diesen ausgehende Belastung etwa durch sanitäre Anlagen und auch Essenszubereitung im Freien (Grillen) zu verzeichnen ist und zum anderen in ländlichen Gegenden mit landwirtschaftlichen Gerüchen zu rechnen ist[293]. Ferienhausgebieten und Wochenendhausgebieten kommt richtigerweise ein den Wohngebieten vergleichbarer Schutz zu[294].

c) Zu den benannten Sondergebieten nach § 10 Abs. 1, 3 bis 5 BauNVO

Bei Festsetzung eines ausdrücklich in den Absätzen 3 bis 5 des § 10 BauNVO genannten Gebietes sind die Modifizierungsmöglichkeiten der Gemeinde stark eingeschränkt, da die Baunutzungsverordnung insoweit bereits einen Rahmen für die Festsetzung der Gebiete und den dort zulässigen Vorhaben vorgibt.

aa) Festsetzung der Zweckbestimmung und Art der baulichen Nutzung

Wie bereits erwähnt, sind die Zweckbestimmung und die Art der baulichen Nutzung für das Sondergebiet festzusetzen. Für die benannten Sondergebiete nach § 10 Abs. 3 bis 5 BauNVO besteht die Besonderheit, dass die Art der baulichen Nutzung bereits in den Absätzen 3 bis 5 geregelt ist. Es ist daher ausreichend, das Gebiet als solches festzusetzen. Mit dieser Festsetzung sind zugleich Zweckbestimmung und die Art der baulichen Nutzung bestimmt[295].

---

291 BVerwG, Beschluss vom 05.08.2015 - 4 BN 28/15 -, IBR 2015, 571.

292 Für Campingplatz VGH Kassel, 04.10.1984 - III N 17/82 -, UPR 1985, 219.

293 Vgl. VGH Mannheim, Beschluss vom 22.02.1989 - 3 S 327/87 -, NVwZ-RR 1990, 231 f. auch unter Heranziehung der VDI-Richtlinie 3471, die durch die VDI-Richtlinie 3894 ersetzt worden ist; vgl. dazu Kamp, AuR 2013, 294.

294 Ziegler, in: Brügelmann, BauNVO § 10 Rn. 12.

295 Söfker, in: Ernst/Zinkahn/Bielenberg/Krautzberger, Band 6, BauNVO § 10 Rn. 12; Stock, in: König/Roeser/Stock, § 10 Rn. 13; Bischopink, in: Bönker/Bischopink, § 10 Rn. 32.

bb) Zu den einzelnen benannten Sondergebieten, die der Erholung dienen

Im Folgenden seien die jeweiligen für die einzelnen Gebiete geltenden Besonderheiten aufgezeigt[296].

(1) Wochenendhausgebiete

§ 10 Abs. 3 BauNVO trifft spezielle Bestimmungen für die Wochenendhausgebiete.

(a) Art der Nutzung und Zweckbestimmung

Im Wochenendhausgebiet sind nach § 10 Abs. 3 Satz 1 BauNVO Wochenendhäuser zulässig. Dies kennzeichnet die zulässige Art der baulichen Nutzung und im Zusammenspiel mit der Begrenzung der Grundfläche sowie der allgemeinen Beschränkung des Maßes der baulichen Nutzung nach § 17 Abs. 1 BauNVO auch die Zweckbestimmung des Gebiets[297]. Der Begriff des Wochenendhauses wurde bereits erläutert[298]. Es sei lediglich zusammengefasst, dass sich das Wochenendwohnen vor allem dadurch auszeichnet, dass im Gegensatz zum Ferienwohnen der Nutzerkreis fest ist. Zumeist erfolgt eine Nutzung nur durch den Eigentümer. Die Nutzung muss jedoch nicht nur auf das Wochenende beschränkt sein, sondern kann auch in den Ferien erfolgen. Dauerwohnen ist in einem Wochenendhaus unzulässig. Dies unterscheidet das Wochenendhaus hinsichtlich der Art der Nutzung auch vom als Zweitwohnsitz eigengenutzten Ferienhaus. Das Wochenendhaus ist damit durch ein zeitweiliges Freizeitwohnen durch den Eigentümer, Mieter oder einen sonst festen Benutzerkreis auf einem relativ engen Raum gekennzeichnet.

Wochenendhäuser in Wochenendhausgebieten werden oftmals unzulässig zum Dauerwohnen genutzt. Der Frage, wie dem begegnet werden kann, wird an späterer Stelle noch einmal nachgegangen, da sich das Problem bei Ferienhäusern und Ferienwohnungen und für Sondergebiete nach § 10 und § 11 BauNVO gleichermaßen stellt[299]. Spiegelbildlich ergibt sich oftmals aber auch ein Bedürfnis, neben der Wochenendhausnutzung eine allgemeine Wohnnutzung gerade zuzulassen oder einen Bestand zu sichern. Auch die diesbezüglich bestehenden Möglichkeiten sollen an späterer Stelle erörtert werden[300].

Richtigerweise fallen unter den Begriff des Wochenendhauses nicht wie teils angenommen auch Jagd- und Schutzhütten und Container[301]. Diese sind schon nicht zum Freizeitwohnen bestimmt. Allenfalls könnte eine Gleichstellung für Mobil-

---

296 Siehe zu den Möglichkeiten bei Festsetzung schwimmender Ferien- und Wochenendhäuser weiterführend Erbguth/Schubert, UPR 2006, 51 ff.

297 Stock, in: König/Roeser/Stock, § 10 Rn. 13.

298 Siehe oben unter B.III.1; Söfker, in: Ernst/Zinkahn/Bielenberg/Krautzberger, Band 6, BauNVO § 10 Rn. 16.

299 Siehe unter C.VI.4.b).

300 Siehe unter C.VI.4.a).

301 So aber Stock, in: König/Roeser/Stock, § 10 Rn. 21.

heime und zum dauernden Aufenthalt bestimmte Wohnwagen in Betracht kommen, da deren Nutzung mit der eines Wochenendhauses, also einem zeitlich begrenzten Freizeitaufenthalt durch einen gleichbleibenden Nutzerkreis, vergleichbar ist. Nicht außer Acht gelassen werden kann aber, dass sich Mobilheime und Wohnwagen in bodenrechtlich relevanter Weise von Wochenendhäusern dadurch unterscheiden, dass diese jederzeit oder im Falle des Mobilheims jedenfalls mit verhältnismäßig wenig Aufwand umgesetzt werden können. Die von ihnen in Anspruch genommenen Flächen können leichter einer anderen Nutzung zugeführt werden, woraus sich ergibt, dass Mobilheime und ortsfest genutzte Wohnwagen planungsrechtlich nicht als Wochenendhäuser einzuordnen sind[302]. Bereits an dieser Stelle sei aber erwähnt, dass dies nicht zur Folge hat, dass Mobilheime auch ohne weiteres in bauplanungsrechtlicher Hinsicht auf Campingplätzen zulässig sind, worauf noch näher einzugehen ist[303].

(b) Bauweise

Nach § 10 Abs. 3 Satz 1 BauNVO sind in Wochenendhausgebieten Wochenendhäuser als Einzelhäuser zulässig. Nach Satz 2 kann im Bebauungsplan festgesetzt werden, dass Wochenendhäuser nur als Hausgruppen zulässig sind oder ausnahmsweise als Hausgruppen zugelassen werden können. Diese Regelungsstruktur ist historisch bedingt. § 10 bestimmte in der Fassung aus dem Jahre 1968, dass ausschließlich Einzelhäuser zulässig waren. Da sich diese Regelung jedoch als zu starr erwiesen hat, wurde auch die Festsetzung von Hausgruppen durch die Änderungsverordnung 1977 ermöglicht[304]. Die Regelung erweist sich jedoch in verschiedener Hinsicht als irritierend. Durch die Verwendung der Begriffe Einzelhäuser und Hausgruppen scheint sich § 10 Abs. 3 Satz 1 BauNVO auf § 22 Abs. 2 BauNVO zu beziehen, spart jedoch die Zulässigkeit der in § 22 Abs. 2 BauNVO erwähnten Doppelhäuser aus. Nach allgemeiner Auffassung sind jedoch den Hausgruppen Doppelhäuser gleichgestellt, da keine durchgreifenden Gründe dafür ersichtlich sind, dass zwar Einzelhäuser und Hausgruppen ab drei Gebäuden, aber keine Doppelhäuser aus zwei Gebäuden möglich sein sollen[305]. Insgesamt ist davon auszugehen, dass, soweit die Regelungen des § 10 Abs. 3 Satz 1 und 2 BauNVO nicht vorgehen, diese ergänzt werden durch § 22 BauNVO[306], so dass nach § 22 Abs. 2 Satz 2 BauNVO eine maximale Länge von 50 m für die jeweilige Hausform einzuhalten ist.

---

302 BVerwG, Urteil vom 03.04.1987 - 4 C 43.84 -, NVwZ 1987, 144 f.; Ziegler, in: Brügelmann, Band 6, BauNVO § 10 Rn. 44; Bischopink, in: Bönker/Bischopink, § 10 Rn. 56.

303 Siehe unten unter C.VI.2.c)bb)(3)(a)(dd).

304 Siehe dazu Boeddinghaus, § 10 Rn. 9.

305 Stock, in: König/Roeser/Stock, § 10 Rn. 25; Ziegler, in: Brügelmann, Band 6, BauNVO § 10 Rn. 53.

306 Ziegler, in: Brügelmann, Band 6, BauNVO § 10 Rn. 52; Söfker, in: Ernst/Zinkahn/Bielenberg/Krautzberger, Band 6, BauNVO § 10 Rn. 20.

Bemerkenswert ist weiter, dass für Wochenendhausgebiete nur bestimmte Kombinationen von Einzelhäusern und Hausgruppen festsetzbar sind. Ohne weitere Festsetzung sind nach § 10 Abs. 3 Satz 1 BauNVO nur Einzelhäuser zulässig. Satz 2 ermöglich lediglich eine Festsetzung, dass Wochenendhäuser ausschließlich als Hausgruppen zugelassen oder dass Hausgruppen ausnahmsweise neben Einzelhäusern zugelassen werden können. Umgekehrt ist es jedoch nicht möglich, Hausgruppen festzusetzen und parallel Einzelhäuser oder ausnahmsweise Einzelhäuser festzusetzen[307].

Unstreitig ist des Weiteren, dass sich aus § 10 Abs. 3 BauNVO ergibt, dass keine geschlossene Bauweise zulässig und auch nicht festsetzbar ist[308]. Erhebliche Unsicherheiten bestehen aber hinsichtlich der Frage, ob neben einer offenen Bauweise auch eine abweichende Bauweise, insbesondere eine halboffene Bauweise, zulässig ist, also eine solche, bei der die Gebäude auf der einen Seite mit und auf der anderen Seite ohne seitlichen Grenzabstand errichtet werden[309]. Teilweise wird dazu vertreten, § 10 Abs. 3 Satz 1 BauNVO schließe nicht aus, dass Einzelhäuser auch in halboffener Bauweise errichtet würden, was insbesondere von Bedeutung sei, wenn im Bebauungsplan nicht festgesetzt sei, dass Hausgruppen oder ausnahmsweise auch Hausgruppen neben Einzelhäusern zugelassen werden können[310]. Dieser Auffassung kann nicht gefolgt werden. Durch eine halboffene Bauweise entstehen faktisch Doppelhäuser, die der Hausgruppe gleichzusetzen sind und nicht dem Einzelhaus. Eine Zulässigkeit ohne Festsetzung nach § 10 Abs. 3 Satz 2 BauNVO ist gänzlich ausgeschlossen[311].

Ob für ein Wochenendhausgebiet eine andere als offene Bauweise überhaupt festgesetzt werden kann, insbesondere eine halboffene Bauweise, ist jedoch umstritten[312]. Unglücklicherweise regelt § 10 Abs. 3 BauNVO nicht ausdrücklich das Verhältnis zu § 22 BauNVO. Durch die Verwendung der Begrifflichkeiten Einzelhaus und Hausgruppe aus § 22 Abs. 2 BauNVO liegt es zwar nahe, anzunehmen, dass nur eine offene Bauweise gewollt sein soll, systematisch zwingend ist dies indes nicht[313]. Sinn und Zweck der Regelung des § 10 Abs. 3 Satz 1 und Satz 2 BauNVO, dass eine aufgelockerte Bebauung im Wochenendhausgebiet vorherrschen soll, schließt eine halboffene Bauweise nicht aus, da schließlich immer wieder Lücken entstehen. Die Grenze

---

307 Schwier, 35.34; Boeddinghaus, § 10 Rn. 10.

308 Bischopink, in: Bönker/Bischopink, § 10 Rn. 43; Söfker, in: Ernst/Zinkahn/Bielenberg, Band 6, BauNVO § 10 Rn. 21.

309 Vgl. VGH München, Urteil vom 19.11.1976 - 106 I 73 -, BayVBl. 1977, 177, 178; König, in: König/Roeser/Stock, § 22 Rn. 22.

310 Fickert/Fieseler, § 10 Rn. 24.

311 So auch im Ergebnis Ziegler, in: Brügelmann, Band 6, BauNVO § 10 Rn. 52.

312 Für die Zulässigkeit der Festsetzung der halboffenen Bauweise Ziegler, in: Brügelmann, Band 6, BauNVO § 10 Rn. 53; Knaup/Stange, § 10 Rn. 25; Bischopink, in: Bönker/Bischopink, § 10 Rn. 43; dagegen Söfker, in: Ernst/Zinkahn/Bielenberg/Krautzberger, Band 6, BauNVO § 10 Rn. 21.

313 Ähnlich Bischopink, in: Bönker/Bischopink, § 10 Rn. 43.

der nach § 22 Abs. 4 BauNVO zulässigen abweichend festgesetzten Bauweise kann abstrakt dort gezogen werden, wo faktisch eine geschlossene Bauweise entsteht. Dies kann etwa bei einer Kettenbauweise eher der Fall sein als bei einer Winkelbauweise[314].

(c) Maß der baulichen Nutzung

Weiter sieht § 10 Abs. 3 Satz 3 BauNVO eine Sonderregelung für die Festsetzung des Maßes der baulichen Nutzung vor. Im Übrigen können für Wochenendhäuser Festsetzungen zum Maß der baulichen Nutzung nach den allgemeinen Regeln getroffen werden[315]. Hinsichtlich der Festsetzung der maximal zulässigen Grundfläche ermächtigt § 16 Abs. 3 Nr. 1 BauNVO die Gemeinde grundsätzlich im Bebauungsplan bei Festsetzung des Maßes der baulichen Nutzung die Grundflächenzahl *oder* die Größe der Grundfläche der baulichen Anlagen zu bestimmen. Für Wochenendhäuser regelt § 10 Abs. 3 Satz 3 BauNVO jedoch, dass die zulässige Grundfläche im Bebauungsplan, begrenzt nach der besonderen Art des Gebiets unter Berücksichtigung der landschaftlichen Gegebenheiten, festzusetzen ist. Diese Regelung dient dem Zweck, die Bestimmung des Wochenendhauses zu sichern und ein Dauerwohnen und auch eine Ferienhausnutzung unattraktiv zu gestalten[316]. Sie bezieht sich lediglich auf die Wochenendhäuser, nicht auf übrige Anlagen im Gebiet[317]. Zulässig ist es, hinsichtlich dieser eine Grundflächenzahl festzulegen, wobei diese – zusätzlich zur Festsetzung der Grundfläche für die Wochenendhäuser – auch die Wochenendhäuser einschließen kann; bei Widersprüchen zwischen absolutem und relativem Maß gilt das strengere[318].

§ 17 BauNVO sieht für Wochenendhausgebiete eine Begrenzung der Grundflächenzahl und Geschossflächenzahl von jeweils 0,2 vor. Nach § 17 Abs. 2 Satz 2 BauNVO ist eine ausnahmsweise Überschreitung ausdrücklich ausgeschlossen. Bei Festsetzung der zulässigen Grundfläche müssen daher die Grundstücksgrößen bekannt sein, um der Vorgabe des § 17 BauNVO entsprechen zu können[319]. Die Regelung des § 17 BauNVO bezieht sich allgemein auf das Baugebiet, was nach Auffassung im Schrifttum hinsichtlich anderer zulässiger baulicher Anlagen als Wochenendhäuser zu städtebaulich unerwünschten Ergebnissen führen könne, weil z. B. ein Laden keine Freifläche benötige[320]. Mag diese Erwägung zwar auf den ersten Blick nicht ganz von der Hand zu weisen sein, so stellt § 17 Abs. 2 Satz 2 BauNVO

---

314 Siehe zu den Begriffen Ziegler, in: Brügelmann, Band 6, BauNVO § 22 Rn. 113 f.

315 Söfker, in: Ernst/Zinkahn/Bielenberg/Krautzberger, Band 6, BauNVO § 10 Rn. 20; Stock, in: König/Roeser/Stock, § 10 Rn. 23.

316 Ziegler, in: Brügelmann, Band 6, BauNVO § 10 Rn. 48; Stock, in: König/Roeser/Stock, § 10 Rn. 24.

317 Stock, in: König/Roeser/Stock, § 10 Rn. 23; Ziegler, in: Brügelmann, Band 6, BauNVO § 10 Rn. 48.

318 Ziegler, in: Brügelmann, Band 6, BauNVO § 10 Rn. 60 m.w.N.

319 Ziegler, in: Brügelmann, Band 6, BauNVO § 10 Rn. 57.

320 Ziegler, in: Brügelmann, Band 6, BauNVO § 10 Rn. 62.

jedoch aufgrund des klaren Wortlauts eine zwingende Bestimmung dar und erweist sich insoweit auch als verständlich, als im gesamten Wochenendhausgebiet eine lockere unverdichtete Bebauung vorherrschen soll. Richtigerweise sind bei der Ermittlung der Grundfläche Dachvorsprünge und Terrassen nicht mitzurechnen. Sinn und Zweck der Begrenzung der Grundfläche bei Wochenendhäusern ist, das Dauerwohnen zu verhindern. Daraus folgt aber, dass es für die Berechnung der Grundfläche nicht wie sonst bei §§ 16, 19 BauNVO entscheidend auf die Größe der versiegelten Flächen, sondern der wohnlich nutzbaren Fläche ankommt[321].

Die Grundfläche ist nach der besonderen Eigenart des Gebiets unter Berücksichtigung der landschaftlichen Gegebenheiten zu begrenzen, § 10 Abs. 3 Satz 3 BauNVO. Dass die Begrenzung nach der besonderen Eigenart des Gebiets erfolgt, heißt lediglich, dass die Festsetzung der Grundfläche zur Verhinderung des Dauerwohnens bestimmt ist und der Funktion des Wochenendhauses entsprochen wird, als Ort des zeitlich begrenzten Aufenthalts zu Erholungszwecken durch einen begrenzten Nutzerkreis zu dienen[322]. In der Rechtsprechung wurde eine zulässige Grundfläche von 150 m^2 dahingehend als unzulässig angesehen[323]; eine Grundfläche von 117 m^2 als grenzwertig[324]. Landschaftliche Gegebenheiten können z.B. eine Hanglage oder besonders schützenswerte Landschaftsteile sein[325].

Ob Festsetzungen zur Höhe der baulichen Anlagen oder der Geschossflächenzahl im Sinne des § 16 Abs. 3 Nr. 2 BauNVO erforderlich sind, bestimmt sich danach, ob ohne diese Festsetzung öffentliche Belange, insbesondere das Orts- und Landschaftsbild, beeinträchtigt werden können. Dies ist naturgemäß eine Frage des Einzelfalls, kann aber gerade in landschaftlich reizvollen Gebieten, für die die Ausweisung eines Wochenendhausgebietes vorgesehen ist, zu bejahen sein[326].

(2) Ferienhausgebiete

Die Festsetzung von Ferienhausgebieten gestaltet sich aufgrund fehlender Sonderregelungen zur Bauweise und zum Maß der baulichen Nutzung deutlich einfacher als die von Wochenendhausgebieten. Allerdings stellen sich ebenso wie bei der Nutzung von Wochenendhäusern die Fragen, wie ein unzulässiges Dauerwohnen verhindert oder auch ein gewünschtes Dauerwohnen parallel zugelassen werden kann. Dies soll an späterer Stelle erörtert werden[327].

---

321 OVG Greifswald, Urteil vom 20.03.2012 - 3 L 12/08 -, juris Rn. 102; Urteil vom 18.04.2012 - 3 L 3/08 -, juris Rn. 62.

322 Ziegler, in: Brügelmann, Band 6, BauNVO § 10 Rn. 58; Bischopink, in: Bönker/Bischopink, § 10 Rn. 47.

323 VGH Kassel, Beschluss vom 01.09.1981 - IV N 16/80 -, BRS 38 Nr. 11.

324 VGH Kassel, Urteil vom 7.11.1975 - IV OE 133/74 -, BRS 29 Nr. 64.

325 Ziegler, in: Brügelmann, Band 6, BauNVO § 10 Rn. 58.

326 Vgl. dazu Ziegler, in: Brügelmann, Band 6, BauNVO § 10 Rn. 63; Söfker, in: Ernst/Zinkahn/Bielenberg/Krautzberger, Band 6, BauNVO § 10 Rn. 23.

327 Siehe unter C.VI.4 und dortige Nachweise.

(a) Art der Nutzung und Zweckbestimmung

§ 10 Abs. 4 BauNVO bestimmt, dass in Ferienhausgebieten Ferienhäuser zulässig sind, die aufgrund ihrer Lage, Größe, Ausstattung, Erschließung und Versorgung für den Erholungsaufenthalt geeignet und dazu bestimmt sind, überwiegend und auf Dauer einem wechselnden Personenkreis zu dienen. Wie schon an vorheriger Stelle erläutert, wird das Ferienwohnen damit durch einen ständigen Wechsel von Gästen gekennzeichnet[328]. Im Gegensatz zum Wochenendwohnen findet also bestimmungsgemäß eine dauernde Nutzung, aber durch verschiedene Personen statt. Ferienwohnungen und Ferienhäuser sind in tatsächlicher Hinsicht oftmals, wenn auch nicht zwingend, komfortabler ausgestattet und größer geschnitten als Wochenendhäuser und Wochenendwohnungen. Diese Unterscheidung ist jedoch bauplanungsrechtlich nicht relevant, solange aufgrund Größe und Ausstattung der Zweck erfüllt werden kann, dauerhaft einem wechselnden Personenkreis zum Erholungsaufenthalt zu dienen[329].

(b) Bauweise und Maß der baulichen Nutzung

§ 10 Abs. 4 Satz 2 BauNVO sieht keine Pflicht zur Festsetzung der Grundfläche wie bei Wochenendhäusern vor. Wenn es dort heißt, dass die Grundfläche festgesetzt werden kann, so hat dies im Hinblick auf § 16 Abs. 2 BauNVO keine eigenständige Bedeutung[330]. Als Obergrenze für die Bestimmung des Maßes der baulichen Nutzung ist § 17 BauNVO zu beachten. Das Ferienhausgebiet wird dort den reinen Wohngebieten und allgemeinen Wohngebieten gleichgesetzt. Danach gilt für die Grundflächenzahl als Obergrenze ein Wert von 0,4 und für die Geschossflächenzahl von 1,2. Nach Absatz 2 Satz 2 können diese Obergrenzen im Gegensatz zu reinen und allgemeinen Wohngebieten nicht überschritten werden. Hinsichtlich der Bauweise enthält die Baunutzungsverordnung keine besonderen Bestimmungen für Ferienhausgebiete.

(3) Campingplatzgebiete

Schließlich erwähnt § 10 Abs. 5 BauNVO das Campingplatzgebiet als benanntes Sondergebiet, das der Erholung dient. Für die Zulässigkeit der konkreten Nutzungen auf Campingplätzen und Zeltplätzen sind mehr als das Planungsrecht die bauordnungsrechtlichen Vorgaben relevant[331]. Insbesondere sind die jeweiligen Campingplatzverordnungen der Länder zu beachten, die in den Details erheblich variieren können[332]. Die maßgeblichen bauplanungsrechtlichen Vorgaben sollen im Folgenden betrachtet werden.

---

328 Siehe B.III.2.

329 Vgl. auch Schwier, 13.41.

330 Bischopink, in: Bönker/Bischopink, § 10 Rn. 51; Stock, in: König/Roeser/Stock, § 10 Rn. 32.

331 Vgl. Schwier, 13.61.

332 Z.B. in Schleswig-Holstein Landesverordnung über Camping- und Wochenendplätze (Camping- und Wochenendplatzverordnung) vom 13.07.2010, GVOBl. 2010, 522 ff.

(a) Art der baulichen Nutzung und Zweckbestimmung

In Campingplatzgebieten sind nach dem Wortlaut von § 10 Abs. 5 BauNVO Campingplätze und Zeltplätze zulässig.

(aa) Allgemeines

Entscheidend für die Zweckbestimmung eines Campingplatzgebietes und die Art der baulichen Nutzung ist die Prägung des Gebietscharakters durch mobile Unterkünfte[333]. Unter einem Campingplatz bzw. einem Zeltplatz kann man in Anlehnung an die Campingplatzverordnungen der Länder einen auf Dauer angelegten Platz verstehen, der ständig oder regelmäßig während bestimmter Zeiten im Jahr betrieben wird und dazu bestimmt ist, dem Aufstellen und vorübergehenden Bewohnen von wenigstens drei Wohnwagen oder ähnlichen Anlagen wie Wohnmobilen, Wohnbooten bzw. Zelten zu dienen[334]. Zweckbestimmung des Campingplatzgebietes ist, dass dieses Gebiet auf Dauer dem vorübergehenden Wohnen zu Erholungszwecken dient[335].

Es ist zulässig, entweder Zeltplätze oder Campingplätze festzusetzen, es müssen nicht beide Nutzungsarten parallel verwirklicht werden[336]. Der Nutzungsbegriff schließt nach allgemeiner Auffassung auch verschiedene Anlagen mit ein, die für die funktionsgerechte Nutzung eines Campingplatzes bzw. Zeltplatzes notwendig sind. Zu nennen sind etwa Gebäude oder Räume für Verwaltung, den Platzwart oder anderes Personal, Toiletten- und Waschräume sowie Anlagen für die Trinkwasserversorgung und Schmutzwasserableitung[337]. Allerdings bereitet die Festlegung Schwierigkeiten, welche Art von Anlagen insoweit als notwendig für die Funktionsfähigkeit des Platzes sind und welche nach § 10 Abs. 2 BauNVO einer gesonderten Festsetzung bedürfen. Dies betrifft etwa Anlagen wie Verkaufsstellen, kleine Handwerksbetriebe, z. B. Frisöre, Sportanlagen, Schank- und Speisewirtschaften. Diese bedürfen nach zutreffender Auffassung einer Festsetzung nach § 10 Abs. 2 BauNVO[338]. Die Gemeinde ist hier gut beraten, im Zweifel die Anlagen nach § 10 Abs. 2 BauNVO ausdrücklich festzusetzen oder auszuschließen, um so Konflikten über die Auslegung des Bebauungsplans bzw. den Umfang der zulässigen Anlagen vorzubeugen.

Umstritten ist, ob es sich bei Campingplätzen und Zeltplätzen um bauliche Anlagen im Sinne des § 29 BauGB handelt[339]. *Knaup/Stange* weisen darauf hin, dass

333 Stock, in: König/Roeser/Stock, § 10 Rn. 33.

334 Stock, in: König/Roeser/Stock, § 10 Rn. 33; Ziegler, in: Brügelmann, Band 6, BauNVO § 10 Rn. 84; VG Karlsruhe, Urteil vom 16.10.2014 - 9 K 3426/13 -, juris Rn. 29.

335 VG Karlsruhe, Urteil vom 16.10.2014 - 9 K 3426/13 -, juris Rn. 29.

336 Stock, in: König/Roeser/Stock, § 10 Rn. 35.

337 Stock, in: König/Roeser/Stock, § 10 Rn. 33.

338 Stock, in: König/Roeser/Stock, § 10 Rn. 34.

339 Vgl. Darstellung des Meinungsstands bei Stock, in: König/Roeser/Stock, § 10 Rn. 36.

Campingplätze oder Zeltplätze durchaus geeignet seien, die in § 1 Abs. 6 BauGB genannten Belange zu berühren und daher das Bedürfnis nach einer regelnden verbindlichen Bauleitplanung hervorzurufen. Dies gelte allerdings nicht in jedem Fall und gerade nicht im Falle von Zeltplätzen, da diese nicht in einer auf Dauer gedachten Weise mit dem Erdboden verbunden seien, mit der Folge, dass es sich nach der ständigen Rechtsprechung des Bundesverwaltungsgerichts nicht zwingend um eine bauliche Anlage nach § 29 BauGB handeln müsse[340]. Es wird jedoch verkannt, dass durch die Festsetzung eines Baugebietes nach § 10 Abs. 5 BauNVO zugleich auch die oben genannten weiteren für den Betrieb eines Campingplatzes notwendigen Anlagen zulässig sind, bei denen es sich ohne weiteres um bauliche Anlagen handelt. Allein durch die planungsrechtliche untrennbare Verbindung mit diesen Anlagen handelt es sich bei dem Campingplatz insgesamt um eine bauliche Anlage. Zudem ist es so, dass ein Campingplatz auf bauordnungsrechtlicher Ebene verschiedene bauliche Anlagen zwingend erfordert wie z. B. Toiletten und Waschgelegenheiten[341]. Das Bundesverwaltungsgericht hat beispielsweise auch das Verlegen von Bodenplatten aus Holz zur Zeltbefestigung und das Anbringen von Aborten ausreichen lassen, um eine bauliche Anlage anzunehmen[342].

(bb) Abgrenzung zur Festsetzung einer Grünfläche nach § 9 Abs. 1 Nr. 15 BauGB

Flächen, auf denen Zelte aufgestellt werden dürfen, können auch als eine öffentliche oder private Grünfläche verbunden mit der speziellen Zweckbestimmung nach § 9 Abs. 1 Nr. 15 BauGB festgesetzt werden, so dass sich die Notwendigkeit einer Abgrenzung beider Festsetzungsmöglichkeiten ergibt. Wie bereits dargestellt, sind Campingplätze nach § 10 Abs. 5 BauNVO Plätze, die ständig oder wiederkehrend während bestimmter Zeiten des Jahres betrieben werden und die zum vorübergehenden Aufstellen und Bewohnen von mehr als drei Wohnwagen oder Zelten bestimmt sind. Demgegenüber sind Zeltplätze im Sinne von § 9 Abs. 1 Nr. 15 BauGB Plätze, die weder ständig noch wiederkehrend während bestimmter Zeiten des Jahres, sondern nur vorübergehend betrieben werden[343]. Die Regelung des § 10 Abs. 5 BauNVO stellt in systematischer Hinsicht für die typischen Campingplätze moderner Prägung mit Erschließungs- und Versorgungsanlagen gegenüber der Festsetzungsmöglichkeit nach § 9 Abs. 1 Nr. 15 BauGB die speziellere Vorschrift dar

340 Knaup/Stange, § 10 Rn. 50.

341 Z.B. § 10 Camping- und Wochenendplatzverordnung S-H, GVOBl. 2010, 522 ff.; Fickert/Fieseler, § 10 Rn. 43.

342 BVerwG, Urteil vom 01.11.1974 - IV C 13.73 -, DVBl. 1975, 497, 498.

343 OVG Münster, Urteil vom 19.02.2001 - 10a D 3/01.NE -, NWVBl. 2003, 152, 153; VGH Kassel, Urteil vom 16.01.1991 - 4 UE 681/87 -, NVwZ-RR 1992, 230, 231; Fickert/Fieseler, § 10 Rn. 41.1; Söfker, in: Ernst/Zinkahn/Bielenberg/Krautzberger, Band 1, BauGB § 9 Rn. 129 und Band 6, BauNVO § 10 Rn. 31; Bischopink, in: Bönker/Bischopink, § 10 Rn. 56.

und verdrängt letztere[344]. Zudem muss bei der Festsetzung einer Grünfläche mit besonderer Zweckbestimmung immer noch die Funktion als Grünfläche dominieren. Dies ist bei einem dauerhaft betriebenen Zeltplatz nicht der Fall[345].

(cc) Abgrenzung zu sonstigen Gewerbebetrieben

Gewissermaßen parallel dazu, ob die Vermietung von Ferienwohnungen und Ferienhäusern einen sonstigen Gewerbebetrieb im Sinne der Baunutzungsverordnung darstellen kann, stellt sich die Frage, ob gewerblich genutzte Campingplätze als sonstige Gewerbebetriebe eingeordnet werden können. Auch hier gilt, dass ein bestimmtes, unter eine spezielle gewerbliche Nutzungsart fallendes Vorhaben ein Gewerbebetrieb im Sinne bauplanungsrechtlicher Vorschriften sein und als solcher in einem Baugebiet zugelassen werden kann, wenn er im Einzelfall von dem in der Baunutzungsverordnung bei der Definition der speziellen gewerblichen Nutzungsart, also eines Campingplatzes nach § 10 Abs. 5 BauNVO, vorausgesetzten Regelfall abweicht[346]. Dabei ist zwar zu sehen, dass zwischen Campingplätzen und sonstigen Gewerbebetrieben kein Spezialitätsverhältnis im engeren Sinne besteht, da Campingplätze auch nichtgewerblich betrieben werden können. Indes ist das Prägende auch eines gewerblich betriebenen Campingplatzes seine Eigenschaft als Freizeitstätte, und nicht seine Eigenschaft als Wirtschaftsfaktor und Arbeitsplatz des Platzwarts[347]. Vor diesem Hintergrund kann angenommen werden, dass der Verordnungsgeber, wenn er Campingplätze z. B. in einem Dorfgebiet hätte zulassen wollen, sich wohl nicht darauf beschränkt hätte, über den Begriff der sonstigen Gewerbebetriebe die gewerblichen Campingplätze zu erfassen, sondern auch vereinsmäßig betriebene Plätze berücksichtigt hätte[348]. Letzten Endes ist jedoch stets das konkrete Vorhaben dahingehend zu untersuchen, ob es von dem in der Baunutzungsverordnung bei der Definition der speziellen gewerblichen Nutzungsart vorausgesetzten Regelfall, also der eines gewerblich betriebenen Campingplatzes, abweicht.

(dd) Zur Problematik der Zulässigkeit von Mobilheimen

Besondere Probleme wirft mitunter die Zulässigkeit von Mobilheimen auf. Zwar sind nach den meisten Campingplatzverordnungen Mobilheime zulässig und gelten als Wohnwagen[349], dies sagt allerdings nichts darüber aus, ob Mobilheime auch in bauplanungsrechtlicher Hinsicht auf Campingplätzen zulässig sind. Richtigerweise

---

344 OVG Münster, Urteil vom 19.02.2001 - 10a D 3/01.NE -, NWVBl. 2003, 152, 153.

345 OVG Münster, Urteil vom 19.02.2001 - 10a D 3/01.NE -, NWVBl. 2003, 152, 153; vgl. auch Bischopink, in: Bönker/Bischopink, § 10 Rn. 54.

346 BVerwG, Beschluss vom 22.01.2014 - 4 B 48.13 -, juris Rn. 7.

347 OVG Lüneburg, Urteil vom 24.07.2013 - 1 LB 245/10 -, juris Rn. 21 für Beherbergungsräume mit Nebeneinrichtungen und acht Wohnmobilstellplätzen.

348 Ebenda.

349 Vgl. z. B. § 1 Abs. 4 Nr. 2 Camping- und Wochenendplatzverordnung S-H, GVOBl. 2010, 522 ff.

sind Mobilheime ohne ausdrückliche Festsetzung der Zulässigkeit nicht auf einem Campingplatz planungsrechtlich zulässig. Dies folgt daraus, dass ein Mobilheim nicht zwanglos fortbewegt werden kann und daher nicht der Zweckbestimmung eines Campingplatzgebietes entspricht[350]. Mobilheime sind dadurch gekennzeichnet, dass sie nicht uneingeschränkt zum Straßenverkehr zugelassen sind, da ihre Abmessungen die nach § 32 StVZO allgemein zugelassenen Grenzen überschreiten und demgemäß nur aufgrund einer für den jeweiligen Einzelfall erteilten Sondererlaubnis nach § 29 Abs. 3 StVO im Straßenverkehr bewegt werden können[351]. Möglich ist allerdings ein sonstiges Sondergebiet auszuweisen und die Zulässigkeit der Aufstellung von Mobilheimen ausdrücklich festzusetzen.

(b) Maß der baulichen Nutzung, Bauweise, überbaubare Grundstücksflächen

Die Baunutzungsverordnung enthält keine spezifischen Vorgaben zum Maß der baulichen Nutzung, der Bauweise oder der überbaubaren Grundstücksflächen für Sondergebiete nach § 10 Abs. 5 BauNVO[352]. Allerdings ist hinsichtlich des Maßes der baulichen Nutzung zu berücksichtigen, dass § 17 BauNVO für „sonstige Sondergebiete" vorgibt, dass die Grundflächenzahl 0,8, die Geschossflächenzahl 2,4 und die Baumassenzahl 10 nicht überschreiten darf. Nach zutreffender Auffassung sind mit „sonstigen Sondergebieten" nicht nur die nach § 11 BauNVO gemeint, sondern auch Campingplatzgebiete und die unbenannten Gebiete nach § 10 BauNVO[353]. Allerdings handelt sich dabei lediglich um Höchstwerte. Je nach Ausgestaltung des konkreten Campingplatzgebietes und bei der Abwägung zu berücksichtigender Belange, kann auch eine geringere Verdichtung angezeigt sein.

d) Unbenannte Sondergebiete nach § 10 BauNVO

§ 10 Abs. 1 BauNVO eröffnet durch die Verwendung des Wortes „insbesondere" auch die Möglichkeit, weitere nicht ausdrücklich benannte Sondergebiete nach § 10 BauNVO festzusetzen. Die Festsetzung eines Sondergebietes nach § 10 BauNVO ist allerdings nur dann zulässig, wenn das Gebiet dem vorübergehenden Freizeitwohnen dient. Gerade dies unterscheidet das Sondergebiet von einem sonstigen Sondergebiet nach § 11 BauNVO[354].

aa) Festsetzung der Zweckbestimmung und der Art der baulichen Nutzung

Mehr als für die benannten Sondergebiete gewinnt die Vorgabe des § 10 Abs. 2 BauNVO für unbenannte Sondergebiete an Bedeutung, dass Zweckbestimmung

350 OVG Lüneburg, Urteil vom 11.12.1987 - 1 C 39/86 -, BauR 1986, 452, 453; Stock, in: König/Roeser/Stock, § 10 Rn. 35; Ziegler, in: Brügelmann, Band 6, BauNVO § 10 Rn. 86.
351 Ebenda.
352 Vgl. Bischopink, in: Bönker/Bischopink, § 10 Rn. 59.
353 Ziegler, in: Brügelmann, Band 6, BauNVO § 10 Rn. 33.
354 Siehe oben unter C.VI.1.b).

und Art der Nutzung im Bebauungsplan festzusetzen sind. Die Gemeinde sollte sich dabei an der Regelungsstruktur der Baugebietstypen der §§ 2 bis 9 BauNVO orientieren. Nach einer schlagwortartigen Kurzbezeichnung des Gebiets sollte in einem Absatz 1 die allgemeine Zweckbestimmung festgesetzt werden, in einem Absatz 2 die allgemein und in einem Absatz 3 die ausnahmsweise zulässigen Nutzungen bestimmt werden[355].

Daraus, dass ein Sondergebiet nach § 10 BauNVO als Zweckbestimmung auf das Freizeitwohnen ausgerichtet sein muss, folgt, dass etwa ein Gartenhausgebiet oder ein Wassersportgebiet, bei dem die sportliche Nutzung gegenüber der Ferienwohnnutzung überwiegt, nicht als ein Sondergebiet nach § 10 BauNVO, sondern nur nach § 11 BauNVO zulässig sein kann[356]. Durch die Betonung der Zweckbestimmung des Freizeitwohnens sind Sondergebiete für die Fremdenunterbringung mit Beherbergungsbetrieben für Fremdenverkehrszwecke nach § 11 BauNVO und nicht nach § 10 BauNVO festzusetzen[357]. Fehlerhaft ist daher die Auffassung des Verwaltungsgerichtshofs Kassel, wenn ein Hotel als „Freizeitwohnen" eingeordnet wird[358].

Zulässig und geläufig ist die Festsetzung von Wochenendplatzgebieten[359]. Diese sehen in der Regel die Unterbringung von kleinen Wochenendhäusern, Mobilheimen und Wohnwagen vor und entsprechen oftmals auf planungsrechtlicher Ebene diesen bauordnungsrechtlich vorgesehenen Plätzen[360]. In Ländern mit entsprechenden Rechtsverordnungen reicht die Bezugnahme auf diese Vorschriften[361].

bb) Maß der baulichen Nutzung

Hinsichtlich des Maßes der baulichen Nutzung ist zu berücksichtigen, dass § 17 BauNVO für „sonstige Sondergebiete" vorgibt, dass die Grundflächenzahl 0,8, die Geschossflächenzahl 2,4 und die Baumassenzahl 10 nicht überschritten werden darf. Wie bereits erwähnt, sind nach zutreffender Auffassung mit „sonstigen Sondergebieten" nicht nur die nach § 11 BauNVO gemeint, sondern auch die unbenannten Sondergebiete nach § 10 BauNVO[362]. Da es sich nur um Höchstwerte handelt, kann je nach Zweckbestimmung des konkreten Sondergebiets und bei der Abwägung zu berücksichtigender Belange auch eine geringere Verdichtung angezeigt sein.

---

355 Vgl. Bischopink, in: Bönker/Bischopink, § 10 Rn. 33; Stock, in: König/Roeser/Stock, § 10 Rn. 38.

356 Stock, in: König/Roeser/Stock, § 10 Rn. 39.

357 Söfker, in: Ernst/Zinkahn/Bielenberg/Krautzberger, Band 6, BauNVO § 10 Rn. 5.

358 VGH Kassel, Urteil vom 02.012.2002 - 9 N 3208/98 -, NuR 2003, 299, 300.

359 Siehe auch die detaillierten Ausführungen mit Festsetzungsbeispielen bei Fickert/Fieseler, § 10 Rn. 30 ff. und Schwier, 13.5.

360 Vgl. Stock, in: König/Roeser/Stock, § 10 Rn. 39.

361 Söfker, in: Ernst/Zinkahn/Bielenberg/Krautzberger, Band 6, BauNVO § 10 Rn. 37; z. B. in Niedersachsen die Verordnung über Campingplätze, Wochenendplätze und Wochenendhäuser (CPl-Woch-VO) vom 12. April 1984, Nds. GVBl. 1984, 109.

362 Ziegler, in: Brügelmann, Band 6, BauNVO § 10 Rn. 33.

3. Sonstige Sondergebiete, § 11 BauNVO

Schließlich können Anlagen für den Ferien- und Freizeitaufenthalt auch in einem sonstigen Sondergebiet nach § 11 BauNVO ihren Platz finden.

a) Wesentlicher Unterschied zu den Baugebieten nach §§ 2 bis 10 BauNVO

Nach § 11 Abs. 1 BauNVO sind als sonstige Sondergebiete solche Gebiete festzusetzen, die sich von den Baugebieten nach §§ 2 bis 10 BauNVO wesentlich unterscheiden. Diese auf den ersten Blick sehr schlichte Voraussetzung bietet ein erhebliches Fehlerpotential, das sicherlich auch dadurch genährt wird, dass § 11 BauNVO missverständlich gemeinhin schlagwortartig als „Auffangtatbestand" bezeichnet wird[363]. Die Voraussetzung, dass sich das Gebiet wesentlich von den in §§ 2 bis 10 BauNVO normierten Gebieten unterscheiden muss, bringt den Typenzwang der Baunutzungsverordnung zum Ausdruck[364]. Der Gemeinde ist versagt, neue Gebietstypen zu erfinden. In einer frühen Entscheidung des Bundesverwaltungsgerichts heißt es dazu, diese Auslegung entspreche dem Verhältnis, in dem die Vorschriften der Baunutzungsverordnung und die durch sie gleichsam kanalisierte gemeindliche Planungshoheit allgemein zueinander stünden[365]. Über § 11 BauNVO dürften die Vorgaben der Baunutzungsverordnung nicht umgangen werden. Das Bundesverwaltungsgericht hat über Jahrzehnte die Auslegung dieser Voraussetzung konkretisiert[366]. Heute vertritt das Bundesverwaltungsgericht im Wesentlichen die Auffassung, dass die konkreten Festsetzungen des Sondergebietes mit der jeweiligen abstrakten allgemeinen Zweckbestimmung des in Betracht kommenden Baugebietstyps zu vergleichen seien. Könnten die mit der Planung verbundenen Zielsetzungen mit der allgemeinen Zweckbestimmung der anderen Baugebiete nicht in Deckung gebracht werden, unterscheide sie sich von ihnen wesentlich und den Erfordernissen des § 11 Abs. 1 BauNVO sei entsprochen. Dagegen scheide die Festsetzung eines Sondergebietes aus, wenn die planerische Zielsetzung der Gemeinde durch Festsetzung eines Baugebietes nach den §§ 2 bis 10 BauNVO in Kombination mit den Gestaltungsmöglichkeiten des §§ 1 Abs. 5 bis 9 BauNVO verwirklicht werden könne, die insoweit begrenzt seien, als die festgelegte Zweckbestimmung des Baugebietstyps gewahrt bleiben müsse[367]. Die Voraussetzung, dass ein wesentlicher Unterschied des Sondergebietes zu den übrigen Baugebieten bestehen muss, kann im Einzelfall zu erheblichen Problemen

---

363 Vgl. Bischopink, in: Bönker/Bischopink, § 11 Rn. 14 ff.
364 Stock, in: König/Roeser/Stock, § 10 Rn. 4.
365 BVerwG, Urteil vom 29.09.1978 - IV C 30.76 -, BVerwGE 56, 283, 286 f.
366 Siehe dazu im Einzelnen Bischopink, in: Bönker/Bischopink, § 11 Rn. 14 ff.
367 BVerwG, Urteil vom 28.05.2009 - 4 CN 2.08 -, BVerwGE 134, 117, 120; siehe auch Stock, in: König/Roeser/Stock, § 11 Rn. 6.

führen. Für weitere Einzelheiten sei auf die einschlägigen Kommentierungen verwiesen[368].

b) Festsetzung der Zweckbestimmung und der Art der baulichen Nutzung

Steht fest, dass sich der Festsetzungsgehalt des Sondergebiets wesentlich von den Baugebieten nach §§ 2 bis 10 BauNVO unterscheidet und daher grundsätzlich zulässig ist, sind die Zweckbestimmung und die Art der baulichen Nutzung nach § 11 Abs. 2 Satz 2 BauNVO festzusetzen. Empfehlenswert ist es, wie bei der Konfigurierung von Sondergebieten nach § 10 BauNVO, sich am Muster der Baugebiete nach §§ 2 bis 9 BauNVO zu orientieren und in einem ersten Absatz die allgemeine Zweckbestimmung, in einem zweiten Absatz die allgemein und in einem dritten Absatz die ausnahmsweise zulässigen Nutzungen festzusetzen[369].

aa) Festsetzung der allgemeinen Zweckbestimmung

Die Festsetzung der allgemeinen Zweckbestimmung hat für die sonstigen Sondergebiete die gleiche Funktion wie für Baugebiete nach den §§ 2 bis 10 BauNVO[370] und ist unbedingt zu treffen, um eine geordnete städtebauliche Entwicklung zu gewährleisten und einen Rahmen vorzugeben für die Zulässigkeit von Nebenanlagen und Ausnahmen und Befreiungen sowie für die Anwendung des § 15 BauNVO[371]. Nur in Ausnahmefällen lässt sich die Zweckbestimmung durch Auslegung ermitteln[372]. Mit der gesetzlichen Verpflichtung zur Festsetzung der Zweckbestimmung ist es allerdings nicht vereinbar, in einem Sondergebiet eine diffuse Mischung verschiedener Nutzungsarten zuzulassen. Nach der Rechtsprechung des Bundesverwaltungsgerichts kommt es entscheidend darauf an, ob sich die Verträglichkeit aus den Regelungen der Baunutzungsverordnung herleiten lässt[373]. Dies wirft, wie noch im Einzelnen zu sehen ist, vor allem Probleme hinsichtlich der parallelen Zulässigkeit von Dauerwohnen und Ferienwohnen auf[374].

bb) Festsetzung der Art der baulichen Nutzung

Bei der Festsetzung der Art der baulichen Nutzung muss sich die Gemeinde nicht an den Festsetzungskatalog der Baunutzungsverordnung halten. Verwendet sie eine in §§ 2 bis 10 BauNVO genannte Nutzungsart, so kann sie ihr einen abweichenden

---

368 Bischopink, in: Bönker/Bischopink, § 11 Rn. 14 ff.; Söfker, in: Ernst/Zinkahn/Bielenberg/Krautzberger, Band 6, BauNVO § 11 Rn. 19 ff.; Schwier, 14.11 ff.

369 Bischopink, in: Bönker/Bischopink, § 11 Rn. 26.

370 BVerwG, Urteil vom 28.05.2009 - 4 CN 2.08 -, BVerwGE 134, 117, 122; Söfker, in: Ernst/Zinkahn/Bielenberg/Krautzberger, Band 6, BauNVO § 11 Rn. 27.

371 Ziegler, in: Brügelmann, Band 6, BauNVO § 11 Rn. 31.

372 BVerwG, Urteil vom 18.02.1983 - 4 C 18.81 -, BVerwGE 67, 23, 24 f.

373 BVerwG, Urteil vom 28.05.2009 - 4 CN 2.08 -, BVerwGE 134, 117, 123.

374 Siehe dazu unter C.VI.4.a).

Sinngehalt geben[375]. Daher ist es zulässig, bei Konfigurierung eines Sondergebietes nach § 11 BauNVO festzusetzen, dass die Zimmer eines Beherbergungsbetriebs nicht mit Küchen oder Kochstellen ausgestattet sein dürfen, um eine Wohnnutzung auszuschließen[376]. Auch kann die Gemeinde ausdrücklich festlegen, dass es sich bei der Vermietung von Ferienwohnungen um einen Beherbergungsbetrieb handelt, während dies nach teilweise vertretener Auffassung in Rechtsprechung und Literatur gerade nicht anzunehmen ist[377]. Sinnvoll kann es auch sein, um Auslegungsschwierigkeiten insbesondere hinsichtlich der Nutzung als Boardinghouse zu vermeiden, die Festsetzung dahingehend zu konkretisieren, dass nur Hotels und Beherbergungsbetriebe für einen wechselnden Personenkreis zulässig sind[378].

Bei der Festsetzung der Art der baulichen Nutzung muss sich die Gemeinde Klarheit darüber verschaffen, ob sie die Nutzungen sehr konkret oder eher abstrakt fassen möchte. Der Abstrahierungsgrad kann im Einzelfall erhebliche Auswirkungen auf die Zulässigkeit von Vorhaben haben und ist zudem bereits für die Zusammenstellung des Abwägungsmaterials von Bedeutung[379]. Entscheidet sich der Plangeber für einen geringen Konkretisierungsgrad, so muss er im Rahmen der Abwägung die gesamte mögliche Brandbreite an Nutzungen in den Blick nehmen und entsprechend das notwendige Abwägungsmaterial zusammenstellen[380]. Die Grenze der möglichen Konkretisierung liegt dort, wo eine individuelle Nutzung bestimmt wird. Die Festsetzung der Art der baulichen Nutzung setzt notwendig ein bestimmtes Maß an Generalisierung voraus. Die Rechtsprechung sieht jedoch zumeist eine Festsetzung bereits als ausreichend generell an, wenn diese nur abstrakt formuliert wird[381]. Auf der anderen Seite erfordert die Festsetzung eine gewisse Mindestkonkretisierung, um sich nicht als zu unbestimmt und damit unzulässig zu erweisen. So hat der Verwaltungsgerichtshof Mannheim die Festsetzung „Sondergebiet Erholungseinrichtung" ohne weitere Konkretisierung der Zweckbestimmung der Art der baulichen Nutzung als zu unbestimmt angesehen, weil die darunterfallende Spannbreite an Nutzungen zu groß sei[382]. Der Begriff umfasse auch

---

375 BVerwG, Beschluss vom 08.05.1989 - 4 B 78.89 -, ZfBR 1989, 225; Stock, in: König/Roeser/Stock, § 11 Rn. 16; Knaup/Stange, § 11 Rn. 21.

376 BVerwG, Beschluss vom 07.09.1984 - 4 N 3.84 -, NVwZ 1985, 338, 339 f.; Roesch, ZfBR 1985, 46, 47; Grziwotz, ZfIR 2015, 61; siehe auch weiter unten unter C.VI.4.b) aa).

377 OVG Lüneburg, Beschluss vom 12.12.2013 - 1 LA 123/13 -, DVBl. 2014, 254, 255; vgl. Darstellung unter C.III.2.b).

378 Siehe dazu mit Festsetzungsbeispielen für ein Kurgebiet Bielenberg, ZfBR 1982, 7.

379 Ziegler, in: Brügelmann, Band 6, BauNVO § 11 Rn. 44 ff.

380 VGH München, Urteil vom 03.05.1999 - 1 N 98.1024 -, BRS 62 Nr. 60.

381 BVerwG, Beschluss vom 07.09.1984 - 4 N 3.84 -, BauR 1985, 173, 175; VGH München, Urteil vom 29.11.1991 - 1 B 90.2688 -, BayVBl. 1992, 721, 722; Ziegler, in: Brügelmann, Band 6, BauNVO § 11 Rn. 46 f. mit Beispielen aus der Rechtsprechung; Stock, in: König/Roeser/Stock, § 11 Rn. 17.

382 VGH Mannheim, Urteil vom 28.04.1983 - 5 S 39/83 -, BauR 1983, 433 f.

Wochenendhaus-, Ferienhaus- und Campingplatzgebiete und Sporteinrichtungen wie Schwimmbäder, Sporthallen usw. Auch der Begründung des Bebauungsplanes könne nicht die erforderliche Bestimmtheit der Festsetzungen entnommen werden. Der ursprüngliche Bebauungsplan aus dem Jahre 1967 sei noch hinreichend bestimmt gewesen, indem die zulässigen Nutzungen noch konkretisiert wurden, z. B. durch die Festsetzung der Zulässigkeit von Apartmentgebäude, Bäderabteilung, Schwimmhalle, Hotel.

cc) Zum Verbot der Kontingentierung von Nutzungen („Windhundrennen“)

Unzulässig ist eine Festsetzung, die baugebietsbezogen, vorhabenunabhängig eine nach oben begrenzte Zimmer- und Bettenzahl vorsieht. Dies folgt daraus, dass eine solche vorhabenunabhängige Kontingentierung (wie im Falle der Kontingentierung von Verkaufsflächen), die auf ein Sondergebiet insgesamt bezogen ist, das Tor für sog. „Windhundrennen“ potentieller Investoren und Bauantragsteller geöffnet wird und die Möglichkeit besteht, dass Grundstückseigentümer im Fall der Erschöpfung des Kontingents von der kontingentierten Nutzung ausgeschlossen sind. Etwas anderes kann nur gelten, wenn in dem gesamten Sondergebiet ausschließlich ein Betrieb zulässig ist, da in diesem Fall die gebietsbezogene mit der vorhabenbezogenen Beschränkung identisch ist[383].

c) Maß der baulichen Nutzung, Bauweise und überbaubare Grundstücksflächen

Die der Gemeinde eingeräumte größere Gestaltungsfreiheit für sonstige Sondergebiete bezieht sich lediglich auf die Art der baulichen Nutzung, hinsichtlich der übrigen Anforderungen und insbesondere für das Maß der baulichen Nutzung, die Bauweise und die überbaubaren Grundstücksflächen gelten die allgemeinen baurechtlichen Regelungen[384].

d) Gebiete für den Fremdenverkehr

Auch § 11 BauNVO erwähnt in seinem Absatz 2 Satz 2 wie § 10 Abs. 1 BauNVO bestimmte Gebiete als ausdrücklich benannte Sondergebiete. Durch die Verwendung des Wortes „insbesondere“ wird deutlich, dass daneben jedoch auch weitere unbenannte Sondergebiete festgesetzt werden können[385]. Als im Rahmen der Arbeit relevant sind die Gebiete für den Fremdenverkehr wie Kurgebiete und Gebiete für die Fremdenbeherbergung zu nennen. Kurgebiete bieten Kureinrichtungen und Unterbringungsmöglichkeiten für Kurgäste an. Es kann, muss aber nicht in

---

383 BVerwG, Beschluss vom 06.08.2013 - 4 BN 24.13 -, ZfBR 2013, 781.

384 Siehe dazu im Einzelnen Ziegler, in: Brügelmann, Band 6, BauNVO § 11 Rn. 52 f.; Schwier, 14.31.

385 Stock, in: König/Roeser/Stock, § 11 Rn. 28 ff.

einem staatlich anerkannten Kurort liegen[386]. Zu den zulässigen Anlagen gehören solche für Therapien und Arztpraxen und Betriebe des Beherbergungsgewerbes zur Unterbringung der Patienten[387]. Unter Fremdenbeherbergung sind Beherbergungsbetriebe zu verstehen, so z.B. Hotels und Pensionen[388]. Steht das Freizeitwohnen mit Erholungsfunktion im Vordergrund der Nutzung, ist hingegen ein Gebiet nach § 10 BauNVO festzusetzen[389].

e) Unbenannte Gebiete, insbesondere Mischung von Anlagen zur Fremdenbeherbergung und Freizeitwohnen

Wie § 10 BauNVO eröffnet auch § 11 BauNVO die Möglichkeit, weitere unbenannte Sondergebiete festzusetzen. Die Zulässigkeit der Festsetzungen bestimmt sich, wie bereits dargestellt, danach, ob sich die Verträglichkeit aus den Regelungen der Baunutzungsverordnung herleiten lässt. Mit der gesetzlichen Verpflichtung zur Festsetzung der Zweckbestimmung ist es nicht vereinbar, in einem Sondergebiet eine diffuse Mischung verschiedener Nutzungsarten zuzulassen[390]. Möglich ist jedoch, in einem Sondergebiet nach § 11 BauNVO Anlagen nach § 10 BauNVO, also solche zum Freizeitwohnen, unterzubringen. Diese Nutzungsformen stehen richtigerweise nicht in einem so starken Konflikt, dass eine Durchmischung ausgeschlossen wäre[391].

f) Schutzwürdigkeit und Störanfälligkeit der Sondergebiete

Die Schutzbedürftigkeit und Störanfälligkeit eines Sondergebietes nach § 11 BauNVO hängt naturgemäß von dem Gebietscharakter, den konkreten Festsetzungen und auch davon ab, welcher Bestand an Nutzungen zum Zeitpunkt der Überplanung bereits vorhanden ist. Reine Kurgebiete genießen einen höheren Schutz als Sondergebiete, in denen sich größere Beherbergungsbetriebe befinden[392]. Zum Schutz von störempfindlichen Nutzungen kann es zweckmäßig sein, den zulässigen Störungsgrad anderer Nutzungen festzulegen[393]. Nach Nr. 1.1 Beiblatt 1 der DIN 18005 ist für schutzbedürftige Sondergebiete je nach Art der Nutzung ein Orientierungswert von 45 bis 65 dB(A) tagsüber und von 35 bis 65 dB(A) nachts zugrunde zu legen. Bei der

---

386 Stock, in: König/Roeser/Stock, § 11 Rn. 22.
387 Ziegler, in: Brügelmann, Band 6, BauNVO § 11 Rn. 59.
388 Stock, in: Ernst/Zinkahn/Bielenberg/Krautzberger, Band 6, BauNVO § 11 Rn. 36.
389 Siehe oben unter C.VI.1.b).
390 BVerwG, Urteil vom 28.05.2009 - 4 CN 2.08 -, BVerwGE 134, 117, 123.
391 OVG Lüneburg, Urteil vom 18.09.2014 - 1 KN 123.12 -, BauR 2015, 452, 453; vgl. nicht beanstandete Festsetzung bei VG München, Beschluss vom 10.02.1999 - M 11 SN 99.97 -, juris Rn. 29.
392 Stock, in: König/Roeser/Stock, § 11 Rn. 14.
393 Fickert/Fieseler, § 11 Rn. 8; Schwier, 50.86.

Konzipierung eines Sondergebietes sind § 1 BauGB und der Trennungsgrundsatz nach § 50 BImSchG zu beachten[394].

g) *Stellplätze und Garagen nach § 12 BauNVO und Nebenanlagen nach § 14 BauNVO*

Mit Festsetzung eines Sondergebietes nach § 11 BauNVO werden gem. § 1 Abs. 3 Satz 2 BauNVO die §§ 12 und 14 BauNVO Bestandteil des Bebauungsplans, so dass Stellplätze und Garagen sowie untergeordnete Nebenanlagen nach Maßgabe der Vorschriften allgemein oder ausnahmsweise zulässig sind. Die einschränkende Bestimmung des § 12 Abs. 2 BauNVO bezieht sich nur auf der Erholung dienende Sondergebiete nach § 10 BauNVO und nicht auf solche nach § 11 BauNVO[395], so dass in Sondergebieten nach § 11 BauNVO grundsätzlich Stellplätze und Garagen allgemein zulässig sind.

h) *Zulässigkeit von Gebäuden und Räumen für freie Berufe, § 13 BauNVO*

Bereits im Rahmen der Ausführungen zu § 10 BauNVO wurde erwähnt, dass sich aus dem Wortlaut des § 13 BauNVO ergibt, dass Räume und Gebäude in Sondergebieten nach §§ 10, 11 BauNVO nicht in den Anwendungsbereich der Vorschrift fallen. Möglich ist jedoch, entsprechende Festsetzungen bewusst zu treffen[396], wonach entgegen zum Teil vertretener Auffassung auch ein tatsächliches Bedürfnis bestehen kann[397]. Auf die obigen Ausführungen wird verwiesen[398].

4. Problemfeld Dauerwohnen in Sondergebieten nach § 10 und § 11 BauNVO

Besondere Schwierigkeiten wirft die Nutzung von Anlagen zum Dauerwohnen in Sondergebieten nach § 10 und § 11 BauNVO auf. Dies gilt sowohl für den Fall, dass ein tatsächlich stattfindendes Dauerwohnen in einem Sondergebiet verhindert werden soll, als auch, dass die Nutzungen Dauerwohnen, Wochenendwohnen, Freizeitwohnen und/oder Beherbergung nebeneinander ermöglicht werden sollen. Während für die Verhinderung oder zumindest Erschwerung des Dauerwohnens in Sondergebieten nach § 10 und § 11 BauNVO noch verschiedene Möglichkeiten zur Verfügung stehen, ergeben sich spätestens seit einer wegweisenden Entscheidung des Bundesverwaltungsgerichts aus dem Jahr 2013[399] Probleme.

---

394 Siehe dazu ausführlich Schwier, Kap. 50.

395 Stock, in: Ernst/Zinkahn/Bielenberg/Krautzberger, Band 6, BauNVO § 12 Rn. 47.

396 Stock, in: König/Roeser/Stock, § 13 Rn. 27.

397 A.A. Bischopink, in: Bönker/Bischopink, § 10 Rn. 8.

398 Siehe oben unter C.VI.3.h).

399 BVerwG, Urteil vom 11.07.2013 - 4 CN 7.12 -, NVwZ 2014, 72 ff.

a) *Planungsziel: Parallele Zulässigkeit von Dauer- und Freizeitwohnen*

Für die Ermöglichung der parallelen Zulässigkeit von Dauerwohnen und Freizeitwohnen besteht ein hohes Bedürfnis. Die Rechtmäßigkeit entsprechender Festsetzungen ist jedoch, wie bereits angedeutet, alles andere als unumstritten. Grundsätzlich könnte die Problematik des Dauerwohnens in Sondergebieten nach §§ 10, 11 BauNVO dadurch entschärft werden, dass für entsprechende Nutzungen eine Befreiung erteilt wird. Allerdings ist in aller Regel anzunehmen, dass das Dauerwohnen im Verhältnis zum Freizeitwohnen bzw. zu anderen Formen des Freizeit- und Erholungsaufenthalts die Grundzüge der Planung berührt und daher im Wege der Befreiung nicht legalisiert werden kann[400]. Dauerwohnen und Freizeitwohnen sind, wie oben ausführlich dargestellt worden ist, grundverschieden[401]. Dies gilt sowohl für die von dem jeweiligen Nutzungstyp ausgehenden Störungen als auch für Anforderungen an die Infrastruktur. Will man ein Nebeneinander von Ferienwohnen und Dauerwohnen ermöglichen, kann dies angesichts der ablehnenden Rechtsprechung zur Einordnung des Ferienwohnens als Beherbergung[402] nur durch Erlass eines entsprechenden Bebauungsplanes erfolgen.

Es sei betont, dass die bereits oben vorgeschlagene Subsumierung der Nutzung der gewerblichen Vermietung von Ferienwohnungen und Ferienhäusern unter den Begriff des Beherbergungsbetriebes[403] auch die Problematik der Parallelität von Dauerwohnen und Ferienwohnen in einem Sondergebiet nach § 10 Abs. 3 und Abs. 4 und § 11 BauNVO entschärft. Indem die Nutzung von Ferienwohnungen und Ferienhäusern durch wechselnde Gäste in den Gebieten nach §§ 3 bis 7 BauNVO als (kleine) Betriebe des Beherbergungsgewerbes zulässig wäre, würde sich das Problem der parallelen Zulässigkeit nicht stellen. Indem das Ferienwohnen dann nicht lediglich in den Sondergebieten zulässig wäre, könnten die Sondergebiete durchaus nur für die Nutzung für Ferienhäuser und Ferienwohnungen vorgesehen sein. Es bestünde gar kein gesteigertes praktisches Bedürfnis danach, das Dauerwohnen in diesen Gebieten überhaupt zuzulassen.

aa) *Bestandssichernde Festsetzungen oder Fremdkörperfestsetzungen*

(1) Festsetzungen zur Art der baulichen Nutzung im Bebauungsplan

Als noch relativ unproblematisch stellt sich der Fall dar, dass eine lediglich den vorhandenen Bestand an Dauerwohnnutzungen sichernde Festsetzung getroffen wird. Umgekehrt gilt dasselbe auch für bestandssichernde Festsetzungen von Ferienwohnnutzungen in Wohngebieten[404]. Rechtsgrundlage für diese Festsetzung ist § 1 Abs. 3

400 Söfker, in: Ernst/Zinkahn/Bielenberg/Krautzberger, Band 6, BauNVO § 10 Rn. 24; vgl. auch VG Minden, Beschluss vom 25.08.2011 - 9 L 377/11 -, juris Rn. 32.

401 C.III.2.a).

402 Siehe oben C.III.2.b)aa).

403 C.III.2.b)cc).

404 Siehe oben unter C.III.2.e).

Satz 3, 2. Hs. BauNVO und nicht unmittelbar § 1 Abs. 10 Satz BauNVO, der schon seinem Wortlaut nach keine Anwendung finden kann[405]. Ist ein Plangebiet demnach als Sondergebiet ausgewiesen, das der Erholung dient, dürfen Festsetzungen, die dem Bestandsschutz dienen, nur dann erfolgen, wenn sie quantitativ und qualitativ so in den Hintergrund treten, dass die Bebauung zu Erholungszwecken das Erscheinungsbild des Gebiets nach wie vor prägt. Festsetzungen zum Bestandsschutz dürfen nicht zum Entstehen eines diffusen Mischgebietes führen[406]. Dabei sind vor allem die Zahl, Größe und auch Lage solcher Anlagen, die zum Erholungswohnen bestimmt sind und bei denen Dauerwohnen zulässig ist oder dauerhaft geduldet wird, festzustellen und ins Verhältnis zu setzen. Je größer der Anteil an Wohngebäuden, je auffälliger ihr Größenunterschied zu den einer Ferienwohnnutzung oder Fremdenverkehrszwecken dienenden Nutzung und je mehr das Plangebiet mit ihnen durchsetzt ist, desto eher dürfen die Wohngebäude den Charakter des Gebiets zum Erholungswohnen oder zur Fremdenbeherbergung in Frage stellen[407]. Der Verwaltungsgerichtshof München hat dabei zu Unrecht angenommen, dass sehr große Wochenendhäuser, die eine den üblichen Rahmen überschreitende Größe aufweisen und sich daher optisch nicht wesentlich von Wohnhäusern unterscheiden, als Wohngebäude einzuordnen seien[408]. Vielmehr sind diese deshalb nicht zu berücksichtigen, da sie als atypisch zu behandeln sind und das Gebiet daher nicht prägen können[409].

(2) Erhaltungssatzung, § 172 Abs. 1 Nr. 2 BauGB („Milieuschutzsatzung“)

Jedenfalls in Ergänzung zu anderen Planungsinstrumenten kann es sich anbieten, eine Erhaltungssatzung nach § 172 Abs. 1 Nr. 2 BauGB, also eine sog. Milieuschutzsatzung, zu erlassen oder entsprechende Gebiete bereits im Bebauungsplan festzulegen. § 172 Abs. 1 Nr. 2 BauGB sieht vor, dass die Gemeinde in einem Bebauungsplan oder durch eine sonstige Satzung Gebiete bezeichnen kann, in denen zur Erhaltung der Zusammensetzung der Wohnbevölkerung der Rückbau, die Änderung oder die Nutzungsänderung baulicher Anlagen der Genehmigung bedürfen. § 172 Abs. 4 BauGB enthält dann weitere Regelungen zur Versagung bzw. Erteilung der Genehmigung. Die Gefahr, dass durch die Verdrängung der ortsansässigen Bevölkerung infolge der Errichtung von Zweitwohnungen und Ferienapartments sich Bereiche außerhalb der Saison negativ verändern, stellt eine städtebauliche Rechtfertigung für den Erlass einer Milieuschutzsatzung nach § 172 Abs. 1 Satz 1 Nr. 2 BauGB dar[410].

---

405 BVerwG, Urteil vom 11.07.2013 - 4 CN 7.12 -, NVwZ 2014, 72, 74; undifferenziert Franke, DVP 2015, 186, 187.

406 BVerwG, Urteil vom 11.07.2013 - 4 CN 7.12 -, NVwZ 2014, 72, 74.

407 BVerwG, Urteil vom 11.07.2013 - 4 CN 7.12 -, NVwZ 2014, 72, 74 f.

408 VGH München, Urteil vom 15.10.2013 - 1 N 11.421, 1911, 2385, 2388 und 2396 -, juris Rn. 16 ff.

409 BVerwG, Urteil vom 11.09.2014 - 4 CN 3.14 -, NVwZ 2015, 301, 302 f.

410 Köhler/Fieseler, in: Schrödter, § 172 Rn. 35; siehe zum Instrument der Erhaltungssatzung weiter unter E.

bb) Über die Bestandssicherung hinausgehende Festsetzungen zur Ermöglichung des Dauerwohnens („Nutzungsmix")

Das Bundesverwaltungsgericht hat, wie bereits angedeutet, im Jahr 2013 entschieden, dass die Festsetzung eines Sondergebietes, in dem neben der Nutzung von Wochenendhäusern auch eine Wohnnutzung über einen vorhandenen Bestand hinaus als Regelnutzung oder ausnahmsweise zulässig ist, sich als unwirksam darstellt[411]. § 10 BauNVO komme als Rechtsgrundlage für eine entsprechende Festsetzung des Dauerwohnens nicht in Betracht. Der Bebauungsplan dürfe in einem Sondergebiet nach § 10 BauNVO nicht beliebig Nutzungsarten aus den §§ 2 bis 9 BauNVO zulassen, sondern nur solche, die sich innerhalb der allgemeinen Zweckbestimmung hielten, sowie bestimmte der Eigenart des Gebiets entsprechende Anlagen und Einrichtungen. Für Sondergebiete nach § 10 BauNVO gebe die Baunutzungsverordnung bereits einen Rahmen für die Festsetzung der Zweckbestimmung dahingehend vor, dass es sich um Sondergebiete handeln müsse, die dem Begriff der Erholung entsprechend auf das zeitweilige Freizeitwohnen ausgerichtet seien. § 10 BauNVO dürfe nicht dazu benutzt werden, Mischgebiete besonderer Art festzusetzen. Eine dauerhafte Wohnnutzung sei, da es sich gerade nicht um ein zeitlich begrenztes Freizeitwohnen handele, nicht mit der Zweckbestimmung eines Erholungssondergebiets nach § 10 BauNVO zu vereinbaren, sondern vielmehr von der Wochenendhaus- und Ferienhausnutzung grundverschieden.

Auch § 11 BauNVO stelle keine taugliche Rechtsgrundlage für eine Verknüpfung von Wochenendhausgebiet und Wohnnutzung dar. § 11 BauNVO gestatte zwar die Festsetzung von Sondergebieten, die sich von denen nach §§ 2 bis 10 BauNVO wesentlich unterscheiden würden, ermächtige aber nicht zur Festsetzung von Mischgebieten besonderer Art. Es werde zwar ein „Nutzungsmix" außerhalb der Möglichkeiten der §§ 2 bis 10 BauNVO für zulässig gehalten, aber nur, wenn sich die Verträglichkeit der Nutzungen aus den Regelungen der Baunutzungsverordnung herleiten ließe. Da sich die Gebietsverträglichkeit nach der Zweckbestimmung der Baugebiete beurteile, widerspreche eine Mischung von Nutzungen jedenfalls dann den städtebaulichen Vorstellungen des Verordnungsgebers, wenn die Nutzungen jeweils die allgemeine Zweckbestimmung eines Baugebietes charakterisierten und sich darin nicht deckten oder überschnitten. So sei es aber im Verhältnis zwischen einem Wochenendhausgebiet und einem Wohngebiet.

Zulässig sei lediglich eine einen gewissen Bestand an Wohnnutzungen sichernde Festsetzung. Rechtsgrundlage für diese Festsetzung sei § 1 Abs. 3 Satz 3, 2. Hs. BauNVO[412].

Gegen die Auffassung des 4. Senats des Bundesverwaltungsgerichts wendet sich jedoch der 1. Senat des Oberverwaltungsgerichts Lüneburg. In einer Entscheidung aus dem Jahre 2014 vertritt dieser die Auffassung, in einem Sondergebiet Kurgebiet/ Gebiet für Fremdenbeherbergung gemäß § 11 Abs. 2 Satz 2 BauNVO könne die

---

411 BVerwG, Urteil vom 11.07.2013 - 4 CN 7.12 -, NVwZ 2014, 72 ff.

412 Dazu bereits unter C.VI.4.a)aa).

Gemeinde Ferienwohnungen und Dauerwohnungen als Regelnutzungen nebeneinander zulassen[413]. Zusammengefasst wird nachvollziehbar vorgetragen, dass es sich bei Fremdenbeherbergung und Ferienwohnen auf der einen Seite und Dauerwohnen auf der anderen Seite zwar um grundverschiedene Nutzungsformen handele, dass deren Verträglichkeit sich aber aus der Baunutzungsverordnung herleiten lasse. § 10 BauNVO stehe dem nicht entgegen. § 10 BauNVO, der im Wesentlichen im Jahr 1977 seine heutige Fassung erhalten habe, beruhe auf der Überzeugung des Gesetzgebers, nicht nur Wochenendhausgebiete, sondern auch andere der Erholung dienende Gebiete bedürften einer Regelung. Über die bereits zuvor von § 10 BauNVO 1962 erfassten Wochenendhausgebiete hätten daher Ferienhaus- und Campingplatzgebiete Eingang in § 10 BauNVO 1977 gefunden. Das zeige, dass der Gesetzgeber nur die ausdrücklich bezeichneten Formen des Erholungswohnens in Sondergebieten, die der Erholung dienen, habe konzentrieren wollen. Weitere Formen des „Erholungswohnens" seien demgegenüber ungeregelt geblieben. Dessen Festsetzung könne deshalb, unter Beachtung der weiteren Vorgaben der jeweiligen Vorschrift, sowohl in einem der Erholung dienenden Sondergebiet gemäß § 10 BauNVO als auch in einem sonstigen Sondergebiet gemäß § 11 BauNVO geschehen. Auch Sinn und Zweck des § 10 BauNVO würden nicht gebieten, von der generellen Unzulässigkeit einer Verbindung von Erholungswohnen und Wohnen auszugehen. Erstens habe die Vorschrift den baulichen Realitäten, wie sie sich bereits im Jahr 1977 herausgebildet hatten und wie sie noch heute fortbestehen, Rechnung tragen und unwirtschaftliche Investitionen in Gebäude wie Infrastruktur verhindern sollen. § 10 BauNVO ziele insofern auf die Festsetzung klassischer Wochenendhaus-, Ferienhaus- bzw. Campingplatzgebiete ab, wie sie in den Naherholungsgebieten der Städte bzw. in touristisch reizvollen Regionen, also zumeist am Rand von Erholungsorten, verbreitet zu finden seien. Derartige Gebiete zeichneten sich typischerweise durch verschiedene Besonderheiten aus: Sie würden regelmäßig in naturnahen Gebieten, etwa in Wäldern, an Seen oder in unmittelbarer Strandnähe an der Küste, kaum aber innerhalb des gewachsenen Bebauungszusammenhangs liegen. Da sie nur dem zeitweisen Wohnen dienten und häufig nur saisonal genutzt würden, bliebe die Erschließung und Ausstattung der Gebiete in aller Regel hinter den üblichen Standards zurück. Die Infrastruktur sei für das Dauerwohnen häufig nicht geeignet; bei der Bemessung der Kapazität kommunaler Einrichtungen bliebe das Gebiet ganz oder teilweise unberücksichtigt. Auch in der Bauausführung, Größe und Ausstattung der Gebäude spiegele sich in aller Regel die nur eingeschränkte Nutzbarkeit wieder. Im Vordergrund stehe häufig die Nutzung der Außenwohnbereiche. § 10 BauNVO ermögliche eine an diese Besonderheiten angepasste Gebietsfestsetzung.

Der Normzweck spreche dagegen, das Verbot, die in § 10 BauNVO ausdrücklich genannten Nutzungen mit dem allgemeinen Wohnen zu mischen, auf sonstiges Erholungswohnen zu erstrecken. Die vorstehenden Besonderheiten hätten sich

413 OVG Lüneburg, Urteil vom 18.09.2014 - 1 KN 123/12 -, BauR 2015, 452, 453; siehe auch OVG Lüneburg, Urteil vom 15.01.2015 - 1 KN 61/14 -, juris Rn. 33.

für diese Formen des Erholungswohnens nicht herausgebildet. Einen vergleichbaren Idealtyp eines „Ferienwohnungsgebietes" mit entsprechend angepasster Infrastruktur gebe es tatsächlich nicht. In den Erholungsorten, und zwar auch in den Ortskernen, finde sich vielmehr traditionell eine Mischung aus allgemeinen Wohnungen, Beherbergungsbetrieben und Ferienwohnungen. Dabei seien insbesondere Ferienwohnungen und Dauerwohnungen häufig in ein und demselben Gebäude untergebracht, sodass in der Art und Weise der Bauausführung keine Unterschiede bestehen würden. Vor diesem Hintergrund orientiere sich die Erschließung üblicherweise an den für das Dauerwohnen üblichen Standards. Die Nutzbarkeit von Ferienwohnungen sei zudem typischerweise weniger auf die Außenwohnbereiche bezogen als bei Wochenend- und Ferienhäusern und dadurch geringeren saisonalen Einschränkungen unterworfen, woraus ebenfalls höhere Anforderungen an die Bauausführung, an die Erschließung und gegebenenfalls auch an die bereitzuhaltende Gebietsinfrastruktur resultierten.

Zweitens könne man aus § 10 BauNVO den Willen des Gesetzgebers ableiten, bestimmte Formen des Erholungswohnens aufgrund ihres Störungsgrades in besonderen Gebieten zu konzentrieren. Kennzeichnend für die in der Vorschrift genannten Formen des Erholungswohnens sei es, dass das Leben, soweit es die Witterung gestatte, weithin im Freien stattfinde. Daraus resultierten verstärkte Belästigungen der Nachbarschaft durch Lärm, die noch dadurch verstärkt würden, dass sich der Lebensrhythmus von Urlaubern und (erwerbstätigen) Bewohnern deutlich unterschieden. Diese Besonderheit gelte für Ferienwohnungen in weitaus geringerem Umfang. Aufgrund der typischerweise eng begrenzten Außenwohnbereiche finde das Leben mehr innerhalb der Wohnung statt, sodass es im Hinblick auf den Störungsgrad keiner generellen Trennung bedürfe. Besonderheiten des Einzelfalls könne unter Rückgriff auf § 15 Abs. 1 Satz 2 BauNVO Rechnung getragen werden. Zudem zeigten beispielhaft § 22 Abs. 1 Satz 4 BauGB, § 4 Abs. 3 Nr. 1, § 6 Abs. 2 Nr. 3 und § 11 Abs. 2 Satz 2 BauNVO, dass Erholungsnutzungen, etwa in Gestalt von Beherbergungsbetrieben und Kureinrichtungen, und Wohnnutzung nicht grundsätzlich unverträglich seien. Für Dorf- und Mischgebiete gehöre ein Nebeneinander von Beherbergungsbetrieben und Wohnungen sogar zur zulässigen Regelnutzung. Auch für das Kurgebiet sei die Zulässigkeit einer Mischung von Kur- und Wohnnutzung anerkannt. Daraus folge, dass es nicht die Erholungsnutzung bzw. das Erholungswohnen als solche(s), sondern die Besonderheiten der in § 10 BauNVO bezeichneten Gebiete seien, die eine Mischung der dort ausdrücklich genannten Nutzungen mit der Wohnnutzung verwehrten.

Den vorstehenden Erwägungen des Oberverwaltungsgerichts Lüneburg ist im Ergebnis und überwiegend auch in der Begründung beizupflichten, lediglich der Feststellung, dass die Nutzung einer Ferienwohnung weniger im Freien stattfinde und daher weniger störend sei, muss widersprochen werden. Diese Annahme dürfte im Regelfall an der Realität vorbeigehen, da die von Urlaubern ausgehenden Störungen vor allem aus einem gewissen Maß an Rücksichtslosigkeit gegenüber der Umgebung resultieren. Wer nicht dauerhaft vor Ort ist, erfährt für gewöhnlich kaum oder gar keinen sozialen Rechtfertigungsdruck und passt sich entsprechend weniger an. Dies manifestiert sich aber nicht nur an der Nutzung von Freiflächen durch Grillen und einen Aufenthalt im Freien je nach Witterung bis spät in die Nacht, sondern insgesamt an einem lärmintensiveren Verhalten als am eigentlichen Wohnort. Die soziale Kontrolle fehlt unabhängig davon, ob der Urlauber eine Ferienwohnung, ein Hotel- oder Pensionszimmer oder ein Ferienhaus nutzt. Allein im Falle des Wochenendwohnens kann durch den wiederholten Aufenthalt des Nutzers ein ähnlicher sozialer Druck entstehen. Allerdings bedeutet dies, wie das Oberverwaltungsgericht Lüneburg richtig feststellt, keineswegs, dass es sich bei der Nutzung zum Dauerwohnen und zum Freizeitwohnen um so stark im Konflikt stehende Nutzungen handelt, dass ein Nebeneinander in einem entsprechend konzeptionierten Sondergebiet unzulässig wäre. Wie das Oberverwaltungsgericht Lüneburg zutreffend hervorhebt, sind in diversen Baugebieten der Baunutzungsverordnung die Nutzung eines Beherbergungsbetriebs und das Dauerwohnen in der Regel oder jedenfalls ausnahmsweise parallel zulässig. Es ist nicht erkennbar, warum dann eine der Beherbergung nahestehende oder vom Störungsgrad möglicherweise sogar darunterliegende Nutzungsform[414] dann in einem nicht zu vereinbarenden Konflikt mit der Wohnnutzung stehen soll.

Eine Differenzierung von Wochenendhaus- und Ferienhausgebieten ist nicht angezeigt. Das Wochenendwohnen ist dem Dauerwohnen letztlich sogar noch näher als das Ferienwohnen. Wochenendhäuser werden wiederholt durch denselben Personenkreis genutzt, während beim Ferienwohnen ein ständiger Wechsel der Gäste wesentlich ist. Die Gründe, die dafür sprechen, dass ein Nebeneinander von Ferienwohnen und Dauerwohnen planungsrechtlich in einem Sondergebiet festgesetzt werden können, gelten für das Wochenendwohnen damit erst recht.

cc) Festsetzungen zum Ausschluss von Zweitwohnungen

Folgt man der Auffassung, dass in Sondergebieten nach §§ 10, 11 BauNVO ein Nebeneinander von Dauerwohnen und Ferienwohnen zulässig ist, so kann sich anschließend die Frage stellen, ob eine den Ausschluss von Zweitwohnungen bestimmende Festsetzung zulässig ist. Zweifel könnten aufkommen, da der Begriff des Wohnens, wie oben aufgezeigt, grundsätzlich auch das Zweitwohnen umfasst[415]. Für einen solchen Ausschluss besteht jedoch ein hohes tatsächliches Bedürfnis, um dem damit verbundenen Leerstand entgegenzuwirken, der gerade in touristisch attraktiven Gebieten mit einer hohen Anzahl an Zweitwohnungen verbunden ist und zu einer Verödung außerhalb der Saison (Stichworte „Rollladensiedlungen" und „Geisterstädte") und einer unausgewogenen Auslastung von Infrastruktur führt. Hierauf ist im Rahmen der Möglichkeit des Erlasses von Fremdenverkehrssatzungen nach § 22 BauGB noch einmal zurückzukommen[416]. § 11 Abs. 2 Satz 1 BauNVO stellt richtigerweise eine ausreichende rechtliche Grundlage für den Ausschluss

414 Siehe dazu näher unter C.III.2.b)cc)(3).

415 Siehe oben C.III.1.

416 Siehe unter I.

von Zweitwohnungen dar[417]. Auch kann in einem Sondergebiet nach § 10 Abs. 1, Abs. 2 BauNVO eine solche Regelung getroffen werden. Die Möglichkeit des Erlasses einer Satzung nach § 22 BauGB schließt nicht aus, dass in einem Bebauungsplan für ein sonstiges Sondergebiet nach § 11 Abs. 2 Satz 1 BauNVO oder ein unbenanntes Sondergebiet nach § 10 Abs. 1, Abs. 2 BauNVO Zweitwohnungen ausgeschlossen werden können. Die Vorschrift des § 22 BauGB steht in keinem Spezialitätsverhältnis zur Möglichkeit, einen Bebauungsplan zu erlassen, mit dem die gleiche Zielrichtung verfolgt wird[418].

Bei der Formulierung der Festsetzung ist darauf zu achten, dass diese hinreichend bestimmt ist. Dies ist in der Regel der Fall, wenn sich unter Zuhilfenahme des Meldegesetzes des jeweiligen Bundeslandes der Begriffsinhalt der Festsetzung ermitteln lässt. Rechtmäßig ist etwa auch die Formulierung, dass eine dauerwohnliche Nutzung durch Personen zulässig ist, die ihren Lebensmittelpunkt in der jeweiligen Gemeinde oder in einem bestimmten Gebiet haben[419].

b) Planungsziel: Erschwerung des Dauerwohnens in Sondergebieten nach § 10 und § 11 BauNVO

In Sondergebieten nach §§ 10 und 11 BauNVO, die nach ihrer Zweckbestimmung ausschließlich für Erholungswohnen, Freizeitaufenthalt bzw. Fremdenverkehr bestimmt sind, kommt es nicht selten vor, dass diese zweckwidrig für ein Dauerwohnen genutzt werden. Dies betrifft vor allem, aber nicht ausschließlich Wochenendhäuser und Ferienhäuser; auch auf Campingplätzen findet eine Dauernutzung statt, insbesondere in Gegenden, in denen der Wohnbedarf der Bevölkerung nicht befriedigt werden kann, z.B. auf Sylt. Wenn sich das Dauerwohnen als baurechtlich unzulässig erweist, kann natürlich bei Vorliegen der weiteren Voraussetzungen eine Nutzungsuntersagung ergehen. Allerdings bereitet es schon erhebliche Schwierigkeiten im Einzelfall zu bestimmen, ob die Grenze der zulässigen Nutzung überschritten wird und wo etwa die nur gelegentliche Nutzung des Wochenendhauses einen Umfang erreicht, der als Dauernutzung einzuordnen ist[420]. Zudem müssen entsprechende Nutzungen erst einmal festgestellt werden. Die Ermittlung stellt die zuständigen Behörden regelmäßig vor erhebliche Probleme und ist mit einem nicht zu unterschätzenden organisatorischen Aufwand verbunden[421]. Schließlich ist die Nutzungsuntersagung den Betroffenen und der Öffentlichkeit oftmals auch

---

417 OVG Lüneburg, Urteil vom 18.09.2014 - 1 KN 123/12 -, BauR 2015, 452, 454; Beschluss vom 12.12.2013 - 1 LA 123/13 -, DVBl. 2014, 254, 255; Urteil vom 26.03.2014 - KN 1/12 -, juris Rn. 25.

418 OVG Lüneburg, Urteil vom 18.09.2014 - 1 KN 123/12 -, BauR 2015, 452, 454.

419 OVG Lüneburg, Urteil vom 18.09.2014 - 1 KN 123/12 -, BauR 2015, 452, 455 für die Insel Borkum.

420 Siehe unter C.III.3.

421 Vgl. auch Söfker, in: Ernst/Zinkahn/Bielenberg/Krautzberger, Band 6, BauNVO § 10 Rn. 18.

schwer vermittelbar. Im Folgenden seien daher die wichtigsten Möglichkeiten vorgestellt, das Dauerwohnen in den Sondergebieten nach §§ 10, 11 BauNVO sowohl in rechtlicher als auch in tatsächlicher Hinsicht zu verhindern oder jedenfalls zu erschweren.

aa) Bestimmung von Ausstattungsmerkmalen

Zunächst kann die Möglichkeit, in einem Sondergebiet zusätzlich zur Festsetzung der Art der baulichen Nutzung die Ausstattungsmerkmale der Zimmer von Beherbergungsbetrieben zu bestimmen und vor allem Küchen und Kochstellen auszuschließen, dazu beitragen, das Dauerwohnen im Sondergebiet zu erschweren[422]. Entsprechende Festsetzungen haben nicht nur den Vorteil, dass die Wohnnutzung faktisch erschwert wird, sondern können je nach konkreter Festsetzung zudem bewirken, dass dadurch die Voraussetzungen für die Erteilung einer Abgeschlossenheitsbescheinigung nach § 7 Abs. 4 WEG nicht gegeben sind und Wohnungseigentum nicht begründet werden kann[423]. Allerdings ist hervorzuheben, dass die Rechtsprechung die Möglichkeit des Ausschlusses von Küchen und Kochstellen ausdrücklich lediglich für Sondergebiete nach § 11 BauNVO angenommen hat. Für Sondergebiete nach § 10 BauNVO bieten sich entsprechende Festsetzungen in aller Regel auch nicht an. Es gehört gerade zum Wesen des Freizeitwohnens, dass eine Selbstversorgung möglich ist, so dass die Untersagung von Kochstellen und Küchen unverhältnismäßig sein und mit der Zweckbestimmung des Gebiets nicht im Einklang stehen dürfte. Etwas anderes kann auch nicht in großen organisierten Ferienwohnanlagen gelten[424]. Ohne die Möglichkeit der Eigenversorgung handelt es sich nicht mehr um eine Anlage mit Ferienwohnungen, sondern vielmehr um einen Pensionsbetrieb, ein Hotel oder ähnliches.

bb) Festsetzung der höchstzulässigen Zahl der Wohnungen nach § 9 Abs. 1 Nr. 6 BauGB

Es kann sich zur Regulierung des Dauerwohnens und des Ferienwohnens als zielführend erweisen, eine Festsetzung nach § 9 Abs. 1 Nr. 6 BauGB über die höchstzulässige Zahl der Wohnungen in Wohngebäuden zu treffen. Zulässig ist neben einer absoluten Zahl auch die Festsetzung einer Verhältniszahl bezogen auf eine bestimmte Anzahl von Wohnungen je Quadratmeter Grundstücksfläche[425]. Problematisch ist, ob von einer Festsetzung nach § 9 Abs. 1 Nr. 6 BauGB auch an wechselnde

---

422 Siehe zur Zulässigkeit dieser Festsetzungen BVerwG, Urteil vom 08.05.1989 - 4 B 78.89 -, NVwZ 1989, 1060.

423 Reidt, in: Battis/Krautzberger/Löhr, § 22 Rn. 3; BVerwG, Beschluss vom 07.09.1984 - 4 N 3.84 -, ZfBR 1985, 44, 45; Festsetzungsbeispiel für ein Kurgebiet bei Bielenberg, ZfBR 1982, 7.

424 A.A. Stock, in: König/Roeser/Stock, § 10 Rn. 31.

425 BVerwG, Urteil vom 08.10.1998 - 4 C 1.97 -, BVerwGE 107, 256, 259 ff.; OVG Lüneburg, Urteil vom 18.09.2014 - 1 KN 123/12 -, BauR 2015, 452, 455; siehe zur

Gäste vermietete Ferienwohnungen erfasst sind und ob es sich bei Gebäuden mit Ferienwohnungen dann um Wohngebäude im Sinne der Vorschrift handelt. Dagegen spricht auf den ersten Blick, dass die Nutzungsform des Ferienwohnens nicht unter den Nutzungsbegriff „Wohnen“ subsumiert werden kann[426]. Die Vorschriften des Baugesetzbuches sind jedoch nicht zwingend wie in der Baunutzungsverordnung auszulegen, erst recht da die Baunutzungsverordnung im Rang unterhalb der Regelung im Baugesetzbuch steht. Vielmehr ist der nach seinem Wortlaut offene Wohnungsbegriff nach dem Sinn und Zweck sowie der Genese des § 9 Abs. 1 Nr. 6 BauGB eigenständig zu bestimmen[427].

Sinn und Zweck des § 9 Abs. 1 Nr. 6 BauGB ist darin zu erblicken, der planenden Gemeinde sowohl eine Steuerung der Bebauungsstruktur als auch der Wohn- und Besiedlungsdichte zu ermöglichen. Beides spricht dafür, den Wohnungsbegriff des § 9 Abs. 1 Nr. 6 BauGB so zu verstehen, dass jede Gesamtheit von Räumen zur Führung eines selbstständigen Haushalts erfasst wird und dies unabhängig von der Nutzungsdauer. Denn die Nutzungsdauer ist sowohl für die Bebauungsstruktur als auch für die vorzuhaltende Infrastruktur, welche sich an einer gesteigerten Auslastung des Gebiets orientieren muss, ohne Bedeutung[428]. Versteht man unter dem Begriff „Wohnung“ im Sinne des § 9 Abs. 1 Nr. 6 BauGB auch Ferienwohnungen, handelt es sich bei einem Gebäude, das entsprechende Wohnungen enthält, auch um ein „Wohngebäude“, wenn es ganz bzw. überwiegend mit Ferienwohnungen belegt ist[429].

Für diese Auslegung spricht auch die Intention des Gesetzgebers, die der Schaffung des § 9 Abs. 1 Nr. 6 BauGB zugrunde lag. Nach der Vorstellung des Gesetzgebers kann sich die städtebauliche Notwendigkeit für Festsetzungen nach dieser Vorschrift insbesondere in Gebieten ergeben, die Fremdenverkehrsaufgaben erfüllen[430]. Wohnungen in Fremdenverkehrsgebieten sind typischerweise aber auch und gerade Ferienwohnungen. In die gleiche Richtung deutet, dass bereits vor der Einführung des § 9 Abs. 1 Nr. 6 BauGB im Zuge der Zusammenführung des allgemeinen und des besonderen Städtebaurechts im Baugesetzbuch mit § 3 Abs. 4, § 4 Abs. 4 BauNVO 1977 die Möglichkeit bestand, die Zahl der Wohnungen in Wohngebäuden in dem Sinne, dass es sich um Dauerwohnen handelt, auf zwei zu begrenzen. Vor diesem Hintergrund ging es dem Gesetzgeber gerade darum, die Zahl zulässiger Wohnungen auch in weiteren Gebieten, und zwar insbesondere in solchen mit Fremdenverkehrsfunktion, beschränken zu können[431].

Bandbreite der möglichen Festsetzungen Söfker, in: Ernst/Zinkahn/Bielenberg/Krautzberger, Band 1, BauGB § 9 Rn. 71.

426 Siehe oben C.III.2.a).

427 OVG Lüneburg, Urteil vom 18.09.2014 - 1 KN 123/12 -, BauR 2015, 452, 455; zustimmend Söfker, in: Ernst/Zinkahn/Bielenberg/Krautzberger, Band 1, BauGB § 9 Rn. 69.

428 OVG Lüneburg, Urteil vom 18.09.2014 - 1 KN 123/12 -, BauR 2015, 452, 455.

429 Ebenda.

430 Vgl. BT-Drs. 10/4630, 72.

431 OVG Lüneburg, Urteil vom 18.09.2014 - 1 KN 123/12 -, BauR 2015, 452, 456.

Die städtebauliche Rechtfertigung der Festsetzung kann insbesondere darin liegen, dass eine unerwünschte Umstrukturierung der städtebaulichen Eigenart des Gebiets verhindert werden soll. Dies gilt namentlich dann, wenn es durch Einrichtung einer größeren Zahl von Wohnungen in Gebäuden unter Einhaltung des zulässigen Bauvolumens und auf diese Weise durch ein Überhandnehmen von Wohnungen zu Beeinträchtigungen der städtebaulichen Funktion des Gebietes kommen würde[432]. Ein zulässiges Ziel der planenden Gemeinde stellt es mithin bereits dar, die gegenwärtige Gebietsstruktur zur Vermeidung von Beeinträchtigungen zu erhalten; eine darüber hinausgehende besondere städtebauliche Problemlage ist hingegen nicht erforderlich[433].

cc) Erschließung, Lage des Gebiets und Einrichtungen zur Versorgung

Des Weiteren hat natürlich auch die Lage des Gebiets, insbesondere die Nähe oder Ferne zur nächstgelegenen Gemeinde, Einfluss darauf, ob ein Dauerwohnen überhaupt lohnenswert erscheint. Zudem können auch eine spärliche Ausstattung des Gebiets mit Anlagen und Einrichtungen zur Versorgung nach § 10 Abs. 2 Satz 1 BauNVO und Art und Umfang der Erschließung dazu beitragen, ein Dauerwohnen unattraktiv zu gestalten[434].

dd) Erlass einer Fremdenverkehrssatzung nach § 22 BauGB

Darüber hinaus besteht die Möglichkeit des Erlasses einer Fremdenverkehrssatzung nach § 22 BauGB, durch die ein Genehmigungsvorbehalt zur Begründung von bestimmten Rechten nach dem Wohnungseigentumsgesetz geschaffen wird. Insbesondere kann auf diesem Wege die Begründung von Wohnungseigentum im Geltungsbereich der Satzung verhindert werden. § 22 Abs. 1 Satz 4 BauGB sieht auch für entsprechend konfigurierte Sondergebiete nach §§ 10, 11 BauNVO, z.B. für Wochenend- oder Ferienhausgebiete, die Möglichkeit des Erlasses einer Fremdenverkehrssatzung vor. Da die Möglichkeit des Erlasses einer Satzung nach § 22 BauGB von besonderer Bedeutung ist, wird auf diese in einem gesonderten Abschnitt zurückgekommen[435]. An dieser Stelle soll lediglich auf das Instrument hingewiesen und betont werden, dass für Gebiete, die die Nutzung von Ferienhäusern und Wochenendhäusern zulassen, grundsätzlich auch ein Bedürfnis für den Erlass einer Fremdenverkehrssatzung bestehen kann. Dies ist allein danach zu beurteilen, ob die Ferienhäuser und Wochenendhäuser ihrer Größe und Aufteilung nach die Begründung von Wohnungseigentum und Teileigentum nahelegen[436].

---

432 OVG Lüneburg, Urteil vom 18.09.2014 - 1 KN 123/12 -, BauR 2015, 452, 456 unter Hinweis auf BT-Drs. 10/4630, 72.

433 Ebenda.

434 Ziegler, in: Brügelmann, Band 6, BauNVO § 10 Rn. 48; vgl. auch OVG Münster, Urteil vom 25.11.2005 - 7 A 2687/04 -, juris Rn. 53.

435 Siehe I.

436 Siehe unter I.IV.2.a)bb)(1).

ee) *Sicherung durch Baulast und Dienstbarkeit*

Zudem besteht die Möglichkeit, die Fremdenverkehrsnutzung durch eine Baulast oder Dienstbarkeit abzusichern. Die Fremdenverkehrsdienstbarkeit ist eine beschränkte persönliche Dienstbarkeit gem. § 1090 Abs. 1 BGB. Für gewöhnlich ist diese inhaltlich so ausgestaltet, dass das Objekt nicht länger als einen bestimmten Zeitraum im Jahr selbst oder durch einen Dritten bewohnt werden darf und nicht zu anderen beruflichen oder gewerblichen Zwecken als denen eines fremdenverkehrsgewerblichen Beherbergungsbetriebs mit ständig wechselnden Gästen genutzt werden darf[437]. Baulasten wirken hingegen auf öffentlich-rechtlicher Ebene. Die Baulast dient dazu, Hindernisse auszuräumen, die der Erteilung einer Baugenehmigung entgegenstehen. Durch die Baulast wird der jeweilige Eigentümer zu einem Tun, Dulden oder Unterlassen verpflichtet[438]. Eine für ein Grundstück bestellte Baulast geht durch die Begründung von Wohnungseigentum nicht unter. Belastungen, die das Grundstück als Ganzes belasten, setzen sich am Wohnungseigentum fort[439].

ff) *Schuldrechtliche Vereinbarungen*

Es existiert darüber hinaus eine Vielzahl schuldrechtlicher Möglichkeiten, das Dauerwohnen in für den Fremdenverkehr bestimmten Gebieten zu verhindern. Zu nennen sind insbesondere die Vereinbarung einer Vertragsstrafe, Belegungsrechte der Gemeinde, Nachweispflichten des Eigentümers, schuldrechtliche Weitergabeverpflichtungen und die Unterwerfung unter die sofortige Zwangsvollstreckung[440]. Sämtliche Maßnahmen sind als öffentlich-rechtlicher Vertrag zu qualifizieren und den dahingehend geltenden Einschränkungen unterworfen. Zu berücksichtigen ist dabei insbesondere, dass bei einer Verknüpfung verschiedener Verpflichtungen die Angemessenheit bewahrt wird und auch, dass das Koppelungsverbot beachtet wird. Sämtlichen Maßnahmen ist allerdings gemein, dass sich das Problem der Überprüfbarkeit der Einhaltung der Vereinbarungen stellt und schon rein faktisch die Tauglichkeit dieser Vereinbarungen begrenzt ist.

gg) *Gemeindlicher Erwerb und Verpachtung in Wochenendhausgebieten*

Vereinzelt wird vorgeschlagen, der Umwandlung von Wochenendhausgebieten in Dauerwohngebiete könnte wirksam damit begegnet werden, dass die Gemeinde die Grundstücke erwirbt und verpachtet oder in Erbpacht weitergeben würde[441].

---

437 Kristic, MittBayNot 2003, 263, 264 unter Hinweis auf die Entscheidung ObLG München, DNotZ 1986, 288; siehe weiterführend Hiltl/Gerold, BayVBl. 1993, 385 ff.; Frind, ZMR 2001, 429 ff.; Prahl, Rpfleger 2008, 411 ff.; Breuer, NVwZ 1985, 635, 639.

438 Siehe weiterführend Berger, in: Schreiber, Kap. 11, A. Rn. 67 ff. zur Baulast und Rn. 32 ff. zur Fremdenverkehrsdienstbarkeit.

439 OVG Schleswig, Beschluss vom 20.03.2012 - 1 LA 4/12 -, juris; zustimmend Emmer, ibr-online 2012, 420.

440 Vgl. im Einzelnen Krisitic, MittBayNot 2003, 263, 267 m.w.N.

441 Fickert/Fieseler, § 10 Rn. 23.

Es erschließt sich jedoch nicht, inwiefern sich dadurch die planungsrechtlichen Probleme lösen lassen würden. Zwar würden den Wohnkomfort erhöhende Umbauten unattraktiver. In der Regel scheinen solche Umbauten lediglich am eigenen Eigentum attraktiv und könnten durch entsprechende vertragliche Regelungen zusätzlich auch sanktioniert werden. Allerdings würde die dann zusätzlich vertragswidrige Umnutzung zum Dauerwohnen als solche rein tatsächlich ebenso wenig verhindert werden wie im Falle der planungswidrigen Nutzung. Zudem stellt sich angesichts der vielerorts mindestens angespannten Finanzlage der Gemeinden die Frage, wie die Finanzmittel für den Ankauf aufgebracht werden sollen. Auch besteht keine Möglichkeit, den Verkauf der Grundstücke zu erzwingen. Die Gemeinde wäre auf die Geltendmachung eines Vorkaufsrechts aus §§ 24, 25 BauGB angewiesen, dessen Voraussetzungen überhaupt vorliegen müssten[442]. Abgesehen davon, dass die Ausübung eines Vorkaufsrechts nur im Falle des Abschlusses eines wirksamen Kaufvertrags möglich ist[443], ist auch fraglich, ob die Ausübung des Vorkaufsrechts durch das Wohl der Allgemeinheit gerechtfertigt wäre, was Voraussetzung sowohl für die Ausübung des allgemeinen wie des besonderen Vorkaufsrechts wäre[444]. Ließe sich ein Erwerb zum Wohl der Allgemeinheit möglicherweise im konkreten Fall mit städtebaulichen Gründen in durch den Fremdenverkehr geprägten Gemeinden noch darstellen, würde wohl kaum eine der in § 24 oder § 25 BauGB genannten Alternativen zur Ausübung des Vorkaufsrechts vorliegen. Es dürfte sich nicht um Flächen handeln, die in einem Flächennutzungsplan als Wohnbaufläche oder als Wohngebiet dargestellt sind (§ 24 Abs. 1 Nr. 5 BauGB), oder um unbebaute Wohnbaugründstücke nach den §§ 30, 33, 34 Abs. 2 BauGB (§ 24 Abs. 1 Nr. 6 BauGB). Eher ließe sich ein besonderes Vorkaufsrecht nach § 25 Abs. 1 Nr. 1 BauGB für unbebaute Grundstücke begründen, indem die Gemeinde eine entsprechende Satzung erlässt und notwendigenfalls einen Bebauungsplan für das Gebiet aufstellt, wobei dies auch in einem einheitlichen Verfahren geschehen kann[445]. Ob es sich hierbei um einen im konkreten Fall gangbaren Weg handeln würde, zumal lediglich Fälle erfasst wären, in denen die Anlagen noch gar nicht errichtet sind, wäre naturgemäß eine Frage des Einzelfalls. Alles in allem dürfte sich jedoch die Problematik der Umwandlung von Wochenendhäusern zum Dauerwohnen tendenziell nicht über einen Flächenerwerb mit anschließender Verpachtung sicher lösen lassen.

5. Zur Funktionslosigkeit des Bebauungsplans

Dass sich ein Bebauungsplan, der ein Sondergebiet zum Freizeitwohnen nach § 10 BauNVO oder ein Gebiet für den Fremdenverkehr nach § 11 BauNVO festsetzt, aufgrund des Vorhandenseins von Dauerwohnnutzungen als funktionslos darstellt,

---

442 Siehe zum Vorkaufsrecht Weidemann, DVP 2015, 456 ff.; Gatz, jurisPR-BVerwG 7/2010 Anm. 5.

443 Siehe dazu Schrödter, in: Schrödter, § 24 Rn. 37.

444 Brohm, § 25 Rn. 4.

445 Roos, in: Brügelmann, Band 2, BauGB § 25 Rn. 5.

kommt nur in seltenen Ausnahmefällen vor. Festsetzungen eines Bebauungsplanes können funktionslos werden und außer Kraft treten, wenn und soweit die Verhältnisse, auf die sie sich beziehen, in der tatsächlichen Entwicklung einen Zustand erreicht haben, der eine Verwirklichung der Festsetzung auf absehbare Zeit ausschließt, und wenn diese Tatsache so offensichtlich ist, dass ein in ihre Fortgeltung gesetztes Vertrauen keinen Schutz verdient[446]. Dabei ist nicht ausreichend, wenn über längere Zeit von dem Plan abgewichen worden ist und deshalb Verhältnisse eingetreten sind, die den Festsetzungen des Plans nicht entsprechen. Auch wird die Planungskonzeption nicht schon bedeutungslos, wenn sie nicht mehr überall im Plangebiet umgesetzt werden kann. Es kommt vielmehr entscheidend darauf an, ob die jeweilige Festsetzung noch geeignet ist, zur städtebaulichen Entwicklung und Ordnung im Sinne des § 1 Abs. 3 Satz 1 BauGB einen sinnvollen Beitrag zu leisten. Das ist erst dann nicht mehr der Fall, wenn die tatsächlichen Verhältnisse vom Planinhalt so massiv und offenkundig abweichen, dass die Festsetzung bei einer auf den Gesamtgeltungsbereich des Bebauungsplans bezogenen Betrachtung die Fähigkeit verloren hat, die städtebauliche Entwicklung noch in eine bestimmte Richtung zu steuern[447]. Allgemeingültige Voraussetzungen lassen sich dafür nicht aufstellen. Der erste Anhaltspunkt ist das Vorhandensein einer Vielzahl von Dauerwohnnutzungen im Geltungsbereich des Bebauungsplanes. Dies allein schließt die Möglichkeit, die Entwicklung noch in die vom Plangeber gewollte Richtung zu steuern, allerdings nicht aus. Sofern die Bauaufsicht gewillt ist, auf lange Sicht plankonforme Zustände herbeizuführen, kann eine Funktionslosigkeit in aller Regel nicht angenommen werden[448]. Die Bauaufsicht kann dafür auch ein Handlungskonzept zugrunde legen, das bestimmte Nutzungen duldet, etwa solche vor einem bestimmten Stichtag liegende Nutzungen zum Dauerwohnen, im Übrigen aber gegen die planwidrigen Nutzungen einschreiten[449]. Die Grenze zur Funktionslosigkeit ist jedenfalls dann überschritten, wenn sich die mit der Festsetzung eines bestimmten Planinhalts verfolgten Ziele im Hinblick auf das Nichtvorhalten bestimmter Infrastruktur durch die fremden Nutzungen nicht mehr erfüllen lassen. So sind die in Gebieten nach § 10 BauNVO oder zur Fremdenbeherbergung nach § 11 BauNVO vorzuhaltenden Infrastrukturen in der Regel deutlich schwächer ausgeprägt als in Gebieten, die dem Dauerwohnen dienen. Dies gilt auch im Hinblick auf weitere Infrastruktureinrichtungen wie soziale Einrichtungen (Schulen, Kindergärten) oder zur Gesundheitsvorsorge[450].

---

446 BVerwG, Beschluss vom 09.10.2003 - 4 B 85.03 -, BauR 2004, 1128 f.; Urteil vom 03.12.1998 - 4 CN 3.97 -, BVerwGE 108, 71, 76; Urteil vom 29.04.1977 - IV C 39.75 -, BVerwGE 54, 5, 7 ff.

447 BVerwG, Beschluss vom 12.02.1997 - 4 B 16.97 -, NVwZ-RR 1997, 512; OVG Münster, Urteil vom 02.02.2000 - 7 a D 224/98.NE -, BauR 2000, 1024, 1026; Schrödter, in: Schrödter, § 10 Rn. 7.

448 Siehe im Einzelnen OVG Münster, Urteil vom 25.11.2005 - 7 A 2687/04 -, juris Rn. 42 ff.

449 VG Minden, Beschluss vom 25.08.2011 - 9 L 377/11 -, juris Rn. 28.

450 OVG Münster, Urteil vom 25.11.2005 - 7 A 2687/04 -, juris Rn. 40.

VII. Rücksichtnahmegebot, § 15 BauNVO

Auch bei einer Nutzung von Anlagen für den Ferien- und Freizeitaufenthalt kann das Korrektiv des § 15 BauNVO zur Anwendung kommen[451]. Nach § 15 Abs. 1 Satz 1 BauNVO sind die in den §§ 2 bis 14 BauNVO aufgeführten baulichen und sonstigen Anlagen im Einzelfall unzulässig, wenn sie nach Anzahl, Lage, Umfang oder Zweckbestimmung der Eigenart des Baugebiets widersprechen. Nach Satz 2 sind sie auch unzulässig, wenn von ihnen Belästigungen oder Störungen ausgehen können, die nach der Eigenart des Baugebiets selbst oder in dessen Umgebung unzumutbar sind, oder wenn sie solchen Belästigungen oder Störungen ausgesetzt sind. Die Bedeutung des Rücksichtnahmegebots ist jedoch für Anlagen für den Ferien- und Freizeitaufenthalt gering. Die Prüfung der planungsrechtlichen Zulässigkeit hat in der Regel schon an früher Stelle die Unzulässigkeit des Vorhabens zum Ergebnis, so dass es auf die Frage der Einhaltung des Rücksichtnahmegebots gar nicht ankommt[452].

---

451 Siehe zum Rücksichtnahmegebot allgemein Ewer, in: Koch/Hendler, § 25 Rn. 24 ff.

452 Vgl. VG Berlin, Beschluss vom 21.02.2014 - 13 L 274.13 -, LKV 2014, 185, 189.

D. Darstellungen in Flächennutzungsplänen

I. Allgemeines zum Zweck und zu den Bindungswirkungen des Flächennutzungsplans

Auch wenn der Flächennutzungsplan keine verbindliche Rechtsnorm darstellt, gehen von diesem nicht unerhebliche Bindungswirkungen aus. Dies gilt sowohl für die Ebene der darauffolgenden Aufstellung von Bebauungsplänen und Verpflichtung von anderen Planungsträgern[453] als auch für die Genehmigungsfähigkeit von einzelnen Vorhaben im Außenbereich nach § 35 Abs. 3 Satz 1 Nr. 1 BauGB oder § 35 Abs. 3 Satz 3 BauGB. Näherer Betrachtung bedarf im Rahmen dieser Arbeit die Wirkung des Flächennutzungsplans auf die Aufstellung von Bebauungsplänen, die Festsetzungen zur Realisierung von Vorhaben für den Ferien- und Erholungsaufenthalt enthalten. Nach § 8 Abs. 2 Satz 1 BauGB sind Bebauungspläne aus dem Flächennutzungsplan zu entwickeln, der nach § 1 Abs. 2 BauGB die bauliche und sonstige Nutzung der Grundstücke vorbereiten soll. Eines Flächennutzungsplans bedarf es nach § 8 Abs. 2 Satz 2 BauGB nicht, wenn der Bebauungsplan ausreicht, um die städtebauliche Entwicklung zu ordnen, sog. selbständiger Bebauungsplan[454]. Praktisch ist diese Möglichkeit von untergeordneter Bedeutung und kommt nur bei sehr geringer Siedlungstätigkeit und vor allem in Betracht, wenn der Bebauungsplan das gesamte Gemeindegebiet erfasst[455]. Für Gebiete mit Fremdenverkehrsaktivitäten dürfte diese Möglichkeit in aller Regel allein deshalb ausgeschlossen sein, weil die Ansiedlung von entsprechenden Gebieten ein zu hohes Konfliktpotential aufweist.

§ 5 Abs. 2 Nr. 1 BauGB und § 1 Abs. 1 und Abs. 2 BauNVO eröffnen die Möglichkeit, im Flächennutzungsplan Bauflächen oder Baugebiete darzustellen. Beide unterscheiden sich hinsichtlich des Konkretisierungsgrades[456]. Bauflächen kennzeichnen die für die Bebauung vorgesehenen Flächen nach der allgemeinen Art ihrer baulichen Nutzung, Baugebiete nach der besonderen Art ihrer baulichen Nutzung. Ob die Gemeinde die Darstellung von Bauflächen oder Baugebieten wählt, hängt von den konkreten planerischen Gegebenheiten ab, insbesondere welcher Konkretisierungsgrad für erforderlich gehalten wird[457].

---

453 Siehe im Einzelnen Schmidt-Eichstaedt/Weyrauch/Zemke, 187 ff.; Schiller, in: Bracher/Reidt/Schiller, Rn. 131 ff.

454 Runkel, in: Ernst/Zinkahn/Bielenberg/Krautzberger, Band 1, BauGB § 8 Rn. 41; Ferner, in: HK-BauGB, § 8 Rn. 5.

455 Schrödter, in: Schrödter, § 8 Rn. 22.

456 Vgl. Söfker, in: Ernst/Zinkahn/Bielenberg/Krautzberger, Band 6, BauNVO § 1 Rn. 3.

457 Söfker, in: Ernst/Zinkahn/Bielenberg/Krautzberger, Band 6, BauNVO § 1 Rn. 35b.

II. Darstellungen, die nicht auf die Realisierung von Sondergebieten gerichtet sind

Für solche Flächennutzungspläne, die nicht auf die Entwicklung von Sondergebieten gerichtet sind, etwa weil dort die Ansiedlung von Beherbergungsbetrieben ermöglicht oder hinsichtlich des Bestands gesichert werden soll, ergeben sich keine Besonderheiten, so dass auf die allgemeine Literatur verwiesen wird[458]. Es genügt im Allgemeinen die Bezeichnung der Bauflächen und Baugebiete wie sie in § 1 Abs. 1 und Abs. 2 BauNVO aufgeführt sind. Die Angabe einer Zweckbestimmung ist in aller Regel nicht erforderlich, da sich diese der Baunutzungsverordnung entnehmen lässt[459]. Bei einer Darstellung von Sonderbauflächen nach § 1 Abs. 1 Nr. 4 BauNVO und Sondergebieten nach § 1 Abs. 2 Nr. 10 BauNVO ist dies jedoch nicht der Fall, da die Zweckbestimmung erst durch den Plangeber bestimmt werden muss.

III. Darstellungen von Sondergebieten nach § 10 und § 11 BauNVO und Sonderbauflächen nach § 1 Abs. 1 Nr. 4 BauNVO

Besonderer Betrachtung bedürfen daher die Anforderungen an die Darstellung im Zusammenhang mit Sondergebieten nach § 10 und § 11 BauNVO und Sonderbauflächen nach § 1 Abs. 1 Nr. 4 BauNVO.

1. Darstellung einer Sonderbaufläche nach § 1 Abs. 1 Nr. 4 BauNVO

Entscheidet sich die Gemeinde für die Darstellung von Bauflächen zur Vorbereitung der Realisierung eines Sondergebiets nach §§ 10, 11 BauNVO, so muss sie nach § 5 Abs. 1 Satz 1 BauGB die Zweckbestimmung angeben, § 10 Abs. 2 Satz 1 und § 11 Abs. 2 Satz 1 BauNVO beziehen sich nur auf Baugebiete. Die Darstellung einer Sonderbaufläche ohne nähere gesonderte Zweckbestimmung im Flächennutzungsplan ist nicht geeignet, die sich aus der beabsichtigten städtebaulichen Entwicklung ergebende Art der Bodennutzung in den Grundzügen darzustellen. Das Bundesverwaltungsgericht führt dazu zutreffend aus, dass eine Darstellung inhaltsleerer Sonderbauflächen mit § 5 Abs. 1 Satz 1 BauGB unvereinbar sei, weil sie keine Aussage über die beabsichtigte städtebauliche Entwicklung enthält, sondern allenfalls zum Ausdruck bringe, dass keine Wohnbauflächen, gemischte oder gewerbliche Bauflächen vorgesehen sind. Ihr könne keine Aussage entnommen werden, was positiv geplant sei. Auch wenn der Flächennutzungsplan seinem Wesen nach nur ein vorbereitender Bauleitplan sei und insofern seiner Natur nach grobmaschiger,

458 Etwa Schmidt-Eichstaedt/Weyrauch/Zemke, 180 ff.; Söfker, in: Ernst/Zinkahn/Bielenberg/Krautzberger, Band 1, BauGB § 5 Rn. 1 ff.

459 Söfker, in: Ernst/Zinkahn/Bielenberg/Krautzberger, Band 6, BauNVO § 1 Rn. 35c.

so müssten seine Darstellungen doch so bestimmt und eindeutig sein, dass sie einen ausreichenden Rahmen für Konkretisierungen in einem Bebauungsplan und für Planungen anderer Planungsträger bilden könnten. Aus einer Sonderbaufläche ohne nähere Zweckbestimmung ließe sich jedes Sondergebiet entwickeln, sofern es sich nur von den Baugebieten nach §§ 2 bis 9 BauGB unterscheide[460].

2. Sondergebiete nach § 10 Abs. 2 Satz 1 und § 11 Abs. 2 Satz 1 BauNVO

Werden jedoch bereits Sondergebiete im Flächennutzungsplan dargestellt, ist zu berücksichtigen, dass nach § 10 Abs. 2 Satz 1 bzw. § 11 Abs. 2 Satz 1 BauNVO die Zweckbestimmung und die Art der Nutzung darzustellen ist. Welche Vorgaben sich daraus für die Darstellungen im Flächennutzungsplan konkret ergeben, ist in der Literatur äußerst umstritten[461]. Insbesondere wird vertreten, dass entgegen des Wortlauts des jeweiligen Absatzes 2 ausreichend sei, nur die Zweckbestimmung festzulegen, auf die Art der Nutzung könne jedoch verzichtet werden[462]. Richtigerweise ist zwar allein aufgrund des klaren Wortlauts des § 10 Abs. 2 und § 11 Abs. 2 BauNVO grundsätzlich die Zweckbestimmung und auch die Art der Nutzung darzustellen[463], allerdings können diese soweit übereinstimmen, dass eine getrennte Darstellung nicht notwendig ist. Dies ist jedenfalls anzunehmen, wenn die Darstellung eines konkret benannten Baugebietes, also des in § 10 Abs. 3 bis 5 BauNVO genannten Wochenendhausgebietes, Ferienhausgebietes oder Campingplatzgebietes oder eines in § 11 Abs. 2 Satz 2 BauNVO genannten Gebietes, erfolgt, denn Zweckbestimmung und Art der baulichen Nutzung sind hier identisch[464].

Bei einem unbenannten Sondergebiet sind jedoch Zweckbestimmung und Art der Nutzung gesondert darzustellen[465]. Letztlich ist durch Auslegung zu ermitteln, ob der Flächennutzungsplan in ausreichendem Maß die Art der baulichen Nutzung und Zweckbestimmung darstellt. Richtigerweise kann es im Hinblick auf die Funktion des Flächennutzungsplanes allein darauf ankommen, dass die Darstellungen so bestimmt sind, dass sich daraus ein ausreichender Rahmen für Konkretisierungen in einem Bebauungsplan und für Planungen anderer Planungsträger ergibt.[466] Er-

---

460 BVerwG, Urteil vom 18.02.1994 - 4 C 4.92 -, BVerwGE 95, 123, 125 f.

461 Vgl. Darstellung bei Knaup/Stange, § 10 Rn. 10 und § 11 Rn. 18.

462 Fickert/Fieseler, § 10 Rn. 8; Ziegler, in: Brügelmann, Band 6, BauNVO § 11 Rn. 22, der entweder Zweckbestimmung oder Art der Nutzung ausreichen lässt.

463 So auch Knaup/Stange, § 10 Rn. 10.

464 Siehe für den Bebauungsplan bereits unter C.VI.2.c)aa); Ziegler, in: Brügelmann, Band 6, BauNVO § 11 Rn. 22; Stock, in: König/Roeser/Stock, § 10 Rn. 11 und Rn. 13.

465 So auch Stock, in: König/Roeser/Stock, § 10 Rn. 11; Bischopink, in: Bönker/Bischopink, § 10 Rn. 31.

466 Ganz ähnlich Stock, in: König/Roeser/Stock, § 10 Rn. 12, der zutreffend darauf hinweist, dass im Ergebnis die unterschiedlichen Auffassungen in der Praxis zu denselben Ergebnissen gelangen dürften.

forderlich ist also nicht, die Art der baulichen Nutzung so detailliert wie im Bebauungsplan anzugeben, ausreichend ist allein, dass sich aus der Darstellung der Rahmen für die Festsetzungen des Bebauungsplans ergibt. Die Zweckbestimmung kann dahingehend auch stichwortartig umschrieben sein[467] und sich ggf. auch aus der Darstellung der Art der baulichen Nutzung ergeben und anders herum[468]. Entscheidend ist allein, ob in materieller Hinsicht eine ausreichende Darstellung der Zweckbestimmung und der Art der baulichen Nutzung enthalten ist.

467 Knaup/Stange, § 10 Rn. 10; Söfker, in: Ernst/Zinkahn/Bielenberg/Krautzberger, Band 6, BauNVO § 10 Rn. 11.

468 So wohl auch Ziegler, in: Brügelmann, Band 6, BauNVO § 10 Rn. 15.

E. Erhaltungssatzungen – Milieuschutzsatzungen nach § 172 BauGB

Mögliches Planungsinstrument im Zusammenhang mit der Nutzung von Anlagen zum Ferien- und Erholungsaufenthalt ist auch der Erlass einer Erhaltungssatzung nach § 172 BauGB. Die Gemeinde kann nach § 172 Abs. 1 BauGB in einem Bebauungsplan oder durch eine sonstige Satzung Gebiete bezeichnen, in denen zur Erhaltung der städtebaulichen Eigenart des Gebiets aufgrund seiner städtebaulichen Gestalt (Absatz 3), zur Erhaltung der Zusammensetzung der Wohnbevölkerung (Absatz 4) oder bei städtebaulichen Umstrukturierungen (Absatz 5) der Rückbau, die Änderung oder die Nutzungsänderung baulicher Anlagen der Genehmigung bedürfen. In den Fällen des Satzes 1 Nr. 1 bedarf auch die Errichtung baulicher Anlagen der Genehmigung. Auf die Satzung ist § 16 Abs. 2 BauGB entsprechend anzuwenden. Die Landesregierungen werden ermächtigt, für die Grundstücke in Gebieten einer Satzung nach Satz 1 Nr. 2 durch Rechtsverordnung mit einer Geltungsdauer von höchstens fünf Jahren zu bestimmen, dass die Begründung von Wohnungseigentum oder Teileigentum (§ 1 des Wohnungseigentumsgesetzes) an Gebäuden, die ganz oder teilweise Wohnzwecken zu dienen bestimmt sind, nicht ohne Genehmigung erfolgen darf. Ein solches Verbot gilt als Verbot im Sinne des § 135 des Bürgerlichen Gesetzbuchs. In den Fällen des Satzes 4 ist § 22 Abs. 2 Satz 3 und 4, Abs. 6 und 8 BauGB entsprechend anzuwenden.

Die Gefahr, dass durch die Verdrängung der ortsansässigen Wohnbevölkerung infolge der Errichtung von Zweitwohnungen und Ferienapartments Bereiche außerhalb der Saison veröden, ist zur Rechtfertigung einer Erhaltungssatzung nach Absatz 1 Satz 1 Nr. 2 ausreichend[469]. Eine Milieuschutzsatzung ist damit vor allem geeignet, eine Fremdenverkehrssatzung nach § 22 BauGB zu ergänzen.

469 OVG Lüneburg, Urteil vom 27.04.1983 - C 1/82 -, NJW 1984, 2905, 2908; siehe für Berlin Deutscher, Grundeigentum 2013, 308; vgl. auch Fock, LKV 2003, 495, 500; Köhler/Fieseler, in: Schrödter, § 172 Rn. 35; Stock, in: Ernst/Zinkahn/Bielenberg/Krautzberger, Band 5, BauGB § 172 Rn. 24.

F. Aspekte der Raumordnung

Nach § 1 Abs. 4 BauGB sind die Bauleitpläne den Zielen der Raumordnung anzupassen. Ziele der Raumordnung sind nach § 3 Abs. 1 Nr. 2 ROG verbindliche Vorgaben in Form von räumlich und sachlich bestimmten oder bestimmbaren, vom Träger der Landes- und Regionalplanung abschließend abgewogenen textlichen oder zeichnerischen Festlegungen in Raumordnungsplänen zur Entwicklung, Ordnung und Sicherung des Raumes. Dagegen sind Grundsätze der Raumordnung nach § 3 Abs. 2 Nr. 3 ROG Aussagen zur Entwicklung, Ordnung und Sicherung des Raums als Vorgaben für nachfolgende Abwägungs- oder Ermessensentscheidungen[470]. Ziele und Grundsätze der Raumordnung sind dem landesweiten Raumordnungsplan des jeweiligen Bundeslandes[471] und dem Regionalplan zu entnehmen, der für das Gemeindegebiet gilt[472]. Die Regionalpläne werden aus dem Landesentwicklungsplan entwickelt, konkretisieren die Vorgaben und berücksichtigen regionale Besonderheiten der verschiedenen Planungsräume[473].

3.7.1 Landesentwicklungsplan Schleswig-Holstein (LEP SH) legt beispielsweise an der Nordsee, Ostsee und im Landesinneren Schwerpunkträume für Tourismus und Erholung fest. Nach 3.7.2 LEP stellt der Landesentwicklungsplan in der Hauptkarte Entwicklungsräume für Tourismus und Erholung dar. Sie umfassen Räume, die sich aufgrund der naturräumlichen und landschaftlichen Voraussetzungen und Potentiale sowie ihrer Infrastruktur für Tourismus und Erholung besonders eignen. In den Regionalplänen sind diese Entwicklungsräume zu konkretisieren und als Entwicklungsgebiete für Tourismus und Erholung darzustellen. Der Abschnitt 3.7.3 LEP SH enthält Grundsätze und Ziele der Raumordnung betreffend die Infrastruktur für Tourismus und Erholung. In Absatz 4 wird z. B. als Ziel der Raumordnung bestimmt, dass, um einer Zersiedelung der Landschaft entgegenzuwirken, Ferienhausgebiete im Anschluss an vorhandene oder geplante (gegebenenfalls auch touristisch geprägte) Bauflächen vorzusehen sind; sie sollen das Landschaftsbild so wenig wie möglich beeinträchtigen. Außerdem dürfen sie sich nicht bandartig an den Küsten und den Ufern von Flüssen, Seen und Kanälen entlangziehen, sondern sind in die Tiefe zu staffeln. Gleiches gilt nach Absatz 5 und 7 für die Erweiterung und Planung neuer Camping- und Wochenendplätze und Wochenendhäuser.

Bei der Planung der Errichtung von Feriendörfern, Hotelkomplexen und sonstigen großen Einrichtungen für die Ferien- und Fremdenbeherbergung sowie von großen Freizeitanlagen kann ein Raumordnungsverfahren nach § 15 ROG i.V.m. § 1 Satz 1 Nr. 15 RoV erforderlich sein[474], wenn sie im Einzelfall raumbedeutsam sind und überörtliche Bedeutung haben.

---

470 Siehe weiterführend Hendler, in: Cholewa/Dyong/von der Heide/Arenz, Band 1, ROG § 1 Rn. 7 ff. zu den Zielen und 58 ff. zu den Grundsätzen der Raumordnung.

471 In Schleswig-Holstein z. B. der Landesentwicklungsplan, Amtsbl. Schl.-H. 2010, 719.

472 Vgl. zu den Instrumenten der Landesplanung Stüer, Rn. 315 f.

473 Ebenda.

474 Ziegler, in: Brügelmann, Band 6, BauNVO § 11 Rn. 56.

G. Vorhaben im unbeplanten Innenbereich, § 34 BauGB

Des Weiteren ist zu untersuchen, welche Besonderheiten sich für die Zulässigkeit von Vorhaben für den Ferien- und Erholungsaufenthalt ergeben, wenn sich diese Anlagen innerhalb eines im Zusammenhang bebauten Ortsteils befinden, so dass sich die Zulässigkeit des Vorhabens nach § 34 BauGB richtet.

I. Zur Bestimmung des Innenbereichs

1. Bebauungszusammenhang mit Ortsteilqualität

Die Anwendbarkeit des § 34 BauGB setzt zunächst voraus, dass sich das Vorhaben überhaupt innerhalb eines im Zusammenhang bebauten Ortsteils befindet. Es muss also innerhalb eines Bebauungszusammenhangs belegen sein, der die Qualität eines Ortsteils aufweist[475]. Bei der Beurteilung, ob ein Grundstück in einem Bebauungszusammenhang liegt, ist entscheidend, ob eine tatsächlich aufeinander folgende, zusammenhängende Bebauung besteht und das Grundstück selbst Bestandteil dieses Bebauungszusammenhangs ist[476]. Ortsteil ist jeder Bebauungskomplex im Gebiet einer Gemeinde, der nach der Zahl der vorhandenen Bauten ein gewisses Gewicht besitzt und Ausdruck einer organischen Siedlungsstruktur ist[477]. Der Begriff steht damit im Gegensatz zur unerwünschten Splittersiedlung[478]. Abzustellen ist in erster Linie auf die tatsächlich vorhandene Bebauung, wobei jedoch eine materiell unzulässige Nutzung nach ständiger Rechtsprechung nur maßgeblich sein kann, wenn sie formell legal ist oder wenn sie in einer Weise geduldet wird, die keinen Zweifel daran lässt, dass die zuständigen Behörden sich mit ihrem Vorhandensein abgefunden haben[479]. Ferner können sog. topografische Besonderheiten wie z. B. Verkehrswege, Gewässer oder Anhebungen eine natürliche Grenze und einen Abschluss der Bebauung vermitteln[480]. Die Bestimmung des so verstandenen Innenbereichs kann mit-

475 Rieger, in: Schrödter, § 34 Rn. 9.

476 BVerwG, Beschluss vom 02.04.2007 - 4 B 7.07 -, BauR 2007, 1383; Urteil vom 06.11.1968 - IV C 2.66 -, BVerwGE 31, 20, 21.

477 Erbguth/Schubert, § 8 Rn. 33; Mitschang/Reidt, in: Battis/Krautzberger/Löhr, § 34 Rn. 14; Ewer, in: Koch/Hendler, § 25 Rn. 53.

478 Vgl. VG Greifswald, Urteil vom 12.02.2003 - 1 A 1693/00 -, juris Rn. 20.

479 BVerwG, Urteil vom 14.09.1992 - 4 C 15.90 -, NVwZ 1993, 985, 986; Beschluss vom 23.11.1998 - 4 B 29.98 -, BauR 1999, 233, 234; OVG Hmbg., Urteil vom 25.02.2015 - 2 Bf 213/11 -, juris Rn. 45; VG Schwerin, Urteil vom 20.12.2012 - 2 A 621/11 -, juris Rn. 44; Rieger, in: Schrödter, § 34 Rn. 12.

480 Söfker, in: Ernst/Zinkahn/Bielenberg/Krautzberger, Band 2, BauGB § 34 Rn. 26.

unter sehr diffizil sein[481]. Gerade im Zusammenhang mit Wochenendhäusern und Ferienhäusern ergeben sich einige Besonderheiten, die im Folgenden näher dargestellt werden sollen.

2. Wochenend-, Ferienhäuser und mobile Unterkunftsmöglichkeiten als maßstabsbildende Anlagen?

Die für einen Ortsteil erforderliche organische Siedlungsstruktur des Bebauungskomplexes kann nur angenommen werden, wenn die Gebäude für die angemessene Fortentwicklung der vorhandenen Bebauung maßstabsbildend sind. Dies setzt nach allgemeiner Auffassung wiederum voraus, dass diese zum regelmäßigen Aufenthalt von Menschen bestimmt sind[482].

a) Meinungsstand in Literatur und Rechtsprechung

Daraus, dass maßstabsbildend nur Gebäude zum dauerhaften Aufenthalt von Menschen sein können, wird gemeinhin geschlussfolgert, dass Wochenendhäuser und auch Ferienhäuser für sich genommen nicht als ein für die Siedlungsstruktur maßgebliches Element wirken könnten[483]. Ob diese dennoch am Bebauungszusammenhang teilnehmen könnten, hinge wie bei Baulücken davon ab, ob trotz ihres Vorhandenseins nach der Verkehrsauffassung der Eindruck der Geschlossenheit vermittelt werde[484]. Allerdings betonte das Bundesverwaltungsgericht in einer Entscheidung aus dem Jahre 2002 auch, dass diese Rechtsprechung durchaus jedenfalls Raum ließe für abweichende Fallgestaltungen. Ob ein Gebäude, das nur vorübergehend, z. B. nur für bestimmte Jahreszeiten, dem Aufenthalt von Menschen diene, nach Art und Gewicht eine den städtebaulichen Charakter der Umgebung mitbestimmende Baulichkeit darstelle, ließe sich nur nach Maßgabe der Umstände des Einzelfalls beurteilen[485].

Diskutiert wird weiter, ob aber jedenfalls eine zusammenhängende Bebauung, die ausschließlich oder überwiegend aus Wochenendhäusern oder Ferienhäusern besteht,

---

481 Vgl. nur Darstellung bei Söfker, in: Ernst/Zinkahn/Bielenberg/Krautzberger, Band 2, BauGB § 34 Rn. 13 ff.

482 BVerwG, Beschluss vom 02.03.2000 - 4 B 15.00 -, ZfBR 2000, 428; OVG Münster, Urteil vom 23.10.2006 - 7 A 4947/05 -, BauR 2007, 1009, 1012; Mitschang/Reidt, in: Battis/Krautzberger/Löhr, § 34 Rn. 15; Dürr, in: Brügelmann, Band 3, BauGB § 34 Rn. 7.

483 Söfker, in: Ernst/Zinkahn/Bielenberg/Krautzberger, Band 2, BauGB § 34 Rn. 13 ff.; BVerwG, Urteil vom 17.02.1984 - 4 C 55.81 -, NJW 1984, 1576 (Gartenlauben); Beschluss vom 02.03.2000 - 4 B 15/00 -, ZfBR 2000, 428; VGH München, Urteil vom 13.01.2015 - 1 B 14.459 -, juris Rn. 21; OVG Bautzen, Beschluss vom 06.02.2014 - 1 A 343/11 -, juris Rn. 13; vgl. auch Haaß, NJW-Spezial 2007, 508.

484 BVerwG, Beschluss vom 02.03.2000 - 4 B 15.00 -, ZfBR 2000, 428; Beschluss vom 06.03.1992 - 4 B 35.92 -, BauR 1993, 303.

485 BVerwG, Beschluss vom 11.07.2002 - 4 B 30.02 -, BauR 2002, 1827.

als Ortsteil angesehen werden kann. Anders ausgedrückt, ist fraglich, ob faktische Sondergebiete für Wochenendhäuser oder Ferienhäuser einen Ortsteil bilden können. Von der Rechtsprechung wird dies teilweise grundsätzlich verneint[486]. Allerdings sind in den vergangenen Jahren vermehrt Entscheidungen ergangen, in denen auch einer größeren Ansammlung von Ferienhäusern oder Wochenendhäusern die Ortsteileigenschaft zugesprochen worden ist, wenn sie – wären sie aufgrund eines Bebauungsplanes entstanden – bei einheitlicher Gebietsstruktur auch Baugebiete im Sinne des Baugesetzbuches und der Baunutzungsverordnung, also faktische Sondergebiete im Sinne des § 10 BauNVO, darstellen würden[487]. Diese Ansicht stützt sich vor allem darauf, dass nicht einleuchte, warum Ferienhausgebiete und Wochenendhausgebiete auf der einen Seite Baugebiete nach der Baunutzungsverordnung darstellen würden, auf der anderen Seite dann aber bei Vorhandensein einer einem solchen Gebiet entsprechenden faktischen Bebauung kein Ortsteil anzunehmen sein soll. Gleiches gelte für solche Gebiete, die sich aus einem genehmigten „DDR-Wochenendhausgebiet“ für „Bungalows“ entwickelt haben, für die eine entsprechende organische Siedlungsstruktur vorgesehen war[488]. Dafür spreche zudem die aus § 22 Abs. 1 Satz 4 BauGB hervorgehende gesetzgeberische Wertung. Dort habe der Gesetzgeber die Voraussetzungen zum Erlass einer einen Genehmigungsvorbehalt für die Bildung von bestimmten Rechten nach dem Wohnungseigentumsgesetz normierenden Fremdenverkehrssatzung[489] gebietsbezogen präzisiert und dabei drei Fallgruppen beschrieben. Zu diesen Fallgruppen zählten auch im Zusammenhang bebaute Ortsteile, deren Eigenart einem im Bebauungsplan festgesetzten Wochenendhausgebiet oder Ferienhausgebiet entspreche, also einem faktischen Sondergebiet nach § 10 Abs. 3, 4 BauNVO[490]. In der Literatur findet diese Auffassung in weiten Teilen Unterstützung[491]. In der Rechtsprechung wird dagegen zum Teil vorgetragen, dass sich ein pauschales Abstellen auf das Vorhandensein eines

---

486 BVerwG, Beschluss vom 02.03.2000 - 4 B 15.00 -, ZfBR 2000, 428; OVG Greifswald, Beschluss vom 21.10.2002 - 1 M 126/01 -, juris Rn. 59 f.

487 VG München, Urteil vom 28.10.2010 - M 11 K 10.278 -, juris Rn. 27; OVG Münster, Urteil vom 23.10.2006 - 7 A 4947/05 -, BauR 2007, 1009, 1012 mit Verweis auf OVG Weimar, Urteil vom 28.05.2003 - 1 KO 42/00 -, DÖV 2004, 301, 302; OVG Hmbg., Urteil vom 04.11.1999 - 2 E 29/96.N -, NVwZ-RR 2001, 83, 85; VGH Kassel, Urteil vom 24.11.1995 - 4 UE 239/92 -, NVwZ-RR 1997, 24, 25.

488 OVG Greifswald, Urteil vom 18.04.2012 - 3 L 3/08 -, juris Rn. 88 f. und vom 20.03.2012 - 3 L 12/08 -, juris Rn. 101; OVG Weimar, Urteil vom 28.05.2003 - 1 KO 42/00 -, DÖV 2004, 301, 302.

489 OVG Weimar, Urteil vom 28.05.2003 - 1 KO 42/00 -, DÖV 2004, 301, 302; OVG Greifswald, Urteil vom 20.03.2012 - 3 L 12/08 -, juris Rn. 99; siehe dazu näher unter I.

490 OVG Weimar, Urteil vom 28.05.2003 - 1 KO 42/00 -, DÖV 2004, 301, 302.

491 Söfker, in: Ernst/Zinkahn/Bielenberg/Krautzberger, Band 2, BauGB § 34 Rn. 15; Dürr, in: Brügelmann, Band 3, BauGB § 34 Rn. 6; Graupeter, ZfBR 2010, 742, 743; Sauthoff, LKV 2007, 344, 347.

faktischen Wochenendhausgebiets verbiete[492]. Selbst wenn in § 10 BauNVO Wochenendhausgebiete als Baugebiete aufgeführt seien, so ändere dies nichts daran, dass diese Anlagen nicht für den ständigen Aufenthalt von Menschen bestimmt seien. Zudem bestünde die Gefahr eines Wertungswiderspruchs, da in dem Fall, dass ein mit Wohnhäusern durchsetztes Wochenendhausgebiet vorliege, mangels einheitlicher Gebietsstruktur diese Anlagen dem Außenbereich zugeordnet werden müssten, während ein reines Wochenendhausgebiet dem Innenbereich zuzuschlagen wäre.

b) Zur Notwendigkeit einer Differenzierung nach Wochenendhäusern und Ferienhäusern

Die Auswirkungen von Wochenendhäusern und Ferienhäusern bei der Bestimmung des Ortsteils im Rahmen des § 34 BauGB bedürfen jedoch richtigerweise einer differenzierten Betrachtungsweise. Dies gilt zunächst hinsichtlich der Frage, ob diese für sich betrachtet als maßstabsbildendes Element herangezogen werden können.

Ferienhäuser können durchaus maßstabsbildendes Element eines Ortsteils sein, Wochenendhäuser hingegen in aller Regel nicht. Dies folgt schon aus der den beiden Nutzungsformen zugrundeliegenden unterschiedlichen gesetzlichen Regelung. Wochenendhäuser sind bestimmungsgemäß nicht auf den anhaltenden Aufenthalt angelegt. Sie dürfen nicht dauerhaft genutzt werden[493]. Ferienhäuser sind hingegen für einen dauerhaften Aufenthalt von Menschen bestimmt, nur dass die sich dort aufhaltenden Personen tage- oder wochenweise wechseln[494]. Dies geht schon aus dem Gesetzestext selbst hervor, wenn es in § 10 Abs. 4 BauNVO heißt, dass Ferienhäuser dazu bestimmt sind, überwiegend und auf Dauer einem wechselnden Personenkreis zur Erholung zu dienen. Damit ist das Ferienhaus aber seinem Zweck nach gerade auf einen dauernden Aufenthalt von Menschen ausgelegt, während das Wochenendhaus regelmäßig schon seiner Zweckbestimmung nach in regelmäßigen Abständen leer steht. Das Ferienhaus muss dann aber auch als maßstabsbildendes Element zur Bestimmung des Ortsteils herangezogen werden können. Wenn man dies anders sehen wollte, müsste auch Gebäuden mit Beherbergungsbetrieben die maßstabsbildende Wirkung abgesprochen werden. Diese Auffassung wird offensichtlich nicht vertreten. Der Aufenthalt der einzelnen Person ist auch dort gerade nicht auf Dauer angelegt. Letztlich ist nichts dafür ersichtlich, dass das Vorhandensein von Ferienhäusern einer organischen Siedlungsstruktur widersprechen könnte. Wie bereits ausgeführt worden ist, besteht ein erhebliches praktisches Bedürfnis danach, auch planungsrechtlich eine stärkere Durchmischung des Ferienwohnens und anderer Nutzungsformen, insbesondere ein Dauerwohnen, zu ermöglichen. Wenn sich nun faktisch Gebiete entwickelt haben, in denen sich Ferienhäuser neben anderen Gebäuden angesiedelt haben, und so ein Bebau-

492 OVG Berlin-Brandenburg, Beschluss vom 08.10.2007 - OVG 10 N 13.06 -, juris Rn. 9.

493 Stock, in: König/Roeser/Stock, § 10 Rn. 20 f.; siehe oben unter B.III.1.

494 Vgl. bereits B.III.2.

ungskomplex entstanden ist, leuchtet nicht ein, diesen per se als unerwünscht oder unorganisch zu qualifizieren. Vielmehr dürfte oftmals gerade das Gegenteil der Fall sein.

Davon zu trennen ist die Frage, ob eine größere Ansammlung von Ferienhäusern oder Wochenendhäusern einen Ortsteil bilden kann. Für eine Ansammlung von Ferienhäusern ist dies eher der Fall, weil diese, wie eben gesehen, ohnehin für gewöhnlich als maßstabsbildendes Element heranzuziehen sind und dann folgerichtig auch ohne weiteres eine größere Ansammlung von ihnen einen Ortsteil bilden können. Richtigerweise kann aber auch eine Gruppe von Wochenendhäusern einen Ortsteil bilden. Dies gilt zunächst für den Fall, dass ihr die Qualität eines faktischen Sondergebiets nach § 10 Abs. 3 BauNVO zukommt. Die BauNVO misst mit der Regelung des § 10 Abs. 3 BauNVO dem Sondergebiet für Wochenendhäuser und in § 10 Abs. 4 BauNVO dem Sondergebiet Ferienwohnen die Qualität eines Baugebietes zu. Es wäre widersprüchlich, dass dem Satzungsgeber auf der einen Seite die Möglichkeit an die Hand gegeben wird, ein Sondergebiet für Wochenendhäuser und Ferienhäuser festzulegen, einem solchen faktischen Sondergebiet dann aber die Ortsteilqualität abzusprechen, weil es eine unorganische unerwünschte Siedlungsstruktur aufweisen würde. Dieser Befund wird auch dadurch unterstützt, dass § 22 Abs. 1 Satz 4 BauGB die faktischen Sondergebiete nach § 10 Abs. 3 und Abs. 4 BauNVO als Fallgruppe nennt, für die ein Genehmigungsvorbehalt für die Schaffung von Wohnungseigentum eingeführt werden kann[495].

Richtigerweise ist damit durchaus nicht ausgeschlossen, dass eine Ansammlung von Wochenendhäusern einen Ortsteil bilden kann. Zu betonen ist aber, dass die Frage, ob es sich bei dem Bebauungszusammenhang um ein faktisches Sondergebiet handelt, lediglich als Indiz dafür spricht, dass es sich um eine städtebaulich nicht unerwünschte Siedlungsstruktur handelt. Für die Frage, ob ein Ortsteil vorliegt, ist nicht wie bei der Frage nach der Anwendbarkeit des § 34 Abs. 2 BauGB entscheidend, ob sich die Bebauung in die Gliederung der Baunutzungsverordnung einordnen lässt[496]. Ausdrücklich hervorzuheben ist, dass bei Vorliegen eines faktischen Sondergebiets nach § 10 Abs. 3 und 4 BauNVO nicht reflexartig angenommen werden kann, dass auch ein Bebauungszusammenhang mit Ortsteilqualität vorliegt. Vielmehr ist stets im Einzelfall zu prüfen, ob die Bebauung tatsächlich die notwendige prägende Wirkung aufweist[497]. Ob eine Bebauung mit Ortsteilqualität vorliegt, ist eine Frage des Einzelfalls und hängt auch von der Anzahl und Größe der Gebäude[498] und von der Ausstattung der Wochenendhäuser ab, die immerhin einen Aufenthalt über mehrere Tage ermöglicht[499].

495 OVG Weimar, Urteil vom 28.05.2003 - 1 KO 42/00 -, DÖV 2004, 301, 302.

496 Söfker, in: Ernst/Zinkahn/Bielenberg/Krautzberger, Band 2, BauGB § 34 Rn. 15; BVerwG, Urteil vom 22.03.1972 - 4 C 121.68 -, AgrarR 1973, 229; Urteil vom 17.02.1984 - 4 C 55.81 -, NJW 1984, 1576, 1577.

497 VGH München, Beschluss vom 16.08.2011 - 1 ZB 10.2244 -, juris Rn. 9.

498 Siehe auch Graupeter, ZfBR 2010, 742, 743; OVG Berlin-Brandenburg, Beschluss vom 08.10.2007 - OVG 10 N 13.06 -, juris Rn. 9.

499 Vgl. Dürr, in: Brügelmann, Band 3, BauGB § 34 Rn. 6.

Der Einwand des Oberverwaltungsgerichts Berlin-Brandenburg, es bestünde die Gefahr eines Wertungswiderspruchs, da in dem Fall, dass ein mit Wohnhäusern durchsetztes Wochenendhausgebiet vorliege, mangels einheitlicher Gebietsstruktur diese Anlagen dem Außenbereich zugeordnet werden müssten, während ein reines Wochenendhausgebiet dem Innenbereich zuzuschlagen wäre[500], verfängt nicht. Richtigerweise schließt das Vorhandensein einzelner Gebäude, in denen eine nicht dem Sondergebiet entsprechende Nutzung ausgeübt wird, nicht die Qualifizierung als Ortsteil aus. Sofern sie entweder formell legal sind oder die zuständigen Behörden den Zustand dulden, prägen auch diese den Ortsteil, da sie nicht als Fremdkörper anzusehen sind[501]. Maßgeblich für die planungsrechtliche Beurteilung nach § 34 BauGB ist nicht die Legalität des Vorhandenen, sondern der auf Dauer absehbare Bestand. Ein solcher ist auch dann vorhanden, wenn die bauliche Nutzung in einer Weise geduldet wird, dass keine Zweifel bestehen, dass die zuständigen Behörden sich mit dem Vorhandensein auch der illegalen Nutzungen abgefunden haben[502]. Nicht ausreichend ist indes, dass lediglich an den jeweiligen Nutzer eine Duldung ausgesprochen worden ist, die an seine Person gekoppelt ist und erlischt, wenn der Nutzer wechselt[503]. Aber auch in dem Fall, dass einzelne nicht legale oder dauerhaft geduldete Nutzungen vorhanden sind, bedeutet dies noch nicht, dass die Eigenschaft als Ortsteil entfallen muss. Vielmehr stellt sich dann die Frage, ob trotz des vorhandenen Fremdkörpers die Bebauung im Übrigen den Eindruck der Geschlossenheit vermittelt. Während das Wochenendhaus innerhalb einer sonst von Wohngebäuden geprägten Bebauung einen Fremdkörper darstellt, stellt das Wohngebäude innerhalb des faktischen Sondergebiets Wochenendhaus einen Fremdkörper dar. Einen Wertungswiderspruch bedeutet dies nicht. Auch wenn ein Wohngebäude zum dauerhaften Aufenthalt für Menschen bestimmt ist, muss ihm nicht zwangsläufig eine den Ortsteil prägende Funktion zukommen.

Bereits hinsichtlich der Zulässigkeit von Nutzungen in Sondergebieten nach § 10 BauNVO wurde hervorgehoben, dass Wochenendhäuser, Mobilheime und ortsfest genutzte Wohnmobile eine abweichende planungsrechtliche Behandlung verlangen, da die beiden letzteren Anlagen, wenn auch ortsfest genutzt, ohne nennenswerten zeitlichen oder finanziellen Aufwand wieder bewegt werden können. Die von ihnen in Anspruch genommenen Flächen können so leichter einer anderen Nutzung zugeführt werden[504]. Entsprechend stellen Mobilheime

500 OVG Berlin-Brandenburg, Beschluss vom 08.10.2007 - OVG 10 N 13.06 -, juris Rn. 9.

501 BVerwG, Beschluss vom 11.02.2000 - 4 B 1.00 -, BRS 63 Nr. 102; Beschluss vom 23.11.1998 - 4 B 29.98 -, BRS 60 Nr. 82; OVG Münster, Urteil vom 23.10.2006 - 7 A 4947/05 -, BauR 2007, 1009, 1012; Im Ergebnis ebenso VGH München, Urteil vom 02.06.2006 - 1 N 03.1546 -, juris Rn. 18 f.

502 Ebenda.

503 OVG Münster, Urteil vom 23.10.2006 - 7 A 4947/05 -, juris Rn. 82.

504 Siehe oben unter C.VI.2.c)bb)(1)(a) unter Hinweis auf BVerwG, Urteil vom 03.04.1987 - 4 C 43.84 -, NVwZ 1988, 144 f.

und ortsfest genutzte Wohnmobile in einem faktischen Sondergebiet Wochenendwohnen Fremdkörper da, die den Ortsteil nicht prägen können und sich auch in der Regel nicht einfügen.

II. Zum Einfügen in die Eigenart der näheren Umgebung nach § 34 Abs. 1 BauGB

Steht fest, dass sich das Vorhaben innerhalb eines im Zusammenhang bebauten Ortsteils befindet und kein einfacher Bebauungsplan nach § 30 Abs. 3 BauGB Abweichendes bestimmt, so ist das Vorhaben nach § 34 Abs. 1 Satz 1 BauGB zulässig, wenn es sich nach Art und Maß der baulichen Nutzung, der Bauweise und der Grundstücksfläche, die überbaut werden soll, in die Eigenart der näheren Umgebung einfügt und die Erschließung gesichert ist.

Einspricht die Eigenart der näheren Umgebung einem der Baugebiete der Baunutzungsverordnung, beurteilt sich die Zulässigkeit des Vorhabens nach seiner Art allein danach, ob es in dem Baugebiet allgemein zulässig wäre, § 34 Abs. 2 Hs. 1 BauGB. Auf die nur ausnahmsweise zulässigen Vorhaben ist nach § 34 Abs. 2 Hs. 2 BauGB § 31 Abs. 1, im Übrigen § 31 Abs. 2 BauGB entsprechend anwendbar. Die in der Baunutzungsverordnung vorhandenen Regelungen können auch innerhalb des § 34 Abs. 1 Satz 1 BauGB als Auslegungshilfe herangezogen werden. Sie stellen insoweit eine sachverständige Konkretisierung dar[505].

1. Bestimmung der Eigenart der näheren Umgebung

Die Bestimmung der näheren Umgebung kann nicht schematisch erfolgen. Vielmehr ist zu prüfen, welcher Bereich von dem Vorhaben beeinträchtigt werden kann und umgekehrt, wie weit der Umgebungsbereich noch auf das Vorhaben einwirken kann[506]. Anders ausgedrückt ist entscheidend, welches Störpotential von dem Vorhaben ausgeht und wie störempfindlich es hinsichtlich der vorhandenen Umgebung ist[507]. Bei der Abgrenzung der Reichweite der näheren Umgebung ist regelmäßig danach zu differenzieren, ob ein Einfügen nach der Art der baulichen Nutzung oder nach den weiteren Kriterien Prüfungsgegenstand ist. Zumeist ist der Rahmen hinsichtlich der Art der baulichen Nutzung weiter zu ziehen als bei den übrigen Merkmalen[508]. Die Eigenart der näheren Umgebung wird dann vor allem durch die im als maßgeblich festgestellten Bereich tatsächlich vorhandene Bebauung be-

505 Rieger, in: Schrödter, § 34 Rn. 50.

506 Ständige Rechtsprechung BVerwG, Urteil vom 26.05.1978 - IV C 9.77 -, BVerwGE 55, 369, 380; Beschluss vom 28.08.2003 - 4 B 74.03 -, juris Rn. 2; OVG Hmbg., Urteil vom 25.02.2015 - 2 Bf 213/11 -, juris Rn. 50; Dürr, in: Brügelmann, Band 3, BauGB § 34 Rn. 24; Söfker, in: Ernst/Zinkahn/Bielenberg/Krautzberger, Band 2, BauGB § 34 Rn. 36 jeweils m.w.N.

507 Dürr, in: Brügelmann, Band 3, BauGB § 34 Rn. 25.

508 OVG Berlin-Brandenburg, Urteil vom 25.02.2015 - OVG 10 B 6.10 -, juris Rn. 48.

stimmt[509]. Auszunehmen sind jedoch solche Bauten, die als Fremdkörper erscheinen[510]. Nach der zutreffenden Rechtsprechung des Bundesverwaltungsgerichts muss die Betrachtung der näheren Umgebung auf das Wesentliche zurückgeführt werden und all das außer Betracht gelassen werden, was die Umgebung nicht prägt oder in ihr gar als Fremdkörper erscheint. Daher müssen solche baulichen Anlagen außer Betracht bleiben, die quantitativ oder qualitativ völlig aus dem Rahmen der sonst in der näheren Umgebung anzutreffenden Bebauung herausfallen[511]. Wenn oben festgestellt worden ist, dass einzelne Wochenendhäuser in der Regel nicht als maßstabsbildend für einen Ortsteil heranzuziehen sind, so können sie oftmals auch nicht die Eigenart der näheren Umgebung bestimmen. Bei Ferienhäusern und Ferienwohnungen wird dies hingegen in der Regel anders sein[512]. Nicht die Eigenart der näheren Umgebung bestimmen des Weiteren Anlagen, die ungenehmigt errichtet wurden, nicht genehmigungsfähig sind und die nicht unzweifelhaft dauerhaft geduldet werden[513]. Dies kann insbesondere für die Frage relevant sein, ob sich das Vorhaben einer Vermietung von Ferienwohnungen in die nähere Umgebung einfügt. Selbst wenn sich in der näheren Umgebung tatsächlich Ferienwohnungen oder Ferienhäuser befinden, so sind diese oftmals materiell illegal und werden nicht dauerhaft geduldet und sind damit kein Maßstab für die Frage, ob sich das Vorhaben einfügt[514].

2. Einfügen in die Eigenart der näheren Umgebung

Das Vorhaben muss sich hinsichtlich Art und Maß der baulichen Nutzung, der Bauweise und der Grundstücksfläche, die überbaut werden soll, in die Eigenart der näheren Umgebung einfügen. Entspricht die Eigenart der näheren Umgebung einem der Baugebiete der Baunutzungsverordnung, beurteilt sich die Zulässigkeit des Vorhabens seiner Art nach allein danach, ob es in dem Baugebiet allgemein zulässig wäre, § 34 Abs. 2 Hs. 1 BauGB. Auf diesen Fall ist noch gesondert zurückzukommen[515]. Zur Frage, ob sich ein Vorhaben einfügt, existiert eine umfängliche Kasuistik und eine unübersichtliche Zahl von bereits Gegenstand der Rechtsprechung gewesenen Einzelfällen[516]. Zusammengefasst lässt sich sagen, dass nach der Feststellung der Eigenart der Umgebung als Rahmen zunächst zu prüfen ist, ob und

509 Mitschang/Reidt, in: Battis/Krautzberger/Löhr, § 34 Rn. 22.
510 Hofherr, in: Berliner Kommentar, Band 2, § 34 Rn. 19; Jarass/Kment, § 34 Rn. 28.
511 BVerwG, Urteil vom 15.02.1990 - 4 C 23.86 -, BVerwGE 84, 322, 325 f.; Beschluss vom 16.06.2009 - 4 B 50.08 -, ZfBR 2009, 693, 694.
512 Siehe oben unter G.I.2.b).
513 BVerwG, Urteil vom 06.11.1968 - IV C 31.66 -, BayVBl. 1969, 134, 135; Söfker, in: Ernst/Zinkahn/Bielenberg/Krautzberger, Band 2, BauGB § 34 Rn. 35.
514 So bei VG Schwerin, Urteil vom 20.12.2012 - 2 A 621/11 -, juris Rn. 44.
515 G.II.3.
516 Vgl. nur Darstellung bei Söfker, in: Ernst/Zinkahn/Bielenberg/Krautzberger, Band 2, BauGB § 34 Rn. 52 ff. m.w.N.

inwieweit das Vorhaben nach den genannten Kriterien diesem Rahmen entspricht. Ist der Rahmen eingehalten, ist weiter zu untersuchen, ob auch das im Merkmal des Einfügens selbst enthaltene Gebot der Rücksichtnahme beachtet wird[517]. Überschreitet das Vorhaben den Rahmen, ist es nicht unbedingt unzulässig, sondern vielmehr zu ermitteln, ob es geeignet ist, bodenrechtlich beachtliche Spannungen zu begründen oder vorhandene Spannungen zu erhöhen[518]. Das Gebot der Rücksichtnahme dient dem Schutz der sonstigen, vor allem der in der unmittelbaren Nähe des Vorhabens vorhandenen Bebauung vor nicht hinnehmbaren Beeinträchtigungen. Bodenrechtlich beachtliche und bewältigungsbedürftige Spannungen sind demgegenüber dadurch gekennzeichnet, dass das Vorhaben die vorhandene Situation in bauplanungsrechtlich relevanter Weise verschlechtert, stört oder belastet und das Bedürfnis hervorruft, die Voraussetzungen für seine Zulassung unter Einsatz der Mittel der Bauleitplanung zu schaffen. Zwar wird ein Vorhaben, das sich gegenüber der Nachbarschaft als rücksichtslos darstellt, auch städtebaulich relevante Spannungen hervorrufen. Umgekehrt ist aber nicht jedes Vorhaben, das bodenrechtlich beachtliche Spannungen begründet oder erhöht und deshalb ein Planungsbedürfnis auslöst, gleichzeitig auch rücksichtslos[519].

Inwieweit sich Vorhaben für den Ferien- und Freizeitaufenthalt konkret einfügen, ist eine Frage des Einzelfalls. Es ist aber zu sehen, dass das von diesen ausgehende Störpotential nicht zu unterschätzen ist und durchaus ein Planungsbedürfnis auslösen kann. Insbesondere bei einem Zusammentreffen mit der Nutzung zum Dauerwohnen bedarf es einer kritischen Prüfung[520]. Dies folgt insbesondere daraus, dass, worauf schon verschiedentlich hingewiesen worden ist, eine Person, die sich lediglich vorübergehend vor Ort aufhält, im Zweifel nicht dieselbe Rücksicht walten lässt wie in den Fällen, dass sie sich in diesem Umfeld zukünftig dauerhaft oder jedenfalls für längere Zeit, etwa mehrere Monate, aufhalten wird. Im Falle des Urlaubsaufenthalts fehlt es für gewöhnlich an dem nachbarschaftlichen Verhältnis, das zur Rücksichtnahme auf das Umfeld zwingt. Als Urlauber sieht man sich weniger gehalten, sich zukünftig tatsächlich für etwaiges rücksichtsloses Verhalten rechtfertigen zu müssen bzw. fehlt es überhaupt an einem intensiven Kontakt mit der Nachbarschaft[521]. Das vom Wochenendwohnen ausgehende Störpotential dürfte indes tendenziell geringer sein, da der Nutzerkreis ein fester ist und entsprechend auch ein wiederholter Kontakt mit dem Umfeld für das Wochenendwohnen typisch ist.

---

517 VG Augsburg, Urteil vom 30.07.2015 - Au 5 K 14.1340 -, juris Rn. 47.

518 BVerwG, Urteil vom 16.09.2010 - 4 C 7.10 -, NVwZ 2011, 436, 438; VG Gelsenkirchen, Urteil vom 27.05.2015 - 5 K 4462/14 -, juris Rn. 24 ff. für das Merkmal der überbaubaren Grundstücksfläche; Söfker, in: Ernst/Zinkahn/Bielenberg/Krautzberger, Band 2, BauGB § 34 Rn. 32.

519 Siehe zur Abgrenzung BVerwG, Urteil vom 16.09.2010 - 4 C 7.10 -, NVwZ 2011, 436, 438.

520 Siehe dazu bereits unter C.III.2.a); a.A. Graupeter, ZfBR 2010, 742, 750.

521 Siehe bereits unter C.III.2.a)bb).

3. Beurteilung nach § 34 Abs. 2 BauGB

Entspricht die Eigenart der näheren Umgebung einem der Baugebiete der Baunutzungsverordnung, beurteilt sich die Zulässigkeit des Vorhabens seiner Art nach allein danach, ob es in dem Baugebiet allgemein zulässig wäre, § 34 Abs. 2 Hs. 1 BauGB. Auf die nur ausnahmsweise zulässigen Vorhaben ist nach § 34 Abs. 2 Hs. 2 BauGB § 31 Abs. 1, im Übrigen § 31 Abs. 2 BauGB entsprechend anwendbar.

§ 34 Abs. 2 BauGB kann nur dann zur Anwendung kommen, wenn die Eigenart der näheren Umgebung eindeutig einer der in der Baunutzungsverordnung bezeichneten Gebietskategorien entspricht. Voraussetzung dafür ist, dass die maßgebliche Umgebungsbebauung ausschließlich Elemente enthält, die nur einem der in der Baunutzungsverordnung geregelten Baugebiete zuzuordnen ist[522]. Das Gebiet muss allerdings nur der Zweckbestimmung des Gebiets entsprechen. Das Fehlen zwar zulässiger, aber für die Zweckbestimmung nicht wesentlicher Anlagen schadet der Charakterisierung als in der Baunutzungsverordnung bezeichnetes Baugebiet nicht. Eine Anwendung des § 4a BauNVO über § 34 Abs. 2 BauGB scheidet aus, da die Besonderheit eines Gebiets nach § 4a BauNVO gerade in der Steuerung einer künftigen Entwicklung besteht. Zur Steuerung und Entwicklung eines derartigen Gebiets ist der Erlass eines Bebauungsplanes unerlässlich[523].

a) Sonstige Sondergebiete nach § 11 BauNVO

Zu berücksichtigen ist, dass das Bundesverwaltungsgericht nunmehr für sonstige Sondergebiete nach § 11 Abs. 1 und Abs. 2 BauNVO die Anwendbarkeit des § 34 Abs. 2 BauGB ausgeschlossen hat, da nach § 34 Abs. 2 BauGB „bezeichnet" nur solche Baugebiete sein können, für die die Baunutzungsverordnung selbst die Art der zulässigen Nutzung regelt[524]. Dem ist zuzustimmen. Die Gegenauffassung[525], die eine Anwendbarkeit des § 34 Abs. 2 BauGB grundsätzlich für Gebiete nach §§ 10 und 11 BauNVO annimmt, verkennt, dass in § 11 Abs. 1 und Abs. 2 BauNVO gerade keine differenzierte Regelung hinsichtlich der Zulässigkeit der Nutzungen getroffen wird. Etwas anderes mag für Gebiete für Einkaufszentren und den großflächigen Einzelhandel gelten, da § 11 Abs. 3 BauNVO hier differenzierte Anforderungen normiert[526]. Für die übrigen Gebiete nach § 11 Abs. 1 und 2 BauNVO muss der Plangeber die Entscheidung aber in jedem Fall selbst treffen, welche Nutzungen allgemein oder

---

522 Zum ganzen Söfker, in: Ernst/Zinkahn/Bielenberg/Krautzberger, Band 2, BauGB § 34 Rn. 79 m.w.N.

523 BVerwG, Beschluss vom 11.12.1992 - 4 B 209.92 -, NVwZ 1993, 1100 f.

524 BVerwG, Urteil vom 16.09.2010 - 4 C 7.10 -, NVwZ 2011, 436, 437; siehe zum Streit vor Entscheidung des BVerwG Borges, DVBl. 1998, 626, 628 f.; zustimmend auch Rieger, in: Schrödter, § 34 Rn. 75.

525 Dürr, in: Brügelmann, Band 3, BauGB § 34 Rn. 96.

526 Vgl. dazu Borges, DVBl. 1998, 626, 627 ff.; Rieger, in: Schrödter, § 34 Rn. 75; offen gelassen von BVerwG, Urteil vom 16.09.2010 - 4 C 7.10 -, NVwZ 2011, 436, 437.

ausnahmsweise zulässig sind. Die Anwendbarkeit des § 34 Abs. 2 BauGB scheidet damit richtigerweise auch für Gebiete für den Fremdenverkehr nach § 11 Abs. 2 BauNVO wie Kurgebiete oder Gebiete für die Fremdenbeherbergung aus.

b) Sondergebiete nach § 10 BauNVO

Die Anwendbarkeit von § 34 Abs. 2 BauGB für Sondergebiete nach § 10 BauNVO betreffend, ist richtigerweise zwischen allgemeinen unbenannten Sondergebieten, die der Erholung dienen nach Absatz 1 und den in den Absätzen 3 bis 5 geregelten Sondergebieten, also Sondergebieten für Wochenendhäuser, Ferienhäuser und Campingplätze zu differenzieren[527].

Zwar sind nach § 10 Abs. 2 Satz 1 BauNVO auch in einem Sondergebiet, das der Erholung dient, die Zweckbestimmung und die Art der baulichen Nutzung darzustellen und festzusetzen, was den Schluss nahe legt, dass, wie bei § 11 Abs. 1 und Abs. 2 BauNVO auch, kein im Sinne des § 34 Abs. 2 BauGB „bezeichnetes" Baugebiet nach der BauNVO angenommen werden kann[528]. Die Absätze 3 bis 5 enthalten aber für Wochenendhaus-, Ferienhaus- und Campingplatzgebiete bereits Vorgaben für die allgemeine Zulässigkeit der Anlagen in diesen Gebieten. Dass dort nicht bestimmt ist, dass und welche Anlagen ausnahmsweise zulässig sind, ist unschädlich, da Ferienhaus- und Wochenendhausgebiete sich ihrem Sinn und Zweck nach durch eine gewisse Homogenität auszeichnen. Es handelt sich daher bei diesen Sondergebieten nach § 10 BauNVO um im Sinne des § 34 Abs. 2 BauGB „bezeichnete" Gebiete[529]. Für andere Sondergebiete, die der Erholung dienen, muss der Plangeber die allgemein und ausnahmsweise zulässigen Nutzungen hingegen erst bestimmen, so dass die Anwendbarkeit des § 34 Abs. 2 BauGB ausscheidet.

---

527 Söfker, in: Ernst/Zinkahn/Bielenberg/Krautzberger, Band 2, BauGB § 34 Rn. 79.

528 So noch deutlich Jäde, in: Jäde/Dirnberger/Weiß, 7. Auflage, BauGB § 34 Rn. 123; a.A. nunmehr wohl Spieß, in: Jäde/Dirnberger/Weiß, 8. Auflage, BauGB § 34 Rn. 121.

529 Söfker, in: Ernst/Zinkahn/Bielenberg/Krautzberger, Band 2, BauGB § 34 Rn. 79; vgl. zur Rechtsprechung des BVerwG Urteil vom 16.09.2010 - 4 C 7.10 -, NVwZ 2011, 436, 437.

H. Vorhaben im Außenbereich, § 35 BauGB

Entgegen weit verbreiteter Auffassung und Erwartung von Erwerbern von Grundstücken im Außenbereich sind sowohl die Eigennutzung zu Ferienzwecken als auch das Vorhaben der Vermietung an Feriengäste im Außenbereich tatsächlich eher schwer und nur unter sehr engen Voraussetzungen zu verwirklichen. Dies scheint insoweit auf den ersten Blick schwer nachvollziehbar, da sich der oftmals landschaftlich besonders reizvolle Außenbereich für entsprechende Nutzungen wie Hotels, Ferienhäuser und Wochenendhäuser eher anbietet als verdichtete Innenstädte. In aller Regel besteht jedoch nur die Möglichkeit, das Vorhaben über einen vorhandenen privilegierten Betrieb nach § 35 Abs. 1 Nr. 1 oder Nr. 2 BauGB zu legalisieren oder in den Genuss einer Teilprivilegierung nach § 35 Abs. 4 BauGB zu kommen. Andernfalls ist eine bauplanungsgemäße Nutzung zu Ferienzwecken praktisch nahezu ausgeschlossen, da die Ausführung des Vorhabens zumeist öffentliche Belange beeinträchtigt und damit als sonstiges Vorhaben nach § 35 Abs. 2 BauGB nicht zulässig ist. Der folgende Abschnitt soll daher, getrennt nach dem Fall der Vermietung an Feriengäste und der Eigennutzung durch den Eigentümer oder sonst Berechtigten, die Möglichkeiten und Voraussetzungen der privilegierten und teilprivilegierten Nutzung näher beleuchten.

I. Zulässigkeit von Vorhaben zur Vermietung an Feriengäste

Betreffend die Zulässigkeit von Vorhaben zur Vermietung an Feriengäste sei vorweggeschickt, dass zur Förderung der Wirtschaftskraft im ländlichen Raum in den letzten Jahrzehnten verschiedentlich Programme auf den Weg gebracht worden sind, die eine Förderung von „Ferien auf dem Bauernhof“ oder „Urlaub auf dem Bauernhof“ durch finanzielle Unterstützung vorsehen[530]. Allerdings haben entsprechende Förderungsprogramme keinen Einfluss auf die baurechtliche Zulässigkeit entsprechender Vorhaben. Diese ist weiterhin gesondert zu prüfen[531].

1. Zulässigkeit als privilegiertes Vorhaben nach § 35 Abs. 1 BauGB

Eine Fremdenvermietung könnte bereits vom Privilegierungstatbestand nach § 35 Abs. 1 BauGB erfasst und so unter erheblich erleichterten Voraussetzungen im Außenbereich zulässig sein als ein sonstiges Vorhaben nach § 35 Abs. 2 BauGB.

530 Siehe z. B. für das Bundesland Thüringen das Programm zur Förderung des Agrartourismus, Richtlinie vom 22.01.2008, Thüringer Staatsanzeiger Nr. 7 vom 18.02.2008, 214.

531 Ziegler, AuR 2005, 290 unter Hinweis auf VGH Kassel, Urteil vom 29.05.1981 - IV OE 124/76 -, BauR 1982, 151, 153.

Insbesondere ist das privilegierte Vorhaben nur dann nach § 35 Abs. 1 BauGB unzulässig, wenn ihm öffentliche Belange entgegenstehen. Ein sonstiges Vorhaben ist hingegen nach § 35 Abs. 2 BauGB bereits unzulässig, wenn dessen Ausführung öffentliche Belange nur beeinträchtigt[532].

Als Privilegierungstatbestände für eine Fremdenvermietung kommen ernstlich nur § 35 Abs. 1 Nr. 1 und 2 und Nr. 4 BauGB in Betracht. Unter Geltung des BauGB in der Fassung vor dem 01.01.1998 schien zudem nicht ausgeschlossen, eine Privilegierung nach § 35 Abs. 2 Nr. 2 BauGB a.F. als vorübergehende Nutzung eines Altenteilerhauses anzunehmen[533]. Diese Möglichkeit ist jedoch mit Änderung des Baugesetzbuches durch das Bau- und Raumordnungsgesetz zum 01.01.1998 entfallen[534] und soll daher nicht mehr thematisiert werden.

a) Privilegierung nach § 35 Abs. 1 Nr. 1 und 2 BauGB

Nach § 35 Abs. 1 Nr. 1 BauGB ist ein Vorhaben privilegiert zulässig, wenn öffentliche Belange nicht entgegenstehen, die ausreichende Erschließung gesichert ist und es einem land- oder forstwirtschaftlichen Betrieb dient und nur einen untergeordneten Teil der Betriebsfläche einnimmt. § 35 Abs. 1 Nr. 2 BauGB sieht eine Privilegierung vor, wenn das Vorhaben einem Betrieb der gartenbaulichen Erzeugung dient. Für Einzelheiten zu den allgemeinen Voraussetzungen dieser Privilegierungstatbestände wird auf die entsprechende Literatur verwiesen[535]. Es sei jedoch hervorgehoben, dass bis zur Änderung des Baugesetzbuches durch das Bau- und Raumordnungsgesetz 1998 die Betriebe der gartenbaulichen Erzeugung schon nach § 35 Abs. 1 Nr. 1 BauGB privilegiert waren, da entsprechende Betriebe von dem Begriff der Landwirtschaft nach § 201 BauGB umfasst sind. Mit der gesonderten Erwähnung in § 35 Abs. 1 Nr. 2 BauGB ist für diese jedoch die Voraussetzung entfallen, dass das Vorhaben einen untergeordneten Teil der Betriebsfläche einnehmen muss[536].

aa) Zum Fehlen des Merkmals des Dienens bei isolierter Betrachtung der betriebsfremden Nutzung

Die Vermietung von Übernachtungsmöglichkeiten an wechselnde Gäste hat für sich betrachtet keinen landwirtschaftlichen, forstwirtschaftlichen oder erwerbsgärtnerischen Bezug und kann daher selbst auch keinen entsprechenden Betrieb darstellen,

---

532 Vgl. dazu nur Rieger, in: Schrödter, § 35 Rn. 3; Ewer, in: Koch/Hendler, § 25 Rn. 75.

533 Bielenberg, ZfBR 1989, 49.

534 Siehe zu dieser Änderung Söfker, in: Ernst/Zinkahn/Bielenberg/Krautzberger, Band 2, BauGB § 35 Rn. 10.

535 Siehe etwa Mitschang/Reidt, in: Battis/Krautzberger/Löhr, § 35 Rn. 4 ff.; Söfker, in: Ernst/Zinkahn/Bielenberg/Krautzberger, Band 2, BauGB § 35 Rn. 21 ff.; Rieger, in: Schrödter, § 35 Rn. 7 ff.; Roesch, ZfBR 1989, 187 ff. jeweils m.w.N.

536 Rieger, in: Schrödter, § 35 Rn. 35; Mitschang/Reidt, in: Battis/Krautzberger/Löhr, § 35 Rn. 27.

dem ein Vorhaben dienen könnte[537]. In Betracht kommt eine Privilegierung der Vermietung von Unterkunftsmöglichkeiten an Feriengäste aber auch nur schwerlich unter dem Gesichtspunkt, dass die Vermietung einem privilegierten Betrieb dienen und so als ein Vorhaben nach § 35 Abs. 1 Nr. 1 und 2 BauGB eingeordnet werden könnte. Das Merkmal des Dienens nach § 35 Abs. 1 Nr. 1 und 2 BauGB erfordert mehr als nur eine Förderung des Betriebs; das Vorhaben muss in einer funktionalen Beziehung zum Betrieb stehen[538]. Nach ständiger Rechtsprechung des Bundesverwaltungsgerichts und der sich daran anschließenden allgemeinen Auffassung in der Literatur verlangt der Begriff des „Dienens" auf der einen Seite mehr als bloße Förderlichkeit, aber auf der anderen Seite weniger als Notwendigkeit oder Unentbehrlichkeit. Zu fragen ist danach, ob ein vernünftiger Landwirt auch und gerade unter Berücksichtigung des Gebots größtmöglicher Schonung des Außenbereichs das Bauvorhaben mit etwa gleichem Verwendungszweck und mit etwa gleicher Gestaltung und Ausstattung für einen entsprechenden Betrieb errichten würde[539]. Zudem muss im Hinblick auf den Schutzzweck des § 35 BauGB hinzukommen, dass das Vorhaben durch die so umrissene Zuordnung zu dem konkreten Betrieb auch äußerlich erkennbar geprägt wird.

Auch unter Berücksichtigung des so gezogenen Rahmens kann die Vermietung von Räumlichkeiten an Feriengäste richtigerweise nicht dem Begriff des „Dienens" unterfallen, da Ziel primär lediglich die Generierung einer zusätzlichen Einnahmequelle ist, die lediglich mittelbar dem privilegierten Betrieb zugutekommt[540].

bb) Zur Möglichkeit der Privilegierung über die Figur des „mitgezogenen Betriebsteils"

Allerdings kann nach inzwischen gefestigter Rechtsprechung und einheitlicher Auffassung in der Literatur auch ein nichtlandwirtschaftlicher Betriebsteil wegen des engen Sachzusammenhangs einem Betrieb nach § 35 Abs. 1 Nr. 1 oder Nr. 2 BauGB zurechnen und ein konkretes Vorhaben über den Privilegierungstatbestand genehmigungsfähig sein. Dies wird zumeist als „mitgezogener Betriebsteil" oder auch als „Unternehmensverbindung" bezeichnet[541]. Die Anerkennung auch eigentlich

537 Ziegler, AuR 2005, 290; Konrad, BayVBl. 1998, 233, 234; Roesch, ZfBR 1989, 187, 189.

538 Rieger, in: Schrödter, § 35 Rn. 26.

539 BVerwG, Urteil vom 03.11.1972 - C 9.70 -, BVerwGE 41, 138, 141; Urteil vom 22.11.1985 - 4 C 71.82 -, DVBl. 1986, 413; Urteil vom 16.05.1991 - 4 C 2.89 -, NVwZ-RR 1992, 400 f.; Söfker, in: Ernst/Zinkahn/Bielenberg/Krautzberger, Band 2, BauGB § 35 Rn. 34 f.; Roeser, in: Berliner Kommentar, Band 2, § 35 Rn. 27 ff.; Dürr, in: Brügelmann, Band 3, BauGB § 35 Rn. 33 ff.

540 Weyreuther, 117; vgl. Ziegler, AuR 2005, 290; OVG Münster, Beschluss vom 25.05.1998 - 7 A 1056/98 -, AgrarR 1999, 63; vgl. OVG Schleswig, Urteil vom 02.12.1993 - 1 L 130/92 -, juris Rn. 26.

541 Dürr, in: Brügelmann, Band 3, BauGB § 35 Rn. 36; Mitschang/Reidt, in: Battis/Krautzberger/Löhr, § 35 Rn. 14; Roesch, ZfBR 1989, 187, 189 m.w.N.; VGH Kassel, Beschluss vom 23.05.2013 - 1 ZB 11.1623 -, juris Rn. 2 ff.

landwirtschaftsfremder Betätigung als von der Privilegierung erfasster Betriebsteil ist nicht zuletzt eine Reaktion auf den sich seit etwa den 1960er Jahren rapide vollziehenden Strukturwandel in der Landwirtschaft. Dieser ist zusammengefasst dadurch gekennzeichnet, dass sich die klassischen bäuerlichen Familienunternehmen als mehr und mehr krisenanfällig erwiesen haben. Allgemein stieg der Druck, größere Flächen zu bearbeiten und Maschinen effizienter einzusetzen und Massentierhaltung einzuführen. Das Hinzuziehen von auch betriebsfremden Nutzungen zum privilegierten Betrieb soll den Landwirten eine maßvolle Modernisierung und Erweiterung dahingehend ermöglichen, auf der Hofstelle nicht ausschließlich auf die klassische Urproduktion angewiesen zu sein[542].

(1) Allgemeine Voraussetzungen

Für die Feststellung der Zulässigkeit eines Vorhabens im Zusammenhang mit einem solchen eigentlich betriebsfremden Teil ist als Erstes zu ermitteln, ob das geplante und selbst nicht privilegierte Vorhaben zu dem privilegierten Betrieb hinzuzurechnen ist. Der nicht privilegierte Betriebsteil muss gewissermaßen ein „Anhängsel" des privilegierten Betriebs darstellen[543]. Erst wenn so ein einheitlicher Betrieb festgestellt werden kann, sind die weiteren allgemeinen Privilegierungsvoraussetzungen zu prüfen, insbesondere, ob das konkrete Vorhaben dem so verstandenen Betrieb dient oder ihm öffentliche Belange entgegenstehen[544], auch wenn sich die Aspekte zugegeben überschneiden können[545].

Wo die Grenze verläuft, ob ein Betriebszweig noch als Anhängsel zu dem eigentlich privilegierten Betrieb anzusehen oder selbständig ist, lässt sich nicht allgemein beantworten, Details sind umstritten[546]. Einigkeit besteht insoweit, dass für die Anerkennung als „mitgezogener Betriebsteil" die betriebsfremde Nutzung äußerlich erkennbar dem privilegierten Betrieb zu-, aber gleichzeitig auch untergeordnet sein muss. Zwischen beiden Betriebsteilen muss es also einen betrieblichen Zusammenhang geben, wobei der eigentlich nicht privilegierte Teil gegenüber dem privilegierten Teil eine bodenrechtliche Nebensache bleiben muss.[547] Dass der „mitgezogene Betriebsteil" dem Betrieb gegenüber eine bodenrechtliche Nebensache sein muss, ergibt sich daraus, dass der privilegierte Betrieb durch den betriebsfrem-

542 Gelzer, BauR 1970, 207; Nies, AgrarR 1986, 307; Konrad, BayVBl. 1998, 233, 234.

543 Konrad, BayVBl. 1998, 233, 234; Ziegler, AuR 2005, 290.

544 Ziegler, AuR 2005, 290; Roesch, ZfBR 1989, 187, 189 f., welche die oftmals anzutreffende Unschärfe im Prüfungsaufbau etwa in der Entscheidung des VGH Kassel, Urteil vom 29.05.1981 - IV OE 124/76 -, BauR 1982, 151 zu recht kritisieren und dazu näher ausführen; VGH München, Urteil vom 15.05.1984 -, B 84 A.248 -, BayVBl. 1984, 567, 568.

545 Konrad, BayVBl. 1998, 233, 234.

546 Vgl. Roesch, ZfBR 1989, 187, 189.

547 Mitschang/Reidt, in: Battis/Krautzberger/Löhr, § 35 Rn. 14; Lau, BauR 1986, 1, 4; Konrad, BayVBl. 1998, 233, 234; BVerwG, Urteil vom 19.04.1985 - 4 C 54.82 -, BauR 1985, 545, 546; BVerwG, Beschluss vom 28.08.1998 - 4 B 66.98 -, DÖV 1999, 32.

den Teil nicht in Frage gestellt werden darf. Andernfalls würde der Anknüpfungspunkt für die Privilegierung gerade entfallen[548]. Bei der Prüfung verbietet sich eine typisierende Betrachtungsweise. Abzustellen ist stets auf den konkreten Betrieb und die jeweilige betriebsfremde Nutzung[549].

Darauf, ob der Betrieb im Haupt- oder im Nebenerwerb ausgeübt wird, kann es richtigerweise nicht ankommen[550]. Da § 35 Abs. 1 Nr. 1 BauGB nach allgemeiner Auffassung Haupt- und Nebenerwerbsbetriebe erfasst[551], ist nicht ersichtlich, welche Gründe dagegen sprechen, dass auch ein Nebenerwerbsbetrieb nichtprivilegierte Teile mitziehen kann. Allerdings muss im Fall eines Nebenerwerbsbetriebs naturgemäß eine besonders kritische Prüfung dahingehend erfolgen, ob der landwirtschaftsfremde Teil dem privilegierten Nebenerwerbsbetrieb den Rang abläuft und vom Umfang her in den Vordergrund tritt.

Allgemein werden insbesondere folgende Aspekte bei der Beurteilung berücksichtigt, ob der nicht privilegierte Teil als Anhängsel des privilegierten Teils erscheint:

- Besteht ein enger oder eher entfernter betrieblicher Zusammenhang zwischen dem privilegierten Betrieb und der fremden Tätigkeit?
- Inwiefern ändert sich das äußere Erscheinungsbild des Betriebs durch die Aufnahme der betriebsfremden Nutzung?
- Welchen Umfang erreichen die durch die betriebsfremde Nutzung erforderlichen baulichen Veränderungen?
- Welchen Arbeitseinsatz erfordert die betriebsfremde Tätigkeit?
- Wie ist das Verhältnis der Erträge aus landwirtschaftlicher und nicht landwirtschaftlicher Tätigkeit?[552]

(2) Einzelfragen

Die Vermietung an Feriengäste wird in der Kommentarliteratur oftmals als gängige Form einer mitgezogenen Nutzung genannt[553]. Allerdings besteht dennoch viel Unsicherheit bei der Bestimmung der Voraussetzungen und Grenzen der Annahme eines mitgezogenen Betriebsteils. Da bei der Prüfung, ob es sich bei der nicht pri-

---

548 Ziegler, AuR 2005, 290, 291; Mitschang/Reidt, in: Battis/Krautzberger/Löhr, § 35 Rn. 14; BVerwG, Urteil vom 19.04.1985 - 4 C 54.82 -, NVwZ 1986, 200, 201; BVerwG, Beschluss vom 28.08.1998 - 4 B 66.98 -, NVwZ-RR 1999, 106; Roesch, ZfBR 1989, 187, 189.

549 BVerwG, Beschluss vom 28.08.1998 - 4 B 66.98 -, NVwZ-RR 1999, 106, 107.

550 Ziegler, AuR 2005, 290, 292; Roesch, ZfBR 1989, 187, 189.

551 Mitschang/Reidt, in: Battis/Krautzberger/Löhr, § 35 Rn. 13 und 17; Söfker, in: Spannowsky/Uechtritz, § 35 Rn. 18; Roesch, ZfBR 1989, 187, 188 jeweils m.w.N. aus der Rechtsprechung.

552 Aufzählung bei Ziegler, AuR 2005, 290, 291 jeweils m.w.N.

553 Mitschang/Reidt, in: Battis/Krautzberger/Löhr, § 35 Rn. 15; Ziegler, DVBl. 1986, 451, 455; Dürr, DÖV 1997, 845, 849.

vilegierten Nutzung um ein Anhängsel des privilegierten Teils handelt, immer auf die konkreten Verhältnisse abzustellen ist, lässt sich naturgemäß nicht generell sagen, ob die Vermietung an Feriengäste von der privilegierten Nutzung umfasst ist. Möglich ist aber aufzuzeigen, welche Probleme sich ergeben können oder bereits Gegenstand gerichtlicher Auseinandersetzungen waren, und so zu versuchen, einen Rahmen aufzuzeigen, in dem sich entsprechende Vorhaben rechtssicher bewegen können.

(a) Anforderungen an den betrieblichen Zusammenhang

Äußerst problematisch und umstritten ist bereits, wie der betriebliche Zusammenhang zwischen Vermietung und eigentlich privilegiertem Betrieb ausgestaltet sein, oder anders ausgedrückt, wie sich die Unternehmensverbindung darstellen muss.

(aa) Meinungsstand

Zum Teil wird gefordert, um einen betrieblichen Zusammenhang annehmen zu können, müssten die Gäste jedenfalls partiell aus Erzeugnissen des Betriebs versorgt werden. Eine Selbstversorgung der Gäste sei ausgeschlossen[554]. Zudem wird vertreten, die Gäste müssten von Angehörigen, dem Bauer oder der Bäuerin, weiteren Familienangehörigen oder Mitarbeitern des Betriebs versorgt werden[555]. Nach besonders weitgehender Auffassung müssten die Gäste sogar an Betriebsabläufen teilnehmen[556], wobei nach Auffassung *Dürrs* zur Ermöglichung der Teilhabe der Gäste an den Betriebsabläufen insbesondere zu fordern sei, dass die Kinder die Möglichkeit des Kontakts zu den Tieren des Hofs haben sollten. Dies setze voraus, dass die Feriengäste entweder im Hofgebäude selbst untergebracht werden müssten oder aber in unmittelbarer Nachbarschaft des Hofgebäudes[557]. Auf der anderen Seite wird offenbar auch die Auffassung vertreten, dass lediglich auf eine räumliche Nähe abzustellen sei, eine Einbindung von Gästen in Betriebsabläufe aber verzichtbar und auch keine Versorgung mit selbsterzeugten Produkten erforderlich sei[558].

(bb) Bewertung

Tatsächlich muss ausreichend sein, dass die Gäste räumlich in unmittelbarer Nähe zu den eigentlichen Hofgebäuden und Anlagen untergebracht sind und auf diese Art den landwirtschaftlichen Alltag erleben könnten. Darüber hinausgehende Bezüge sind nicht zu fordern und auch dogmatisch gar nicht begründbar.

---

554 Konrad, BayVBl. 1998, 233, 235; Roesch, ZfBR 1989, 187, 190.
555 Roesch, ZfBR 1989, 187, 190; Ziegler, AuR 2005, 290, 291.
556 Roesch, ZfBR 1989, 187, 190.
557 Dürr, in: Brügelmann, Band 3, BauGB § 35 Rn. 36.
558 So wohl VG Schleswig, Urteil vom 19.03.1984 - 8 A 281/83 -, AgrarR 1986, 26 f., in dem lediglich darauf abgestellt wird, dass der Vermietung eine untergeordnete Bedeutung zukommen müsse; Ziegler, AuR 2005, 290, 291.

Letztlich geht es bei der Frage des „mitgezogenen Betriebsteils" darum, einen eigentlich landwirtschaftsfremden Teil an der Privilegierung teilnehmen zu lassen. Die Fremdenbeherbergung stellt gerade keine vom Privilegierungstatbestand erfasste Tätigkeit dar. Die Figur des „mitgezogenen Betriebsteils" ist lediglich ein notwendiges Vehikel, um die Nutzung im Außenbereich erleichtert und auch bei Nichtvorliegen der Voraussetzungen nach § 35 Abs. 4 BauGB zulassen zu können, um dem Strukturwandel in der Landwirtschaft gerecht zu werden. Dogmatisch handelt es sich um eine richterrechtliche Erweiterung des Tatbestandes im Wege der Rechtsfortbildung. Aus dem Tatbestand des § 35 BauGB selbst können sich also entsprechende Begrenzungen schon nicht ergeben. Ziel kann nur sein, die Voraussetzungen so zu formulieren, dass man auf der einen Seite dem Bedürfnis des Strukturwandels in der Landwirtschaft gerecht wird und gleichzeitig das Gebot der größtmöglichen Schonung des Außenbereichs beachtet wird.

Für die Anerkennung als mitgezogener Betriebsteil zu fordern, dass die Urlauber mit auf dem Hof erzeugten Produkten versorgt werden müssten, ist schon deshalb nicht geboten, weil dies zum einen voraussetzt, dass der privilegierte Betrieb überhaupt entsprechend unmittelbar konsumierbare Produkte erzeugt. In der modernen Landwirtschaft ist dies oftmals aber gar nicht mehr der Fall. *Ziegler* betont dahingehend zu Recht, dass es dem Landwirt möglich sein muss, „Ferien auf dem Bauernhof" marktfähig, also in einer Form anzubieten, die den gewandelten und gestiegenen Ansprüchen der Urlaubsgäste Rechnung trägt[559]. Zum anderen erscheint schwer vermittelbar, dass das Angebot zur Verköstigung der Gäste auf ein derart enges Programm begrenzt sein soll. Praktisch kann man so den heutigen Essgewohnheiten und Bedürfnissen kaum gerecht werden. Im Ergebnis kann dies sogar dazu führen, dass pro forma entsprechende Produkte erzeugt werden, um den Anschein dieses Bezugs zu wahren. In diesen Fällen dient dann der landwirtschaftliche Betrieb der Vermietung, nicht anders herum[560]. Von einer größtmöglichen Schonung des Außenbereichs kann dann aber gerade keine Rede sein.

Zum anderen ist nicht recht erkennbar, inwiefern die Forderung, die Gäste müssten mit eigenerzeugten Produkten versorgt werden, dazu beitragen soll, einen Bezug zwischen privilegiertem und nicht privilegiertem Betriebsteil herzustellen. Letzterer ist schließlich im Falle der Vermietung von Ferienwohnungen oder Ferienzimmern primär auf die Bereitstellung von Übernachtungsmöglichkeiten ausgelegt, nicht auf den Betrieb einer Schank- und Speisewirtschaft. Der so hergestellte Bezug ist ein künstlicher. Es kann dahingehend nicht unberücksichtigt bleiben, dass die Figur des „mitgezogenen Betriebsteils" gerade entwickelt worden ist, um dem Strukturwandel in der Landwirtschaft Rechnung zu tragen und vor allem den Landwirten weitere Entwicklungsmöglichkeiten einzuräumen. Der Tourismus selbst ist aber auch einem Strukturwandel unterworfen, wobei eine immer noch anhaltende

559 Ziegler, AuR 2005, 290, 291.

560 Vgl. auch OVG Münster, Beschluss vom 25.05.1998 - 7 A 1056/98 -, AgrarR 1999, 63, wenn diese Entscheidung insgesamt auch zu restriktiv ist.

Entwicklung dahingehend festzustellen ist, dass der Fokus auf Selbstversorgung gelegt wird. Der Trend geht nach wie vor weg von Vollpension hin zur Selbstversorgung. Dies geht sogar so weit, dass nicht nur verstärkt Ferienwohnungen aufgesucht werden, sondern sich die Nachfrage in den Städten hin zur Anmietung von eigentlich zum Dauerwohnen genutzten Wohnungen immer weiter erhöht. Auch bei der Frage der Zulässigkeit der Vermietung an Feriengäste im Außenbereich als „mitgezogener Betriebsteil", kann dieser Wunsch nach Eigenständigkeit nicht außer Acht gelassen werden. Andernfalls kann dem Sinn und Zweck, dem Strukturwandel in der Landwirtschaft gerecht zu werden, nicht entsprochen werden. Das Angebot kann nicht an der Nachfrage vorbeigehen. Die Anforderungen an die Teilnahme an der Privilegierung sollten daher nicht künstlich überspannt und betriebliche Zusammenhänge gefordert werden, die aus sich heraus gerade nicht bestehen und sich so nicht entwickeln würden und zudem gar nicht geeignet sind, eine schonende Nutzung des Außenbereichs zu bewirken. Die Zulässigkeit der „Ferien auf dem Bauernhof" sollte sich daher eher an den räumlichen und baulichen Strukturen orientieren mit dem konkreten Ziel, eine Überbeanspruchung des Außenbereichs zu vermeiden. Die Verhinderung einer Überbeanspruchung des Außenbereichs lässt sich ausreichend über eine größenmäßige Begrenzung solcher Vorhaben und eine räumliche Zuordnung zum privilegierten Betrieb erzielen. Wie die Voraussetzungen dahingehend festzulegen sind, wird an späterer Stelle erörtert[561].

(b) Unterordnung der Vermietung

Die Vermietung an Feriengäste muss des Weiteren umfangmäßig hinter dem eigentlich privilegierten Betrieb zurückbleiben. Maßgebliche Kriterien sind das Verhältnis der Einnahmen aus privilegiertem Betrieb und der Vermietung und die lokale Ausdehnung der Räumlichkeiten zur Vermietung.

(aa) Verhältnis der Einnahmen aus privilegierter und nichtprivilegierter Nutzung

Hinsichtlich des Verhältnisses der Einnahmen wird zum Teil angenommen, der nichtprivilegierte Teil könne dann nicht mehr als Nebensache gelten, wenn die Einnahmen aus diesem Teil gleich oder annähernd gleich im Verhältnis zu dem aus dem privilegierten Betrieb seien[562]. Vertreten wird aber auch, dass die Einnahmen aus der Vermietung max. 25 % der Gesamteinnahmen ausmachen dürften[563]. Richtigerweise gilt Folgendes: Der nicht privilegierte Teil muss als Nebensache zum privilegierten Teil erscheinen. Dies kann aber nicht mehr der Fall sein, wenn sich die Einnahmen aus nicht privilegiertem Betriebsteil und privilegiertem Betriebsteil etwa die Waage halten. Ein Anteil von 20 bis 30 % dürfte als angemessen anzusehen sein. Eine strikte

---

561 Siehe unter H.I.1.a)bb)(2)(b)(bb) und H.I.1.a)bb)(2)(c).

562 VGH München, Beschluss vom 07.07.2005 - 26 ZB 04.2503 -, juris Rn. 7.

563 Konrad, BayVBl. 1998, 233, 235.

formale Betrachtung mit absoluten Grenzen wie die zum Teil vorgeschlagenen 25 % birgt die Gefahr von unverhältnismäßigen Entscheidungen in sich. Auch bei Vergleich der Einnahmen aus den unterschiedlichen Betriebsteilen sollte keine schematische, sondern eine wertende Gesamtbetrachtung erfolgen unter Einbeziehung auch weiterer Aspekte, wie insbesondere der räumlichen Ausdehnung der Übernachtungsmöglichkeiten. Die Einnahmen der verschiedenen Betriebsteile sollten dabei über mehrere Jahre hinweg unter Berücksichtigung auch der zu erwartenden zukünftigen Entwicklungen in den Blick genommen werden. Auf diese Weise kann etwa ein Umsatzeinbruch, der z.B. durch eine schlechte Ernte oder unerwartet rückläufige Nachfrage eintreten kann, nicht dazu führen, dass die Vermietung an Urlaubsgäste als Hauptsache erscheint. Bei der Berechnung ist zu berücksichtigen, dass aus einer weiteren mitgezogenen Nutzung resultierende Einkünfte nicht der privilegierten Nutzung zuzurechnen, sondern vielmehr herauszurechnen sind[564]. Die privilegierte Nutzung muss im Verhältnis zu allen nicht privilegierten Nutzungen Hauptsache bleiben.

(bb) Zu Anzahl und Größe der Unterkunftsmöglichkeiten

Teils findet sich in Literatur und Rechtsprechung die Aussage, die Anzahl der Räume und Ferienwohnungen als mitgezogener Betriebsteil sei absolut zu begrenzen. So wurde insbesondere vom Verwaltungsgerichtshof München die Auffassung vertreten, es könnten nicht mehr als acht Gäste gleichzeitig beherbergt werden[565]. Vertreten wird aber auch, bis zu einer Grenze von acht Gästen sei von einem Mitziehen auszugehen („Bagatellgrenze")[566]. Letzteres wurde mit einem Rückgriff auf § 2 Abs. 4 GastG a.F. begründet, wonach eine gaststättenrechtliche Erlaubnis nicht erforderlich sei, wenn nicht mehr als acht Gäste gleichzeitig untergebracht seien. Die Regelung des § 2 Abs. 4 GastG a.F. wurde jedoch mit Wirkung zum 01.07.2005 aufgehoben[567] und auch nicht durch eine ähnliche Regelung ersetzt, so dass fraglich ist, ob eine solche Auffassung nach wie vor vertreten werden würde. Teils wird auch eine Begrenzung auf bis zu 15 Fremdenbetten gefordert[568]. Richtigerweise ist die mögliche Zahl der Ferienzimmer oder Ferienwohnungen nicht absolut zu begrenzen, sondern ergibt sich vielmehr aus dem Verhältnis des landwirtschaftlichen

---

564 VGH München, Beschluss vom 07.07.2005 - 26 ZB 04.2503 -, juris Rn. 7.

565 VGH München, Beschluss vom 07.07.2005 - 26 ZB 04.2503 -, juris Rn. 4.

566 Konrad, BayVBl. 1998, 233, 235, der aber ausdrücklich darauf hinweist, dass Ausnahmen namentlich bei Großbetrieben und Nebenerwerbsbetrieben möglich sein sollen.

567 Gesetz zum Umsetzung von Vorschlägen zu Bürokratieabbau und Deregulierung aus den Regionen vom 21.06.2005, BGBl. I, 1666.

568 Ziegler, AuR 2005, 290, 292 unter Hinweis auf die Praxis in Baden-Württemberg und das Protokoll der 62. Baurechtsreferentenbesprechung des baden-württembergischen Innenministeriums am 11.12.2005, TOP 5 allerdings unter Hervorhebung, dass eine Einzelfallprüfung erforderlich sei.

Betriebs als Hauptsache zu den mitgezogenen Nutzungen[569]. Entscheidend ist dabei allein, dass sie keinen derartigen Umfang erreichen, dass sie im Vergleich zum privilegierten Betrieb als Hauptsache anzusehen sind und damit die Existenz des privilegierten Betriebs in Frage gestellt wird[570]. Aus diesem Grund ist auch eine absolute Flächenbegrenzung abzulehnen[571].

Bereits vorhandene mitgezogene Nutzungen sind dabei als nicht privilegierte Nutzungen zu berücksichtigen, erhöhen also nicht den Umfang des eigentlich privilegierten Betriebs[572].

(c) Schaffung neuer Gebäude

Es stellt die Frage, ob sich die Vermietung an Feriengäste auch dann als mitgezogener Betriebsteil darstellen kann, wenn die Gäste in einem für die Vermietung neu zu errichtenden Gebäude untergebracht werden sollen[573] oder ob entsprechende Unterkunftsmöglichkeiten nur in bereits vorhandenem Baubestand eingerichtet werden dürfen[574]. Das Verwaltungsgericht Trier meint, eine Ferienvermietung als mitgezogener landwirtschaftlicher Betriebsbestandteil käme in der Regel nur für einzelne Wohneinheiten in bestehenden Gebäuden in Betracht. Ein eigenes Gebäude für eine solche Nutzung könne, wenn überhaupt, nur dort zugelassen werden, wo ansonsten keine Möglichkeiten bestünden, Gäste mit dem genannten Urlaubsziel unterzubringen[575]. Richtigerweise kann aber auch die Neuerrichtung eines Gebäudes nicht ausgeschlossen sein. Dies ergibt sich schon daraus, dass dogmatisch in Rede steht, ob die Fremdenvermietung unter den Privilegierungstatbestand zu fassen ist. Zwar wird das eigentlich nicht privilegierte Vorhaben dadurch nicht im engeren Sinne Teil des privilegierten Betriebs, bei Bejahung der Voraussetzungen für den mitgezogenen Betriebsteil, also Bejahung eines betrieblichen Zusammenhangs und Unterordnung der Vermietung im Verhältnis zum privilegierten Betrieb, wird das Vorhaben aber denselben Zulässigkeitsvoraussetzungen unterworfen wie der eigentliche privilegierte Betrieb. Das Vorhaben setzt sich z. B. auch gegenüber öffentlichen Belangen ebenso stark durch wie der privilegierte Teil[576]. Es leuchtet dann aber nicht ein, warum im Gegensatz zu allgemein privilegierten Vorhaben eine Neuerrichtung generell nicht zulässig sein sollte. Nach § 35 Abs. 1 BauGB können

---

569 Mitschang/Reidt, in: Battis/Krautzberger/Löhr, § 35 Rn. 14; Dürr, in: Brügelmann, Band 3, BauGB § 35 Rn. 35.

570 Vgl. Dürr, in: Brügelmann, Band 3, BauGB § 35 Rn. 35.

571 Konrad, BayVBl. 1998, 233, 235 unter Orientierung an § 39 Abs. 1 Nr. 4 II. WohnBauG.

572 OVG Schleswig, Urteil vom 02.12.1993 - 1 L 130/92 -, juris Rn. 26.

573 So Dürr, in: Brügelmann, Band 3, BauGB § 35 Rn. 36; Roesch, ZfBR 1989, 187, 190; Ziegler, AuR 2005, 290, 292.

574 So OVG Münster, Beschluss vom 25.05.1998 - 7 A 1056/98 -, AgrarR 63; Konrad, BayVBl. 1998, 233, 236; Spieß, in: Jäde/Dirnberger/Weiß, BauGB § 35 Rn. 28.

575 VG Trier, Urteil vom 29.01.2004 - 5 K 1533/03 -, BauR 2004, Nr. 21 (nur Leitsatz).

576 Roesch, ZfBR 1989, 187, 191.

grundsätzlich nicht nur Nutzungsänderungen, sondern auch Neuerrichtungen zulässig sein. Soweit ersichtlich, findet sich im Allgemeinen für mitgezogene Nutzungen auch nicht die Auffassung, dass die Neuerrichtung von baulichen Anlagen ausgeschlossen wäre. So kann etwa auch die Errichtung einer Windenergieanlage eine von einem privilegierten Betrieb nach § 35 Abs. 1 Nr. 1 BauGB mitgezogene Nutzung sein[577], die aber in aller Regel im Wege der Neuerrichtung zu realisieren ist. Desgleichen wird für den weiteren klassischen Fall des mitgezogenen Betriebsteils, nämlich der Pensionspferdehaltung, ebenfalls nicht gefordert, dass der Stall im Bestand zu errichten wäre[578].

Vielmehr ist auch bei einer beabsichtigten Schaffung von Anlagen für die Fremdenunterbringung im Einzelfall zu prüfen, ob es sich bei dem Vorhaben dann noch um eine bodenrechtliche Nebensache handelt[579]. Zu untersuchen ist, ob die Nutzung noch in Relation zum privilegierten Betrieb eine bodenrechtliche Nebensache darstellt. Dabei ist naturgemäß zu berücksichtigen, dass die bodenrechtlichen Auswirkungen bei einem Neubau deutlich höher sind als bei Umnutzung eines vorhandenen Gebäudes. Bei einem mehrere ha großen Betrieb mit zahlreichen Gebäuden, die unmittelbar der privilegierten Nutzung dienen, fällt ein einziges Gebäude, in dem Feriengäste untergebracht werden sollen, nicht so sehr ins Gewicht wie bei einem kleinen landwirtschaftlichen Betrieb, der beispielsweise nur über ein Hofgebäude verfügt. An dieser Stelle kann es jedoch noch nicht allein um die Frage gehen, welche Belastung für den Außenbereich überhaupt durch das Hinzutreten des neuen Gebäudes entsteht. Vielmehr ist Prüfungsgegenstand, ob das Vorhaben noch als Nebensache in Relation zum vorhandenen Betrieb steht. Möchte man zur Ablehnung des Vorhabens darauf abstellen, so müsste vielmehr erörtert werden, ob dem Vorhaben ein öffentlicher Belang entgegensteht, oder es müsste auf das Gebot des § 35 Abs. 5 Satz 1 BauGB verwiesen werden.

Teils wird die Annahme, eine Neuerrichtung von Anlagen sei grundsätzlich ausgeschlossen, aber auch damit begründet, der Grundgedanke der Regelung des § 35 Abs. 4 Satz 1 Nr. 1 BauGB stünde der Schaffung eines Gebäudes entgegen[580]. Dem Strukturwandel in der Landwirtschaft habe der Gesetzgeber dadurch Rechnung getragen, dass er die Nutzungsänderung bestehender Gebäude erleichterten Zulässigkeitsvoraussetzungen in § 35 Abs. 4 Satz 1 Nr. 1 BauGB unterworfen habe. Eine Neuerrichtung von Gebäuden oder Wohnungen habe der Gesetzgeber aber gerade nicht vorgesehen. Sicherlich sollte § 35 Abs. 4 Satz 1 Nr. 1 BauGB den Strukturwandel in der Landwirtschaft erleichtern. Es ist aber nicht ersichtlich, warum die Anwendbarkeit der Figur des mitgezogenen Betriebsteils dadurch beeinträchtigt

---

577 Siehe nur Gatz, DVBl. 2009, 737, 738.

578 BVerwG, Urteil vom 19.04.1985 - 4 C 54.82 -, NVwZ-1986, 200 f. für das Vorhaben der Neuerrichtung vier weiterer Pferdeboxen für Pensionspferde neben bereits für acht Pferde genehmigten Ställen.

579 Für die Zulässigkeit grundsätzlich auch Dürr, in: Brügelmann, Band 3, BauGB § 35 Rn. 36.

580 OVG Münster, Beschluss vom 25.05.1998 - 7 A 1056/98 -, AgrarR 64.

werden sollte. Aus den Gesetzesmaterialien geht dies nicht hervor[581]. § 35 Abs. 4 Satz 1 Nr. 1 BauGB kommt zudem überhaupt erst dann zum Tragen, wenn kein Privilegierungstatbestand Anwendung findet. Die Zulässigkeit eines Vorhabens als mitgezogener Betriebsteil und nach § 35 Abs. 4 Satz 1 Nr. 1 BauGB schließen sich tatbestandlich aus. § 35 Abs. 4 Satz 1 Nr. 1 BauGB kann überhaupt nur auf sonstige Vorhaben angewendet werden, wenn also gerade kein privilegiertes Vorhaben vorliegt, und geht sogar insoweit über die Privilegierungstatbestände hinaus, als die dort genannten öffentlichen Belange bei der Zulässigkeit gar keine Rolle spielen, während sie im Falle des privilegiert zulässigen Vorhabens nicht entgegenstehen dürfen.

cc) Merkmale „Dienen" und „untergeordneter Teil der Betriebsfläche"

Steht fest, dass das zu verwirklichende Vorhaben als mitgezogener Betriebsteil anzusehen ist, muss das Vorhaben dem privilegierten Betrieb nach den üblichen Maßstäben „dienen", um nach § 35 Abs. 1 Nr. 1 oder 2 BauGB privilegiert sein zu können. Nach der Standardformel muss also ein vernünftiger Landwirt unter Beachtung des Gebots größtmöglicher Schonung des Außenbereichs seinen Landwirtschaftsbetrieb auf diese Weise ergänzen wollen[582]. Auch wenn das Merkmal des „Dienens" als selbstständige Zulässigkeitsvoraussetzung zu berücksichtigen ist, ist diese Voraussetzung praktisch jedoch von eher untergeordneter Bedeutung, da die hier relevanten Gesichtspunkte, insbesondere die Dimension des Vorhabens sowohl hinsichtlich räumlicher Ausdehnung als auch des finanziellen Umfangs bereits bei der Frage erörtert werden, ob sich die Vermietung als Anhängsel des privilegierten Teils darstellt[583]. Gleiches gilt für die Voraussetzung, dass das Vorhaben nur einen untergeordneten Teil der Betriebsfläche ausmachen darf. Da die Vermietung an Feriengäste nur dann als Anhängsel des privilegierten Teils angesehen werden kann, wenn sie dem privilegierten Teil untergeordnet ist, hat die Voraussetzung, dass das Vorhaben einen untergeordneten Teil der Betriebsfläche ausmachen muss, keine eigenständige Bedeutung[584].

dd) Entgegenstehen öffentlicher Belange und ausreichende Erschließung

Schließlich dürfen dem Vorhaben öffentliche Belange nicht entgegenstehen und die Erschließung muss gesichert sein. Dabei ist zu sehen, dass in dem Fall, dass das Vorhaben vom privilegierten Teil mitgezogen wird, dieses sich gegenüber öffentlichen

---

581 BT-Drs. 13/6392, 58 ff.; siehe auch Ziegler, AuR 2005, 290.

582 Ziegler, AuR 2005, 290, 291; Dürr, in: Brügelmann, Band 3, BauGB § 35 Rn. 36 und 33; Mitschang/Reidt, in: Battis/Krautzberger/Löhr, § 35 Rn. 19; ständige Rechtsprechung, siehe nur BVerwG, Urteil vom 03.11.1972 - IV C 9.70 -, BVerwGE 41, 138, 141; BVerwG, Urteil vom 22.11.1985 - 4 C 71.82 -, DVBl. 1986, 413; Urteil vom 16.05.1991 - 4 C 2.89 -, NVwZ-RR 1992, 400 f.

583 Ähnlich Roesch, ZfBR 1989, 187, 190.

584 Roesch, ZfBR 1989, 187, 190; Ziegler, AuR 2005, 290, 292.

Belangen ebenso stark durchsetzt wie auch der eigentlich privilegierte Teil[585]. Für die Zulässigkeit der Vermietung von Unterkunftsmöglichkeiten an Feriengäste ergeben sich keine Besonderheiten, so dass auf die einschlägige Literatur zu verweisen ist[586].

Die Anforderungen an eine ausreichend gesicherte Erschließung richten sich nach dem konkreten Vorhaben und den sich jeweils daraus ergebenden Anforderungen an die Erschließung und den örtlichen Gegebenheiten[587]. Die Anforderungen sind im Außenbereich für gewöhnlich geringer als innerhalb des Geltungsbereichs eines qualifizierten Bebauungsplans oder im Innenbereich[588] und sind zudem bei Ferienhäusern und Ferienwohnungen geringer als bei einem Gebäude zum Dauerwohnen[589].

b) Vorhaben nach § 35 Abs. 1 Nr. 4 BauGB

Die Möglichkeit der Annahme einer Privilegierung über § 35 Abs. 1 Nr. 4 BauGB scheidet aus. Danach sind solche Vorhaben privilegiert, die wegen ihrer besonderen Anforderungen an die Umgebung, wegen ihrer nachteiligen Wirkung auf die Umgebung oder wegen ihrer besonderen Zweckbestimmung nur im Außenbereich ausgeführt werden sollen. Keine dieser Voraussetzungen ist bei der Vermietung von Übernachtungsmöglichkeiten an Feriengäste gegeben[590]. Zwar können von der Anwesenheit von Feriengästen nachteilige Wirkungen auf die Umwelt ausgehen. Planungsrechtlich existieren jedoch einige Optionen, Unterbringungsmöglichkeiten für Feriengäste zu realisieren, und sei es eben jedenfalls in einem Sondergebiet nach § 10 oder § 11 BauNVO. Auf eine Verwirklichung im Außenbereich sind diese Vorhaben nicht angewiesen[591].

2. Zulässigkeit als sonstiges Vorhaben nach § 35 Abs. 2 BauGB

Sofern keine Möglichkeit besteht, das Vorhaben als privilegiertes Vorhaben nach § 35 Abs. 1 BauGB zu verwirklichen, ist fraglich, ob die Nutzung im konkreten Fall als sonstiges Vorhaben nach § 35 Abs. 2 BauGB zuzulassen ist. Dies ist naturgemäß eine Frage des Einzelfalls. In der Regel wird das Vorhaben allerdings öffentliche Belange beeinträchtigen[592], insbesondere der Darstellung des Flächennutzungsplans

---

585 Roesch, ZfBR 1989, 187, 191.

586 Siehe etwa Mitschang/Reidt, in: Battis/Krautzberger/Löhr, § 35 Rn. 6; Söfker, in: Ernst/Zinkahn/Bielenberg/Krautzberger, Band 2, BauGB § 35 Rn. 60 ff.

587 BVerwG, Urteil vom 13.02.1976 - 4 C 53.74 -, BauR 1976, 185, 187.

588 Söfker, in: Ernst/Zinkahn/Bielenberg/Krautzberger, Band 2, BauGB § 35 Rn. 69 ff.; BVerwG, Urteil vom 13.02.1976 - 4 C 53.74 -, BauR 1976, 185, 187 für Wochenendhäuser.

589 Siehe dazu Roesch, ZfBR 1989, 187, 191.

590 Söfker, in: Ernst/Zinkahn/Bielenberg/Krautzberger, Band 2, § 35 Rn. 136.

591 Weyreuther, 506 und Spieß, in: Jäde/Dirnberger/Weiß, BauGB § 35 Rn. 67 für Wochenendhäuser.

592 Siehe auch Bielenberg, ZfBR 1989, 49, 51.

widersprechen (§ 35 Abs. 3 Satz 1 Nr. 1 BauGB)[593] oder die Entstehung, Verfestigung oder Erweiterung einer Splittersiedlung befürchten lassen (§ 35 Abs. 3 Satz 1 Nr. 7 BauGB)[594]. Hinsichtlich der Beeinträchtigung der natürlichen Art der Landschaft (§ 35 Abs. 3 Satz 1 Nr. 5 BauGB) ist zu berücksichtigen, dass in den Fällen, in denen Ferienwohnungen oder Ferienzimmer in bereits bestehende Gebäude eingebaut werden, durch das vorhandene Gebäude bereits eine sog. Vorbelastung der Landschaft vorhanden ist. Die weiteren Nutzungen führen dann nur zu einer geringfügigen und daher in der Regel zu vernachlässigenden Erhöhung der Belastung[595].

3. Zulässigkeit als sog. teilprivilegiertes Vorhaben nach § 35 Abs. 4 BauGB

Als sonstiges Vorhaben ließe sich jedoch die Vermietung an Feriengäste im Außenbereich erheblich leichter realisieren, wenn sie als sog. teilprivilegiertes Vorhaben nach § 35 Abs. 4 BauGB eingestuft werden könnte. § 35 Abs. 4 Satz 1 BauGB sieht vor, dass den dort näher bezeichneten Vorhaben nicht entgegengehalten werden kann, dass sie Darstellungen des Flächennutzungsplans oder eines Landschaftsplans widersprechen, die natürliche Eigenart der Landschaft beeinträchtigen oder die Entstehung, Verfestigung oder Erweiterung einer Splittersiedlung befürchten lassen, soweit sie im Übrigen außenbereichsverträglich im Sinne des Absatzes 3 sind. Hervorzuheben ist, dass die Teilprivilegierung insoweit sogar über die Vollprivilegierung hinausgeht, als die genannten öffentlichen Belange auf die Zulässigkeit der Vorhaben überhaupt keine Auswirkungen haben, während im Falle der Privilegierung nach § 35 Abs. 1 BauGB die öffentlichen Belange dem Vorhaben nicht entgegenstehen dürfen[596]. Im Folgenden ist zu untersuchen, welche der in § 35 Abs. 4 BauGB genannten Fälle bei der Vermietung an Feriengäste relevant sein und welche Probleme sich ergeben können.

a) Zur Anwendung des Tatbestandes des § 35 Abs. 4 Satz 1 Nr. 1 BauGB

Zunächst könnte der Tatbestand des § 35 Abs. 4 Satz 1 Nr. 1 BauGB anwendbar sein, wenn in einem Gebäude im Sinne des Absatzes 1 Nr. 1, also einem Gebäude, das einem land- oder forstwirtschaftlichen Betrieb dient oder diente, nunmehr eine Vermietung an Feriengäste stattfinden soll. Es muss sich um die Änderung der bisherigen Nutzung eines Gebäudes im Sinne des § 35 Abs. 1 Nr. 1 BauGB handeln

---

593 Kritisch für die Darstellung „Fläche für die Landwirtschaft" aber Söfker, ZfBR 1989, 91, 92.

594 OVG Greifswald, Urteil vom 20.03.2012 - 3 L 12/08 -, juris Rn. 105 für ein Wochenendhaus.

595 Söfker, ZfBR 1989, 91, 92; vgl. zu vorhandenen Vorbelastungen der Landschaft BVerwG, Urteil vom 24.08.1979 - 4 C 8.78 -, BayVBl. 1980, 309, 310.

596 Rieger, in: Schrödter, § 35 Rn. 167; Söfker, in: Ernst/Zinkahn/Bielenberg/Krautzberger, Band 2, BauGB § 35 Rn. 132.

und die folgenden Voraussetzungen erfüllt sein: Das Vorhaben dient einer zweckmäßigen Verwendung erhaltenswerter Bausubstanz (Buchstabe a). Die äußere Gestalt des Gebäudes bleibt im Wesentlichen gewahrt (Buchstabe b). Die Aufgabe der bisherigen Nutzung liegt nicht länger als sieben Jahre zurück (Buchstabe c). Das Gebäude ist vor mehr als sieben Jahren zulässigerweise errichtet worden (Buchstabe d). Das Gebäude steht in einem räumlich-funktionalen Zusammenhang mit der Hofstelle des land- oder forstwirtschaftlichen Betriebs (Buchstabe e). Im Falle der Änderung zu Wohnzwecken entstehen neben den bisher nach Absatz 1 zulässigen Wohnungen höchstens drei Wohnungen je Hofstelle (Buchstabe f) und es wird eine Verpflichtung übernommen, keine Neubebauung als Ersatz für die aufgegebene Nutzung vorzunehmen, es sei denn, die Neubebauung wird im Interesse der Entwicklung des Betriebs im Sinne des Absatzes 1 Nr. 1 erforderlich (Buchstabe g).

aa) Gebäude im Sinne des § 35 Abs. 1 Nr. 1 BauGB

Die Teilprivilegierung kann nur für ein Gebäude im Sinne des § 35 Abs. 1 Nr. 1 BauGB vorliegen. Die Regelung kann nicht entsprechend auf andere Gebäude als solche nach Absatz 1 Nr. 1 ausgedehnt werden, insbesondere nicht auf Wochenendhäuser[597]. Es wird zum Teil angenommen, von der Teilprivilegierung könnten aufgrund der separaten Nennung in § 35 Abs. 1 Nr. 2 BauGB Betriebe der gartenbaulichen Erzeugung nicht umfasst sein[598]. Dem ist aber entgegenzuhalten, dass auch nach Einführung des § 35 Abs. 1 Nr. 2 BauGB Betriebe der gartenbaulichen Erzeugung ebenfalls dem Privilegierungstatbestand des § 35 Abs. 1 Nr. 1 BauGB per Definition unterfallen. Nach § 201 BauGB ist von dem Begriff der Landwirtschaft nach wie vor die gartenbauliche Erzeugung erfasst. Die Betriebe der gartenbaulichen Erzeugung haben in § 35 Abs. 1 Nr. 2 BauGB allein deshalb eine eigenständige Regelung erfahren, um diese nicht der Voraussetzung zu unterwerfen, dass sie einen untergeordneten Teil der Betriebsfläche einnehmen müssten[599]. Daher können auch Gebäude, die einem Betrieb der gartenbaulichen Erzeugung dienen bzw. dienten, teilprivilegiert nach § 35 Abs. 4 Satz 1 Nr. 1 BauGB sein, sofern sie eben auch nach Absatz 1 Nr. 1 BauGB privilegiert sind oder waren, also einen untergeordneten Teil der Betriebsfläche einnehmen. Sind sie jedoch ausschließlich nach § 35 Abs. 1 Nr. 2

597 Söfker, in: Ernst/Zinkahn/Bielenberg/Krautzberger, Band 2, BauGB § 35 Rn. 136 unter Hinweis auf BVerwG, Urteil vom 28.10.1983 - 4 C 70.78 -, NVwZ 1984, 510, 511.

598 So Bracher, in: Bracher/Reidt/Schiller, Rn. 2400; OVG Hmbg., Urteil vom 25.11.1999 - 2 Bf 7/97 -, BauR 2000, 1853; OVG Koblenz, Beschluss vom 28.10.2002 - 8 A 11501/02 -, BRS 65 Nr. 104; Mitschang/Reidt, in: Battis/Krautzberger/Löhr, § 35 Rn. 129; Rieger, in: Schrödter, § 35 Rn. 172; Spieß, in: Jäde/Dirnberger/Weiß, BauGB § 35 Rn. 100; a.A. aber Söfker, in: Ernst/Zinkahn/Bielenberg/Krautzberger, Band 2, BauGB § 35 Rn. 136.

599 Mitschang/Reidt, in: Battis/Krautzberger/Löhr, § 35 Rn. 27.

BauGB privilegiert, so kann eine Nutzungsänderung nicht teilprivilegiert sein[600]. Das Gebäude nach § 35 Abs. 1 Nr. 1 BauGB musste tatsächlich auch in der privilegierten Weise genutzt worden sein. Allein die Genehmigung einer privilegierten Nutzung ist nicht ausreichend[601].

bb) Änderung der Nutzung eines Gebäudes

Sollen Gebäude, die nach § 35 Abs. 1 Nr. 1 BauGB privilegiert waren, nunmehr für die Vermietung an Urlaubsgäste genutzt werden, so handelt es sich dabei immer um eine Nutzungsänderung im Sinne des § 35 Abs. 4 Satz 1 Nr. 1 BauGB. Eine Nutzungsänderung liegt vor, wenn durch die Verwirklichung des Vorhabens die jeder Art von Nutzung eigene Variationsbreite verlassen wird und wenn ferner durch die Aufnahme der Nutzung bodenrechtliche Belange neu berührt werden[602]. Sofern man die Fremdenvermietung im konkreten Fall als sonstiges Vorhaben einzustufen hat, stellt aber die Vermietung stets eine neue Art der baulichen Nutzung im Vergleich zur nach Absatz 1 Nr. 1 BauGB privilegierten Nutzung dar.

Hervorzuheben ist, dass es nicht ausgeschlossen ist, die Einrichtung von Ferienwohnungen für einen Teil der Wohnungen als „mitgezogenen Betriebsteil" nach § 35 Abs. 1 Nr. 1 BauGB zu realisieren und einen anderen Teil über § 35 Abs. 4 Satz 1 Nr. 1 BauGB zu verwirklichen[603]. Dies folgt schon daraus, dass § 35 Abs. 4 Satz 1 Nr. 1 BauGB nach richtiger Auffassung auch die Betriebsreduzierung erfasst und ermöglicht, nur einen Teil der Gebäude oder auch nur einen Gebäudeteil einer anderen Nutzung zuzuführen[604]. Die Gegenauffassung *Spieß'* bzw. zuvor *Jädes* kann nicht überzeugen[605]. Die Regelung erfasse nur die vollständige Umstellung des Betriebs und könne nicht auf die Fälle angewandt werden, in denen der Betrieb selbst fortbestehe, aber nur bestimmte Bausubstanz aufgegeben werde, weil sie den betrieblichen Erfordernissen nicht mehr genügten. Die Nutzungsänderung sei in diesem Fall nicht durch den Strukturwandel in der Landwirtschaft bedingt. § 35 Abs. 4 Satz 1 Nr. 1 BauGB nennt als Vorhaben aber lediglich „die Änderung der Nutzung eines Gebäudes" ohne eine Betriebsaufgabe als Voraussetzung zu fordern. Warum eine teilweise Nutzungsänderung nicht durch den Strukturwandel in der Landwirtschaft

---

600 Söfker, in: Ernst/Zinkahn/Bielenberg/Krautzberger, Band 2, BauGB § 35 Rn. 136.

601 BVerwG, Urteil vom 31.05.1983 - 4 C 16.79 -, BauR 1983, 448, 449; Dürr, in: Brügelmann, Band 3, BauGB § 35 Rn. 128; vgl. zu einzelnen Problemkonstellationen etwa einer einmal aufgenommenen und zwischenzeitlich wieder aufgegebenen Nutzung: Söfker, in: Ernst/Zinkahn/Bielenberg/Krautzberger, Band 2, BauGB § 35 Rn. 137; Rieger, in: Schrödter, § 35 Rn. 173.

602 Söfker, in: Ernst/Zinkahn/Bielenberg/Krautzberger, Band 2, BauGB § 35 Rn. 138.

603 Söfker, ZfBR 1989, 91, 93.

604 VGH München, Urteil vom 28.09.2001 - 1 B 00.2504 -, BauR 2002, 48; Söfker, in: Ernst/Zinkahn/Bielenberg/Krautzberger, Band 2, BauGB § 35 Rn. 136; Ziegler, AuR 2005, 290, 292.

605 Spieß, in: Jäde/Dirnberger/Weiß, 8. Auflage, BauGB § 35 Rn. 103; Jäde, in: Jäde/Dirnberger/Weiß, 7. Auflage, BauGB § 35 Rn. 103.

begründet sein kann, ist zudem nicht nachvollziehbar[606]. Des Weiteren setzt § 35 Abs. 4 Satz 1 Nr. 1 BauGB tatbestandlich nicht voraus, dass die Nutzungsänderung aufgrund des Strukturwandels in der Landwirtschaft aufgegeben wird. Dies stellt lediglich das Motiv der Einführung der Regelungen zur Teilprivilegierung dar und wird in aller Regel auch Grund der Nutzungsaufgabe sein. Um eine Zulässigkeitsvoraussetzung handelt es sich aber nicht. Wenn aber § 35 Abs. 4 Satz 1 Nr. 1 BauGB auch lediglich Fälle einer umfangmäßigen Betriebsreduzierung umfasst, so spricht nichts dagegen, bei Vorliegen der übrigen Voraussetzungen neben der Änderung nach § 35 Abs. 4 Satz 1 Nr. 1 BauGB auch andere Betriebsgebäude als mitgezogenen Betriebsteil zuzulassen. Zu berücksichtigen ist dabei natürlich, dass bei der Bestimmung, ob der privilegierte Betrieb durch die mitgezogene Nutzung umfangmäßig in Frage gestellt wird[607], einzustellen ist, dass durch die Änderung der Nutzung, sofern sie jetzt erst erfolgen soll, der privilegierte Betriebsteil reduziert wird und die Relationen neu abgewogen werden müssen.

cc) Zweckmäßige Verwendung erhaltenswerter Bausubstanz (Buchst. a))

Das Vorhaben muss einer zweckmäßigen Verwendung erhaltenswerter Bausubstanz dienen. Ob die vorhandene Bausubstanz als erhaltenswert anzusehen ist, bestimmt sich nach den allgemeinen Grundsätzen zum Bestandsschutz; eine Ruine ist nicht mehr erhaltenswert[608]. Jedenfalls wesentliche Teile der Wände und des Daches müssen stehen bleiben[609]. Es ist nicht allein auf die Eigentümerinteressen an einer möglichst gewinnträchtigen Verwendung des Gebäudes abzustellen, sondern auch zu beurteilen, ob ein vernünftiger Landwirt auch im Hinblick auf eine größtmögliche Schonung des Außenbereichs das Vorhaben durchführen würde[610].

dd) Die äußere Gestalt des Gebäudes bleibt im Wesentlichen gewahrt (Buchst. b))

(1) Allgemeines

In der vor dem 01.01.1998 geltenden Fassung des § 35 Abs. 4 BauGB wurde verlangt, dass die Nutzungsänderung nicht mit einer wesentlichen Änderung der baulichen Anlage verbunden ist. Ausgeschlossen war damit, dass eine bauliche Anlage lediglich als äußere Hülle bestehen bleiben konnte und für eine im Inneren eigentlich ungeeignete Nutzung verwendet werden konnte. Die seit dem 01.01.1998 geltende Fassung stellt nur noch darauf ab, ob die äußere Gestalt des Gebäudes im Wesentlichen gewahrt bleibt, und ermöglicht dem Wortlaut nach damit deutlich

---

606 Ebenso Dürr, in: Brügelmann, Band 3, BauGB § 35 Rn. 129.

607 Siehe dazu oben unter H.I.1.a)bb)(1).

608 VGH München, Urteil vom 28.09.2001 - 1 B 00.2504 -, NVwZ-RR 2002, 713; Dürr, in: Brügelmann, Band 3, BauGB § 35 Rn. 130.

609 BVerwG, Beschluss vom 22.05.2007 - 4 B 14.07 -, ZfBR 2007, 582; Dürr, in: Brügelmann, Band 3, BauGB § 35 Rn. 130.

610 Rieger, in: Schrödter, § 35 Rn. 174.

weitgehendere Veränderungen als die Vorgängerregelung[611]. Ausgeschlossen ist ein Neubau des Gebäudes, auch wenn er die äußere Gestalt des ursprünglichen Gebäudes beibehält[612]. Ein Neubau kann aber ggf. nach § 35 Abs. 4 Satz 2 BauGB zulässig sein. Für die Beurteilung, ob es sich bei dem Vorhaben um eine Neuerrichtung handelt, ist richtigerweise auf das gesamte Bauvorhaben abzustellen. Nicht zulässig ist, das Bauvorhaben in jeweils noch zulässige Einzelvorhaben aufzuteilen und so im Wege der „Salamitaktik" eine faktische Neuerrichtung zu ermöglichen[613].

(2) Abgrenzung von Neubau und Umbau zur Nutzungsänderung

Probleme ergeben sich jedoch dahingehend, ob die Regelung des § 35 Abs. 4 Satz 1 Nr. 1 BauGB auch dann anwendbar ist, wenn im Gebäudeinneren ganz erhebliche Maßnahmen vorgenommen werden, wie etwa eine Entkernung, bei der nur noch die äußere Hülle stehen bleibt, oder neue Decken und Wände eingezogen werden, oder ob es sich bei solchen Maßnahmen letztlich um einen unzulässigen Neubau handelt. Die praktische Bedeutung ist insoweit nicht zu unterschätzen, als gerade nicht mehr benötigte Scheunen und Stallungen überhaupt erst durch erhebliche Maßnahmen im Inneren wirtschaftlich zu Unterkunftsmöglichkeiten umgestaltet werden können.

Teils wird vertreten, Veränderungen im Inneren des Gebäudes, auch wenn sie eine Entkernung darstellen, könnten einer Anwendung des § 35 Abs. 4 Satz 1 Nr. 1 BauGB nicht entgegenstehen, sofern die Bausubstanz denn als erhaltenswert erachtet und der Anwendungsbereich der Vorschrift somit eröffnet sei[614]. *Rieger* trägt dagegen vor, aus der Systematik des § 35 Abs. 4 Satz 1 Nr. 1 BauGB folge, dass die mit der Nutzungsänderung verbundenen baulichen Änderungen qualitativ und quantitativ nicht den Umfang eines Ersatzbaus erreichen dürften; die Voraussetzungen für Ersatzbauten seien von Nummer 2 und Nummer 3 erfasst[615]. Aus diesem Grund könne der Umbau einer Scheune zu Wohnzwecken durch Einziehen von Decken u. a. nach wie vor nicht von der Regelung des § 35 Abs. 4 Satz 1 Nr. 1 BauGB begünstigt werden. Die Auffassung *Riegers* ist insoweit ohne weiteres zutreffend, als in § 35 Abs. 4 Satz 1 Nr. 2 und Nr. 3 BauGB die Voraussetzungen eines Neubaus geregelt werden und zudem in § 35 Abs. 4 Satz 2 BauGB mit der Novelle des Baugesetzbuches 2013 die Voraussetzungen für die Zulässigkeit eines Neubaus für ein Gebäude nach § 35 Abs. 1 Nr. 1 BauGB eine besondere Regelung erfahren haben. Es stellt sich vielmehr die Frage, ob im Rahmen des § 35 Abs. 4 Satz 1 Nr. 1

---

611 Rieger, in: Schrödter, § 35 Rn. 175.

612 Söfker, in: Ernst/Zinkahn/Bielenberg/Krautzberger, Band 2, BauGB § 35 Rn. 140.

613 VGH München, Urteil vom 20.09.2011 - 1 B 11.1011 -, juris Rn. 27 zu § 35 Abs. 4 Satz 1 Nr. 4 BauGB.

614 Dürr, in: Brügelmann, Band 3, BauGB § 35 Rn. 131; Spieß, in: Jäde/Dirnberger/Weiß, BauGB § 35 Rn. 108; Söfker, in: Ernst/Zinkahn/Bielenberg/Krautzberger, Band 2, BauGB § 35 Rn. 140; Decker, KommunalP spezial 2013, 155, 156.

615 Rieger, in: Schrödter, § 35 Rn. 175.

BauGB innere Veränderungen des Gebäudes wie das Einziehen von Decken und Wänden im Sinne des § 35 Abs. 4 BauGB überhaupt einen Neubau im Sinne dieser Vorschrift darstellen. Dafür spricht, dass es nach ständiger Rechtsprechung des Bundesverwaltungsgerichts an einer Identität zwischen Bestand und dem Gebäude, wie es sich nach Durchführung der Baumaßnahme darstellt, fehlt, wenn der mit der Instandsetzung verbundene Eingriff in den vorhandenen Bestand so intensiv ist, dass er die Standfestigkeit des gesamten Bauwerks berührt und eine statische Nachberechnung des gesamten Gebäudes erforderlich macht, oder wenn die für die Instandsetzung notwendigen Arbeiten den Aufwand für einen Neubau erreichen oder gar übersteigen oder wenn die Bausubstanz ausgetauscht oder das Bauvolumen wesentlich erweitert wird[616].

Dagegen spricht allerdings der Wille des Gesetzgebers, gerade mit Änderung des § 35 Abs. 4 Satz 1 Nr. 1 BauGB die Nutzungsänderung von ehemals landwirtschaftlich genutzten Gebäuden zu ermöglichen[617]. Landwirtschaftliche Gebäude sind jedoch naturgemäß baulich nicht für eine intensivere Nutzung konzipiert und errichtet. Dies gilt insbesondere für Stallungen, Scheunen bzw. allgemein Räume zur Lagerung. Zudem wäre die Neufassung des § 35 Abs. 4 Satz 1 Nr. 1 BauGB zum 01.01.1998, die ausdrücklich nur noch auf die äußere Gestalt des Gebäudes abzielt und dagegen nicht mehr verlangt, dass die Nutzungsänderung nicht mit einer wesentlichen Änderung der baulichen Anlage verbunden sein darf, nicht recht erklärlich[618]. Die Vorschrift setzt insoweit lediglich voraus, dass überhaupt eine erhaltenswerte Bausubstanz vorhanden ist, und stellt dann weiter darauf ab, dass die äußere Gestalt des Gebäudes gewahrt bleibt. Schließlich verbleibt als Korrektiv, dass eine erhaltenswerte Bausubstanz erhalten und die äußere Gestalt im Wesentlichen gewahrt bleibt. Durch diese Voraussetzungen wird jedoch bereits ausreichend gewährleistet, dass zu intensive und einem Neubau tatsächlich gleich kommende Änderungen nicht unter § 35 Abs. 4 Satz 1 Nr. 1 BauGB gefasst werden und die strengeren Anforderungen des § 35 Abs. 4 Satz 2 BauGB unterlaufen werden.

ee) Aufgabe der bisherigen Nutzung darf nicht länger als 7 Jahre zurückliegen (Buchst. c))

Nach § 35 Abs. 4 Satz 1 Nr. 1 Buchst. c) BauGB darf die Aufgabe der Nutzung nicht länger als 7 Jahre zurückliegen. Für die Änderung der Nutzung zu Zwecken der Vermietung an Feriengäste ergeben sich keinerlei Besonderheiten, so dass hinsichtlich weiterer Einzelheiten dieser Voraussetzung auf die Literatur verwiesen wird[619].

---

616 BVerwG, Beschluss vom 21.03.2001 - 4 B 18.01 -, NVwZ 2002, 92; Urteil vom 17.01.1986 - 4 C 80/82 -, BVerwGE 72, 362, 363; Urteil vom 18.10.1974 - IV C 75.71 -, BVerwGE 47, 126, 128 f.

617 BT-Drs. 13/6392, 19.

618 Ähnlich Dürr, in: Brügelmann, Band 3, BauGB § 35 Rn. 131.

619 Siehe etwa Rieger, in: Schrödter, § 35 Rn. 176; Söfker, in: Ernst/Zinkahn/Bielenberg/Krautzberger, Band 2, BauGB § 35 Rn. 142.

ff) Gebäude vor mehr als 7 Jahren zulässigerweise errichtet (Buchst. d))

Zudem muss das Gebäude vor mehr als 7 Jahren zulässigerweise errichtet worden sein, womit ausgeschlossen werden soll, dass Gebäude unter dem Vorwand der privilegierten Nutzung errichtet werden, um sie nach kurzer Zeit einer anderen Nutzung zuzuführen[620]. Zulässigerweise errichtet ist das Gebäude dann, wenn es entweder formell oder materiell legal war[621]. Formell legal ist es, wenn – unabhängig von der Frage der materiellen Legalität – es aufgrund einer Baugenehmigung errichtet worden ist oder diese jedenfalls nachträglich erteilt worden ist[622]. Hinsichtlich der materiellen Legalität ist ausreichend, dass das Vorhaben zu irgendeinem Zeitpunkt seines Bestehens genehmigungsfähig war. Für den Beginn der 7-Jahres-Frist ist auf die Errichtung des Gebäudes abzustellen, wobei es auf die Bezugsfertigkeit des Gebäudes ankommt. Das Gebäude ist nach zutreffender Auffassung des Bundesverwaltungsgerichts dann errichtet, wenn es soweit fertiggestellt ist, dass es bestimmungsgemäß genutzt werden könnte[623].

gg) Räumlich-funktionaler Zusammenhang mit der Hofstelle (Buchst. e))

Das Gebäude muss im räumlich-funktionalen Zusammenhang mit der Hofstelle des landwirtschaftlichen Betriebs stehen, aus dem sich bisher die Privilegierung abgeleitet hat, womit vor allem eine räumliche Konzentrierung der Außenbereichsbebauung bezweckt wird[624]. Unter Hofstelle ist ein Gebäudekomplex zu verstehen, der wesentliche Teile der Gebäude des landwirtschaftlichen Betriebs enthält und bei dem eines der Gebäude das Wohnhaus oder die Wohnung des Landwirts ist oder enthält[625]. Damit ist ausgeschlossen, dass Gebäude, die sich in der freien Landschaft befinden, zu Hotels, Ferienhäusern oder sonstigen Unterkünften umgebaut werden. Wo die Grenze verläuft, ist allerdings eine Frage des Einzelfalls. So hat das Bundesverwaltungsgericht jedenfalls eine Entfernung von 300 m zur Hofstelle für unzulässig erachtet[626]. Der funktionale Zusammenhang muss selbstverständlich lediglich bei der eigentlich privilegierten Nutzung vor-

620 Rieger, in: Schrödter, § 35 Rn. 178.

621 Roeser, in: Berliner Kommentar, Band 2, § 35 Rn. 102, 109; Dürr, in: Brügelmann, Band 3, BauGB § 35 Rn. 131a, 135.

622 Zum ganzen Söfker, in: Ernst/Zinkahn/Bielenberg/Krautzberger, Band 2, BauGB § 35 Rn. 143.

623 BVerwG, Beschluss vom 15.06.2000 - 4 B 30.00 -, NVwZ-RR 2000, 758; Söfker, in: Ernst/Zinkahn/Bielenberg/Krautzberger, Band 2, BauGB § 35 Rn. 143; Dürr, in: Brügelmann, Band 3, BauGB § 35 Rn. 131b.

624 BVerwG, Urteil vom 18.05.2001 - 4 C 13.00 -, NVwZ 2001, 1282, 1283; Rieger, in: Schrödter, § 35 Rn. 179.

625 BVerwG, Beschluss vom 14.03.2006 - 4 B 10.06 -, NVwZ 2006, 696; Söfker, in: Ernst/Zinkahn/Bielenberg/Krautzberger, Band 2, BauGB § 35 Rn. 144.

626 BVerwG, Urteil vom 18.05.2001 - 4 C 13.00 -, NVwZ 2001, 1282, 1284.

handen gewesen sein. Das Merkmal bezieht sich nicht auf die neu aufgenommene Nutzung[627].

hh) Keine Anwendung der Einschränkung des Buchst. f)

Nach § 35 Abs. 4 Satz 1 Buchst. f) BauGB dürfen im Fall der Änderung zu Wohnzwecken neben den bisher nach Absatz 1 Nr. 1 zulässigen Wohnungen höchstens drei Wohnungen je Hofstelle eingerichtet werden. Richtigerweise ist die Einschränkung des Buchstaben f) nicht für die Fälle der Bereitstellung von Ferienwohnungen oder Ferienhäusern anzuwenden, da es sich nicht um Wohnungen für Dauerwohnzwecke handelt[628]. Daher ergibt sich aus § 35 Abs. 4 Satz 1 Nr. 1 BauGB grundsätzlich keine Begrenzung für die Anzahl von Ferienwohnungen oder Ferienzimmern, solange sie in dem Gebäude untergebracht werden können.

ii) Verpflichtung, keinen Neubau als Ersatz vorzunehmen (Buchst. g))

Hinsichtlich der in Buchstabe g) enthaltenen Verpflichtung, keinen Ersatzbau für die aufgegebene Nutzung vorzunehmen, ergeben sich für die Nutzungsänderung zur Vermietung an Feriengäste keinerlei Besonderheiten, so dass für weitere Details dieser Zulässigkeitsvoraussetzung auf die Literatur verwiesen wird[629].

b) Vorhaben nach § 35 Abs. 4 Satz 1 Nr. 2 BauGB

§ 35 Abs. 4 Satz 1 Nr. 2 BauGB enthält die Teilprivilegierung für die Neuerrichtung eines gleichartigen Wohngebäudes an gleicher Stelle. Der Tatbestand erfasst allerdings allein die Neuerrichtung eines gleichartigen Wohngebäudes, womit ausschließlich die Nutzung zu Dauerwohnzwecken erfasst ist, so dass die Vermietung an Feriengäste mangels Wohnnutzung ausscheidet[630].

c) Vorhaben nach § 35 Abs. 4 Satz 1 Nr. 3 BauGB

Die Regelung des § 35 Abs. 4 Satz 1 Nr. 3 BauGB sieht eine Teilprivilegierung vor für die alsbaldige Neuerrichtung eines zulässigerweise errichteten, durch Brand, Naturereignisse oder andere außergewöhnliche Ereignisse zerstörten gleichartigen Gebäudes an gleicher Stelle. Die Regelung erfasst die Gebäude unabhängig von

627 Dürr, in: Brügelmann, Band 3, BauGB § 35 Rn. 131c.

628 Ziegler, AuR 2005, 290, 292; Söfker, ZfBR 1989, 91, 93; Dürr, in: Brügelmann, Band 3, BauGB § 35 Rn. 131d; BVerwG, Beschluss vom 06.10.1994 - 4 B 178.94 -, NVwZ 1995, 700.

629 Söfker, in: Ernst/Zinkahn/Bielenberg/Krautzberger, Band 2, BauGB § 35 Rn. 146.

630 BVerwG, Beschluss vom 25.06.2001 - 4 B 42.01 -, BauR 2002, 2059; BVerwG, Urteil vom 12.03.1982 - 4 C 59.78 -, NJW 1982, 2512, 2513; OVG Schleswig, Urteil vom 31.01.1997 - 1 L 170/96 -, juris Rn. 56; Spieß, in: Jäde/Dirnberger/Weiß, BauGB § 35 Rn. 127; Rieger, in: Schrödter, § 35 Rn. 182; Bracher, in: Bracher/Reidt/Schiller, Rn. 2410; Dürr, in: Brügelmann, Band 3, BauGB § 35 Rn. 135.

ihrer Nutzung[631], so dass auch an Feriengäste vermietete Gebäude der Regelung unterfallen können. Das Gebäude muss allerdings zulässigerweise errichtet worden sein. Dies setzt wie im Fall des § 35 Abs. 4 Satz 1 Nr. 1 BauGB materielle oder formelle Legalität voraus[632]. Materiell zulässig könnte etwa ein jedenfalls auch zur Vermietung an Feriengäste genutztes Gebäude sein, das als mitgezogener Betriebsteil im Sinne des § 35 Abs. 1 Nr. 1 BauGB zulässigerweise genutzt worden ist. Die Neuerrichtung muss – abgesehen von den nach § 35 Abs. 4 Satz 2 BauGB zulässigen geringfügigen Erweiterungen und Abweichungen vom bisherigen Standort – ein gleichartiges Gebäude zum Gegenstand haben[633]. Größe, Nutzung und Funktion müssen dabei identisch bleiben. Nutzungsänderungen sind nicht möglich. Ausgeschlossen ist also, dass gewissermaßen unter dem Deckmantel des Wiederaufbaus eine Nutzungsänderung eines landwirtschaftlich genutzten Gebäudes in ein Ferienhaus zur Vermietung, ein Hotel oder Ähnliches nach § 35 Abs. 4 Satz 1 Nr. 3 BauGB zulässig wäre.

Für die Bestimmung des Zeitrahmens, in dem der Wiederaufbau („alsbald") erfolgen muss, gibt das Bundesverwaltungsgericht als Orientierung vor, dass wenn innerhalb von bis zu zwei Jahren die Absicht des Wiederaufbaus ernsthaft bekundet wird, dies als alsbaldiger Wiederaufbau angesehen werden dürfte. Danach wird sich die Verkehrsauffassung auf den bewirkten Wandel der Gesamtsituation eingestellt haben und ein Wiederaufbau somit nicht mehr zulässig sein[634].

d) Änderung von die Kulturlandschaft prägenden Gebäuden, § 35 Abs. 4 Satz 1 Nr. 4 BauGB

Im Zusammenhang mit der Realisierung von Vorhaben zur Vermietung an Feriengäste ist die Regelung des § 35 Abs. 4 Satz 1 Nr. 4 BauGB von erheblicher Bedeutung. Nach dieser seit Einführung inhaltlich unverändert gebliebenen Vorschrift unterliegen der Teilprivilegierung die Änderung oder Nutzungsänderung von erhaltenswerten, das Bild der Kulturlandschaft prägenden Gebäuden, auch wenn sie aufgegeben sind, wenn das Vorhaben einer zweckmäßigen Verwendung der Gebäude und der Erhaltung des Gestaltswerts dient. Der Vorschrift liegt die Erwägung zugrunde, dass erhaltenswerte Gebäude dem Verfall anheim gegeben sind, wenn nicht eine wirtschaftlich sinnvolle Nutzung ermöglicht wird[635]. Der Regelung des § 35 Abs. 4 Satz

---

631 Söfker, in: Ernst/Zinkahn/Bielenberg/Krautzberger, Band 2, BauGB § 35 Rn. 151; Roeser, in: Berliner Kommentar, Band 2, § 35 Rn. 109, 114.

632 Rieger, in: Schrödter, § 35 Rn. 185; Söfker, in: Ernst/Zinkahn/Bielenberg/Krautzberger, Band 2, BauGB § 35 Rn. 143.

633 BVerwG, Urteil vom 13.06.1980 - 4 C 63.77 -, NuR 1981, 24 (Starthaus Flugplatz in ein Wochenendhaus); Urteil vom 23.01.1981 - 4 C 85.77 -, BVerwGE 61, 290, 293; Söfker, in: Ernst/Zinkahn/Bielenberg/Krautzberger, Band 2, BauGB § 35 Rn. 154; Dürr, in: Brügelmann, Band 3, BauGB § 35 Rn. 146.

634 BVerwG, Urteil vom 21.08.1981 - 4 C 75.80 -, NJW 1982, 400.

635 Spieß, in: Jäde/Dirnberger/Weiß, BauGB § 35 Rn. 151.

1 Nr. 4 BauGB kam vor Änderung des § 35 Abs. 4 Satz 1 Nr. 1 BauGB durch das Bau- und Raumordnungsgesetz zum 01.01.1998[636] sogar noch größere Bedeutung zu, da Nr. 4 im Gegensatz zur damaligen Regelung in Nr. 1 weitere Umbaumaßnahmen ermöglichte und keine Einschränkung dahingehend enthält, dass keine wesentlichen Änderungen vorgenommen werden dürfen wie in der damaligen Nr. 1[637]. Aber allein aufgrund der fehlenden zeitlichen Einschränkungen ist die Regelung des § 35 Abs. 4 Satz 1 Nr. 4 BauGB nach wie vor von erheblicher Bedeutung für die Realisierung von Vorhaben zur Vermietung an Feriengäste. Praktisch relevant sind hier etwa die Einrichtung von Übernachtungsmöglichkeiten in Fachwerkhäusern, Burgen, Windmühlen, Wassermühlen, Almhütten, alten Gehöften und Wohngebäuden[638]. § 35 Abs. 4 Satz 1 Nr. 4 BauGB enthält vom Wortlaut her keine Einschränkung der Änderung oder Nutzungsänderung des Gebäudes. Insbesondere erleichtert § 35 Abs. 4 Satz 1 Nr. 4 BauGB auch wesentliche Änderungen[639]. Eine mögliche Umgestaltung ist allerdings insoweit begrenzt, als die Eigenart des Gebäudes und damit schließlich der Grund für seinen besonderen Schutz durch die Änderung nicht verlorengehen dürfen[640]. Zudem sind lediglich Änderungen und Nutzungsänderungen, aber keine Erweiterungen zulässig[641].

aa) Erhaltenswerte, das Bild der Kulturlandschaft prägende Gebäude

Voraussetzung einer Teilprivilegierung nach § 35 Abs. 4 Satz 1 Nr. 4 BauGB ist, dass es sich bei dem Vorhaben um die Änderung oder Nutzungsänderung eines erhaltenswerten, das Bild der Kulturlandschaft prägenden Gebäudes handelt. Ein Gebäude prägt die Kulturlandschaft dann, wenn die Landschaft ihr spezifisches Gepräge gerade durch das Gebäude enthält[642]. Das Gebäude muss eine spezifische Beziehung zur Landschaft und der sich aus der Gesamtheit ergebenden Kulturlandschaft haben. Als Kulturlandschaft kann wiederum die durch den Menschen geprägte Landschaft verstanden werden[643]. Nicht ausreichend ist, wenn das Gebäude einen historischen Wert besitzt, auch wenn es dahingehend schutzwürdig erscheinen mag[644]. Über § 35 Abs. 4 Satz 1 Nr. 4 BauGB sollen nur solche Gebäude erhalten werden, die gerade erst

---

636 Gesetz zur Änderung des Baugesetzbuchs und zur Neuregelung des Rechts der Raumordnung vom 18.08.1997, BGBl. I, 2081.

637 Vgl. zur alten Rechtslage noch Bielenberg, ZfBR 1989, 49, 50; Söfker, ZfBR 1989, 91, 94.

638 Vgl. Mitschang/Reidt, in: Battis/Krautzberger/Löhr, § 35 Rn. 153; weitere Beispiele bei Roeser, in: Berliner Kommentar, Band 2, § 35 Rn. 116.

639 Bracher, in: Bracher/Reidt/Schiller, Rn. 2424.

640 Dürr, in: Brügelmann, Band 3, BauGB § 35 Rn. 147.

641 Ebenda.

642 Dürr, in: Brügelmann, Band 3, BauGB § 35 Rn. 148; Mitschang/Reidt, in: Battis/Krautzberger/Löhr, § 35 Rn. 153; BVerwG, Beschluss vom 17.01.1991 - 4 B 186.90 -, NVwZ-RR 1991, 339.

643 Söfker, in: Ernst/Zinkahn/Bielenberg/Krautzberger, Band 2, BauGB § 35 Rn. 155.

644 Vgl. Spieß, in: Jäde/Dirnberger/Weiß, BauGB § 35 Rn. 152.

im Zusammenspiel mit der Landschaft einen besonderen Wert erhalten und diesen wieder an die Landschaft zurückgeben. Die Gebäude müssen keine Baudenkmäler sein. Vielmehr hat § 35 Abs. 4 Satz 1 Nr. 4 BauGB einen eigenen Regelungswert, dessen Beurteilung sich nach städtebaulichen Gesichtspunkten zu richten hat[645]. So ist auch durchaus möglich, dass Gebäude unter Denkmalschutz stehen, aber keineswegs die Kulturlandschaft prägen[646]. Der ursprüngliche Zweck des Gebäudes ist unerheblich und bezieht sich auf Gebäude jeder Art[647]. Das Gebäude muss vor allem nicht nach § 35 Abs. 1 BauGB privilegiert oder dies einmal gewesen sein[648].

bb) Zweckmäßige Verwendung der Gebäude und Erhaltung des Gestaltswerts

Das Vorhaben muss der zweckmäßigen Verwendung der Gebäude und der Erhaltung des Gestaltswerts dienen. Mit der Verwendung des Begriffs „zweckmäßige Verwendung“ ist ein verhältnismäßig weiter Spielraum eröffnet[649]. Es ist nicht erforderlich, dass die Änderung oder Nutzungsänderung erforderlich ist, um das Gebäude zu erhalten. Ausreichend sind auch wirtschaftliche oder andere Zweckmäßigkeitsgesichtspunkte, etwa auch solche, die dazu dienen, dass die neue Nutzung in dem Gebäude die Maßnahme wirtschaftlich trägt[650]. Dies berücksichtigt, stellt die Nutzung der Gebäude für die Vermietung an Feriengäste in aller Regel eine „zweckmäßige Verwendung“ der Gebäude dar[651]. Zwar kann die Nutzung des Gebäudes aufgegeben sein und dies ohne zeitliche Begrenzung. § 35 Abs. 4 Satz 1 Nr. 4 BauGB setzt aber voraus, dass überhaupt noch ein funktionsfähiges Gebäude vorhanden ist, das erhalten werden kann. Eine funktionslose Ruine kann nicht von der Regelung erfasst sein[652]. Ausgeschlossen sind solche Änderungen, die einer Neuerrichtung oder Erweiterung gleichkommen[653]. Allerdings stellt auch im Rahmen des § 35 Abs. 4 Satz 1 Nr. 4 BauGB richtigerweise nicht jede Veränderung, die eine statische Neuberechnung erfordert, die Identität der Gebäude in Frage, so dass auch eine Entkernung zulässig sein kann[654].

---

645 VG Schleswig, Urteil vom 19.03.1984 - 8 A 281/83 -, AgrarR 1986, 26, 27; Spieß, in: Jäde/Dirnberger/Weiß, BauGB § 35 Rn. 152.

646 Dürr, in: Brügelmann, Band 3, BauGB § 35 Rn. 148 mit Beispielen; Roeser, in: Berliner Kommentar, Band 2, § 35 Rn. 116.

647 Mitschang/Reidt, in: Battis/Krautzberger/Löhr, § 35 Rn. 153.

648 Dürr, in: Brügelmann, Band 3, BauGB § 35 Rn. 149.

649 Söfker, in: Ernst/Zinkahn/Bielenberg/Krautzberger, Band 2, BauGB § 35 Rn. 156.

650 Dürr, in: Brügelmann, Band 3, BauGB § 35 Rn. 150; Söfker, in: Ernst/Zinkahn/Bielenberg/Krautzberger, Band 2, BauGB § 35 Rn. 156.

651 Ziegler, AuR 2005, 290, 292; Bielenberg, ZfBR 1989, 49, 50; Söfker, ZfBR 1989, 91, 94; VG Schleswig, Urteil vom 19.03.1984 - 8 A 281/83 -, AgrarR 1986, 26, 27 („Fremdenverkehr an der See“); Roeser, in: Berliner Kommentar, Band 2, § 35 Rn. 118.

652 OVG Koblenz, Urteil vom 24.02.1983 - 1 A 166/81 -, NVwZ 1983, 682; Mitschang/Reidt, in: Battis/Krautzberger/Löhr, § 35 Rn. 154.

653 Söfker, in: Ernst/Zinkahn/Bielenberg/Krautzberger, Band 2, BauGB § 35 Rn. 157.

654 Spieß, in: Jäde/Dirnberger/Weiß, BauGB § 35 Rn. 154.

Schließlich muss das Vorhaben der Erhaltung des Gestaltswerts der Anlage dienen. Die dienende Funktion ist so auszulegen wie bei § 35 Abs. 1 Nr. 1 BauGB[655]. Die Erhaltung des Gestaltswerts schließt solche Umgestaltungen aus, die dem Gebäude auch bei Identität der Anlage ein anderes Erscheinungsbild vermitteln[656].

e) Vorhaben nach § 35 Abs. 4 Satz 1 Nr. 5 BauGB

Über § 35 Abs. 4 Satz 1 Nr. 5 BauGB können für die Vermietung an Feriengäste bestimmte Anlagen nicht teilprivilegiert sein. Die Regelung sieht unter den dort näher genannten Voraussetzungen die Erweiterung von Wohngebäuden auf bis zu höchstens zwei Wohnungen vor. Wie bei dem Tatbestand des § 35 Abs. 4 Satz 1 Nr. 2 BauGB ist unter einem „Wohngebäude" aber nur ein solches zu verstehen, das zum Dauerwohnen bestimmt ist, mit der Folge, dass Ferienhäuser und auch Wochenendhäuser nicht dem Anwendungsbereich des § 35 Abs. 4 Satz 1 Nr. 5 BauGB unterfallen können[657].

f) Vorhaben nach § 35 Abs. 4 Satz 1 Nr. 6 BauGB

Von besonderer Bedeutung für die Zulässigkeit baulicher Anlagen zur Vermietung an Feriengäste im Außenbereich ist die Regelung des § 35 Abs. 4 Satz 1 Nr. 6 BauGB. Dieser ordnet die Teilprivilegierung für solche Vorhaben an, die die bauliche Erweiterung eines zulässigerweise errichteten gewerblichen Betriebs zum Gegenstand haben. Handelt es sich um die Erweiterung eines solchen Betriebs, ist weitere Voraussetzung lediglich, dass die Erweiterung im Verhältnis zum vorhandenen Gebäude und Betrieb angemessen ist.

aa) Gewerblicher Betrieb

Der Tatbestand des § 35 Abs. 4 Satz 1 Nr. 6 BauGB kommt nur zur Anwendung, wenn ein gewerblicher Betrieb erweitert werden soll. Unter einer gewerblichen Tätigkeit versteht man auch im Rahmen des § 35 Abs. 4 Satz 1 Nr. 6 BauGB in Anlehnung an § 1 GewO eine selbständige, erlaubte, auf Gewinnerzielung gerichtete und auf eine gewisse Dauer angelegte Tätigkeit, wobei allerdings im Gegensatz zur gewerberechtlichen Definition auch die Urproduktion und die sog. freien Berufe eine gewerbliche Tätigkeit im baurechtlichen Sinne darstellen können[658]. Das Merkmal

---

655 Dürr, in: Brügelmann, Band 3, BauGB § 35 Rn. 150.

656 Söfker, in: Ernst/Zinkahn/Bielenberg/Krautzberger, Band 2, BauGB § 35 Rn. 156; Rieger, in: Schrödter, § 35 Rn. 185.

657 Rieger, in: Schrödter, § 35 Rn. 194; VGH München, Urteil vom 17.04.2013 - 1 B 11.2800 -, NuR 2013, 909, 911; VG München, Urteil vom 28.10.2010 - M 11 K 10.278 -, juris Rn. 35; VGH München, Beschluss vom 17.10.2007 - 1 ZB 06.3059 -, juris Rn. 13.

658 Mitschang/Reidt, in: Battis/Krautzberger/Löhr, § 35 Rn. 31; BVerwG, Urteil vom 18.03.1983 - 4 C 17.81 -, NVwZ 1984, 303, 304; Söfker, in: Ernst/Zinkahn/Bielenberg/

Betrieb kennzeichnet die organisatorische Zusammenfassung von Betriebsanlagen und Betriebsmitteln auf einer bestimmten Betriebsfläche[659]. Nicht unter den Gewerbebegriff fallen die Betriebe, die bereits nach § 35 Abs. 1 BauGB privilegiert sind, insbesondere landwirtschaftliche Betriebe und von der Privilegierung mitgezogene Betriebsteile[660]. Die Zulässigkeit der Erweiterung richtet sich in diesen Fällen nach Absatz 1[661]. Das Vorstehende berücksichtigt, ist das Vermieten von Räumen und Gebäuden an Feriengäste als Gewerbebetrieb im Sinne des § 35 Abs. 4 Satz 1 Nr. 6 BauGB anzusehen[662].

Nach zutreffender Auffassung kann über die Vorschrift nur die Erweiterung eines bereits im Außenbereich belegenen Betriebs teilprivilegiert sein und nicht ein sich im Innenbereich befindender Betrieb in den Außenbereich hinaus erweitert werden[663]. Wenn dagegen vorgetragen wird, auch ein im Innenbereich belegener Betrieb könne auf die Erweiterung in den Außenbereich angewiesen sein[664], so stellt dies keinen rechtlich relevanten Einwand dar. Die Erweiterung eines Betriebs auch in den Außenbereich ist grundsätzlich nicht ausgeschlossen. Nur kommt der Erweiterung in diesem Fall nicht die Teilprivilegierung zugute. Die Regelung des § 35 Abs. 4 Satz 1 Nr. 6 BauGB ist zudem eine Regelung mit dem Ziel der Ermöglichung des aktiven Bestandsschutzes speziell für im Außenbereich belegene Vorhaben[665]. Es ist nicht ersichtlich, warum dieser Tatbestand auf Innenbereichsvorhaben, die sich erst in den Außenbereich hin erweitern wollen, Anwendung finden sollte.

bb) Zulässigerweise errichteter Betrieb

Nach dem Wortlaut des § 35 Abs. 4 Satz 1 Nr. 6 BauGB muss der Betrieb zulässigerweise errichtet sein. Abzustellen ist richtigerweise allerdings nicht auf die Zulässigkeit des Betriebs in gewerberechtlicher Hinsicht, sondern entsprechend wie bei § 35 Abs. 4 Satz 1 Nr. 1 bis Nr. 5 BauGB ist zu prüfen, ob der bauliche Bestand des Betriebs baurechtlich genehmigt oder jedenfalls materiell legal ist[666]. Gerade die konkrete

---

Krautzberger, Band 2, BauGB § 35 Rn. 161; Dürr, in: Brügelmann, Band 3, BauGB § 35 Rn. 159; vgl. Guldi, NVwZ 1996, 849, 850.

659 BVerwG, Urteil vom 16.12.1993 - 4 C 19.92 -, NVwZ 1994, 371; Urteil vom 18.03.1983 - 4 C 17/81 -, NVwZ 1984, 303, 304.

660 Spieß, in: Jäde/Dirnberger/Weiß, BauGB § 35 Rn. 165; Dürr, in: Brügelmann, Band 3, BauGB § 35 Rn. 159.

661 Guldi, NVwZ 1996, 849, 850.

662 VGH München, Beschluss vom 12.01.2000 - 1 B 97.1093 -, juris Rn. 1; vorgehend VG München, Urteil vom 21.01.1997 - M 1 K 95.4131 -, juris Rn. 24; VG Greifswald, Urteil vom 06.04.2000 - 1 A 1134/96 -, juris Rn. 46.

663 BVerwG, Urteil vom 14.01.1993 - 4 C 33.90 -, NVwZ 1994, 293; Rieger, in: Schrödter, § 35 Rn. 199; a.A. Guldi, NVwZ 1996, 849.

664 Guldi, NVwZ 1996, 849.

665 Vgl. BVerwG, Beschluss vom 28.09.1992 - 4 B 175.92 -, UPR 1993, 29.

666 Rieger, in: Schrödter, § 35 Rn. 200; Bracher, in: Bracher/Reidt/Schiller, Rn. 2434; BVerwG, Beschluss vom 27.06.1980 - 4 B 102.80 -, BRS 36 Nr. 105.

gewerbliche Nutzung der baulichen Anlage muss baurechtlich zulässig sein[667]. Bei einem sich aus mehreren Betriebsteilen zusammensetzenden Betrieb darf jedenfalls ein wesentlicher Betriebsteil nicht materiell illegal sein[668].

cc) Bauliche Erweiterung des Betriebs

§ 35 Abs. 4 Satz 1 Nr. 6 BauGB begünstigt nur die bauliche Erweiterung eines gewerblichen Betriebs. Bauliche Erweiterung meint die räumliche Ausdehnung des Betriebs und kann auch die Errichtung eines Gebäudes umfassen[669]. Diese setzt einen funktionalen Zusammenhang zwischen den bereits bestehenden baulichen Anlagen und dem neuen Bauvorhaben voraus[670]. Genehmigungsbedürftige Nutzungsänderungen sind von der Regelung nicht erfasst, was auch bei einer Umstrukturierung des Betriebs gilt[671]. Ein Neubau ist nicht ausgeschlossen. „Erweiterung des Betriebs" ist richtigerweise so auszulegen, dass damit nicht nur die räumliche Ausdehnung eines vorhandenen Gebäudes zu verstehen ist, sondern sich auf den Betrieb als solchen bezieht[672]. Der Tatbestand ist auch anwendbar, wenn kein dem Betrieb zuzuordnendes Gebäude vorhanden ist. Zwar bezieht sich die Vorschrift sprachlich darauf, dass die Erweiterung zum vorhandenen Gebäude angemessen sein muss. Richtigerweise existiert aber keine sachliche Rechtfertigung dafür, die Erweiterung eines aus sonstigen Anlagen bestehenden Betriebs nicht unter den Begriff der Erweiterung eines gewerblichen Betriebs zu fassen[673]. Hinsichtlich Anlagen für den Ferienaufenthalt kann dies z.B. bei der Frage relevant sein, ob ein Campingplatz nach § 35 Abs. 4 Satz 1 Nr. 6 BauGB erweitert werden kann[674]. Desgleichen muss die Erweiterung auch nicht den Ausbau oder die Errichtung eines Gebäudes zum Gegenstand haben, sondern kann auch ein sonstiges Vorhaben wie etwa das Anlegen eines Lagerplatzes betreffen[675]. Eine Erweiterung können auch Maßnahmen zur energetischen Gebäudesanierung darstellen oder Änderungen zur Energieversorgung mit erneuerbaren Energien[676].

---

667 Dürr, in: Brügelmann, Band 3, BauGB § 35 Rn. 162; Guldi, NVwZ 1996, 849, 850; Roeser, in: Berliner Kommentar, Band 2, § 35 Rn. 123.

668 BVerwG, Beschluss vom 27.06.1980 - 4 B 102.80 -, BRS 36 Nr. 105; Söfker, in: Spannowsky/Uechtritz, § 35 Rn. 149.

669 Guldi, NVwZ 1996, 849, 850; VGH München, Urteil vom 29.03.1985 - Nr. 26 B 82 A.2195 -, BayVBl. 1986, 653; Dürr, in: Brügelmann, Band 3, BauGB § 35 Rn. 163.

670 Spieß, in: Jäde/Dirnberger/Weiß, BauGB § 35 Rn. 168; Roeser, in: Berliner Kommentar, Band 2, § 35 Rn. 124.

671 Bracher, in: Bracher/Reidt/Schiller, Rn. 2435; Mitschang/Reidt, in: Battis/Krautzberger/Löhr, § 35 Rn. 162; Dürr, in: Brügelmann, Band 3, BauGB § 35 Rn. 163.

672 Guldi, NVwZ 1996, 849, 850.

673 Rieger, in: Schrödter, § 35 Rn. 200; Guldi, NVwZ 1996, 849, 850.

674 Vgl. OVG Koblenz, Urteil vom 22.05.2002 - 1 A 11346/01 -, juris Rn. 28.

675 BVerwG, Urteil vom 14.01.1993 - 4 C 33.90 -, NVwZ 1994, 293 f.

676 Söfker, in: Ernst/Zinkahn/Bielenberg/Krautzberger, Band 2, BauGB § 35 Rn. 162b.

dd) Angemessenheit

§ 35 Abs. 4 Satz 1 Nr. 6 BauGB erfordert bereits seinem Wortlaut nach, dass die Betriebserweiterung sowohl im Verhältnis zum vorhandenen Gebäude als auch zum Betrieb angemessen ist. Es ist also nicht nur hinsichtlich des Gebäudebestandes, sondern im Verhältnis auch zum Betriebsumfang eine Verhältnismäßigkeitsprüfung anzustellen[677]. Allerdings sollte es, wie *Hoppe*[678] zutreffend darstellt, an dieser Stelle darum gehen, die Angemessenheit nicht streng an den beiden Merkmalen auszurichten. Zwar ist es erforderlich, beide Prüfungspunkte zu beleuchten, letztlich ist aber eine Gesamtschau anzustellen, in die beide Aspekte gleichermaßen, aber auch nicht zwingend zu gleichen Teilen einfließen.

(1) Im Verhältnis zum vorhandenen Gebäude

Die Erweiterung darf in räumlicher Hinsicht nicht zu einer unangemessenen weiteren Belastung des Außenbereichs führen. Aus der Betrachtung ausgenommen sind Gebäude und Gebäudeteile, die nicht dem Betrieb als solchem zuzuordnen sind wie etwa ein Wohngebäude[679]. Zwar wurde verschiedentlich versucht, feste Grenzwerte für die noch zulässige Betriebserweiterung zu finden[680]. Die Frage der Angemessenheit entzieht sich richtigerweise aber einer solchen schematischen Betrachtung, da die Prüfung stets von den konkreten städtebaulichen Gegebenheiten, insbesondere von der Struktur des Betriebs abhängig ist[681]. So ergibt sich allein aus der Betriebsstruktur ein anderer räumlicher Bedarf. Für Betriebe, die auf große Lagerflächen angewiesen sind, können andere Maßstäbe gelten als für Betriebe, die ihrer Struktur nach auch ohne eine solche erhebliche räumliche Ausdehnung auskommen[682]. Feste Grenzen können möglicherweise an der Betriebsstruktur vorbei-

---

677 BVerwG, Urteil vom 16.12.1993 - 4 C 19.92 -, NVwZ-RR 1994, 371; Mitschang/Reidt, in: Battis/Krautzberger/Löhr, § 35 Rn. 161 f.

678 Hoppe, DVBl. 1990, 1009.

679 BVerwG, Urteil vom 16.12.1993 - 4 C 19.92 -, NVwZ-RR 1994, 371; Spieß, in: Jäde/Dirnberger/Weiß, BauGB § 35 Rn. 169.

680 Vgl. Übersicht bei Guldi, NVwZ 1996, 849, 851, der selbst eine Erweiterung bis zu einem Drittel noch als angemessen erachtet und zudem fordert, dass diese Grenze in das Gesetz aufgenommen wird; Obergrenze bei 30 % auch VG Greifswald, Urteil vom 17.09.1998 - 1 A 754/96 -, juris Rn. 36; weitere Übersicht bei Söfker, in: Ernst/Zinkahn/Bielenberg/Krautzberger, Band 2, BauGB § 35 Rn. 162b.

681 Hoppe, DVBl. 1990, 1009, 1013; Söfker, in: Ernst/Zinkahn/Bielenberg/Krautzberger, Band 2, BauGB § 35 Rn. 162b; Spieß, in: Jäde/Dirnberger/Weiß, BauGB § 35 Rn. 169; Jarass/Kment, § 35 Rn. 103; Bracher, in: Bracher/Reidt/Schiller, Rn. 2436; Roeser, in: Berliner Kommentar, Band 2, § 35 Rn. 126; VGH München, Beschluss vom 12.09.2006 - 1 ZB 05.2076 -, juris Rn. 14; VG München, Urteil vom 30.06.2005 - M 11 05.190 -, juris Rn. 25.

682 Söfker, in: Ernst/Zinkahn/Bielenberg/Krautzberger, Band 2, BauGB § 35 Rn. 162b nennt hier zum Vergleich ein Sägewerk und einen kleinen Handwerksbetrieb.

gehen oder den städtebaulichen Voraussetzungen am konkreten Standort überhaupt nicht entsprechen.

(2) Im Verhältnis zum vorhandenen Betrieb

Bei Prüfung der Frage, ob die Erweiterung hinsichtlich des Betriebs angemessen ist, ist in Anlehnung an die Auslegung zum Merkmal des „Dienens" im Rahmen des § 35 Abs. 1 Nr. 1 BauGB zu fragen, ob ein vernünftiger Betriebsinhaber analog zum vernünftigen Landwirt unter Berücksichtigung des Gebots zur größtmöglichen Schonung des Außenbereichs dieses Vorhaben mit etwa gleichem Verwendungszweck und mit etwa gleicher Gestaltung und Ausstattung für einen entsprechenden Betrieb errichten würde und das Vorhaben durch die Zuordnung zu dem konkreten Betrieb auch äußerlich erkennbar geprägt ist[683]. Angemessen ist bei einer Fremdenpension beispielsweise qualitativ die Erweiterung um zusätzliche Zimmer oder einen Frühstücksraum[684]. Angemessen soll auch sein, wenn zu einem bestehenden Gastronomiebetrieb einige Fremdenzimmer hinzukommen, nicht aber, wenn ein selbständiger Hotelbetrieb angeschlossen wird und damit ein ganz neuer Betriebszweig entsteht[685].

(3) Zur wiederholten Betriebserweiterung

Wenn der Betriebsinhaber bei wiederholter Betriebserweiterung das Ziel verfolgt, ein Gesamtvorhaben, das den Rahmen der Angemessenheit überschreiten würde, in Teilakte zu zerlegen, und zeitlich gestaffelt ausführt, ist die Erweiterung unzulässig[686]. Eine erneute Erweiterung hat sich dann an dem ursprünglich existierenden Betrieb zu messen[687]. Richtigerweise sollte aber nach einem gewissen Zeitablauf bei einer erneuten Erweiterung des Betriebs als Maßstab der bereits erweiterte Betrieb herangezogen werden, um so eine weitere Fortentwicklung zu ermöglichen. Teils wird vorgeschlagen, eine Frist von 10 Jahren wäre ausreichend, um auf der einen Seite Missbrauch auszuschließen und auf der anderen Seite genug Entwicklungsmöglichkeiten zu geben[688]. Jedenfalls eine

---

683 BVerwG, Urteil vom 16.12.1993 - 4 C 19.92 -, NVwZ-RR 1994, 371; VG Greifswald, Urteil vom 17.09.1998 - 1 A 754/96 -, juris Rn. 36; Mitschang/Reidt, in: Battis/Krautzberger/Löhr, § 35 Rn. 162; Spieß, in: Jäde/Dirnberger/Weiß, BauGB § 35 Rn. 169; ähnlich Söfker, in: Ernst/Zinkahn/Bielenberg/Krautzberger, Band 2, BauGB § 35 Rn. 162b.

684 VGH München, Beschluss vom 12.01.2000 - 1 B 97.1093 -, juris Rn. 1; vorgehend VG München, Urteil vom 21.01.1997 - M 1 K 95.4131 -, juris Rn. 24.

685 VG Greifswald, Urteil vom 17.09.1998 - 1 A 754/96 -, juris Rn. 36 (33 Zweitbettzimmer, neun Einbettzimmer und diverse Nebenräume).

686 BVerwG, Beschluss vom 28.09.1992 - 4 B 175.92 -, UPR 1993, 29; Mitschang/Reidt, in: Battis/Krautzberger/Löhr, § 35 Rn. 163.

687 BVerwG, Urteil vom 16.12.1993 - 4 C 19.92 -, NVwZ-RR 1994, 371.

688 Guldi, NVwZ 1996, 849, 852.

erneute Erweiterung nach 20 Jahren wurde bereits von der Rechtsprechung als zulässig erachtet[689]. Eine exakte Grenzziehung ist jedoch nicht möglich, sondern von den konkreten Betriebsstrukturen und nicht zuletzt vom Umfang der in der Vergangenheit erfolgten Erweiterung abhängig.

g) Vorhaben nach § 35 Abs. 4 Satz 2 BauGB, Neuerrichtung in begründeten Einzelfällen

Schließlich kann im Zusammenhang mit der Vermietung von Räumen und Gebäuden an Feriengäste der Tatbestand des § 35 Abs. 4 Satz 2 BauGB relevant sein. Nach der im Jahre 2013 eingeführten Regelung[690] kann in begründeten Einzelfällen die Rechtsfolge des Satzes 1 auch für die Neuerrichtung eines Gebäudes im Sinne des § 35 Abs. 1 Nr. 1 BauGB gelten, dem eine andere Nutzung zugewiesen werden soll, wenn das ursprüngliche Gebäude vom äußeren Erscheinungsbild auch zur Wahrung der Kulturlandschaft erhaltenswert ist, keine stärkere Belastung des Außenbereichs zu erwarten ist als in den Fällen des § 35 Abs. 4 Satz 1 BauGB und die Neuerrichtung auch mit nachbarlichen Interessen vereinbar ist. § 35 Abs. 4 Satz 1 Nr. 1 Buchst. b) bis g) BauGB gilt entsprechend. Nach § 35 Abs. 4 Satz 3 BauGB sind geringfügige Erweiterungen des neuen Gebäudes gegenüber dem bisherigen Gebäude sowie geringfügige Abweichungen vom bisherigen Standort des Gebäudes zulässig. § 35 Abs. 4 Satz 1 Nr. 1 BauGB begünstigt aufgrund der Einschränkung unter Buchstabe a) nur Nutzungsänderungen erhaltenswerter Bausubstanz. Stellt sich die Bausubstanz als nicht mehr erhaltenswert dar, ermöglicht Satz 2 nunmehr in begründeten Einzelfällen die Nutzungsänderung auch unter Neuerrichtung des Gebäudes. Die Vorschrift erstreckt sich nicht generell auf bauliche Anlagen, sondern nur auf Gebäude[691] und erfasst als Neubau nur den Ersatzbau[692].

aa) Begründeter Einzelfall

Problematisch scheint vor allem die Auslegung des Begriffs „begründeter Einzelfall“, dessen Bedeutung sich nicht allein aus dem Tatbestand erschließt[693]. Ein begründeter Einzelfall kann jedoch schon dem Wortsinn nach richtigerweise nur angenommen werden, wenn es sich nicht um den Normalfall handelt, so dass insbesondere ausgeschlossen ist, dass die Genehmigung nur auf das Argument des Strukturwandels in der Landwirtschaft gestützt wird, weil dies geradezu auf jeden Fall der Entprivi-

689 VGH München, Beschluss vom 12.01.2000 - 1 B 97.1093 -, juris Rn. 2.

690 Kritisch hins. des Erfordernisses der Regelung Hagebölling, NuR 2013, 99, 103; Decker, KommunalP spezial 2013, 155, 159.

691 Mitschang/Reidt, in: Battis/Krautzberger/Löhr, § 35 Rn. 166; Bienek, SächsVBl. 2013, 288, 296.

692 Decker, KommunalP spezial 2013, 155, 157.

693 Dirnberger, DNotZ 2014, 424, 432; kritisch auch Portz, Städte- und Gemeinderat, 2013, 6, 8.

legierung zutrifft[694]. Vielmehr können nur besonders zu rechtfertigende Fälle von Satz 2 erfasst werden. Richtigerweise wird das Merkmal wohl damit so auszulegen sein, wie dies bei der Befreiung nach § 31 Abs. 2 BauGB vor Erlass des Bau- und Raumordnungsgesetzes zu verstehen war[695]. Erforderlich ist also eine Atypik[696]. *Spieß* nennt als Beispiel für einen solchen atypischen Fall, dass die vorhandene landwirtschaftliche Bausubstanz zwar noch nicht in einer den Bestandsschutz infrage stellenden Weise beeinträchtigt ist, das Gebäude jedoch Missstände und Mängel aufweist, die eine tatsächlich mögliche Sanierung als wirtschaftlich nicht zumutbar erscheinen lassen. Das sei insbesondere der Fall, wenn die Kosten einer solchen Sanierung diejenigen des Ersatzbaus erreichen oder überschreiten[697]. Solche Fälle dürfte auch der Gesetzgeber im Blick gehabt haben, wenn er insbesondere die „Hausschwammfälle" von Satz 2 erfasst sehen wollte[698].

bb) Zur Wahrung der Kulturlandschaft erhaltenswert

Erforderlich ist weiter, dass das ursprüngliche Gebäude vom äußeren Erscheinungsbild auch zur Wahrung der Kulturlandschaft erhaltenswert ist. Anders als in § 35 Abs. 4 Satz 1 Nr. 4 BauGB ist allerdings nicht von „erhaltenswerten, das Bild der Kulturlandschaft prägenden Gebäuden" die Rede, sondern dass das „ursprüngliche Gebäude auch zur Wahrung der Kulturlandschaft erhaltenswert ist". Verzichtet wird also auf die Eigenschaft, dass das Gebäude die Kulturlandschaft prägt. § 35 Abs. 4 Satz 2 BauGB verlangt damit jedenfalls vom Wortlaut her weniger als § 35 Abs. 4 Satz 1 Nr. 4 BauGB. Daher wird auch zum Teil vertreten, das Gebäude müsse lediglich zur Wahrung der Kulturlandschaft erhaltenswert sein und diese nicht in Wechselbeziehung prägen[699]. Abgesehen davon, ob diese Differenzierung überhaupt von praktischer Relevanz ist, darf allerdings bezweifelt werden, dass § 35 Abs. 4 Satz 2 BauGB tatsächlich weniger voraussetzt als § 35 Abs. 4 Satz 1 Nr. 4 BauGB[700]. Dafür, die Rechtsgrundsätze des § 35 Abs. 4 Satz 1 Nr. 4 BauGB ohne weitere Differenzierung anzuwenden, spricht vor allem, dass die Kulturlandschaft, zu deren Wahrung das Gebäude neu errichtet werden kann, ja ohnehin durch das Gebäude geprägt sein wird. Wie bereits ausgeführt, beinhaltet der Begriff der Kulturlandschaft, dass es sich nicht um naturbelassene Landschaft handelt, sondern um eine solche, die durch den

---

694 Decker, KommunalP spezial 2013, 155, 157.

695 Decker, KommunalP spezial 2013, 155, 156; ähnlich Stüer, DVBl. 2012, 1017, 1023.

696 Mitschang/Reidt, in: Battis/Krautzberger/Löhr, § 35 Rn. 166; Spieß, in: Jäde/Dirnberger/Weiß, BauGB § 35 Rn. 172; Decker, KommunalP spezial 2013, 155, 156.

697 Spieß, in: Jäde/Dirnberger/Weiß, BauGB § 35 Rn. 172; ähnlich Bracher, in: Bracher/Reidt/Schiller, Rn. 2409.

698 BT-Drs. 17/11468, 23.

699 Mitschang/Reidt, in: Battis/Krautzberger/Löhr, § 35 Rn. 166; Bracher, in: Bracher/Reidt/Schiller, Rn. 2409.

700 Decker, KommunalP spezial 2013, 155, 156 wendet die Rechtsgrundsätze für § 35 Abs. 4 Satz 1 Nr. 4 BauGB ohne weitere Differenzierung an; im Ergebnis ebenso Stüer, DVBl. 2012, 1017, 1023.

Menschen geschaffen worden ist. In aller Regel wird die Kulturlandschaft im Fall des Satzes 2 bereits durch das Gebäude geprägt worden und aus diesem Grund das Gebäude zur Wahrung dieser Kulturlandschaft dann erhaltenswert sein. Letztlich handelt es sich um die Beschreibung derselben tatsächlichen Gegebenheiten nur von einem anderen Standpunkt aus.

cc) Übrige Voraussetzungen § 35 Abs. 4 Satz 1 Nr. 1 Buchst. b) bis g) BauGB

Des Weiteren müssen die in § 35 Abs. 4 Satz 1 Nr. 1 Buchst. b) bis g) BauGB normierten Voraussetzungen erfüllt sein und von dem Ersatzbau darf keine stärkere Belastung des Außenbereichs zu erwarten sein als in den Fällen des Satzes 1. Letzteres erfordert hinsichtlich der zu erwartenden Belastungen eine prognostische Einschätzung im Rahmen einer vergleichenden Betrachtung[701]. Dass keine größere Belastung des Außenbereichs erwartet werden darf, kann vor allem für die Erschließung relevant sein und zur Nichtanwendbarkeit des Tatbestandes führen, wenn beispielsweise für die neue Nutzung als Pension die vorhandene Erschließung für eine nur landwirtschaftliche Nutzung nicht ausreicht[702]. Dass die Neuerrichtung mit nachbarlichen Interessen vereinbar sein muss, entspricht dem allgemeinen Gebot der Rücksichtnahme im Außenbereich und hat daher lediglich klarstellende Funktion[703].

II. Eigennutzung zu Ferien- und Erholungszwecken durch den Eigentümer oder Dauermieter

Während sich der vorstehende Abschnitt mit der Möglichkeit der Nutzung von im Außenbereich belegenen Anlagen zur Vermietung an wechselnde Gäste befasst, ist in dem folgenden zu untersuchen, ob und unter welchen Voraussetzungen im Außenbereich die Nutzung eines Hauses oder einer Wohnung als Feriendomizil durch den Eigentümer oder Dauermieter selbst realisierbar ist. Dabei ist stets zu berücksichtigen, dass die Eigennutzung zu Ferienzwecken sich bauplanungsrechtlich als Wohnnutzung im Sinne eines Zweitwohnsitzes[704] darstellt.

1. Kein privilegiert zulässiges Vorhaben nach § 35 Abs. 1 Nr. 1, 2 und 4 BauGB

In der Regel ist es auszuschließen, dass die Nutzung nach § 35 Abs. 1 BauGB privilegiert ist. So ist insbesondere nicht vorstellbar, wie ein entsprechendes Vorhaben einem land- oder forstwirtschaftlichen Betrieb dienen soll. Ein Wohnhaus kann nach allgemeiner Auffassung nur dann einem privilegierten Betrieb dienen, wenn es dem Bauherren

701 Mitschang/Reidt, in: Battis/Krautzberger/Löhr, § 35 Rn. 166.
702 Vgl. Decker, KommunalP spezial 2013, 155, 158 für eine Wohnnutzung.
703 Bracher, in: Bracher/Reidt/Schiller, Rn. 2409; Spieß, in: Jäde/Dirnberger/Weiß, BauGB § 35 Rn. 175; Decker, KommunalP spezial 2013, 155, 158.
704 Siehe C.III.1.

gerade darum geht, wegen der spezifischen Abläufe des jeweiligen Betriebs ständig auf der Hofstelle anwesend zu sein. Der Zweck des Wohnens darf hingegen nicht im Vordergrund stehen[705]. Erst recht muss eine Privilegierung dann ausscheiden, wenn sich der Nutzer nur wenige Zeit im Jahr zur Ferien- und Freizeitnutzung im Gebäude aufhält. Daher sind Ferienhäuser und Ferienwohnungen, die im Sinne eines Zweitwohnsitzes genutzt werden, sowie Wochenendhäuser nicht als privilegierte Vorhaben nach § 35 Abs. 1 BauGB, sondern als sonstige Vorhaben nach § 35 Abs. 2 BauGB einzuordnen[706].

Eine Zulässigkeit als sog. mitgezogener Betriebsteil[707] kommt nicht in Betracht, da schon nicht vorstellbar ist, inwiefern bei dem Vorhaben der Errichtung und Nutzung zu eigenen Ferienzwecken, also ohne Erzielung von Einkünften aus Vermietung, die erforderliche Betriebsverbindung zu bejahen sein soll, so dass die Nutzung als Anhängsel des privilegierten Betriebs erscheinen würde.

Auch sind Wochenendhäuser und eigengenutzte Ferienhäuser oder Ferienwohnungen keine nach § 35 Abs. 1 Nr. 4 BauGB privilegierten Vorhaben, die wegen ihrer Anforderungen an die Bebauung oder wegen ihrer besonderen Zweckbestimmung nur im Außenbereich ausgeführt werden sollen[708].

2. Sonstiges Vorhaben nach § 35 Abs. 2 BauGB

Als sonstiges Vorhaben nach § 35 Abs. 2 BauGB stellt sich die Nutzung als eher schwer zu realisieren dar. Aller Wahrscheinlichkeit nach wird das Vorhaben öffentliche Belange beeinträchtigen, insbesondere der Darstellung des Flächennutzungsplans widersprechen (§ 35 Abs. 3 Satz 1 Nr. 1 BauGB) oder die Entstehung, Verfestigung oder Erweiterung einer Splittersiedlung befürchten lassen (§ 35 Abs. 3 Satz 1 Nr. 7 BauGB). Hinsichtlich einer möglichen Beeinträchtigung der natürlichen Art der Landschaft (§ 35 Abs. 3 Satz 1 Nr. 5 BauGB) ist, wie auch im Rahmen des Vorhabens zur Fremdenvermietung, zu berücksichtigen, dass in den Fällen, in denen Ferienwohnungen oder Ferienzimmer in bestehende Gebäude eingebaut werden, durch das vorhandene Gebäude bereits eine sog. Vorbelastung der Landschaft vorhanden ist. Die weiteren Nutzungen führen dann nur zu einer geringfügigen und daher in der Regel zu vernachlässigenden Erhöhung der schon bestehenden Belastung[709].

---

705 Rieger, in: Schrödter, § 35 Rn. 29; Söfker, in: Ernst/Zinkahn/Bielenberg/Krautzberger, Band 2, BauGB § 35 Rn. 39.

706 Im Ergebnis BVerwG, Urteil vom 29.04.1964 - I C 30.62 -, BVerwGE 18, 247, 248 f.; Rieger, in: Schrödter, § 35 Rn. 29; Söfker, in: Ernst/Zinkahn/Bielenberg/Krautzberger, Band 2, BauGB § 35 Rn. 57; Dürr, in: Brügelmann, Band 3, BauGB § 35 Rn. 56 und 65; Mitschang/Reidt, in: Battis/Krautzberger/Löhr, § 35 Rn. 43.

707 Dazu oben H.I.1.a)bb).

708 BVerwG, Urteil vom 29.04.1964 - I C 30.62 -, BVerwGE 18, 247, 248; Mitschang/Reidt, in: Battis/Krautzberger/Löhr, § 35 Rn. 43.

709 Zur Fremdenvermietung Söfker, ZfBR 1989, 91, 92; vgl. zu vorhandenen Vorbelastungen der Landschaft BVerwG, Urteil vom 24.08.1979 - 4 C 8.78 -, BayVBl. 1980, 309, 310; vgl. auch oben H.I.2.

3. Zulässigkeit als sog. teilprivilegiertes Vorhaben nach § 35 Abs. 4 BauGB

Fraglich ist, inwieweit bei einer Eigennutzung von Räumen oder Gebäuden zur Erholungs- oder Feriennutzung einer der Tatbestände des § 35 Abs. 4 BauGB anwendbar sein kann[710], mit der Folge, dass dem Vorhaben nicht entgegengehalten werden kann, dass es Darstellungen des Flächennutzungsplans oder eines Landschaftsplans widerspricht, die natürliche Eigenart der Landschaft beeinträchtigt oder die Entstehung, Verfestigung oder Erweiterung einer Splittersiedlung befürchten lassen würde, soweit es im Übrigen außenbereichsverträglich im Sinne des Absatzes 3 ist. Für die allgemeinen Definitionen und Voraussetzungen der einzelnen Tatbestände der Regelungen zur Teilprivilegierung wird auf die Ausführungen zur Vermietung an Feriengäste verwiesen[711].

a) Vorhaben nach § 35 Abs. 4 Satz 1 Nr. 1 BauGB

Zu prüfen ist zunächst, ob eine Teilprivilegierung nach § 35 Abs. 4 Satz 1 Nr. 1 BauGB möglich erscheint, der die Nutzungsänderung eines Gebäudes im Sinne des Absatzes 1 Nr. 1 regelt, also eines Gebäudes, das einem land- oder forstwirtschaftlichen Betrieb dient oder diente. Soll ein Gebäude, das bisher nach Absatz 1 Nr. 1 privilegiert war, nunmehr als Feriendomizil des Eigentümers oder Dauermieters genutzt werden, so handelt es sich dabei um eine Nutzungsänderung im Sinne des § 35 Abs. 4 Satz 1 Nr. 1 BauGB, da eine Wohnnutzung abgesehen von der Nutzung der Hofstelle nicht unter die privilegierten Nutzungen nach Absatz 1 fällt[712]. Auch in dem Fall, dass von einer privilegierten Wohnnutzung auf eine nicht privilegierte Wohnnutzung gewechselt werden soll, handelt es sich um eine Nutzungsänderung, weil es sich dabei um eine Änderung der wesentlichen Zweckbestimmung des Gebäudes handelt, die bodenrechtliche Relevanz besitzt, und sich die Frage der Genehmigungsfähigkeit neu stellt[713]. Dass auch eine Nutzungsänderung zu Wohnzwecken vom Tatbestand der Teilprivilegierung erfasst ist, ergibt sich um Übrigen auch aus der Einschränkung des Buchstaben f), der ohne Belang wäre, wenn die Nutzungsänderung zu Wohnzwecken nicht umfasst wäre.

Das Vorhaben muss einer zweckmäßigen Verwendung erhaltenswerter Bausubstanz dienen[714] und die äußere Gestalt des Gebäudes im Wesentlichen gewahrt bleiben[715].

Nach § 35 Abs. 4 Satz 1 Nr. 1 Buchst. c) BauGB darf die Aufgabe der Nutzung nicht länger als 7 Jahre zurückliegen[716]. Für das Vorhaben der Nutzung als Ferien-

---

710 Siehe zu den Teilprivilegierungstatbeständen bereits unter H.I.3.
711 H.I.3.
712 Rieger, in: Schrödter, § 35 Rn. 29.
713 Siehe zur Definition der Nutzungsänderung Rieger, in: Schrödter, § 35 Rn. 172 und § 29 Rn. 17; Bracher, in: Bracher/Reidt/Schiller, Rn. 2401.
714 Siehe dazu oben H.I.3.a)cc).
715 Siehe dazu oben H.I.3.a)dd).
716 Siehe dazu unter H.I.3.a)ee).

domizil des Eigentümers oder Dauermieters ergeben sich hier keine Besonderheiten. Des Weiteren muss das Gebäude vor mehr als 7 Jahren zulässigerweise errichtet worden sein, womit ausgeschlossen werden soll, dass Gebäude unter dem Vorwand der privilegierten Nutzung errichtet werden, um sie nach kurzer Zeit einer anderen Nutzung zuzuführen[717]. Auch hier ergeben sich keine Besonderheiten für die Eigennutzung des Eigentümers. Hinsichtlich der in Buchstabe g) enthaltenen Verpflichtung, keinen Ersatzbau für die aufgegebene Nutzung vorzunehmen, ergeben sich ebenfalls keinerlei Abweichungen, so dass für weitere Details dieser Zulässigkeitsvoraussetzung auf die Literatur verwiesen wird[718].

Keine wesentlichen Besonderheiten ergeben sich auch für die Frage, ob ein funktionaler Zusammenhang mit der Hofstelle besteht (Buchstabe e)). Wie bereits erläutert wurde, muss das Gebäude im räumlich-funktionalen Zusammenhang mit der Hofstelle des landwirtschaftlichen Betriebs stehen, aus dem sich bisher die Privilegierung abgeleitet hat, womit vor allem eine räumliche Konzentrierung der Außenbereichsbebauung bezweckt wird[719]. Der funktionale Zusammenhang muss aber lediglich bei der eigentlich privilegierten Nutzung vorhanden gewesen sein; das Merkmal bezieht sich nicht auf die neu aufgenommene Nutzung. Andernfalls wäre auch eine Umnutzung in eine Wohnnutzung ausgeschlossen, da die Wohnnutzung in der Regel nicht in einem funktionalen Zusammenhang mit der Hofstelle stehen würde[720]. Daraus folgt aber, dass eine Nutzungsänderung als Feriendomizil nur in Frage kommt, wenn sich das Gebäude oder die Wohnung an der Hofstelle befindet. Es ist also nicht möglich, ein weiter entfernt liegendes Gebäude, etwa eine auf freiem Feld liegende Scheune, in eine Nutzung als Ferienhaus zu überführen.

Bei der Eigennutzung kann die Beschränkung des Buchstaben f) im Gegensatz zu dem Fall der Vermietung an Feriengäste jedenfalls theoretisch zum Tragen kommen. Demnach dürfen bei einer Nutzungsänderung nach § 35 Abs. 4 Satz 1 Nr. 1 BauGB lediglich drei weitere Wohnungen neben den bisher nach Absatz 1 Nr. 1 privilegierten Wohnungen geschaffen werden. Wie oben ausgeführt, umfasst die Vorschrift nicht die Vermietung von Ferienwohnungen, da es sich insoweit nicht um Wohnnutzung im Sinne der Vorschrift handelt[721]. Soweit aber eine Eigennutzung durch den Eigentümer oder Dauermieter stattfindet, handelt es sich planungsrechtlich um eine Wohnnutzung als Zweitwohnsitz. Dies könnte z.B. dann relevant sein, wenn an den einzelnen Wohnungen Wohnungseigentum gebildet und die Wohnungen veräußert werden, um sie jeweils als Zweitwohnsitz für Urlaubszwecke zu nutzen. § 35 Abs. 4 Satz 1 Nr. 1 BauGB enthält keine Beschränkung des Benutzerkreises,

---

717 Siehe dazu unter H.I.3.a)ff).

718 Söfker, in: Ernst/Zinkahn/Bielenberg/Krautzberger, Band 2, BauGB § 35 Rn. 146; Rieger, in: Schrödter, § 35 Rn. 181.

719 Siehe dazu bereits oben unter H.I.3.a)gg).

720 Dürr, in: Brügelmann, Band 3, BauGB § 35 Rn. 131c.

721 Siehe oben H.I.3.a)hh).

insbesondere ist nicht erforderlich, dass die Wohnungen vom bisherigen Betriebsleiter oder dessen Familienangehörigen genutzt werden[722].

b) Vorhaben nach § 35 Abs. 4 Satz 1 Nr. 2 BauGB

Die Regelung des § 35 Abs. 4 Satz 1 Nr. 2 BauGB ist im Ergebnis nicht einschlägig. Auf den ersten Blick mag dies verblüffen. Nach diesem Tatbestand ist teilprivilegiert die Neuerrichtung eines gleichartigen Wohngebäudes an gleicher Stelle unter den Voraussetzungen, dass das vorhandene Wohngebäude zulässigerweise errichtet worden ist (Buchstabe a)), das vorhandene Gebäude Missstände oder Mängel aufweist (Buchstabe b)), das vorhandene Gebäude seit längerer Zeit vom Eigentümer selbst genutzt wird (Buchstabe c)) und Tatsachen die Annahme rechtfertigen, dass das neu errichtete Gebäude für den Eigenbedarf des bisherigen Eigentümers oder seiner Familie genutzt wird; hat der Eigentümer das vorhandene Gebäude im Wege der Erbfolge von einem Voreigentümer erworben, der es seit längerer Zeit selbst genutzt hat, reicht es aus, wenn Tatsachen die Annahme rechtfertigen, dass das neu errichtete Gebäude für den Eigenbedarf des neuen Eigentümers oder seiner Familie genutzt wird (Buchstabe d)). Im Gegensatz zum Fall der Vermietung von Räumen oder Gebäuden an Feriengäste handelt es sich zwar bei der avisierten Eigennutzung durch den Eigentümer um ein „Wohngebäude" im Sinne der Vorschrift, diese ist aber aus anderen Gründen nicht anwendbar.

aa) Längere Eigennutzung durch den Eigentümer oder seine Familie

Oftmals wird die Anwendbarkeit des § 35 Abs. 4 Satz 1 Nr. 2 BauGB schon daran scheitern, dass das Wohngebäude seit längerer Zeit[723] vom Eigentümer selbst genutzt worden sein muss. Vom Tatbestand erfasst ist hier nämlich lediglich eine Nutzung als Erstwohnsitz, wobei eine Ausnahme dann gelten kann, wenn der Zweitwohnsitz umfangmäßig dem Erstwohnsitz gleichkommt, etwa wenn der Eigentümer aus beruflichen Gründen an der Arbeitsstätte noch eine Zweitwohnung unterhält[724]. Die Teilprivilegierung soll nur denjenigen zugutekommen, die sich längere Zeit mit den erneuerungsbedürftigen Wohnverhältnissen abgefunden und damit unter Beweis gestellt haben, dass dieses Wohnhaus für sie im Familienleben eine bedeutende Rolle spielt[725]. Das Bauplanungsrecht stellt hier von Gesetzes wegen ausnahmsweise die Nutzung als Erstwohnsitz und als Zweitwohnsitz nicht gleich[726]. Auch in dem Fall, dass eine zukünftige Wohnnutzung zum Dauerwohnen als Erstwohnsitz stattfinden soll, ist die Regelung des § 35 Abs. 4 Satz 1 Nr. 2 BauGB also nicht anwendbar, wenn in der

---

722 Spieß, in: Jäde/Dirnberger/Weiß, BauGB § 35 Rn. 121.
723 Vgl. zum Merkmal „längere Zeit" Roeser, in: Berliner Kommentar, Band 2, § 35 Rn. 111; Söfker, in: Ernst/Zinkahn/Bielenberg/Krautzberger, Band 2, BauGB § 35 Rn. 150.
724 BVerwG, Urteil vom 25.06.2001 - 4 B 42.01 -, BauR 2001, 1059.
725 Ebenda.
726 VG München, Urteil vom 03.05.2001 - M 11 K 00.3614 -, juris Rn. 20.

Vergangenheit lediglich eine Ferienwohnnutzung stattgefunden hat[727]. Zudem handelt es sich in diesem Fall auch nicht um ein „Wohngebäude“ im Sinne der Vorschrift[728]. Hervorzuheben ist, dass die Voraussetzung der längeren Eigennutzung nicht dadurch geschaffen werden kann, dass der Eigentümer seinen Erstwohnsitz anmeldet. Die Bauaufsicht prüft das Vorliegen der Voraussetzungen selbständig unter baurechtlichen Gesichtspunkten, mag sie sich dabei auch an den Vorgaben aus § 12 MRRG orientieren[729].

bb) Zukünftige Eigennutzung durch den Eigentümer

Soll zukünftig eine Nutzung als Feriendomizil des Eigentümers erfolgen, so wird die Anwendung von § 35 Abs. 4 Satz 1 Nr. 2 BauGB jedenfalls stets daran scheitern, dass die Regelung als Eigennutzung durch den Eigentümer nur eine Nutzung als Erstwohnsitz, nicht aber als Zweitwohnsitz erfasst[730]. Auch diese Voraussetzung kann nicht allein dadurch erfüllt werden, dass der Eigentümer hier seinen Hauptwohnsitz anmeldet, vielmehr müssen die materiellen Voraussetzungen erfüllt sein. Im Falle der Nutzung als Feriendomizil kann dies nicht der Fall sein[731].

c) Ersatzbau für ein zerstörtes Gebäude, § 35 Abs. 4 Satz 1 Nr. 3 BauGB

§ 35 Abs. 4 Satz 1 Nr. 3 BauGB ermöglicht die Teilprivilegierung für die alsbaldige Neuerrichtung eines zulässigerweise errichteten, durch Brand, Naturereignisse oder andere außergewöhnliche Ereignisse zerstörten gleichartigen Gebäudes an gleicher Stelle. Die Regelung erfasst die Gebäude unabhängig von ihrer Nutzung[732], so dass sich für den Fall der Nutzung eines Gebäudes für Ferienzwecke durch den Eigentümer selbst keine Besonderheiten ergeben. Daher sei lediglich auf die vorhandene Literatur verwiesen[733].

d) Änderung von die Kulturlandschaft prägenden Gebäuden, § 35 Abs. 4 Satz 1 Nr. 4 BauGB

Möglich ist auch eine Teilprivilegierung nach § 35 Abs. 4 Satz 1 Nr. 4 BauGB. Insoweit ergeben sich keine wesentlichen Abweichungen zu dem Fall der Vermietung an Ferien-

727 Bracher, in: Bracher/Reidt/Schiller, Rn. 2413; Söfker, in: Ernst/Zinkahn/Bielenberg/Krautzberger, Band 2, BauGB § 35 Rn. 150.

728 Ewer, Dolde-Festschrift, 419, 427; Söfker, in: Ernst/Zinkahn/Bielenberg/Krautzberger, Band 2, BauGB § 35 Rn. 147.

729 Ewer, Dolde-Festschrift, 419, 428.

730 BVerwG, Beschluss vom 25.06.2001 - 4 B 42.01 -, BauR 2002, 1059; Ewer, Dolde-Festschrift, 419, 428.

731 Ewer, Dolde-Festschrift, 419, 428, vgl. Dürr, in: Brügelmann, Band 3, BauGB § 35 Rn. 133.

732 Söfker, in: Ernst/Zinkahn/Bielenberg/Krautzberger, Band 2, BauGB § 35 Rn. 151.

733 Mitschang/Reidt, in: Battis/Krautzberger/Löhr, § 35 Rn. 149 ff.; Söfker, in: Ernst/Zinkahn/Bielenberg/Krautzberger, Band 2, BauGB § 35 Rn. 151 ff.

gäste[734]. Eine Wohnnutzung, auch im Sinne eines Zweitwohnsitzes, stellt insoweit eine zweckmäßige Verwendung des Gebäudes dar[735]. Entscheidend dürfte in den meisten Fällen vielmehr sein, ob eine Wohnnutzung möglich ist, die keine so starken Umgestaltungen erfordert, dass das Gebäude in seiner Identität angetastet wird und damit die prägende Wirkung der Kulturlandschaft oder der Gestaltwert des Gebäudes verloren geht. Ob eine Wohnnutzung der Erhaltung des Gestaltwerts dienen kann, ist naturgemäß eine Frage des Einzelfalls. Zwar kann die Nutzung des Gebäudes aufgegeben sein und dies ohne zeitliche Begrenzung. § 35 Abs. 4 Satz 1 Nr. 4 BauGB setzt aber voraus, dass überhaupt noch ein funktionsfähiges Gebäude vorhanden ist, das erhalten werden kann. Eine funktionslose Ruine kann nicht von der Regelung erfasst sein[736].

e) Vorhaben nach § 35 Abs. 4 Satz 1 Nr. 5 BauGB

Auch im Falle der Eigennutzung durch den Eigentümer scheidet eine Privilegierung nach § 35 Abs. 4 Satz 1 Nr. 5 BauGB aus. Dies folgt daraus, dass mit „Wohngebäuden" und „Wohnungen" wie bei § 35 Abs. 4 Satz 1 Nr. 2 BauGB nur solche gemeint sind, die zum Dauerwohnen im Sinne eines Erstwohnsitzes genutzt werden. Dies schließt die Anwendbarkeit der Regelung für eine Nutzung als Zweitwohnsitz zu Ferienzwecken oder als Wochenendhaus aus[737].

f) Vorhaben nach § 35 Abs. 4 Satz 1 Nr. 6 BauGB

Im Rahmen der Eigennutzung durch den Eigentümer oder Dauermieter zu Ferienzwecken scheidet eine Teilprivilegierung nach § 35 Abs. 4 Satz 1 Nr. 6 BauGB aus, da das Vorhaben nicht in der Erweiterung eines gewerblichen Betriebs bestehen kann.

g) Vorhaben nach § 35 Abs. 4 Satz 2 BauGB, Neuerrichtung in begründeten Einzelfällen

Hinsichtlich der Regelung des § 35 Abs. 4 Satz 2 BauGB ergeben sich für die Eigennutzung keine Besonderheiten zur Fremdenvermietung, so dass auf die dortigen Ausführungen verwiesen wird[738].

---

734 Siehe zu den Voraussetzungen unter H.I.3.d).

735 Vgl. OVG NRW, Urteil vom 15.12.2011 - 2 A 2645/08 -, juris Rn. 61 allgemein für eine Wohnnutzung.

736 OVG Koblenz, Urteil vom 24.02.1983 - 1 A 166/81 -, NVwZ 1983, 682; Mitschang/Reidt, in: Battis/Krautzberger/Löhr, § 35 Rn. 154.

737 BVerwG, Beschluss vom 13.09.1988 - 4 B 155.88 -, BauR 1988, 699 (für Wochenendhäuser); OVG Schleswig, Urteil vom 06.07.1994 - 1 L 81/93 -, juris Rn. 21; VG München, Urteil vom 28.10.2010 - M 11 K 10.278 -, juris Rn. 35; Rieger, in: Schrödter, § 35 Rn. 195; Mitschang/Reidt, in: Battis/Krautzberger/Löhr, § 35 Rn. 155.

738 H.I.3.g).

I. Einführung eines Genehmigungsvorbehalts nach § 22 BauGB

Durch ein erhöhtes Fremdenverkehrsaufkommen geprägte Gebiete sind spezifischen städtebaulichen Gefahren ausgesetzt, die die besondere Gestalt des Gebiets negativ beeinträchtigen können. Zum einen ist seit Jahrzehnten das Phänomen der vermehrten Einrichtung von Zweitwohnungen zu beobachten, die durch den Eigentümer jedoch oftmals nur wenige Wochen im Jahr genutzt werden[739]. Zum anderen wird auch die ansässige Wohnbevölkerung Schritt für Schritt zugunsten von Touristen und Personen, die in der Gegend lediglich ihren Zweitwohnsitz einrichten, zurückgedrängt. So steht etwa in weiten Teilen Sylts inzwischen nur wenig bezahlbarer Wohnraum für Einheimische zur Verfügung, allein aufgrund der Insellage ist der Raum zur Ausweisung weiterer Wohngebiete jedoch begrenzt. Viele Arbeitnehmer sind darauf angewiesen, entweder in beengtem Wohnraum zu hohen Preisen zu wohnen oder täglich zu pendeln[740].

Während die starke touristische Nutzung in entsprechenden Gebieten zwar auf der einen Seite gerade gewünscht ist, so dass die zumindest teilweise Zurückdrängung der Wohnbevölkerung und entsprechendem Wohnraum zugunsten von Unterkünften für Touristen in einem gewissen Rahmen wesensnotwendig hinzunehmen ist, hat die vermehrte Einrichtung von Zweitwohnungen auf der anderen Seite in der Regel aber spürbar negative Folgen auch auf den Tourismus selbst. Das Schaffen von Rechten nach dem Wohnungseigentumsgesetz, insbesondere von Wohnungseigentum, stellt erfahrungsgemäß den praktisch und rechtlich ersten Schritt bei einer Umwandlung von bisher dem Tourismus zur Verfügung stehenden Nutzungsformen in Eigentumswohnungen dar[741]. Die Begründung von Rechten nach dem Wohnungseigentumsgesetz hat zur Folge, dass die Gebäude und Räume der Nutzung durch wechselnde Feriengäste nicht mehr zur Verfügung stehen und das Gebiet Schritt für Schritt damit seine Fremdenverkehrsfunktion verliert[742]. Aus der in der Regel nur saisonalen Nutzung durch die Eigentümer ergibt sich weiter die Gefahr der Verödung betreffender Gebiete, die anschaulich als "Rollladensiedlungen" bezeichnet werden und außerhalb der Saison den Eindruck von Geister-

739 Vgl. nur Kraft, in: Berliner Kommentar, Band 1, § 22 Rn. 2.

740 Vgl. Berichte in der Online-Presse: Hoffmann, Auf der Insel Sylt werden die Wohnungen knapp; Kummetz, Wohnungsnot gefährdet Sylt; ohne Autor, Touristen verderben die Preise – Sylt stirbt aus; Ohne Autor, Woher die Sylt-Pendler kommen.

741 Rieger, in: Schrödter, § 22 Rn. 1; Reidt, in: Battis/Krautzberger/Löhr, § 22 Rn. 1; Söfker, in: Ernst/Zinkahn/Bielenberg/Krautzberger, Band 2, BauGB § 22 Rn. 9.

742 Söfker, in: Ernst/Zinkahn/Bielenberg/Krautzberger, Band 2, BauGB § 22 Rn. 9; Rieger, in: Schrödter, § 22 Rn. 1; Reidt, in: Battis/Krautzberger/Löhr, § 22 Rn. 1.

städten vermitteln[743]. Nicht zuletzt hat die lediglich saisonale Frequentierung des Gebietes zur Folge, dass öffentliche und private Infrastruktur nur zeitlich begrenzt in Anspruch genommen wird und sich die Unterhaltung dadurch oftmals als unrentabel erweist[744]. Entsprechende Einrichtungen, insbesondere Straßen, Anlagen zur Wasserversorgung und -entsorgung und Müllabfuhr, aber auch Sport- und Freizeitanlagen orientieren sich an dem maximalen Bedarf in der Saison, den Ferien und Feiertagen, wenn auch die Zweitwohnungen bewohnt werden. Die fehlende Ausnutzung aufgrund leer stehender Zweitwohnungen außerhalb der genannten Zeiten behindert in hohem Maße ein wirtschaftliches Arbeiten[745]. Nicht zu unterschätzen ist das Problem der fehlenden Ausnutzung öffentlicher Einrichtungen wie etwa der Feuerwehr. Auch folgt aus der Zunahme von Wohnungseigentum das Bedürfnis nach einer Neuausweisung von Bauland sowohl für Einheimische als auch für Fremdenbeherbergungszwecke und daraus eine zunehmende Beanspruchung des gerade in Fremdenverkehrsgebieten meist besonders schützenswerten und landschaftlich reizvollen Außenbereichs, sofern denn im Gemeindegebiet eine solche Neuausweisung aufgrund des nur begrenzt zur Verfügung stehenden Raums überhaupt durchführbar ist[746]. Schließlich verringert sich auch das Steueraufkommen in der Gemeinde negativ, wenn statt Hotels oder Ferienapartments mit ständig wechselnden Gästen Zweitwohnungen entstehen, die den Großteil des Jahres nicht genutzt werden[747]. Einnahmen aus Gewerbe- oder Einkommenssteuer werden von Nutzern der Zweitwohnungen ebenfalls nicht geleistet[748].

Der Gesetzgeber begegnete in erster Linie mit der Einführung der Bestimmung des § 22 BauGB auf sachenrechtlicher Ebene dem städtebaulichen Problem der vermehrten Einrichtung von Rechten nach dem Wohnungseigentumsgesetz in vom Fremdenverkehr geprägten Gebieten[749]. Die Regelung des § 22 Abs. 1 Satz 1 BauGB sieht vor, dass die Gemeinden, die oder deren Teile überwiegend durch den Fremdenverkehr geprägt sind, in einem Bebauungsplan oder durch eine sonstige Satzung bestimmen können, dass zur Sicherung der Zweckbestimmung von Gebieten mit Fremdenverkehrsfunktionen die Begründung oder Teilung von Wohnungseigentum oder Teileigentum (§ 1 WEG) der Genehmigung unterliegt.

743 Rieger, in: Schrödter, § 22 Rn. 1; BVerwG, Urteil vom 27.09.1995 - 4 C 12.94 -, BVerwGE 99, 237; VGH Mannheim, Urteil vom 02.10.1992 - 2 S 8249/91 -, NJW 1993, 3216.

744 Rieger, in: Schrödter, § 22 Rn. 1; Söfker, in: Ernst/Zinkahn/Bielenberg/Krautzberger, Band 2, BauGB § 22 Rn. 9; Greiving, DVBl. 2001, 336; Hiltl/Gerold, BayVBl. 1993, 385.

745 Dürr, in: Brügelmann, Band 3, BauGB § 22 Rn. 1; BVerwG, Urteil vom 27.09.1995 - 4 C 28.94 -, NVwZ 1996, 999.

746 Reidt, in: Battis/Krautzberger/Löhr, § 22 Rn. 2.

747 Hiltl/Gerold, BayVBl. 1993, 385.

748 Ebenda.

749 BT-Drs. 10/4630, 55; vgl. zur Entstehungsgeschichte Söfker, in: Ernst/Zinkahn/Bielenberg/Krautzberger, Band 2, BauGB § 22 Rn. 1 ff.

Nach § 22 Abs. 1 Satz 2 BauGB gilt dies entsprechend für die in den §§ 30 und 31 WEG bezeichneten Rechte.

§ 22 BauGB regelt damit nicht die bauliche und sonstige Nutzung des Grundstücks bzw. der baulichen Anlagen, sondern setzt bereits einen Schritt früher an, indem auf sachenrechtlicher Ebene die Möglichkeit geschaffen wird, einen Genehmigungsvorbehalt schon für die Begründung von Rechten nach dem Wohnungseigentumsgesetz einzuführen[750]. § 22 BauGB wurde nicht zuletzt vor dem Hintergrund geschaffen, dass die weiteren Steuerungsmöglichkeiten, sei es etwa auf Ebene der Bauleitplanung oder der Möglichkeit der Erhebung der Zweitwohnsitzsteuer, nicht als ausreichend angesehen wurden, die als negativ empfundenen Entwicklungen in Fremdenverkehrsgemeinden zu begrenzen[751]. Über diese Steuerungsmöglichkeit lässt sich lediglich eine Begrenzung von Rechten nach dem Wohnungseigentumsgesetz erzielen. Nicht möglich ist, über die Einführung des Genehmigungsvorbehalts den Erwerb und die Nutzung von Gebäuden zu verhindern, die im Ganzen nur saisonal durch den Eigentümer als Feriendomizil genutzt werden und damit in bauplanungsrechtlicher Hinsicht Dauerwohnen darstellen[752]. Gleiches gilt für den Fall, dass bereits existente Eigentumswohnungen erworben werden. Der Wirkungskreis ist dahingehend begrenzt. Die Einführung eines Genehmigungsvorbehalts nach § 22 BauGB kann jedoch in Verbindung mit anderen, insbesondere planungsrechtlichen Mitteln ein wirksames Mittel zur Steuerung der Entwicklung von durch den Fremdenverkehr geprägten Gebieten sein.

I. Zu den vom Genehmigungsvorbehalt erfassten Rechtsvorgängen

Der in der Satzung nach § 22 BauGB normierte Genehmigungsvorbehalt bezieht sich zunächst auf Wohnungs- und Teileigentum nach dem Wohnungseigentumsgesetz. Wohnungseigentum ist nach § 1 Abs. 2 WEG das Sondereigentum an einer Wohnung in Verbindung mit dem Miteigentumsanteil an dem gemeinschaftlichen Eigentum, zu dem es gehört. Gem. § 1 Abs. 3 WEG ist Teileigentum das Sondereigentum an nicht zu Wohnzwecken dienenden Räumen eines Gebäudes in Verbindung mit dem Miteigentumsanteil an dem gemeinschaftlichen Eigentum, zu dem es gehört. Gemeinschaftliches Eigentum sind nach § 1 Abs. 5 WEG das Grundstück sowie die Teile, Anlagen und Einrichtungen des Gebäudes, die nicht im Sondereigentum oder im Eigentum eines Dritten stehen. Für Teileigentum gelten gem. § 1 Abs. 6 WEG die Vorschriften über das Wohnungseigentum entsprechend[753].

---

750 Vgl. Söfker, in: Ernst/Zinkahn/Bielenberg/Krautzberger, Band 2, BauGB § 22 Rn. 9; Greiving, DVBl. 2001, 336, 337.

751 BT-Drs. 10/4630, 55.

752 Siehe oben C.III.1; zur geplanten Änderung des § 22 Abs. 1 BauGB mit dem Ziel einer Einschränkbarkeit der Nutzung als Nebenwohnung nach § 22 Abs. 1 Nr. 5 BauGB n. F. im Einzelnen unter I.VII.3.b).

753 Vgl. auch Dürr, in: Brügelmann, Band 3, BauGB § 22 Rn. 19.

Auf den ersten Blick mag verwundern, dass sich der Genehmigungsvorbehalt auch auf Teileigentum erstreckt, das sich auf gerade nicht zu Wohnzwecken dienende Räume bezieht. Es ist aber zu sehen, dass praktisch die Gefahr besteht, dass die Anforderungen an die Abgeschlossenheitsbescheinigung für Wohnraum (z.B. das Vorhandensein einer Küche) umgangen werden und anstelle der Begründung von Wohnungseigentum die Begründung von Teileigentum beantragt wird[754]. Indem § 22 Abs. 1 Satz 1 BauGB auch die Begründung von Teileigentum einschließt, werden auch die Konstellationen erfasst, in denen Räume in Beherbergungsbetrieben (z.B. Hotelzimmer) in Teileigentum umgewandelt werden sollen und zweifelhaft ist, ob letztlich praktisch doch eine Wohnnutzung beabsichtigt ist[755].

Gem. § 2 WEG wird Wohnungseigentum durch die vertragliche Einräumung von Sondereigentum oder durch Teilung begründet. Für die vertragliche Einräumung enthält § 3 WEG und für die Teilung § 8 WEG nähere Bestimmungen. Nach § 8 Abs. 1 WEG kann Sondereigentum auch an noch zu errichtenden Gebäuden durch Teilung begründet werden. Nach § 4 Abs. 1, Abs. 2 WEG sind zur Einräumung des Sondereigentums die Einigung in Form der Auflassung und die Eintragung ins Wohnungsgrundbuch erforderlich. Nach § 8 Abs. 2 Satz 2 WEG wird die Teilung mit der Anlegung der Wohnungsgrundbücher wirksam.

Nach § 22 Abs. 1 Satz 2 BauGB gilt der Genehmigungsvorbehalt zudem für Wohnungserbbaurechte und Teilerbbaurechte nach § 30 WEG und Dauerwohnrechte nach § 31 Abs. 1 WEG und Dauernutzungsrechte nach § 31 Abs. 2 WEG.

Zum Teil wird vertreten, der Genehmigungsvorbehalt könne nur für alle der in § 22 Abs. 1 Satz 1, Satz 2 BauGB genannten Rechte eingeführt werden[756]. Eine Differenzierung in der Satzung zwischen den einzelnen Rechten nach dem Wohnungseigentumsgesetz sei nicht möglich[757]. Unzulässig wäre damit etwa, dass die Gemeinde vom Genehmigungsvorbehalt Dauerwohnrechte nach § 31 WEG ausnimmt. Richtigerweise kann aber die Gemeinde den Genehmigungsvorbehalt auch nur für einen Teil der in Absatz 1 genannten Rechte einführen[758]. Die Möglichkeit einer Differenzierung legt bereits der Wortlaut von § 22 Abs. 1 Satz 1 und Satz 2 BauGB nahe. Nach § 22 Abs. 1 Satz 1 BauGB kann die Gemeinde die Begründung oder Teilung von Wohnungseigentum oder Teileigentum nach § 1 WEG der Genehmigung unterwerfen. Nach Satz 2 gilt dies entsprechend für die in §§ 30 und 31 WEG bezeichneten Rechte. Dass Satz 2 die Einführung des Genehmigungsvorbehalts für entsprechend anwendbar erklärt, deutet aber darauf hin, dass der Gesetzgeber primär die Rechte nach § 1 des WEG vom Genehmigungsvorbehalt umfasst sehen und den Gemeinden daneben auch die Möglichkeit eröffnen wollte, die Rechte nach

---

754 Söfker, in: Ernst/Zinkahn/Bielenberg/Krautzberger, Band 2, BauGB § 22 Rn. 12.

755 Söfker, in: Ernst/Zinkahn/Bielenberg/Krautzberger, Band 2, BauGB § 22 Rn. 37.

756 Söfker, in: Ernst/Zinkahn/Bielenberg/Krautzberger, Band 2, BauGB § 22 Rn. 37 ohne nähere Begründung.

757 Söfker, in: Ernst/Zinkahn/Bielenberg/Krautzberger, Band 2, BauGB § 22 Rn. 37.

758 So auch Rieger, in: Schrödter, § 22 Rn. 6 ohne nähere Begründung.

Satz 2 auch zu erfassen. Diese sprachliche Unterteilung der Nennung der Rechte nach § 1 des WEG und der für entsprechend anwendbar erklärten Rechte nach § 22 Abs. 1 Satz 2 BauGB war bereits in der Regierungsvorlage enthalten[759]. Zudem sind keine Gründe ersichtlich, warum der Gemeinde verwehrt sein sollte, nur einzelne in § 22 Abs. 1 Satz 1 und Satz 2 BauGB genannte Rechte dem Genehmigungsvorbehalt zu unterstellen, wenn kein Bedürfnis nach einer weitergehenden Regelung besteht. Letztlich gebietet sogar der Verhältnismäßigkeitsgrundsatz, eine dahingehende Differenzierung vornehmen zu können.

Die Bildung von Bruchteilseigentum nach § 1010 BGB unterliegt nach überwiegender Ansicht in Literatur[760] und Rechtsprechung[761] nicht unmittelbar dem Genehmigungsvorbehalt. Auf die Frage, ob eine analoge Anwendung in Betracht zu ziehen ist oder aber ob sich entsprechende Rechtsgeschäfte als unzulässige Umgehungsgeschäfte darstellen, sei aufgrund ihrer erheblichen Relevanz für die Praxis gesondert ausführlich an späterer Stelle eingegangen[762].

II. Zur Struktur des § 22 BauGB

Die auf den ersten Blick verhältnismäßig umfängliche Vorschrift des § 22 BauGB untergliedert sich in mehrere Regelungsinhalte, die sich vom Erlass der Satzung über die konkrete Genehmigung, den Anspruch auf Übernahme durch die Gemeinde bis hin zu den Folgen des Wegfalls der Voraussetzungen zum Erlass der Satzung erstrecken.

Absatz 1 des § 22 BauGB beinhaltet die Eingrenzung der Adressaten der Satzungsermächtigung sowie die materiellen Voraussetzungen für den Erlass der Satzung. Absatz 2 enthält Bestimmungen über die Bekanntmachung der Satzung sowie die Verpflichtung der Mitteilung des Satzungserlasses und Umfang der Mitteilungen an das Grundbuchamt. In Absatz 4 ist normiert, unter welchen Voraussetzungen die konkrete Genehmigung zur Erteilung der Rechte nach dem Wohnungseigentumsgesetz versagt werden kann und wann sie zu erteilen ist. Des Weiteren ist in Absatz 4 Satz 3 eine Härtefallregelung enthalten. Absatz 5 regelt formelle Aspekte des Genehmigungsverfahrens, etwa Zuständigkeit, Bearbeitungsfristen oder unter welchen Voraussetzungen die Genehmigung fingiert wird. Absatz 6 regelt das grundbuchrechtliche Verfahren und die Möglichkeit der Baugenehmigungsbehörde, das Grundbuchamt um die Eintragung eines Widerspruchs zu ersuchen. Absatz 7 sieht bei Versagung der Genehmigung einen Übernahmeanspruch des Eigentümers

---

759 BT-Drs. 10/4630; vgl. auch Söfker, in: Ernst/Zinkahn/Bielenberg/Krautzberger, Band 2, BauGB § 22 R. 3.

760 Reidt, in: Battis/Krautzberger/Löhr, § 22 Rn. 1; Spieß, in: Jäde/Dirnberger/Weiß, BauGB § 22 Rn. 1; Krautzberger/Söfker, BauGB, 521; Kraft, in: Berliner Kommentar, Band 1, § 22 Rn. 7; Frind, ZMR 2001, 429, 430; Greiving, DVBl. 2001, 336, 339; a.A. jedoch Prahl, Rpfleger 2008, 411.

761 OLG Schleswig, Urteil vom 19.07.2000 - 2 W 112/00 -, MDR 2000, 1185.

762 I.VII.

gegenüber der Gemeinde vor. Absatz 8 enthält die Verpflichtung zur Aufhebung des Genehmigungsvorbehalts, wenn seine Voraussetzungen entfallen sowie die Mitteilungspflicht an das Grundbuchamt. Absatz 9 Satz 1 enthält die Ermächtigung, auch in dem Fall, dass die Gemeinde den Genehmigungsvorbehalt nicht über einen Bebauungsplan, sondern eine sonstige Satzung einführt, Festsetzungen über die höchstzulässige Zahl der Wohnungen nach Maßgabe des § 9 Abs. 1 Nr. 6 BauGB zu treffen. Absatz 9 Satz 2 regelt die notwendige Beteiligung der Öffentlichkeit und der berührten Behörden und sonstigen Träger öffentlicher Belange. Absatz 10 Satz 1 beinhaltet die Verpflichtung, der sonstigen Satzung nach Absatz 1 eine Begründung beizufügen. Satz 2 bestimmt bzw. stellt klar, dass in der Begründung zum Bebauungsplan (§ 9 Abs. 8 BauGB) oder zur sonstigen Satzung darzulegen ist, dass die in § 22 Abs. 1 Satz 3 BauGB bezeichneten Voraussetzungen für die Festlegung des Gebiets vorliegen.

III. Überblick zur Entwicklung des § 22 BauGB

Die noch relativ junge Regelung des § 22 BauGB hat seit Erlass im Jahre 1987 eine Reihe Änderungen erfahren[763]. Zu nennen ist insbesondere der Wegfall der freischaltenden Rechtsverordnung der jeweiligen Landesregierung durch das Bau- und Raumordnungsgesetz zum 01.01.1998. Bis zur Neuregelung im Bau- und Raumordnungsgesetz war Voraussetzung für den Erlass einer Satzung nach § 22 BauGB, dass die Länder per Rechtsverordnung Gemeinden oder Teile der Gemeinden benannt hatten, die eine Prägung durch den Fremdenverkehr aufweisen[764]. Nur in den benannten Gemeinden konnte der Genehmigungsvorbehalt eingeführt werden[765]. Des Weiteren erfuhr § 22 BauGB eine Änderung durch das Europarechtsanpassungsgesetz Bau 2004[766]. Insbesondere betraf dies Verfahrensregelungen und den Wegfall des Verweises auf § 19 BauGB. Die jüngste Änderung erfolgte durch das Gesetz zur Stärkung der Innenentwicklung in den Städten und Gemeinden und weiteren Fortentwicklung des Städtebaurechts 2013[767]. Die Neuerung bezog sich ausschließlich auf § 22 Abs. 8 Satz 5 BauGB. Die zuvor geltende Regelung, nach der der Genehmigungsvorbehalt erlischt, wenn die Mitteilung über seine Aufhebung beim Grundbuchamt eingegangen ist, wurde dadurch ersetzt, dass im Fall der Aufhebung der Satzung der Genehmigungsvorbehalt des § 22 Abs. 6 BauGB nicht mehr anzuwenden ist.

763 Siehe zur Entstehungsgeschichte und den Änderungen des § 22 BauGB Söfker, in: Ernst/Zinkahn/Bielenberg/Krautzberger, Band 2, BauGB § 22 Rn. 1 ff.

764 Vgl. weiterführend zu den Beweggründen der Neuregelung Kraft, in: Berliner Kommentar, Band 1, § 22 Rn. 8; Söfker, in: Ernst/Zinkahn/Bielenberg/Krautzberger, Band 2, BauGB § 22 Rn. 7.

765 Ebenda.

766 Siehe dazu auch Finkelnburg, NVwZ 2004, 897, 902.

767 BGBl. I, 1548.

Der bereits wiederholt genannte Entwurf eines Gesetzes zur Umsetzung der Richtlinie 2014/52/EU im Städtebaurecht und zur Stärkung des neuen Zusammenlebens in der Stadt sieht auch Änderungen des § 22 BauGB vor, auf die noch gesondert zurückzukommen ist[768].

IV. Formelle und materielle Voraussetzungen zur Einführung eines Genehmigungsvorbehalts

1. Zum Satzungsrecht der Gemeinde

Zunächst sind nur solche Gemeinden ermächtigt, eine Fremdenverkehrssatzung nach § 22 Abs. 1 Satz 1 BauGB zu erlassen, die im Ganzen oder deren Teile überwiegend durch den Fremdenverkehr geprägt sind.

In materieller Hinsicht ist für den Erlass einer Fremdenverkehrssatzung weiter Voraussetzung, dass durch die Begründung oder Teilung die vorhandene oder die vorgesehene Zweckbestimmung des Gebietes für den Fremdenverkehr und dadurch die städtebauliche Entwicklung beeinträchtigt werden kann, § 22 Abs. 1 Satz 3 BauGB. Die Voraussetzung, dass die Gemeinde oder einzelne Teile überwiegend durch den Fremdenverkehr geprägt sein muss/müssen, ist von den weiteren Voraussetzungen nach § 22 Abs. 1 Satz 1, 3 und 4 BauGB strukturell formell zu trennen[769]. Das Prüfprogramm beschränkt sich an dieser ersten Stelle, also der Frage, ob es sich um eine sog. Fremdenverkehrsgemeinde handelt, lediglich auf die Feststellung, ob der Gemeinde an sich das Satzungsrecht zusteht, während über die weiteren Voraussetzungen nach Satz 3 und Satz 4 zu prüfen ist, ob die Gemeinde bei grundsätzlicher Bejahung des Satzungsrechts für das konkrete Gebiet die Satzung erlassen darf und daran anknüpfend wie der Geltungsbereich der Satzung zu begrenzen ist.

Bis zur Neuregelung durch das Bau- und Raumordnungsgesetz zum 01.01.1998 konnten gem. § 22 Abs. 1 Satz 1 BauGB a. F. noch die Landesregierungen per Rechtsverordnung Gemeinden oder Teile der Gemeinden, die eine überwiegende Prägung durch den Fremdenverkehr aufweisen, bezeichnen. Lediglich im Falle einer solchen Bezeichnung der Gemeinde oder von Gemeindeteilen konnten die jeweiligen Gemeinden den Genehmigungsvorbehalt einführen. Nunmehr obliegt den Gemeinden selbst die Einschätzung, ob eine Fremdenverkehrsprägung vorhanden ist[770]. Die Begrenzung des Satzungsrechts nur auf Gemeinden, die bestimmte Merkmale erfüllen, ist für die gemeindlichen Satzungsrechte des Baugesetzbuches untypisch[771]. Sämtliche anderen gemeindlichen Satzungsrechte des Baugesetzbuches nehmen eine solche Unterscheidung nicht vor. Vielmehr gelten sie für alle Gemeinden gleichermaßen und legen lediglich Voraussetzungen für den Erlass von Satzun-

768 I.VII.3.
769 Vgl. Söfker, in: Ernst/Zinkahn/Bielenberg/Krautzberger, Band 2, BauGB § 22 Rn. 18.
770 Siehe auch oben I.III.
771 Söfker, in: Ernst/Zinkahn/Bielenberg/Krautzberger, Band 2, BauGB § 22 Rn. 16.

gen fest[772]. Diese ungewöhnliche Struktur des § 22 Abs. 1 BauGB dürfte aus dem besagten Wegfall der Bestimmung durch Rechtsverordnung der Landesregierung resultieren[773].

Aus dieser Ausgestaltung des § 22 Abs. 1 BauGB folgt aber, dass die Prüfung, ob der Gemeinde das Satzungsrecht zusteht, auch durch die weiteren Voraussetzungen des § 22 Abs. 1 Satz 3 und 4 BauGB beeinflusst wird und zwar indem dort das Merkmal der Zweckbestimmung für den Fremdenverkehr näher präzisiert wird. § 22 Abs. 1 Satz 4 BauGB definiert auch den in Satz 1 verwendeten Begriff des durch den Fremdenverkehr geprägten Gebiets[774]. Zudem wird in § 22 Abs. 1 Satz 4 BauGB neben der vorhandenen auch die lediglich vorgesehene Zweckbestimmung aufgeführt und hat damit bereits auf der Ebene der Prüfung des Satzungsrechts der Gemeinde Bedeutung. Insbesondere gilt dies für die Frage, ob auch bei einer nur beabsichtigten Fremdenverkehrsprägung schon von einer Zweckbestimmung für den Fremdenverkehr ausgegangen werden kann[775]. Überschneidungen sind insoweit nicht auszuschließen, sondern vielmehr notwendig durch die Gesetzesstruktur begründet.

Von den Ergebnissen her betrachtet, würden sich keine Unterschiede ergeben, würde man die Einschränkung, dass das Satzungsrecht nur sog. Fremdenverkehrsgemeinden zukommen kann, entfallen lassen[776]. Letztlich sind zwar Fälle denkbar, in denen einer Gemeinde zwar grundsätzlich das Satzungsrecht zusteht, die materiellen Voraussetzungen für das konkrete Satzungsgebiet aber nicht erfüllt sind. Umgekehrt sind aber keine Fälle vorstellbar, in denen zwar die materiellen Voraussetzungen des Erlasses einer Fremdenverkehrssatzung für ein konkretes Satzungsgebiet erfüllt sind, insbesondere dass eine vorhandene oder vorgesehene Zweckbestimmung für den Fremdenverkehr vorhanden ist, dennoch aber der Gemeinde nicht das Satzungsrecht als solches zukommen kann. Bei Bejahung der materiellen Voraussetzung des Bestehens einer vorhandenen oder vorgesehenen Zweckbestimmung für den Fremdenverkehr folgt daraus reflexartig auch, dass für jedenfalls einen Teil des Gemeindegebiets, nämlich den Geltungsbereich der Satzung, eine überwiegende Prägung eines Teils des Gemeindegebiets im Sinne des § 22 Abs. 1 Satz 1 BauGB vorliegt. Die Einschränkung, dass die Gemeinde im Ganzen oder in Teilen durch den Fremdenverkehr geprägt sein muss, stellt sich damit als schlicht überflüssig dar.

---

772 Ebenda.

773 Söfker, in: Ernst/Zinkahn/Bielenberg/Krautzberger, Band 2, BauGB § 22 Rn. 16 bezeichnet diese Voraussetzung zutreffend als „Relikt" der bis zum 31.12.1997 geltenden Voraussetzung der Bezeichnung der Gemeinden oder Gemeindeteile in der Rechtsversordnung der Landesregierung.

774 Dürr, in: Brügelmann, Band 2, BauGB § 22 Rn. 12.

775 I.IV.1.e).

776 Krautzberger/Söfker, BauGB, 517 stellen heraus, dass sich die Voraussetzung der überwiegenden Prägung durch den Fremdenverkehr weitgehend mit den zusätzlichen Genehmigungsvoraussetzungen deckt.

Da die geltende Rechtslage jedoch wie beschrieben nach dem Bestehen des Satzungsrechts und den weiteren materiellen Voraussetzungen differenziert, ist das Satzungsrecht der Gemeinde zuvorderst zu thematisieren.

a) Zu den Maßstäben an die Bestimmung der Fremdenverkehrsprägung

Eine überwiegende Prägung durch den Fremdenverkehr ist nach weit verbreiteter Auffassung allgemein dann anzunehmen, wenn in der Gemeinde oder Teilen der Gemeinde die öffentliche oder private Infrastruktur auf die Fremdenverkehrsbedürfnisse ausgerichtet ist und das Beherbergungsgewerbe eine dominierende Rolle gegenüber anderen Wirtschaftszweigen einnimmt und diesen den Rang abläuft[777]. Wesentliche Anhaltspunkte für die Bejahung einer Fremdenverkehrsprägung sind die Übernachtungszahlen[778] und die Frage, inwieweit Beherbergungsbetriebe oder private Zimmervermietungen im Gemeindegebiet überwiegen[779]. Vereinzelt wird auch die Ausrichtung der öffentlichen oder privaten Infrastruktur auf die Fremdenverkehrsbedürfnisse als ausreichend angesehen und darauf abgestellt, dass die Übernachtungszahlen eine wirtschaftlich wichtige Rolle in der Gemeinde spielen, aber darauf verzichtet, dass das Beherbergungsgewerbe gegenüber anderen Wirtschaftszweigen dominieren muss[780]. Richtigerweise legt jedoch bereits der Wortlaut des § 22 Abs. 1 Satz 1 BauGB durch die Verwendung der Formulierung „überwiegend durch den Fremdenverkehr geprägt sind" nah, dass der Fremdenverkehr in der Gemeinde bzw. einzelnen Teilen eine gegenüber sonstigen Wirtschaftszweigen herausragende Stellung einnehmen muss und die sonstigen Wirtschaftszweige bei Betrachtung des Gesamtbildes der Gemeinde bzw. des Gemeindeteils hinter der Ausrichtung auf den Fremdenverkehr zurückbleiben.

Das Merkmal der „überwiegenden Prägung" kann dabei aber nicht als mathematischer Maßstab dergestalt verstanden werden, dass mehr als die Hälfte der baulich genutzten Flächen dem Fremdenverkehr gewidmet sein müssen[781]. Die Einschätzung, ob eine überwiegende Prägung durch den Fremdenverkehr vorliegt, erfordert eine wertende Betrachtung der gemeindlichen Gesamtstruktur bzw. der Gemeindeteile[782]. Ein gerichtlich nur eingeschränkt überprüfbarer Beurteilungsspielraum kommt der Gemeinde richtigerweise bei der Bewertung jedoch nicht

---

777 BVerwG, Beschluss vom 21.04.1994 - 4 B 193.93 -, NVwZ 1995, 271 zur Ermächtigung der Landesregierung nach § 22 Abs. 1 Satz 1 BauGB i.d.F. bis zum 31.12.1997; Dürr, in: Brügelmann, Band 2, BauGB § 22 Rn. 10; Spieß, in: Jäde/Dirnberger/Weiß, BauGB § 22 Rn. 3; Kröninger, in: HK-BauGB, § 22 Rn. 8; Jarass/Kment, § 22 Rn. 3.

778 Vgl. Kraft, in: Berliner Kommentar, Band 1, § 22 Rn. 9; Grziwotz, in: Spannowsky/Uechtritz, § 22 Rn. 1.

779 Greiving, DVBl. 2001, 336, 338.

780 Grziwotz, in: Spannowsky/Uechtritz, § 22 Rn. 1.

781 Kraft, in: Berliner Kommentar, Band 1, § 22 Rn. 9.

782 Ebenda.

zu[783]. Für die Annahme des Satzungsrechts der Gemeinde reicht es aus, wenn ein Ort oder Ortsteil der Gemeinde die überwiegende Prägung durch den Fremdenverkehr aufweist, die Prägung muss sich nicht auf das gesamte Gemeindegebiet erstrecken[784], wobei sich der Geltungsbereich der Satzung dann natürlich nur auf die Gemeindeteile erstrecken darf, die tatsächlich auch eine Prägung durch den Fremdenverkehr aufweisen[785]. § 22 Abs. 1 Satz 1 und Satz 3 und 4 BauGB stellen sprachlich auf "Gebiete" ab, für die eine Fremdenverkehrsprägung vorliegen muss. Die Regelungen sind gewissermaßen gebiets- und nicht grundstücksbezogen. Daraus folgt, dass einzelne im jeweiligen Gebiet gelegene Grundstücke, die für sich betrachtet keine Fremdenverkehrsprägung aufweisen, der Einstufung des Gebiets selbst als ein solches mit Fremdenverkehrsprägung nicht zwingend entgegenstehen[786]. Die Nutzung von im Satzungsgebiet gelegenen Flächen zu öffentlichen Zwecken steht der Prägung durch den Fremdenverkehr damit in der Regel nicht entgegen, vielmehr zählen Einrichtungen für die öffentliche Verwaltung, Grünflächen und Grundstücke, die für kirchliche, soziale oder kulturelle Zwecke genutzt werden, zu der üblichen Infrastruktur jeder Gemeinde[787]. Ebenso schadet die Nutzung eines oder mehrerer Grundstücke zu Wohnzwecken nicht der Annahme, dass das Gebiet insgesamt eine Fremdenverkehrsprägung aufweist[788]. Nur wenn die genannten Einrichtungen wegen ihrer Anzahl, Größe oder Lage eine solch dominierende Rolle im Gebiet einnehmen, dass der Eindruck entsteht, die Beherbergungsmöglichkeiten würden nahezu gänzlich dahinter zurücktreten, ist vom Fehlen einer Fremdenverkehrsprägung auszugehen[789].

Wie sich aus den Anwendungsvoraussetzungen der Sätze 3 und 4 des § 22 Abs. 1 BauGB ergibt, kann eine Prägung durch den Fremdenverkehr in der Regel dann angenommen werden, wenn Gebiete der in § 22 Abs. 1 Satz 4 BauGB bezeichneten Zweckbestimmung in nennenswertem Umfang vorhanden sind[790]. Ausreichend ist mit Blick auf Satz 3 und 4, die neben der "vorhandenen" auch auf die "vorgesehene Zweckbestimmung" abstellen, dass Gebiete lediglich entsprechend überplant, die Bebauungspläne aber noch nicht vollzogen sind[791]. Aus Sinn und Zweck der Einführung des § 22 BauGB folgt, dass eine Fremdenverkehrsprägung ausscheidet, wenn lediglich Tagestourismus bzw. Besichtigungstourismus zu verzeichnen ist, etwa der nicht mit einer Übernachtung verbundene Besuch von Museen, Theatern

783 Vgl. eingehend unter I.IV.1.f).
784 Söfker, in: Ernst/Zinkahn/Bielenberg/Krautzberger, Band 2, BauGB § 22 Rn. 18.
785 Dürr, in: Brügelmann, Band 2, BauGB § 22 Rn. 9.
786 Dürr, in: Brügelmann, Band 2, BauGB § 22 Rn. 14.
787 BVerwG, Urteil vom 15.05.1997 - 4 C 9.96 -, BVerwGE 105, 1, 3; Reidt, in: Battis/Krautzberger/Löhr, § 22 Rn. 6; Greiving, DVBl. 2001, 336, 337.
788 Dürr, in: Brügelmann, Band 2, BauGB § 22 Rn. 14.
789 Ebenda.
790 Kraft, in: Berliner Kommentar, Band 1, § 22 Rn. 9; vgl. auch Dürr, in: Brügelmann, Band 2, BauGB § 22 Rn. 10 f.
791 Dürr, in: Brügelmann, Band 2, BauGB § 22 Rn. 11.

oder Sehenswürdigkeiten[792]. Tagestourismus ist nicht auf die Bereitstellung von Übernachtungsmöglichkeiten ausgerichtet und kann durch die Einrichtungen von Zweitwohnungen daher schon nicht beeinträchtigt werden[793].

Die Frage, ob einer Gemeinde nach § 22 Abs. 1 Satz 1 BauGB überhaupt das Satzungsrecht zusteht, hat die Gerichte seit Wegfall der freischaltenden Rechtsverordnung, soweit dies den einschlägigen Datenbanken entnommen werden kann, bisher nicht beschäftigt[794].

b) Vorschriften über die Anerkennung von Orten als Kur- und Erholungsorte

Kritischer Würdigung bedarf die wiederholt in der Literatur zu findende Aussage, gewichtige Anhaltspunkte für eine überwiegende Prägung könnten sich aus landesrechtlichen Vorschriften über die Anerkennung von Orten als Kur- und sonstige Erholungsorte ergeben[795]. Nach zum Teil vertretener Ansicht könne in der Regel davon ausgegangen werden, dass bei einer Bestimmung einer Gemeinde oder eines Gemeindeteils nach landesrechtlichen Vorschriften als Kurort oder Erholungsort zugleich eine Prägung nach § 22 Abs. 1 Satz 1 BauGB vorhanden sei[796]. Wenn eine solche Anerkennung auch ein erstes gewichtiges Indiz für eine Prägung darstellt, entbindet ein entsprechender Befund jedoch nicht von einer Prüfung im Einzelfall[797]. Dies gilt erst recht, wenn man bedenkt, dass die Anerkennung als Kurort sich oftmals pauschal auf das gesamte Gemeindegebiet bezieht und zudem lediglich eine Aussage darüber getroffen wird, ob in dem Ort bestimmte sich aus dem jeweiligen Kurortegesetz oder der Kurortverordnung bzw. jeweiligen Erlassen ergebende für die Gesundheit förderliche natürliche Gegebenheiten oder Einrichtungen vorhanden sind. Dies beinhaltet nicht zwingend zugleich eine Aussage über die Gesamtstruktur der Gemeinde[798]. So ist beispielsweise zur Anerkennung als Seebad nach § 3 Satz 1 Nr. 3 KurortVO SH lediglich erforderlich, dass der Ort an der Meeresküste

792 Kraft, in: Berliner Kommentar, Band 1, § 22 Rn. 9; Rieger, in: Schrödter, § 22 Rn. 7; Greiving, DVBl. 2001, 336, 337; Dürr, in: Brügelmann, Band 2, BauGB § 22 Rn. 10; Hiltl/Gerold, BayVBl. 1993, 385, 387; May, in: Rixner/Biedermann/Steger, § 22 Rn. 10.

793 Ebenda.

794 Vgl. auch Kraft, in: Berliner Kommentar, Band 1, § 22 Rn. 9.

795 Siehe Auflistung bei Söfker, in: Ernst/Zinkahn/Bielenberg/Krautzberger, Band 2, BauGB § 22 Rn. 19; Greiving, DVBl. 2001, 336, 337; zur freischaltenden Rechtsverordnung der Landesregierungen ebenfalls bejahend Hiltl/Gerold, BayVBl. 1993, 385, 387.

796 Söfker, in: Ernst/Zinkahn/Bielenberg/Krautzberger, Band 2, BauGB § 22 Rn. 19; zur freischaltenden Rechtsverordnung der Landesregierungen ebenfalls bejahend Hiltl/Gerold, BayVBl. 1993, 385, 387.

797 Vgl. auch Dürr, in: Brügelmann, Band 2, BauGB § 22 Rn. 11.

798 Dürr, in: Brügelmann, Band 2, BauGB § 22 Rn. 11.

liegt, eine klimatisch begünstigte Lage und mindestens eine Arztpraxis aufweist, über einen gepflegten und bewachten Badestrand, Strandpromenaden, vom Verkehr ungestörte Parkanlagen sowie Strand- oder Landschaftswege, Möglichkeiten für Spiel und Sport verfügt. Möglichkeiten zur Unterbringung der Gäste müssen aber zur Anerkennung nicht vorhanden sein. Ebenfalls resultiert aus dem Vorhandensein der erforderlichen Anlagen nicht, dass es sich im bauplanungsrechtlichen Sinne auch um ein Kurgebiet handeln muss.

c) Grenzwerte aus Kommunalabgabengesetzen

Desgleichen können Grenzwerte aus den Kommunalabgabengesetzen der Länder nicht schematisch übernommen werden und taugen lediglich als erstes, wenn auch gewichtiges Indiz für eine Fremdenverkehrsprägung[799]. So können etwa nach Art. 6 Abs. 1 BayKAG die Gemeinden einen Fremdenverkehrsbeitrag erheben, wenn die Zahl der Fremdenübernachtungen im Jahr in der Regel das Siebenfache der Einwohnerzahl übersteigt. Jedoch ergibt sich aus der Bejahung der Voraussetzung für die Erhebung eines Fremdenverkehrsbeitrags noch kein Bild der Gesamtstruktur der Gemeinde oder des Gemeindeteils und der Verteilung der Übernachtungsmöglichkeiten und der sonstigen vorhandenen Wirtschaftszweige. Es wird lediglich auf das Verhältnis der Übernachtungen zur Einwohnerzahl abgestellt. Vielmehr ist in einer Gesamtschau zu ermitteln, ob der Fremdenverkehr den die Entwicklung der Gemeinde oder des Gemeindegebietes bestimmenden Faktor darstellt[800].

d) Darstellungen in Raumordnungsplänen, Regionalplänen, Flächennutzungsplänen und informellen Planungen

Nicht mehr als Anhaltspunkte für eine Fremdenverkehrsprägung können sich richtigerweise auch aus Darstellungen in Raumordnungsplänen und Regionalplänen[801], in Flächennutzungsplänen und dem Vorhandensein bloß informeller Planungen nach § 1 Abs. 6 Nr. 11 BauGB ergeben, mögen diese zunächst auch als ein erstes Indiz für eine entsprechende Prägung herangezogen werden können. Dies ergibt sich bereits daraus, dass § 22 Abs. 1 BauGB sowohl in Satz 1 als auch in Satz 3 und 4 primär auf die tatsächlich vorhandene Prägung abstellt und nach der hier vertretenen Ansicht das Merkmal der nur vorgesehenen Zweckbestimmung in Satz 3 auf die Fälle eines nicht vollzogenen Bebauungsplanes beschränkt ist[802].

---

799 So wohl auch Kraft, in: Berliner Kommentar, Band 1, § 22 Rn. 9.

800 Kraft, in: Berliner Kommentar, Band 1, § 22 Rn. 9; BVerwG, Beschluss vom 21.04.1994 - 4 B 193.93 -, NVwZ 1995, 271 f.

801 Dürr, in: Brügelmann, Band 2, BauGB § 22 Rn. 11; kritisch auch Kraft, in: Berliner Kommentar, Band 1, § 22 Rn. 9.

802 Siehe im Einzelnen unter I.IV.1.e).

e) *Zur Frage der Zuerkennung des Satzungsrechts bei nur beabsichtigter Fremdenverkehrsprägung*

Uneinigkeit besteht dahingehend, ob das Satzungsrecht auch solchen Gemeinden zukommen kann, die bzw. deren Teile eine überwiegende Fremdenverkehrsprägung noch gar nicht aufweisen, eine solche Prägung aber geschaffen werden soll. Dies könnte konkret etwa der Fall sein, wenn in der Gemeinde bereits ein Tages- und Ausflugsverkehr vorhanden ist, der für sich genommen nicht genügt, um die erforderliche Prägung zu bewirken[803]. Allgemein könnte die Frage relevant sein für Kur- und Erholungsorte, in denen sich Feriengäste für eine bestimmte Mindestdauer aufhalten, die jedoch noch nicht die für die Bejahung einer Prägung durch den Fremdenverkehr erforderliche Struktur aufweisen[804], sich aber dergestalt weiterentwickeln möchten, dass auch das Übernachtungsgewerbe eine dominierende Stellung einnehmen soll.

In der Literatur wird zum Teil ausdrücklich dargestellt, das Satzungsrecht stünde auch solchen Gemeinden zu, die sich erst zu Fremdenverkehrsorten entwickeln wollen bzw. für deren Teile eine entsprechende Ausrichtung geplant sei, ohne dass eine solche Prägung bereits vorhanden sein müsse[805]. Der Wortlaut des § 22 Abs. 1 Satz 1 BauGB könne mit der Verwendung „geprägt sind" zwar darauf hindeuten, dass eine solche Prägung für den Fremdenverkehr auch tatsächlich vorhanden sein müsse. Da aber bei der Anwendungsvoraussetzung des Absatzes 1 Satz 3 neben der vorhandenen auch auf die vorgesehene Zweckbestimmung des Gebietes für den Fremdenverkehr abgestellt werde, reiche es zur Annahme eines Satzungsrechts der Gemeinde aus, wenn sie ein Gebiet für Fremdenfunktionen entwickeln wolle und die Einführung des Genehmigungsvorbehalts durch die Satzung für erforderlich halte[806]. Eine nur vorgesehene Zweckbestimmung käme im Rahmen des § 22 Abs. 1 Satz 3 BauGB bei noch nicht vollzogenen Bebauungsplänen, aber auch bei einer nur informellen Planung und sonstigen Beschlüssen der Gemeinde in Betracht[807]. Zwar wird nicht näher ausgeführt, was in diesem Kontext unter „informellen Planungen" und „sonstigen Beschlüssen" zu verstehen sei. Es dürfte jedoch davon auszugehen sein, dass auf § 1 Abs. 6 Nr. 11 BauGB Bezug genommen wird, also unter „informellen Planungen" und „sonstigen Beschlüssen" städtebauliche Entwicklungskonzepte und sonstige städtebauliche Planungen verstanden werden, die durch einen förmlichen Beschluss der Gemeinde gefasst worden sind[808]. Zu nennen wären ins-

---

803 I.IV.1.a).

804 Söfker, in: Ernst/Zinkahn/Bielenberg/Krautzberger, Band 2, BauGB § 22 Rn. 18.

805 Ausdrücklich Söfker, in: Ernst/Zinkahn/Bielenberg/Krautzberger, Band 2, BauGB § 22 Rn. 18.

806 Söfker, in: Ernst/Zinkahn/Bielenberg/Krautzberger, Band 2, BauGB § 22 Rn. 18.

807 Söfker, in: Ernst/Zinkahn/Bielenberg/Krautzberger, Band 2, BauGB § 22 Rn. 30; Greiving, DVBl. 2001, 336, 338; Reidt, in: Battis/Krautzberger/Löhr, § 22 Rn. 9.

808 Weiterführend zu diesen Instrumenten Söfker, in: Ernst/Zinkahn/Bielenberg/Krautzberger, Band 1, BauGB § 1 Rn. 175; Uechtritz, ZfBR 2010, 646 ff.

besondere Fremdenverkehrskonzepte als städtebauliche Entwicklungskonzepte und städtebauliche Rahmenpläne, die die förmliche Bauleitplanung auf der Ebene des Bebauungsplans vorbereiten sollen[809].

Somit wären nach dieser Ansicht auch solche Gemeinden zum Erlass einer Fremdenverkehrssatzung ermächtigt, die zwar noch nicht in nennenswertem Umfang Beherbergungsbetriebe oder eine überhaupt auf den Fremdenverkehr ausgerichtete Infrastruktur in dem für eine überwiegende Prägung erforderlichen Maß zum Zeitpunkt des Satzungsbeschlusses aufweisen, die aber die Schaffung eines solchen Gebietes oder eine Weiterentwicklung dahingehend beabsichtigen und dazu ein entsprechendes Fremdenverkehrskonzept oder einen städtebaulichen Rahmenplan beschlossen haben. Dies hätte zur Folge, dass eine Gemeinde, die weiteren Voraussetzungen für den Erlass der Satzung einmal als gegeben unterstellt, durch Erlass einer Fremdenverkehrssatzung noch vor Beschluss eines Bebauungsplanes oder sogar Fassung eines Aufstellungsbeschlusses eine Satzung nach § 22 BauGB als gewissermaßen vorbeugendes Sicherungsmittel einsetzen könnte.

Richtigerweise können Gemeinden, die sich erst zu Fremdenverkehrsorten entwickeln wollen, nicht zum Erlass einer Fremdenverkehrssatzung ermächtigt sein[810] bzw. reicht, anders ausgedrückt, eine bloß beabsichtigte städtebauliche Zentrierung auf Tourismus nicht aus[811]. Gemeinden, die sich erst zu Fremdenverkehrsorten entwickeln wollen, dürfen den Genehmigungsvorbehalt erst einführen, wenn die notwendige Prägung auch tatsächlich erreicht ist. Der Wortlaut des § 22 Abs. 1 BauGB selbst gibt nur bedingt Auskunft darüber, ob das Satzungsrecht einer Gemeinde auch dann zukommt, wenn noch keine tatsächliche Prägung jedenfalls eines Gemeindeteils vorhanden ist. Es ist zunächst zu bemerken, dass Satz 1 sprachlich auf eine tatsächlich vorhandene Prägung abstellt, wenn es dort heißt, dass nur die Gemeinden, die oder deren Teile überwiegend durch den Fremdenverkehr „geprägt sind“, vom Satzungsrecht Gebrauch machen können. Der Wortlaut des § 22 Abs. 1 Satz 3 BauGB könnte zwar auf den ersten Blick, wie von *Söfker* zutreffend hervorgehoben[812], durchaus dafür sprechen, dass auch eine nur informelle Planung für die Möglichkeit der Einführung eines Genehmigungsvorbehalts ausreicht, wenn dort neben der „vorhandenen“ auch auf die „vorgesehene” Zweckbestimmung des Gebiets abgestellt wird. Es muss jedoch gesehen werden, dass Satz 3 selbst aber nicht näher bestimmt, was unter vorgesehener Zweckbestimmung zu verstehen ist. Auch geht dies nicht aus dem Wortlaut des Satzes 4 selbst unzweifelhaft hervor. Das Merkmal der vorgesehenen Zweckbestimmung könnte sowohl dahingehend

809 Vgl. dazu Söfker, in: Ernst/Zinkahn/Bielenberg/Krautzberger, Band 1, BauGB § 1 Rn. 174 f.; siehe weiterführend zur Wirkung von städtebaulichen Konzepten Terwiesche, NVwZ 2010, 553 ff.

810 So auch Rieger, in: Schrödter, § 22 Rn. 7; Grziwotz, in: Spannowsky/Uechtritz, § 22 Rn. 1; so auch Erlass des Innenministeriums Schleswig-Holstein vom 18.11.1999 - IV 631–512.252 -, Amtsbl. SH 1999, 658 jedoch ohne nähere Begründung.

811 Kraft, in: Berliner Kommentar, Band 1, § 22 Rn. 9 aber ohne nähere Begründung.

812 Söfker, in: Ernst/Zinkahn/Bielenberg/Krautzberger, Band 2, BauGB § 22 Rn. 18.

ausgelegt werden, dass eine vorgesehene Zweckbestimmung lediglich in dem Fall eines noch nicht vollzogenen Bebauungsplanes anzunehmen ist als auch, dass bereits informelle Planungen im Sinne des § 1 Abs. 6 Nr. 11 BauGB zur Bejahung einer vorgesehenen Zweckbestimmung im Sinne des Satzes 3 ausreichen. Vom Wortsinn her könnten beide Alternativen durch das Wort „vorgesehen" abgedeckt sein.

Damit kann die Frage nach dem Satzungsrecht der Gemeinde bei einer nur beabsichtigten Ausrichtung auf den Fremdenverkehr lediglich durch eine gewissermaßen vorgreifliche Interpretation der materiellen Anwendungsvoraussetzungen für den Erlass einer Satzung nach § 22 Abs. 1 Satz 3, 4 BauGB beantwortet werden[813].

Überwiegendes dürfte dafür sprechen, dass das Vorhandensein nur informeller Planungen der Gemeinde nach § 1 Abs. 6 Nr. 11 BauGB gerade nicht ausreichend ist, um von einer vorgesehenen Zweckbestimmung auszugehen. Das Merkmal der „vorgesehenen Zweckbestimmung" ist richtigerweise auf die Fälle eines noch nicht vollzogenen Bebauungsplanes zu beschränken, wobei auch nicht ausreichend ist, dass lediglich ein Aufstellungsbeschluss gefasst ist. Andernfalls könnte die Einführung des Genehmigungsvorbehalts als vorbeugendes Sicherungsmittel eingesetzt werden. Ein solches vorbeugendes Sicherungsmittel ist dem Baugesetzbuch jedoch fremd[814].

Damit ist festzuhalten, dass nur solche Gemeinden zum Erlass einer Fremdenverkehrssatzung berechtigt sind, die entweder tatsächlich eine überwiegende Prägung durch den Fremdenverkehr aufweisen oder bei der dies für einzelne Gebiete der Fall ist oder die einen Bebauungsplan nach § 22 Abs. 1 Satz 4 BauGB aufgestellt haben, auch wenn er noch nicht vollzogen ist. Auch in dem Fall, dass eine Gemeinde ein Fremdenverkehrskonzept beschlossen oder einen sonstigen Beschluss nach § 1 Abs. 6 Nr. 11 BauGB dahingehend gefasst hat, ein Gebiet entsprechend entwickeln zu wollen, kann dies nicht als ausreichend angesehen werden, ihr das Satzungsrecht zuzusprechen.

f) Zum Fehlen eines Beurteilungsspielraums hinsichtlich der Frage des Vorliegens des Satzungsrechts

Näherer Betrachtung bedarf auch die Frage, ob der Gemeinde bei der Beurteilung, ob sie (zum Teil oder im Ganzen) durch den Fremdenverkehr geprägt ist, ein gerichtlich nicht voll überprüfbarer Beurteilungsspielraum zukommt. Ein solcher wird zum Teil angenommen, wenn auch sprachlich abweichend mal als „Einschätzungsprärogative" oder auch als „Ermessen" bezeichnet.

So heißt es etwa, die Fremdenverkehrsprägung sei primär eine tatsächliche Frage mit einer gewissen Einschätzungsprärogative der Kommune, die durch die kommunale Planungshoheit gespeist werde[815]. Zur Begründung wird teilweise angeführt, die

813 Siehe dazu im Einzelnen unter I.IV.2.a)bb)(2).
814 Siehe dazu ausführlich unter I.IV.2.a)bb)(2).
815 So Kraft, in: Berliner Kommentar, Band 1, § 22 Rn. 9; Grziwotz, in: Spannowsky/Uetrichtz, § 22 Rn. 1; zum gesetzgeberischen Beurteilungsspielraum der Landesregierung bei Nennung der vor Änderung durch das BauROG geltenden Fassung des § 22 Abs. 1 BauGB a.F. siehe Hiltl/Gerold, BayVBl. 1993, 385, 386 und 388.

Gründe für den Wegfall des Erfordernisses der freischaltenden Rechtsverordnung seien bei der Auslegung der Frage nach der Fremdenverkehrsprägung zu berücksichtigen[816]. Dem Wegfall des Erfordernisses der Rechtsverordnung der Länder habe nämlich die Erwägung zugrunde gelegen, die Sicherung von Gebieten mit Fremdenverkehrsfunktion gehöre nicht zum Aufgabenkreis der Länder, sondern sei Bestandteil der Planungshoheit der Gemeinden[817]. Bei *Greiving* heißt es, die Gemeinde könne nicht im Rahmen ihrer planerischen Gestaltungsfreiheit frei darüber befinden, ob die Anwendungsvoraussetzungen für die Satzung vorlägen, sondern müsse dies im Rahmen eines „pflichtgemäßen Ermessens" vornehmen[818]. Allerdings stehe ihr bei der Prüfung, ob und in welchem Umfang sie die in § 22 Abs. 1 BauGB aufgeführten Gebiete vor Beeinträchtigungen schützen will, ein autonomer Bewertungsspielraum zu, der nicht vollständig gerichtlich überprüfbar sei. Die auch kommunalpolitisch motivierte Entscheidung, welche Gebiete aus städtebaulichen Gründen für schutzwürdig anzusehen seien, dürfe ein Gericht der Gemeinde nicht abnehmen[819].

Richtigerweise ist jedoch ein nur eingeschränkt justitiabler Beurteilungsspielraum hinsichtlich der Frage einer Fremdenverkehrsprägung abzulehnen. Vielmehr handelt es sich bei dem Merkmal „überwiegende Prägung durch den Fremdenverkehr" um einen unbestimmten Rechtsbegriff, der als solcher der vollen gerichtlichen Prüfung unterliegt[820]. Ob der Gesetzgeber bei Schaffung einer Norm einen nur eingeschränkt gerichtlich überprüfbaren Beurteilungsspielraum zubilligen wollte, ist, sofern keine diesbezügliche ausdrückliche Anordnung getroffen wurde, durch Auslegung zu ermitteln[821]. Im Zweifel ist von voller Justitiabilität auszugehen[822]. Voraussetzungen und Grenzen der Annahme eines Beurteilungsspielraums sind in Rechtsprechung und Literatur nach wie vor höchst umstritten[823]. In der Rechtsprechung hat sich aber im Laufe der Zeit ein Kanon an Fallgruppen herausgebildet, bei denen von einem Beurteilungsspielraum ausgegangen wurde und jedenfalls tendenziell ausgegangen werden kann[824]. Zu nennen sind beamtenrechtliche Beur-

---

816 Kraft, in: Berliner Kommentar, Band 1, § 22 Rn. 9; siehe aber auch die insoweit widersprüchliche Aussage in Rn. 17, hinsichtlich der Annahme der Voraussetzungen des § 22 Abs. 1 Satz 1, 3 und 4 BauGB bestünde keine nur eingeschränkt überprüfbare Einschätzungsprärogative der Gemeinde.

817 Kraft, in: Berliner Kommentar, Band 1, § 22 Rn. 9.

818 Greiving, DVBl. 2001, 336, 337 unter Hinweis auf BVerwG, Beschluss vom 20.08.1991 - 4 NB 3.91 -, NVwZ 1992, 567 und BVerwG, Urteil vom 07.07.1994 - 4 C 21.93 -, BB 1994, 2033.

819 Ebenda.

820 So auch Dürr, in: Brügelmann, Band 2, BauGB § 22 Rn. 11.

821 Kopp/Schenke, § 114 Rn. 23; Wolff, in: Sodan/Ziekow, § 114 Rn. 307; Gerhardt, in: Schoch/Schneider/Bier, Band 2, § 114 Rn. 16; Rennert, in: Eyermann, § 114 Rn. 51.

822 Kopp/Schenke, § 114 Rn. 23; Wolff, in: Sodan/Ziekow, § 114 Rn. 307 m.w.N. aus der Rechtsprechung.

823 Vgl. Kopp/Schenke, § 114 Rn. 24 ff.; Maurer, § 7 Rn. 47.

824 Wolff, in: Sodan/Ziekow, § 114 Rn. 316.

teilungen, Prüfungsentscheidungen, prognostische Entscheidungen mit politischem Einschlag, planerisch gestaltende Entscheidungen und Wertungen, die sachverständigen oder pluralistischen Gremien anvertraut sind[825].

Im Gesetzentwurf der Bundesregierung zum Bau- und Raumordnungsgesetz findet sich kein deutlicher Hinweis auf die Frage, ob den Gemeinden ein gerichtlich nur eingeschränkt überprüfbarer Beurteilungsspielraum zukommen sollte. Zum Wegfall der freischaltenden Rechtsverordnung heißt es lediglich, die Sicherung von Gebieten mit Fremdenverkehrsfunktionen gehöre nicht zu dem unmittelbaren Aufgabenbereich der Länder, es handele sich vielmehr um eine kommunale Angelegenheit, die Bestandteil der gemeindlichen Planungshoheit sei. Aus diesem Grunde sei der Erlass einer Rechtsverordnung entbehrlich. Mit Rücksicht auf die Tatsache, dass bestimmte Teile einer Gemeinde vom Geltungsbereich des Genehmigungsvorbehalts ausgenommen werden könnten, erschiene es zweckmäßiger, ein einstufiges Verfahren vorzusehen, das den Gemeinden unmittelbar erlaube, diese Fragen im Bebauungsplan oder in einer sonstigen Satzung zu regeln. Die Änderung diene der Stärkung der Eigenverantwortlichkeit und der Selbstverantwortung der Kommunen[826].

Dass das Erfordernis einer freischaltenden Rechtsverordnung ausweislich der Gesetzesmaterialien aufgegeben wurde, weil die Beurteilung, ob eine Gemeinde eine Fremdenverkehrsfunktion erfüllt, nicht zum Aufgabenkreis der Länder gehöre, sondern Bestandteil der Planungshoheit der Gemeinde sei, hat nicht zwangsläufig zur Folge, dass der Gemeinde auch im engeren Sinne ein gerichtlich nur begrenzt überprüfbarer Beurteilungsspielraum zukommen sollte. Vielmehr kann sich in der Begründung auch lediglich das Motiv der Neuregelung manifestiert haben. Die Formulierung, dass es sich bei der Sicherung von Gebieten mit Fremdenverkehrsfunktion um eine kommunale Angelegenheit handele, die Bestandteil der gemeindlichen Planungshoheit sei, kann im aufgezeigten Kontext auch lediglich der Abgrenzung zum Aufgabenkreis der Länder dienen. Dass den Gemeinden auch ein nur eingeschränkt überprüfbarer Beurteilungsspielraum bei der Frage zukommen sollte, ob die notwendige Prägung durch den Fremdenverkehr erreicht ist, lässt sich jedoch nicht mit der erforderlichen Sicherheit entnehmen.

Die Frage, ob die notwendige Fremdenverkehrsprägung vorliegt, lässt sich auch keiner der oben genannten in der Rechtsprechung entwickelten Fallgruppen zur Annahme eines Beurteilungsspielraums zuordnen. Es handelt sich insbesondere um keine Art von Prognoseentscheidung, die die Zubilligung eines Beurteilungsspielraums rechtfertigen könnte. Zu sehen ist auch, dass, nur weil ein Rechtsbegriff für die Subsumtion eine wertende Betrachtung verlangt, nicht automatisch auch ein Beurteilungsspielraum auf Seiten des Rechtsanwenders zuzubilligen ist[827]. Vielmehr ist bei der Anwendung einer Vielzahl von unbestimmten, aber gerichtlich zweifellos

825 Wolff, in: Sodan/Ziekow, § 114 Rn. 316; nahezu identische Einteilung bei Maurer, § 7 Rn. 37 ff.; vgl. ähnliche Einteilung bei Redeker/von Oertzen, § 114 Rn. 48 ff.

826 BT-Drs. 13/6392, 107.

827 Kopp/Schenke, § 114 Rn. 24.

der vollen gerichtlichen Prüfung unterliegenden Rechtsbegriffen eine wertende Betrachtung notwendig[828], z.B. für die Begriffe des Rechts der Gefahrenabwehr („Gefahr im Verzug“[829]). Auch folgt aus dem Vorhandensein eines Ermessens auf Rechtsfolgenseite nicht zwingend auch auf der Seite des Tatbestandes ein Beurteilungsspielraum[830].

Wenn die Möglichkeit des Erlasses einer Fremdenverkehrssatzung zwar im weiteren Sinne thematisch dem Bereich der planerischen Steuerungsmöglichkeiten der Gemeinde zuzuordnen ist, so ergeben sich doch auf der Stufe der Frage, ob eine Prägung durch den Fremdenverkehr vorliegt, keine planerischen Bedürfnisse dergestalt, dass die Annahme eines nur beschränkt überprüfbaren Beurteilungsspielraums gerechtfertigt sein könnte. Dem Gericht ist es ohne weiteres möglich, sich einen Eindruck von den Übernachtungszahlen, den zur Verfügung stehenden Beherbergungsmöglichkeiten, der Gemeindestruktur bzw. der Struktur des Teils des Gemeindegebiets, das eine Prägung für den Fremdenverkehr aufweisen soll, zu verschaffen und dann eine Bewertung dahingehend vorzunehmen, ob die erforderliche Prägung erreicht ist. Dass bei dieser Bewertung im konkreten Fall durchaus andere Auffassungen möglich und für sich betrachtet vertretbar sind, kann für sich allein jedoch das Vorliegen eines Beurteilungsspielraums nicht rechtfertigen[831]. Die Möglichkeit, bei der Subsumtion auch zu unterschiedlichen und für sich betrachtet jedenfalls nachvollziehbaren Auffassungen gelangen zu können, liegt vielmehr im Wesen der Auslegung unbestimmter Rechtsbegriffe.

Es ist weiter zu sehen, dass die in diesem Zusammenhang von *Greiving*[832] herangezogenen Entscheidungen des Bundesverwaltungsgerichts[833] keine Aussage dahingehend treffen, § 22 Abs. 1 BauGB enthalte zugunsten der Gemeinde einen Beurteilungsspielraum, ob die Voraussetzungen für die Annahme einer Fremdenverkehrsprägung vorliegen. Die erste der herangezogenen Entscheidungen[834] verhält sich überhaupt nicht zur Problemstellung, sondern enthält lediglich Aussagen zu der Annahme einer Teilnichtigkeit eines Bebauungsplans und dahingehend die Feststellung, dass ein Gericht insbesondere nicht gestaltend tätig sein dürfe, sondern den planerischen Willen des Ortsgesetzgebers zu respektieren habe und eine Teilnichtigkeit nicht annehmen dürfe, wenn es damit zu einer Verfälschung des kommunalen Planungskonzeptes beitrüge[835]. Die zweite Entscheidung befasst sich zwar mit der Regelung des § 22 BauGB, kann jedoch die vertretene Auffassung ebenfalls nicht stützen. In der Entscheidung heißt es hingegen, § 22 Abs. 2 Satz 1 BauGB a. F. räume

---

828 Siehe Beispiele bei Maurer, § 7 Rn. 35.

829 BVerwG, Urteil vom 15.12.1983 - 3 C 27.83 -, BVerwGE 68, 267, 271.

830 Kopp/Schenke, § 114 Rn. 24.

831 Vgl. Kopp/Schenke, § 114 Rn. 24.

832 Greiving, DVBl. 2001, 336, 337.

833 BVerwG, Beschluss vom 20.08.1991 - 4 NB 3.91 -, NVwZ 1992, 567 und BVerwG, Urteil vom 07.07.1994 - 4 C 21.93 -, BB 1994, 2033.

834 BVerwG, Beschluss vom 20.08.1991 - 4 NB 3.91 -, NVwZ 1992, 567.

835 Siehe zur umstrittenen Frage, ob eine Teilnichtigkeit bei einer Satzung nach § 22 BauGB angenommen werden kann im Einzelnen unter I.IV.2.d).

der Gemeinde gerade kein planerisches Ermessen im Sinne des § 1 Abs. 3 BauGB bei der Frage ein, ob die Voraussetzungen für den Erlass einer Fremdenverkehrssatzung vorliegen[836]. Vielmehr ergebe das systematische Zusammenspiel der in § 22 Abs. 2 Satz 1 BauGB enthaltenen Ermächtigungsgrundlage mit den weiteren, in § 22 Abs. 2 Sätze 2 und 3 BauGB a.F. genannten inhaltlichen Voraussetzungen, dass die Gemeinde ihrer Entscheidung sachliche Kriterien zugrunde zu legen habe, die der Gesetzgeber einer planerischen Beurteilung bewusst entzogen habe. Hierauf habe sich auch der Inhalt der besonders hervorgehobenen Begründungspflicht des § 22 Abs. 11 Satz 2 BauGB a.F. zu beziehen. Zum anderen verhält sich die Entscheidung zur Frage der Teilnichtigkeit einer Satzung nach § 22 BauGB. Das Normenkontrollgericht dürfe die Teilnichtigkeit eines Bebauungsplanes nur dann annehmen, wenn es damit keine planerischen Erwägungen der Gemeinde übernehme. Die nach § 22 Abs. 2 Satz 1 BauGB a.F. ermöglichte Maßnahme der Sicherung erfordere aber von der Gemeinde ebenso wie bei Aufstellung eines Bebauungsplanes eine Beurteilung, ob und in welcher Hinsicht sie von dem ihr eingeräumten Ermessen Gebrauch machen will, die in § 22 Abs. 2 Satz 3 BauGB a.F. aufgeführten Gebietsteile im Sinne des § 22 Abs. 2 Satz 2 BauGB a. F. vor Beeinträchtigungen zu schützen. Diese nötige und der Entschließung der Gemeinde aufgetragene Entscheidung könne und dürfe das Berufungsgericht nicht durch eine eigene Beurteilung ersetzen. Mit dem der Gemeinde eingeräumten Ermessen kann jedoch nur das Ermessen gemeint sein, ob die Gemeinde bei Vorliegen der Voraussetzungen eine Satzung erlassen möchte oder nicht. Gemeint ist also das Ermessen im engeren Sinne auf Rechtsfolgenseite. Eine Aussage, der Gemeinde stünde auch ein Beurteilungsspielraum bei der Frage zu, ob die Voraussetzungen für eine Fremdenverkehrsprägung vorliegen, trifft das Bundesverwaltungsgericht jedoch in dieser Entscheidung nicht.

Somit bleibt festzuhalten, dass dem Satzungsgeber kein Beurteilungsspielraum bei der Frage zuzubilligen ist, ob die Gemeinde durch den Fremdenverkehr ganz oder teilweise geprägt ist. Lediglich auf der Rechtsfolgenseite steht der Gemeinde bei Vorliegen der Voraussetzungen für den Erlass der Fremdenverkehrssatzung ein Ermessen dahingehend zu, ob und wie weit sie von ihrem Satzungsrecht Gebrauch machen will[837].

2. Materielle Voraussetzungen des Erlasses einer Fremdenverkehrssatzung

Steht fest, dass die erforderliche Prägung durch den Fremdenverkehr der Gemeinde oder einzelner Gemeindeteile vorhanden und die Gemeinde damit zum Erlass einer Fremdenverkehrssatzung überhaupt ermächtigt ist, ergeben sich aus § 22 Abs. 1 Satz 3 BauGB die weiteren materiellen Voraussetzungen für den Erlass der Satzung. Hervorzuheben ist, dass auch in dem Fall, dass der Genehmigungsvorbehalt durch einen

836 BVerwG, Urteil vom 07.07.1994 - 4 C 21.93 -, BB 1994, 2033.

837 Vgl. zum Ermessen auf Rechtsfolgenseite Söfker, in: Ernst/Zinkahn/Bielenberg/Krautzberger, Band 2, § 22 Rn. 17.

Bebauungsplan eingeführt wird, ausschließlich die Voraussetzungen des § 22 Abs. 1 Satz 3 BauGB vorliegen müssen und nicht etwa zusätzlich die für Bebauungspläne allgemein geltenden materiellen Vorschriften, insbesondere § 1 BauGB, anzuwenden sind[838]. In materieller Hinsicht setzt § 22 Abs. 1 Satz 3 BauGB für die Einführung des Genehmigungsvorbehalts voraus, dass durch die Begründung oder Teilung der Rechte die vorhandene oder vorgesehene Zweckbestimmung des Gebiets für den Fremdenverkehr beeinträchtigt werden kann. Diese Merkmale begrenzen zugleich die zulässige räumliche Reichweite des Genehmigungsvorbehalts[839], also den Geltungsbereich des Satzungsgebietes, auf den sich der Genehmigungsvorbehalt erstrecken darf. Während im ersten Schritt nach der Ermächtigung der Gemeinde zum Erlass der Satzung zu fragen ist, geht es in diesem zweiten Schritt darum, ob für das konkrete Satzungsgebiet die Voraussetzungen für die Einführung des Genehmigungsvorbehalts vorliegen.

Dass der Gemeinde bei der Beurteilung, ob die materiellen Voraussetzungen für den Erlass der Satzung vorliegen, ein gerichtlich nur eingeschränkt überprüfbarer Beurteilungsspielraum zukäme, wird im Gegensatz zur Beurteilung des Satzungsrechts ersichtlich von keiner Seite vertreten[840].

a) Vorhandene oder vorgesehene Zweckbestimmung für den Fremdenverkehr

Zunächst muss für das Gebiet, auf das sich der Genehmigungsvorbehalt erstrecken soll, eine vorhandene oder vorgesehene Zweckbestimmung für den Fremdenverkehr angenommen werden können. Davon ist nach § 22 Abs. 1 Satz 4 BauGB insbesondere auszugehen bei Kurgebieten, Gebieten für die Fremdenbeherbergung, Wochenend- und Ferienhausgebieten, die im Bebauungsplan festgesetzt sind, bei im Zusammenhang bebauten Ortsteilen, deren Eigenart solchen Gebieten entspricht, sowie bei sonstigen Gebieten mit Fremdenverkehrsfunktionen, die durch Beherbergungsbetriebe und Wohngebäude mit Fremdenbeherbergung geprägt sind.

Das Gesetz bestimmt damit, dass in den dort ausdrücklich genannten Fällen von einer Zweckbestimmung für den Fremdenverkehr auszugehen ist. Zudem ist seit Änderung des § 22 Abs. 1 BauGB durch das Bau- und Raumordnungsgesetz 1998 die Aufzählung der genannten Fallgruppen durch Einfügung des Wortes „insbesondere" nicht mehr abschließend ausgestaltet[841]. Inhalt und Grenzen dieser Öffnung bedürfen jedoch einer näheren Betrachtung[842].

---

838 Söfker, in: Ernst/Zinkahn/Bielenberg/Krautzberger, Band 2, BauGB § 22 Rn. 34.
839 Kraft, in: Berliner Kommentar, Band 1, § 22 Rn. 10; Söfker, in: Ernst/Zinkahn/Bielenberg/Krautzberger, Band 2, BauGB § 22 Rn. 32.
840 Vgl. Kraft, in: Berliner Kommentar, Band 1, § 22 Rn. 17.
841 Rieger, in: Schrödter, § 22 Rn. 8.
842 Dazu unter I.IV.2.a)ee).

aa) Fallgruppen des § 22 Abs. 1 Satz 4 BauGB als unwiderlegliche Fiktion

Vereinzelt wird diskutiert, ob es sich bei der Regelung des § 22 Abs. 1 Satz 4 BauGB um eine widerlegbare Vermutung[843] oder aber um eine unwiderlegliche Fiktion[844] handelt. Richtigerweise ist davon auszugehen, dass das Gesetz in § 22 Abs. 1 Satz 4 BauGB eine gesetzliche unwiderlegliche Fiktion normiert. Für eine solche Auslegung spricht bereits die Formulierung des Gesetzes. In den dort aufgeführten Fällen „ist" von einer Zweckbestimmung dieser Gebiete für den Fremdenverkehr auszugehen. Dagegen wird argumentiert, die Regelung müsse als widerlegbare Vermutung auszulegen sein, um systemwidrige Ergebnisse zu vermeiden[845]. Solche systemwidrigen Ergebnisse könnten vor allem daraus resultieren, dass § 22 Abs. 1 Satz 4 BauGB auch Wochenendhausgebiete erwähnt. Wie noch zu sehen ist, erweist sich die Nennung von Wochenend- und Ferienhausgebieten durchaus aber als systemgerecht[846], so dass der Einwand nicht durchgreift.

bb) Kurgebiete, Gebiete für die Fremdenbeherbergung, Wochenend- und Ferienhausgebiete, die in einem Bebauungsplan festgesetzt sind

Die erste Alternative des § 22 Satz 4 BauGB regelt, dass bei bestimmten Festsetzungen der Art der baulichen Nutzung in einem Bebauungsplan vom Vorliegen einer Fremdenverkehrsfunktion auszugehen ist. Wie eben dargestellt, handelt es sich um eine unwiderlegliche gesetzliche Fiktion[847]. Namentlich nennt § 22 Abs. 1 Satz 4 BauGB Kurgebiete, Gebiete für die Fremdenbeherbergung und Wochenend- und Ferienhausgebiete. Abzustellen ist allein auf die Festsetzung in einem Bebauungsplan, auch in einem vorhabenbezogenen Bebauungsplan bzw. in dem Vorhaben- und Erschließungsplan nach § 12 BauGB[848], unabhängig davon, ob der Bebauungsplan bereits vollzogen ist[849]. Auf die tatsächlich vorhandenen Nutzungen kommt es solange nicht an, bis sich der Bebauungsplan als funktionslos erweist[850]. Ausreichend ist die Festsetzung der Art der baulichen Nutzung in einem einfachen Bebauungsplan nach § 30 Abs. 3 BauGB[851]. Das Gesetz bezieht sich mit der Verwendung der Begriffe „Kurgebiete" und „Gebiete für den Fremdenverkehr" auf Festsetzungen

---

843 Hiltl/Gerold, BayVBl. 1993, 385, 389.

844 Grziwotz, in: Spannowsky/Uechtritz, § 22 Rn. 4; Kraft, in: Berliner Kommentar, Band 1, § 22 Rn. 10.

845 Hiltl/Gerold, BayVBl. 1993, 385, 389.

846 I.IV.2.a)bb)(1).

847 I.IV.2.a)aa).

848 Söfker, in: Ernst/Zinkahn/Bielenberg/Krautzberger, Band 2, BauGB § 22 Rn. 26.

849 Söfker, in: Ernst/Zinkahn/Bielenberg/Krautzberger, Band 2, BauGB § 22 Rn. 23.

850 Kraft, in: Berliner Kommentar, Band 1, § 22 Rn. 11; Dürr, in: Brügelmann, Band 2, BauGB § 22 Rn. 12.

851 Kraft, in: Berliner Kommentar, Band 1, § 22 Rn. 11; vgl. Grziwotz, in: Spannowsky/Uechtritz, § 22 Rn. 4.

nach § 11 Abs. 2 BauNVO[852] und der Nennung von „Wochenend- und Ferienhausgebieten“ auf § 10 Abs. 3 und Abs. 4 BauNVO[853]. Die Erwähnung letzterer erweist sich jedoch als problematisch.

(1) Nennung von Wochenend- und Ferienhausgebieten

Teils wird kritisiert, die Nennung von Wochenend- und Ferienhausgebieten in § 22 Abs. 1 Satz 4 BauGB sei von gesetzgeberischer Seite verfehlt[854]. Beanstandet wird, dass Wochenendhäuser und Ferienhäuser in der Regel durch den Eigentümer selbst genutzt werden würden und damit nicht dem wechselnden Personenkreis von Feriengästen zur Verfügung stünden[855]. Auch unter dem rechtlichen Gesichtspunkt der Eigentumsgewährleistung des Art. 14 GG sei es kaum vertretbar, den Eigentümer eines bisher selbst genutzten Wochenend- oder Ferienhauses daran zu hindern, das Gebäude aufzuteilen und eine Wohnung an einen anderen Selbstnutzer zu verkaufen, da der Status quo durch diesen Vorgang nicht in städtebaulich relevanter Weise verändert werde[856].

Die Nennung von Ferienhausgebieten erweist sich indes nicht als unstimmig, vielmehr ist die Aufnahme nach Sinn und Zweck des § 22 Abs. 1 BauGB sogar unbedingt geboten. Entscheidend ist, dass § 22 Abs. 1 Satz 4 BauGB nicht auf die Nutzung eines Ferienhauses selbst abstellt, die in planungsrechtlicher Hinsicht etwa auch eine Wohnnutzung im Sinne eines Zweitwohnsitzes darstellen kann[857], sondern ausdrücklich auf Ferienhaus*gebiete*. Ferienhäuser in Ferienhausgebieten nach § 10 Abs. 4 BauNVO sind aber schon per Definition dazu bestimmt, überwiegend und auf Dauer einem wechselnden Personenkreis zur Erholung zu dienen, und sollen daher gerade nicht in erster Linie dem Erholungsbedürfnis eines Inhabers zugutekommen[858]. Die Nutzung durch den Eigentümer selbst ist lediglich eine gewisse Zeit neben der Nutzung durch einen wechselnden Personenkreis zulässig[859]. Die Schaffung von Wohnungseigentum kann gerade in Ferienhausgebieten nach § 10 Abs. 4 BauNVO die für diesen Gebietstyp vorgesehene Nutzung durch wechselnde Gäste gefährden.

Aber auch die Einbeziehung von Wochenendhausgebieten erweist sich als überzeugend. Wochenendhäuser werden zugegebenermaßen bestimmungsgemäß

---

852 Kraft, in: Berliner Kommentar, Band 1, § 22 Rn. 11.

853 Kraft, in: Berliner Kommentar, Band 1, § 22 Rn. 11; BVerwG, Urteil vom 07.07.1994 - 4 C 21.93 -, juris Rn. 18.

854 Rieger, in: Schrödter, § 22 Rn. 9 und Grziwotz, in: Spannowsky/Uechtritz, § 22 Rn. 4 kritisieren nur die Nennung von Wochenendhausgebieten; Dürr, in: Brügelmann, Band 2, BauGB § 22 Rn. 12 beanstandet sowohl die Aufzählung von Ferien- als auch Wochenendhausgebieten.

855 Ebenda.

856 Dürr, in: Brügelmann, Band 2, BauGB § 22 Rn. 12.

857 Siehe zu den Voraussetzungen oben unter C.III.1.

858 Stock, in: König/Roeser/Stock, § 10 BauNVO Rn. 26; siehe oben B.III.

859 Stock, in: König/Roeser/Stock, § 10 Rn. 30.

durch denselben Eigentümer genutzt und dienen gerade nicht der Unterbringung ständig wechselnder Gäste[860]. Zudem darf nach § 17 Abs. 1, Abs. 2 Satz 2 BauNVO weder die Geschossflächenzahl noch die Grundflächenzahl 0,2 überschreiten. Diese Begrenzung führt zu einer äußerst niedrigen Bebauungsdichte und in der Regel damit zu eher kleinen Häusern, sodass die Aufteilung in Eigentumswohnungen sicherlich oftmals rein praktisch gesehen gar nicht durchführbar sein dürfte[861]. Nun ließe sich annehmen, dass, selbst wenn eine Aufteilung eines größeren Wochenendhauses ausnahmsweise aber faktisch möglich sein sollte, wie etwa bei einem zweistöckigen Haus[862], sich durch eine Aufteilung in Wohnungseigentum jedoch nicht das Gefährdungspotential für die Fremdenverkehrsfunktion erhöhen würde, da Wochenendhäuser ohnehin lediglich zum Aufenthalt am Wochenende, in den Ferien oder der Freizeit bestimmt sind. Eine gelegentliche Weitervermietung des Wochenendhauses ist zwar in einem gewissen Maß zulässig, jedoch nicht bestimmend für das Wochenendhausgebiet im Gegensatz zu einem Ferienhausgebiet[863]. Die rein saisonale Nutzung, die die Gefahr von Geisterstädten und Rollladensiedlungen in sich birgt, ist dem Wochenendhausgebiet gewissermaßen per Definition schon immanent.

Zu sehen ist aber, dass auf Ebene der Erteilung oder Versagung der Genehmigung davon auszugehen ist, dass eine Beeinträchtigung der Fremdenverkehrszwecke selbst dann angenommen werden kann, wenn ein Wohngebäude bereits zuvor faktisch als Zweitwohnung genutzt und damit der Fremdenbeherbergung ohnehin entzogen ist[864]. Das Bundesverwaltungsgericht stellt dahingehend richtigerweise fest, dass die Begründung zweier rechtlich selbständiger und damit unabhängig voneinander verkehrsfähiger Wohneinheiten die bereits eingeläutete Entwicklung weiter verfestigen könne, weil der Anreiz, eine größere und damit auch hinsichtlich der laufenden wirtschaftlichen Belastung kostspieligere wirtschaftliche Einheit zumindest gelegentlich zu vermieten, um auf diese Weise die Kosten für die Unterhaltung von Grund und Gebäude zu senken, größer sei als in dem Fall, dass es sich um zwei kleinere wirtschaftliche Einheiten mit jeweils geringeren Kosten in der Hand zweier voneinander selbstständigen Eigentümern handelt[865]. Diese Erwägungen gelten aber gleichermaßen im Falle eines Wochenendhauses. Zudem kann die Zunahme von Zweitwohnungen in einem Wochenendhausgebiet die Tendenz zu Unterausnutzung der gemeindlichen Infrastruktur vor allem von Ver- und Entsorgungseinrichtungen außerhalb der Saison steigern. Die Verhinderung eben einer

---

860 Stock, in: König/Roeser/Stock, § 10 Rn. 18.

861 Vgl. Stock, in: König/Roeser/Stock, § 10 Rn. 19.

862 Vgl. auch Söfker, in: Ernst/Zinkahn/Bielenberg/Krautzberger, Band 6, BauNVO § 10 Rn. 19.

863 B.III.

864 Söfker, in: Ernst/Zinkahn/Bielenberg/Krautzberger, Band 2, BauGB § 22 Rn. 47.

865 Söfker, in: Ernst/Zinkahn/Bielenberg/Krautzberger, Band 2, BauGB § 22 Rn. 47 unter Hinweis auf BVerwG, Urteil vom 15.05.1997 - 4 C 9.96 -, BVerwGE 105, 1, 5 f.

solchen Unterausnutzung ist aber in der Regel gerade Anliegen der Einführung des Genehmigungsvorbehalts[866].

Mit den in § 22 Abs. 1 Satz 4 BauGB genannten Gebieten wird allerdings ohnehin richtigerweise eine gesetzliche Fiktion normiert[867], so dass de lege lata davon auszugehen ist, dass bei Festsetzung eines Wochenendhausgebietes auch eine Zweckbestimmung für den Fremdenverkehr anzunehmen ist.

(2) Eingrenzung des Merkmals der nur vorgesehenen Zweckbestimmung

§ 22 Abs. 1 Satz 3 BauGB bestimmt, dass der Genehmigungsvorbehalt eingeführt werden kann, wenn die „vorhandene" oder die „vorgesehene" Zweckbestimmung für den Fremdenverkehr durch die Begründung der Rechte nach dem Wohnungseigentumsgesetz beeinträchtigt werden kann. Das Merkmal der nur vorgesehenen Zweckbestimmung kann sich nur im Rahmen der 1. Fallgruppe des § 22 Abs. 1 Satz 4 BauGB als relevant erweisen, da die 2. Fallgruppe auf Gebiete nach § 34 Abs. 2 BauGB Bezug nimmt und es daher nur auf den tatsächlich vorhandenen Charakter der Gebiete und keine in der Zukunft erst zu realisierende Zweckbestimmung ankommen kann und die 3. Fallgruppe gleichsam auf die tatsächlich vorhandene Prägung des Gebietes durch Beherbergungsbetriebe und Wohngebäude mit Fremdenbeherbergung abstellt[868]. Während sich das Merkmal der vorhandenen Zweckbestimmung aus den tatsächlichen Verhältnissen und den Festsetzungen eines bereits vollzogenen Bebauungsplanes bestimmt[869], ist fraglich, was unter einer vorgesehenen Zweckbestimmung zu verstehen ist. Nur vereinzelt finden sich in der Literatur und in der Rechtsprechung Aussagen, wie das Merkmal zu fassen und zu begrenzen ist.

In Betracht käme insoweit, dass eine vorgesehene Zweckbestimmung bereits bei entsprechenden Ausweisungen in Raumordnungsplänen[870] und Regionalplänen[871], bei Darstellungen in Flächennutzungsplänen[872] oder auch bei Vorliegen einer nur informellen Planung der Gemeinde nach § 1 Abs. 6 Nr. 11 BauGB[873] zu bejahen wäre oder aber dass nur die Fälle eines nicht vollzogenen Bebauungsplanes[874] erfasst sind, wobei sich dann die Frage anschließen würde, ob die Fassung eines Auf-

---

866 Vgl. I.

867 I.IV.2.a)aa).

868 Söfker, in: Ernst/Zinkahn/Bielenberg/Krautzberger, Band 2, BauGB § 22 Rn. 29.

869 Ebenda.

870 Vgl. z. B. den Landesentwicklungsplan S-H, der in der Hauptkarte Entwicklungsräume für Tourismus und Erholung darstellt.

871 Vgl. z. B. für Schleswig-Holstein den Regionalplan für den Raum II unter Punkt 4.2 Ordnungsräume für Touristik und Erholung.

872 Greiving, DVBl. 2001, 336, 338.

873 So Söfker, in: Ernst/Zinkahn/Bielenberg/Krautzberger, Band 2, BauGB § 22 Rn. 29.

874 Hiltl/Gerold, BayVBl. 1993, 385, 387 zu § 22 Abs. 2 Satz 2 BauGB in der vor dem 01.01.1998 geltenden Fassung bezogen auf den Erlass der freischaltenden Rechtsverordnung der Landesregierung.

stellungsbeschlusses ausreichend ist oder aber der Bebauungsplan selbst wirksam beschlossen und bekannt gemacht sein muss.

Einigkeit besteht in Literatur und Rechtsprechung immerhin dahingehend, dass jedenfalls dann von einer vorgesehenen Zweckbestimmung auszugehen ist, wenn ein Bebauungsplan mit Festsetzungen von Gebieten der 1. Fallgruppe (Kurgebiete, Gebiete für die Fremdenbeherbergung, Wochenend- und Ferienhausgebiete) erlassen, aber noch nicht vollzogen worden ist[875]. Richtigerweise ist die Anwendung des Merkmals der nur vorgesehenen Zweckbestimmung aber auch auf diesen Fall des noch nicht vollzogenen Bebauungsplanes zu begrenzen. Selbst das Fassen eines wirksamen Aufstellungsbeschlusses, der Aussagen zur Art der baulichen Nutzung enthält, aus der sich die beabsichtigte Fremdenverkehrsprägung ergibt, kann nicht als ausreichend erachtet werden, um von einer vorgesehenen Zweckbestimmung für den Fremdenverkehr ausgehen zu können. Dies ergibt sich aus Folgendem:

Dem Wortlaut des § 22 Abs. 1 Satz 3 BauGB ist selbst nicht zu entnehmen, was unter dem Merkmal „vorgesehene Zweckbestimmung für den Fremdenverkehr" zu verstehen ist[876]. Das Wort „vorgesehen“ bringt in Abgrenzung zum Wort „vorhanden“ lediglich zum Ausdruck, dass zum Zeitpunkt des Erlasses der Fremdenverkehrssatzung eine Fremdenverkehrsprägung noch nicht tatsächlich vorhanden ist und in irgendeiner Form aber zukünftig realisiert werden soll, enthält aber keinen Hinweis darauf, welche Anforderungen an diese Planung gestellt werden oder, anders ausgedrückt, welcher Grad der rechtlichen Bindung für diese Planung bestehen muss. Sowohl eine enge als auch eine weite Auslegung scheint allein anhand des Wortlauts vertretbar.

Auch die Gesetzesmaterialien enthalten keinen deutlichen Hinweis darauf, welche Motive der Gesetzgeber mit der Aufnahme der Alternative der nur vorgesehenen Zweckbestimmung verfolgte. Es ist zwar zu sehen, dass nach den Gesetzesmaterialien mit § 22 BauGB lediglich die Problemfälle der schleichenden Umwandlung von Beherbergungsbetrieben und Umwandlung von Wohngebäuden in Apartmenthäuser in solchen Gemeinden begegnet werden sollte, die bereits eine Prägung durch den Fremdenverkehr aufweisen, was zunächst für eine restriktive Auslegung des Merkmals spricht. So heißt es in der Begründung des Gesetzentwurfs[877], die Vorschriften über die Einführung des Genehmigungsvorbehalts sowie die Erteilung der Genehmigung sollten so ausgestaltet werden, dass nur die wesentlichen Problemfälle erfasst werden können. Der Entwurf sehe dazu eine Beschränkung des Genehmigungsvorbehalts auf Gebiete mit Zweckbestimmung für den Fremdenverkehr vor. Die Versagung der Begründung von Wohnungseigentum

---

875 Söfker, in: Ernst/Zinkahn/Bielenberg/Krautzberger, Band 2, BauGB § 22 Rn. 29; Dürr, in: Brügelmann, Band 2, BauGB § 22 Rn. 12; BVerwG, Urteil vom 07.07.1994 - 4 C 21.93 -, BVerwGE 96, 217, 222 ff.; zur freischaltenden Rechtsverordnung der Landesregierungen so wohl auch Hiltl/Gerold, BayVBl. 1993, 385, 387.

876 I.IV.1.e).

877 BT-Drs. 10/4630, 55.

soll allein darauf gestützt werden können, dass sonst die Zweckbestimmung des Gebiets für den Fremdenverkehr und dadurch die geordnete städtebauliche Entwicklung beeinträchtigt werden könne. Belastbare Hinweise, wie das Merkmal der vorgesehenen Zweckbestimmung auszulegen ist, lassen sich den Gesetzesmaterialien damit nicht entnehmen.

Gegen die Annahme, auch das Bestehen einer nur informellen Planung nach § 1 Abs. 6 Nr. 11 BauGB, Darstellungen in Flächennutzungsplänen, Raumordnungsplänen oder Regionalplänen könnten für sich betrachtet ausreichen, von einer vorgesehenen Zweckbestimmung nach § 22 Abs. 1 Satz 3 BauGB auszugehen, spricht vor allem die fehlende Bindungswirkung solcher Planungen und Pläne. Die Regelung des § 22 BauGB besitzt funktionalen Eingriffscharakter[878]. Zwar stellt die Einführung des Genehmigungsvorbehalts für den Eigentümer eine im Grundsatz zulässige Inhalts- und Schrankenbestimmung des Grundeigentums nach Art. 14 Abs. 1 Satz 2 GG dar[879], bedeutet aber eine beachtliche Einschränkung der Nutzbarkeit des Eigentums[880]. Nicht zuletzt kann sie eine finanzielle Einbuße bedeuten, die durch den Übernahmeanspruch nur bedingt aufgefangen werden kann. Dies gilt erst recht, wenn der Eigentümer sein Grundstück in erster Linie nicht aufgeben möchte. Sicherlich erfolgt die konkrete Ablehnung der Einräumung von Rechten nach dem Wohnungseigentumsgesetz zwar erst im Genehmigungsverfahren, rein faktisch hat aber schon die Lage eines Grundstücks im Geltungsbereich einer Fremdenverkehrssatzung nach § 22 BauGB spürbar negative Auswirkungen auf die Verwertbarkeit und den Wert des Grundstücks[881]. Bildlich gesprochen schwebt über dem Grundstück das Damoklesschwert einer etwaigen Ablehnung des Antrags auf Genehmigung. Diese Einschränkungen sind nur dann gerechtfertigt, wenn öffentliche Belange dies zu rechtfertigen vermögen[882]. Wenn aber rein informelle Planungen nach § 1 Abs. 6 Nr. 11 BauGB, Darstellungen in Flächennutzungsplänen, Raumordnungsplänen oder Regionalplänen keine Bindungswirkung entfalten, so können diese keine öffentlichen Belange darstellen, die einen solchen Eingriff rechtfertigen.

Die Wirkungen eines städtebaulichen Entwicklungskonzepts bzw. einer sonstigen städtebaulichen Planung nach § 1 Abs. 6 Nr. 11 BauGB beschränken sich darauf, dass sie in die Abwägung im Rahmen der Bauleitplanung einzustellen sind und bei der Frage der Erforderlichkeit der Aufstellung von Bauleitplänen nach § 1 Abs. 3 BauGB zu berücksichtigen sind[883]. Sie entfalten jedoch keine rechtliche Bindungswirkung im engeren Sinne und können im Rahmen der Abwägung mit anderen Belangen auch

878 BVerwG, Urteil vom 07.07.1994 - 4 C 21.93 -, BVerwGE 96, 217, 222 ff.
879 BVerwG, Beschluss vom 21.04.1994 - 4 B 193.93 -, NVwZ 1995, 271; Urteil vom 07.07.1994 - 4 C 21.93 -, BVerwGE 96, 217, 222 ff.
880 Siehe auch BVerwG Urteil vom 07.07.1994 - 4 C 21.93 -, BVerwGE 96, 217, 222 ff.
881 Vgl. ebenda.
882 BVerwG, Urteil vom 07.07.1994 - 4 C 21.93 -, BVerwGE 96, 217, 222 ff.
883 Söfker, in: Ernst/Zinkahn/Bielenberg/Krautzberger, Band 1, BauGB § 1 Rn. 175.

vollständig in den Hintergrund treten und überwunden werden[884]. Weiter ist dann zu bedenken, dass in dem Fall, dass die zunächst nur informell bestehende Planung doch nicht umgesetzt wird, eine daraufhin erlassene Fremdenverkehrssatzung nicht ohne weiteres schlicht als funktionslos angesehen werden könnte. An eine solche Feststellung dürften ähnlich hohe Anforderungen zu stellen sein wie im Rahmen der Funktionslosigkeit eines Bebauungsplans[885] und nur dann zu bejahen sein, wenn sich die tatsächlichen Verhältnisse, auf die sich die Satzung bezieht, offenkundig so verändert haben, dass eine Verwirklichung des Genehmigungsvorbehalts auf unabsehbare Zeit ausgeschlossen ist. Die Fremdenverkehrssatzung müsste durch einen actus contrarius, also durch förmlichen Beschluss aufgehoben werden[886], worauf nach jedenfalls zum Teil vertretener Ansicht nicht einmal ein gerichtlich durchsetzbarer Anspruch besteht[887]. Es sind damit Konstellationen denkbar, in denen zwar zunächst etwa ein städtebauliches Entwicklungskonzept beschlossen, aber nicht umgesetzt worden ist, die daraufhin erlassene Fremdenverkehrssatzung jedoch nach wie vor zu beachten ist. Einer nur aufgrund einer informellen Planung, etwa eines städtebaulichen Entwicklungskonzepts, erlassenen Fremdenverkehrssatzung käme damit die Wirkung eines gewissermaßen vorbeugenden Sicherungsmittels zu. Ein solches vorbeugendes Sicherungsmittel ist dem Baugesetzbuch aber fremd. Auch der Erlass einer Veränderungssperre nach § 14 BauGB, die der Fremdenverkehrssatzung insoweit ähnelt, als auch diese den Status quo festigt[888], setzt immerhin den Beschluss der Aufstellung eines Bebauungsplanes für das Gebiet voraus. Desgleichen gehen auch von Darstellungen in Flächennutzungsplänen, Raumordnungsplänen und Regionalplänen keine ausreichenden Bindungswirkungen aus, sondern wirken allenfalls nur mittelbar über die Festsetzungen des Bebauungsplans. Die Grundsätze der Raumordnung sind schon im Wege der Abwägung überwindbar[889]. Die Ziele der Raumordnung sind zwar wegen der Anpassungspflicht aus § 1 Abs. 4 BauGB unbedingt bei der Bauleitplanung zu berücksichtigen[890] und der Bebauungsplan nach § 8 Abs. 2 Satz 1 BauGB aus dem Flächennutzungsplan zu entwickeln[891]. Lediglich im Fall der Ausweisung von Konzentrationszonen nach § 35 Abs. 3 Satz 3 BauGB und auf der Ebene der Raumordnungsplanung können die Darstellungen wie Festsetzungen eines Bebauungsplanes

884 Ebenda.

885 Dürr, in: Brügelmann, Band 2, BauGB § 22 Rn. 55; Kraft, in: Berliner Kommentar, Band 1, § 22 Rn. 41; vgl. zu den allgemeinen Anforderungen BVerwG, Urteil vom 03.12.1998 - 4 CM 3.97 -, BVerwGE 108, 71, 76; VG Schwerin, Urteil vom 20.12.2012 - 2 A 621/11 -, juris Rn. 46.

886 Söfker, in: Ernst/Zinkahn/Bielenberg/Krautzberger, Band 2, BauGB § 22 Rn. 67; Kraft, in: Berliner Kommentar, Band 1, § 22 Rn. 41.

887 So etwa Dürr, in: Brügelmann, Band 2, BauGB § 22 Rn. 55; Söfker, in: Ernst/Zinkahn/Bielenberg/Krautzberger, Band 2, BauGB § 22 Rn. 66.

888 Vgl. Dürr, in: Brügelmann, Band 2, BauGB § 22 Rn. 4.

889 Siehe nur Schmidt-Eichstaedt/Weyrauch/Zemke, 116.

890 Brohm, § 12 Rn. 7; Erbguth/Schubert, § 8 Rn. 126.

891 Siehe auch Darstellung unter D.I.

wirken[892]. Diese Folge ist vor allem für Standortzuweisungen für Windkraftanlagen, nicht aber für Anlagen für den Ferien- und Freizeitaufenthalt relevant.

Auch das Bundesverwaltungsgericht hebt in einer Entscheidung aus dem Jahre 1994 hervor, die Zweckbestimmung für den Fremdenverkehr sei nicht erst mit einer Regelung nach § 22 Abs. 2 Satz 1 BauGB a. F. konzeptionell und damit konstitutiv zu treffen, sondern der Gemeinde durch die tatsächlich vorhandene städtebauliche und spezifisch fremdenverkehrsbezogene Siedlungsstruktur objektiv vorgegeben. Die Gemeinde knüpfe mit ihrer Regelung nach § 22 Abs. 2 BauGB a.F. an diese Struktur an, ohne sie dadurch indes erstmals zu bestimmen. Weiter heißt es zutreffend, die in § 22 Abs. 2 Sätze 2 und 3 BauGB a. F. normierten Begrenzungen wären unverständlich, hätte der Gesetzgeber die Gemeinden ermächtigen wollen, im Bereich des Wohnungseigentums eine allgemeine „Veränderungssperre" erlassen zu können[893]. Auch das Bundesverwaltungsgericht tendiert damit anscheinend eher zu der Annahme, durch das Mittel der Fremdenverkehrssatzung könne nicht gewissermaßen vorgreiflich vor Erlass eines Bebauungsplans eine Fremdenverkehrssatzung als Sicherungsmittel eingesetzt werden, sondern setzt die Zweckbestimmung für den Fremdenverkehr als bereits bestehend voraus.

Der Vollständigkeit halber sei hervorgehoben, dass die vorgenannte Entscheidung des Bundesverwaltungsgerichts noch zur alten Fassung des § 22 Abs. 1 BauGB vor Änderung durch das Bau- und Raumordnungsgesetz ergangen ist. Der Katalog in § 22 Abs. 2 Satz 3 BauGB a.F. war durch das Fehlen des Wortes „insbesondere" noch abschließend formuliert. Die zitierten Feststellungen des Gerichts dürften jedoch auch nach Änderung durch das Bau- und Raumordnungsgesetz Gültigkeit besitzen, da durch das Einfügen des Wortes „insbesondere" der Katalog der gesetzlich normierten Fälle der Fremdenverkehrsprägung lediglich erweitert worden ist. Diese Änderung erfolgte zwar als Reaktion auf die dargestellte Entscheidung des Bundesverwaltungsgerichts, sollte jedoch ausweislich der Gesetzesmaterialien im Ergebnis nur die Ausweitung auf den unbebauten Außenbereich ermöglichen[894]. Die Erwägung, dass der Gesetzgeber den Gemeinden mit der Regelung des § 22 BauGB nicht die Option des Erlasses einer allgemeinen Veränderungssperre verschaffen wollte, bleibt von dieser Änderung jedoch unberührt.

Nach alledem ist festzuhalten, dass das Bestehen einer nur informellen Planung nach § 1 Abs. 6 Nr. 11 BauGB, Darstellungen in Flächennutzungsplänen, Raumordnungsplänen oder Regionalplänen für sich nicht als ausreichend angesehen werden können, um von einer vorgesehenen Zweckbestimmung für den Fremdenverkehr auszugehen. Zudem stellt das Baugesetzbuch der Gemeinde ausreichend Möglichkeiten zur Verfügung, ihre Interessen zu realisieren. Es ist der Gemeinde unbenommen, ihre Planungsabsichten durch Beschluss eines Bebauungsplanes zu

892 Vgl. Rieger, in: Schrödter, § 35 Rn. 159 ff.; Scheidler, in: Schrödter, § 5 Rn. 113 ff.; Battis, Rn. 112.

893 BVerwG, Urteil vom 07.07.1994 - 4 C 21.93 -, BVerwGE 96, 217, 222 ff.

894 Siehe dazu unter I.IV.2.a)ee).

verwirklichen und zeitgleich eine Fremdenverkehrssatzung zu beschließen bzw. den Genehmigungsvorbehalt in den Bebauungsplan zu integrieren. Zeitliche Verzögerungen muss die Gemeinde dahingehend hinnehmen.

Auch ist nicht ausreichend, dass ein Beschluss für die Aufstellung eines Bebauungsplanes gefasst worden ist, der Angaben über die Art der baulichen Nutzung enthält, aus der die geplante Fremdenverkehrsfunktion hervorgeht[895]. Dies ergibt sich schon daraus, dass, wie bereits erwähnt, die Fremdenverkehrssatzung, wenn sie einmal wirksam beschlossen worden ist, nur durch einen Aufhebungsbeschluss außer Kraft tritt oder ausnahmsweise als funktionslos angesehen werden kann[896]. Wollte man nun den Erlass eines Aufstellungsbeschlusses als ausreichend erachten, so wäre wie im Falle des Abstellens auf eine nur informelle Planung die Konstellation denkbar, dass ein Aufstellungsbeschluss gefasst worden und daraufhin eine Fremdenverkehrssatzung erlassen worden ist, die anfänglichen Planungsbemühungen der Gemeinde aber nicht bis zum Erlass des Bebauungsplanes weitergeführt worden sind. In diesem Fall wäre die Fremdenverkehrssatzung zwar wirksam erlassen, es würde aber tatsächlich doch keine zu schützende Fremdenverkehrsprägung existieren. Sicherlich hat die Gemeinde nach § 22 Abs. 8 Satz 1 BauGB die Satzung aufzuheben, wenn die Voraussetzungen des Erlasses nicht mehr vorliegen. Bis zu der Aufhebung ist die Fremdenverkehrssatzung aber zu beachten und die Eigentümer sind mit der Einschränkung der Nutzbarkeit des Grundstückes belastet. Zudem besteht nach jedenfalls zum Teil vertretener Ansicht auf die Aufhebung kein gerichtlich durchsetzbarer Anspruch[897].

Zwar weist die Fremdenverkehrssatzung nach § 22 BauGB, wie bereits erwähnt, Ähnlichkeiten zur Veränderungssperre auf, indem auch letztere den Status quo zu festigen versucht. Auch hier sind freilich Fälle denkbar, in denen zwar ein Aufstellungsbeschluss gefasst, die Planung aber nicht beendet worden ist. Allerdings weist die Veränderungssperre eine begrenzte Geltungsdauer auf. Die Veränderungssperre tritt gem. § 17 Abs. 1 Satz 1 BauGB nach Ablauf von zwei Jahren außer Kraft. Sie kann nach § 17 Abs. 1 Satz 3 BauGB um ein Jahr, und wenn besondere Umstände es erfordern, nach § 17 Abs. 2 BauGB bis zu einem weiteren Jahr nochmals verlängert werden. Die Geltungsdauer ist damit auf maximal 4 Jahre begrenzt, wobei die Verlängerung von drei auf vier Jahre nur bei Vorliegen besonderer Umstände möglich ist. Durch die gesetzliche Begrenzung der Geltungsdauer der Veränderungssperre unterscheidet sich diese erheblich von der Satzung nach § 22 BauGB, für die eine solche Begrenzung der Geltungsdauer nicht normiert ist. Wie bereits dargestellt, muss diese durch Beschluss aufgehoben werden[898]; die Voraussetzungen für die Feststellung der Funktionslosigkeit sind nur schwer gerichtlich nachweisbar[899].

---

895 So aber Hiltl/Gerold, BayVBl. 1993, 385, 390.

896 I.IV.2.a)bb)(2).

897 So etwa Dürr, in: Brügelmann, Band 2, BauGB § 22 Rn. 55; Söfker, in: Ernst/Zinkahn/Bielenberg/Krautzberger, Band 2, BauGB § 22 Rn. 66.

898 Söfker, in: Ernst/Zinkahn/Bielenberg/Krautzberger, Band 2, BauGB § 22 Rn. 67; Kraft, in: Berliner Kommentar, Band 1, § 22 Rn. 41.

899 I.IV.2.a)bb)(2).

Nach alledem bleibt festzuhalten, dass richtigerweise nur in dem Fall eines beschlossenen, aber noch nicht vollzogenen Bebauungsplans von einer „vorgesehenen Zweckbestimmung für den Fremdenverkehr“ nach § 22 Abs. 1 Satz 3 BauGB auszugehen ist.

cc) Im Zusammenhang bebaute Ortsteile

Die zweite Fallgruppe bestimmt, dass eine Fremdenverkehrsprägung bei im Zusammenhang bebauten Ortsteilen anzunehmen ist, deren Eigenart den in der ersten Fallgruppe genannten Gebieten entspricht, und bezieht sich damit auf die Regelung des § 34 Abs. 2 BauGB[900]. Abzustellen ist also darauf, inwieweit die tatsächlich vorhandene Prägung einem der in der ersten Fallgruppe genannten Gebiete entspricht. Baulücken sind so lange unschädlich, bis sie den im Zusammenhang bebauten Ortsteil aufheben[901].

dd) Sonstige Gebiete mit Fremdenverkehrsfunktionen

Nach der dritten Fallgruppe ist eine Zweckbestimmung für den Fremdenverkehr anzunehmen bei sonstigen Gebieten mit Fremdenverkehrsfunktion, die durch Beherbergungsbetriebe und Wohngebäude mit Fremdenbeherbergung geprägt sind. Das Gebiet kann sowohl im Geltungsbereich eines Bebauungsplans, eines unbeplanten Innenbereichs als auch im Außenbereich belegen sein[902]. In der dritten Fallgruppe bezieht sich das Gesetz auf die tatsächlich vorhandene Bebauung und Nutzung, die Betriebe und Wohngebäude müssen aber nach §§ 30 ff. BauGB zulässig sein[903]. Wie sich bereits aus dem Wortlaut ergibt, der auf Beherbergungsbetriebe und Wohngebäude mit Fremdenbeherbergung abstellt, muss das Schwergewicht der Nutzungen in der Fremdenbeherbergung und nicht in irgendeiner anderen Fremdenverkehrsfunktion liegen[904]. Bei der Beurteilung, ob ein sonstiges Gebiet mit Fremdenverkehrsfunktion vorliegt, ist eine wertende Betrachtung anzustellen und zu ermitteln, ob die Beherbergungsbetriebe und Wohngebäude mit Fremdenbeherbergung dem Gebiet „den Stempel aufdrücken“[905]. Zu den Beherbergungsbetrieben zählen etwa Hotels, Pensionen, Gasthöfe, Gästehäuser und Fremdenheime[906]. Wohngebäude mit Fremdenbeherbergung sind solche, bei denen jedenfalls in der Saison eine private oder gewerbliche Zimmervermietung erfolgt[907].

---

900 Söfker, in: Ernst/Zinkahn/Bielenberg/Krautzberger, Band 2, BauGB § 22 Rn. 23; Kraft, in: Berliner Kommentar, Band 1, § 22 Rn. 11.

901 Söfker, in: Ernst/Zinkahn/Bielenberg/Krautzberger, Band 2, BauGB § 22 Rn. 23.

902 Greiving, DVBl. 2001, 336, 338.

903 Söfker, in: Ernst/Zinkahn/Bielenberg/Krautzberger, Band 2, BauGB § 22 Rn. 23.

904 Kraft, in: Berliner Kommentar, Band 1, § 22 Rn. 13.

905 Vgl. Kraft, in: Berliner Kommentar, Band 1, § 22 Rn. 13; vgl. Grziwotz, in: Spannowsky/Uechtritz, § 22 Rn. 5.

906 Söfker, in: Ernst/Zinkahn/Bielenberg/Krautzberger, Band 2, BauGB § 22 Rn. 23.

907 Ebenda.

Als überplante Gebiete in Betracht kommen z. B. in einem Bebauungsplan festgesetzte allgemeine oder besondere Wohngebiete nach §§ 4, 4a BauNVO oder Mischgebiete nach § 6 BauNVO bzw. entsprechende faktische Baugebiete nach § 34 Abs. 2 BauGB, sofern in ihnen Beherbergungsbetriebe und Wohngebäude mit Fremdenbeherbergung in einem Umfang vorhanden sind, dass von einer Prägung auszugehen ist[908]. Ein gerichtlich nur eingeschränkt überprüfbarer Beurteilungsspielraum kommt der Gemeinde richtigerweise auch bei dieser Einschätzung nicht zu[909].

Wie bereits im Rahmen der Beurteilung nach § 22 Abs. 1 Satz 1 BauGB, ob die Gemeinde insgesamt oder in Teilen vom Fremdenverkehr geprägt ist[910], ist eine gebietsbezogene Betrachtung anzustellen. Einzelne im jeweiligen Gebiet gelegene Grundstücke, die für sich betrachtet keine Beherbergungsbetriebe und Wohngebäude mit Fremdenbeherbergung aufweisen, schließen eine Qualifizierung des Gebiets als ein sonstiges Gebiet mit Fremdenverkehrsfunktion nicht unbedingt aus[911]. Ob entsprechende Flächen mit anderweitiger Nutzung aus dem Geltungsbereich der Satzung herauszunehmen sind, ist eine Frage des Einzelfalls. Ist die gesamte bebaute Ortslage einer Gemeinde mit Ausnahme eines Gewerbegebietes durch Beherbergungsbetriebe und Wohngebäude mit Fremdenbeherbergung geprägt, kann die Ortslage selbst im Ganzen, aber ohne das Gewerbegebiet, in den Geltungsbereich einbezogen werden[912]. Dagegen muss eine einzelne kleine Straße, in der weder ein Beherbergungsbetrieb noch ein Wohngebäude mit Fremdenbeherbergung vorhanden ist, nicht aus dem Geltungsbereich der Satzung herausgenommen werden[913]. Im Satzungsgebiet gelegene Flächen zu öffentlichen Zwecken stehen der Prägung zu Fremdenverkehrszwecken in der Regel nicht entgegen, vielmehr zählen Einrichtungen für die öffentliche Verwaltung, Grünflächen und Grundstücke, die für kirchliche, soziale oder kulturelle Zwecke genutzt werden, zu der üblichen Infrastruktur jeder Gemeinde[914]. Nur wenn die genannten Einrichtungen wegen ihrer Anzahl, Größe oder Lage eine solch dominierende Rolle im Gebiet einnehmen, dass der Eindruck entsteht, die Beherbergungsmöglichkeiten würden nahezu gänzlich dahinter zurücktreten, ist vom Fehlen einer Fremdenverkehrsprägung auszugehen[915].

Richtigerweise kann auch die dritte Fallgruppe im Außenbereich zur Anwendung kommen, sofern denn im Außenbereich Beherbergungsbetriebe und Wohngebäude

---

908 Kraft, in: Berliner Kommentar, Band 1, § 22 Rn. 13.

909 Vgl. zum Merkmal der „überwiegenden Prägung“ nach § 22 Abs. 1 Satz 1 BauGB eingehend unter I.IV.1.f).

910 I.IV.1.a).

911 Dürr, in: Brügelmann, Band 2, BauGB § 22 Rn. 14.

912 Kraft, in: Berliner Kommentar, Band 1, § 22 Rn. 13.

913 BVerwG, Urteil vom 27.09.1995 - 4 C 28.94 -, BVerwGE 99, 242, 247 f.

914 Siehe bereits unter I.IV.1.a); BVerwG, Urteil vom 15.05.1997 - 4 C 9.96 -, BVerwGE 105, 1, 3; Reidt, in: Battis/Krautzberger/Löhr, § 22 Rn. 6; Greiving, DVBl. 2001, 336, 337.

915 Ebenda.

mit Fremdenbeherbergung in einem gegenüber anderen baulichen oder nichtbaulichen Nutzungen dominierenden Umfang vorhanden sind, dass von einer Prägung auszugehen ist[916]. Nach zutreffender Auffassung des Bundesverwaltungsgerichts kann dies jedenfalls im Fall einer siedlungstypischen Streubesiedlung anzunehmen sein, die durchaus eine organische Siedlungsstruktur auch im Außenbereich aufweisen kann[917]. In der Literatur wird teilweise irrtümlich dargestellt, das Bundesverwaltungsgericht habe in einer Entscheidung aus dem Jahre 1994[918] postuliert, § 22 BauGB a. F. könne im Außenbereich gar keine Anwendung finden[919]. Erst durch die Einführung des Wortes „insbesondere" sei nunmehr eine Anwendung im Außenbereich zulässig[920]. Tatsächlich hat das Bundesverwaltungsgericht zur alten Fassung des § 22 Abs. 1 BauGB (§ 22 Abs. 2 Satz 2 und 3 BauGB a. F.) zwar herausgestellt, dass die Vorschrift als abschließend zu verstehen sei, schloss jedoch, wie auch zuvor der Verwaltungsgerichtshof München, eine Anwendung im Außenbereich gerade nicht aus[921]. Jedenfalls könne nämlich die vorhandene Bebauung oder Nutzung auch der Fall einer siedlungstypischen Streubesiedlung sein, die damit durchaus eine organische Siedlungsstruktur – ausdrücklich selbst im Außenbereich nach § 35 BauGB – aufweisen könne. Auf Einzelheiten einer derartigen Nutzung ging das Gericht jedoch weiter nicht ein[922]. Die Einführung des Genehmigungsvorbehalts auch für Gebiete im Außenbereich im Rahmen der 3. Fallgruppe wurde damit auch vom Bundesverwaltungsgericht als grundsätzlich zulässig angesehen, sofern das Gebiet anhand der vorhandenen Nutzung unter die 3. Alternative des § 22 Abs. 1 Satz 4 BauGB subsumiert werden konnte.

ee) Unbenannte Fälle der Annahme einer Zweckbestimmung für den Fremdenverkehr

Wie bereits betont, ist die Aufzählung des § 22 Abs. 1 Satz 4 BauGB seit Änderung durch das Bau- und Raumordnungsgesetz[923] nicht mehr abschließend formuliert, indem in § 22 Abs. 1 Satz 4 BauGB das Wort „insbesondere" eingefügt worden ist. Mit dieser Änderung wurde ausweislich der Gesetzesmaterialien[924] in erster Linie die Ausweitung im Außenbereich und dort auch auf unbebaute Bereiche bezweckt. In den Materialien heißt es, die Rechtsänderungen, die die Zweckbestimmung eines Fremdenverkehrsgebietes beeinträchtigen können, seien nicht auf die in § 22 Abs. 2

916 Söfker, in: Ernst/Zinkahn/Bielenberg/Krautzberger, Band 2, BauGB § 22 Rn. 26; Rieger, in: Schrödter, § 22 Rn. 9.
917 Urteil vom 07.07.1994 - 4 C 21.93 -, BVerwGE 96, 217, 222 ff.
918 Ebenda.
919 Dürr, in: Brügelmann, Band 2, BauGB § 22 Rn. 13; Kraft, in: Berliner Kommentar, Band 1, § 22 Rn. 13.
920 Ebenda.
921 BVerwG, Urteil vom 07.07.1994 - 4 C 21.93 -, BVerwGE 96, 217, 222 ff.
922 Ebenda.
923 Siehe oben I.IV.2.a).
924 BT-Drs. 13/6392, 107.

Satz 3 BauGB a. F., insbesondere nicht auf überwiegend bebaute Bereiche beschränkt. Solche Beeinträchtigungen könnten sich auch im Außenbereich, dort wiederum selbst außerhalb einer i. S. d. § 22 Abs. 2 Satz 3 BauGB a.F. geprägten siedlungstypischen Streubesiedlung, sowie etwa in kritischen Bereichen zwischen den in dieser Vorschrift genannten, eindeutig bestimmbaren Gebieten befinden. Unklar bleibt jedoch, welche konkreten Fälle der Gesetzgeber damit erfassen wollte und inwieweit der zulässige Geltungsbereich der Satzung im Außenbereich erweitert werden sollte.

Hervorzuheben ist, dass mit der Öffnung der Vorschrift durch die Einführung des Wortes „insbesondere" keine uferlose Ausweitung der Anwendungsmöglichkeit des Genehmigungsvorbehalts geschaffen wurde, wenn dies mit Blick auf die dargelegten Motive des Gesetzgebers durchaus zunächst vermutet werden könnte. Selbst wenn der Gesetzgeber eine Ausweitung auch auf überwiegend unbebaute Bereiche und, wie er formuliert, „kritische Bereiche zwischen den in dieser Vorschrift genannten, eindeutig bestimmbaren Gebieten" bezweckt hat, ist nach wie vor nach § 22 Abs. 1 Satz 3 BauGB Voraussetzung für die Einführung des Genehmigungsvorbehalts, dass im Satzungsgebiet überhaupt eine vorhandene oder vorgesehene Zweckbestimmung für den Fremdenverkehr vorzufinden ist. Allein aus Sinn und Zweck der Möglichkeit der Einführung des Genehmigungsvorbehalts, nämlich Schutz vor Umwandlung von Beherbergungsbetrieben und sonstigen Wohngebäuden mit Fremdenbeherbergung, folgt schon, dass die Zweckbestimmung des Gebietes für den Fremdenverkehr sich in der Bereitstellung von Übernachtungsmöglichkeiten, sei es private oder gewerbliche Zimmervermietung, manifestieren muss[925]. Zudem muss die vorhandene Nutzung auch planungsrechtlich zulässig sein[926]. Letzteres bedarf gerade im Außenbereich einer kritischen Betrachtung. Auch im weitgehend unbebauten Außenbereich muss damit letztlich, wie im Rahmen der 3. Alternative des Satzes 4 vorausgesetzt, eine Prägung durch Beherbergungsbetriebe oder Wohngebäude mit privater oder gewerblicher Zimmervermietung in nennenswertem Umfang vorherrschen und auch planungsrechtlich zulässig sein[927].

Zudem stellt § 22 Abs. 1 Satz 3 BauGB, wie bereits hervorgehoben, auf Gebiete, nicht auf einzelne Grundstücke ab. Die Einführung des Genehmigungsvorbehalts ist daher unzulässig, wenn nur auf einzelnen Grundstücken eine Fremdenbeherbergung stattfindet, ohne dass jedoch der von der Satzung erfasste Bereich eine entsprechende Prägung aufweist[928]. Zu Recht zeigt *Dürr* auf, dass § 22 BauGB in der Regel keine Anwendung finden kann bei landwirtschaftlichen Betrieben, in denen Ferienzimmer oder Ferienwohnungen vermietet werden[929]. Die Fremden-

925 Vgl. Söfker, in: Ernst/Zinkahn/Bielenberg/Krautzberger, Band 2, BauGB § 22 Rn. 28.
926 Söfker, in: Ernst/Zinkahn/Bielenberg/Krautzberger, Band 2, BauGB § 22 Rn. 23.
927 Vgl. Söfker, in: Ernst/Zinkahn/Bielenberg/Krautzberger, Band 2, BauGB § 22 Rn. 28; Kraft, in: Berliner Kommentar, Band 1, § 22 Rn. 14.
928 Dürr, in: Brügelmann, Band 2, BauGB § 22 Rn. 13; siehe auch unter H.I.1.a)bb)(1).
929 Dürr, in: Brügelmann, Band 2, BauGB § 22 Rn. 13; a.A. Kraft, in: Berliner Kommentar, Band 1, § 22 Rn. 14; Spieß, in: Jäde/Dirnberger/Weiß, BauGB § 22 Rn. 5; Grziwotz, in: Spannowsky/Uechtritz, § 22 Rn. 5.

beherbergung als sog. mitgezogener Betriebsteil ist überhaupt nur dann von der Privilegierung nach § 35 Abs. 1 Nr. 1 BauGB erfasst, wenn sie der Hauptnutzung zu-, aber auch der Hauptnutzung untergeordnet ist und daher gerade nicht prägend für die Umgebung ist, sondern in bodenrechtlicher Hinsicht Nebensache ist[930].

Unzutreffend ist die Annahme, eine Prägung durch den Fremdenverkehr könne im Außenbereich auch vorliegen, wenn ein Gebiet weitgehend unbebaut ist, die vorhandene Bebauung im Zusammenspiel mit der Landschaft als Erholungskulisse aber weitgehend durch den Fremdenverkehr bestimmt ist[931]. Keinesfalls ist bei der Frage, ob eine vorhandene oder vorgesehene Zweckbestimmung für den Fremdenverkehr im Rahmen des § 22 Abs. 1 Satz 3 BauGB vorliegt, darauf abzustellen, ob die Landschaft in irgendeiner Form für den Fremdenverkehr bedeutsam ist. Wie bereits dargestellt, ist schon aus Sinn und Zweck der Möglichkeit der Einführung eines Genehmigungsvorbehalts zu fordern, dass auch im weitgehend unbebauten Außenbereich eine Prägung durch Beherbergungsbetriebe oder Wohngebäude mit privater oder gewerblicher Zimmervermietung in nennenswertem Umfang vorhanden sein muss. Eine reizvolle Landschaft kann weder für sich allein noch im Zusammenspiel mit einer nicht prägend wirkenden Bebauung eine Zweckbestimmung für den Fremdenverkehr begründen.

b) *Möglichkeit der Beeinträchtigung der Zweckbestimmung für den Fremdenverkehr*

Weiter ist nach § 22 Abs. 1 Satz 3 BauGB Voraussetzung für die Einführung des Genehmigungsvorbehalts, dass durch die Begründung oder Teilung von Rechten nach dem Wohnungseigentumsgesetz die vorgesehene oder vorhandene Zweckbestimmung des Gebiets beeinträchtigt werden kann. Es muss also ein Sicherungsbedürfnis bestehen[932], das nach § 22 Abs. 10 BauGB zu begründen ist. *Grziwotz* nimmt an, die mögliche Beeinträchtigung der Zweckbestimmung würde in den Katalogfällen fingiert, so dass ein Gegenbeweis nicht möglich sei. Dies ergebe sich aus der Gesetzesformulierung[933]. Dabei wird jedoch übersehen, dass § 22 Abs. 1 Satz 4 BauGB lediglich das Vorliegen der Zweckbestimmung für den Fremdenverkehr in den Katalogfällen fingiert, nicht jedoch auch die Möglichkeit einer Beeinträchtigung. Inwieweit ein Gegenbeweis ausgeschlossen sein soll, ist nicht ersichtlich. Allerdings wird sich in der weitaus überwiegenden Zahl der Fälle kaum darlegen lassen, dass die Zweckbestimmung für den Fremdenverkehr nicht durch die Einräumung von Rechten nach dem Wohnungseigentumsgesetz beeinträchtigt werden kann.

Für die Bejahung der Möglichkeit der Beeinträchtigung der Zweckbestimmung für den Fremdenverkehr ist ausreichend, dass nach den allgemeinen Erfahrungen

---

930 Mitschang/Reidt, in: Battis/Krautzberger/Löhr, § 35 Rn. 14; siehe näher unter H.I.1.a)bb).

931 So Greiving, DVBl. 2001, 336, 338.

932 Kraft, in: Berliner Kommentar, Band 1, § 22 Rn. 15.

933 Grziwotz, in: Spannowsky/Uechtritz, § 22 Rn. 8.

ein entsprechendes Gefährdungspotential vorhanden ist[934]. Der Gesetzgeber ging bei Schaffung des § 22 BauGB aber bereits davon aus, dass die Begründung von Wohnungs- und Teileigentum in der Regel den Einstieg in die Zweitwohnungsnutzung bedeutet und damit der Raum der Nutzung für den Fremdenverkehr entzogen wird[935].

Nicht zu verlangen ist also, dass eine Beeinträchtigung bereits eingetreten ist, die realistische Möglichkeit einer Beeinträchtigung ist ausreichend[936]. Eine Beeinträchtigung der Zweckbestimmung für den Fremdenverkehr liegt nicht erst vor, wenn das Gebiet für den Fremdenverkehr überhaupt nicht mehr zur Verfügung steht, sondern bereits wenn die Belange des Fremdenverkehrs durch die Umwandlung von Wohnungen und Beherbergungsbetrieben in Zweitwohnungen negativ berührt werden[937]. Ausreichend ist also die abstrakte Möglichkeit der Beeinträchtigung[938]. Ob tatsächlich eine Beeinträchtigung vorliegt, ist erst im Rahmen der Genehmigungsentscheidung als Versagungsgrund zu prüfen[939]. Einer eingehenden Prüfung bedarf es also in der Regel nur in den Fällen, in denen Anhaltspunkte dafür bestehen, dass die Einschätzung, die Begründung von Rechten nach dem Wohnungseigentumsgesetz führe konkret zu einer Gefährdung der Zweckbestimmung des Gebietes, unrichtig sein könnte[940]. Unzutreffend ist aber die Annahme, dass in Orten, in denen Zweitwohnungen noch keine Rolle spielen, die Zweckbestimmung für den Fremdenverkehr durch die Begründung von Rechten nach dem Wohnungseigentumsgesetz noch nicht beeinträchtigt werden kann[941]. Da § 22 BauGB auch schon die schleichende Umstrukturierung des Gebietes durch Schaffung von Zweitwohnungen erfassen soll[942], kann nicht verlangt werden, dass bereits ein gewisser Bestand an Zweitwohnungen vorhanden sein muss.

c) Möglichkeit der Beeinträchtigung der geordneten städtebaulichen Entwicklung

Schließlich muss nach § 22 Abs. 1 Satz 3 BauGB die Möglichkeit der Beeinträchtigung der geordneten städtebaulichen Entwicklung durch die Begründung oder Teilung der Rechte nach dem Wohnungseigentumsgesetz bestehen. Das Instrument

---

934 Söfker, in: Ernst/Zinkahn/Bielenberg/Krautzberger, Band 2, BauGB § 22 Rn. 30; Dürr, in: Brügelmann, Band 2, BauGB § 22 Rn. 15.

935 BT-Drs. 10/4630, 55, 79; BT-Drs. 10/6166, 143; Dürr, in: Brügelmann, Band 2, BauGB § 22 Rn. 15; BVerwG, Urteil vom 29.09.1995 - 4 C 28.94 -, BVerwGE 99, 237.

936 Dürr, in: Brügelmann, Band 2, BauGB § 22 Rn. 15.

937 BT-Drs. 10/6166, 143; Dürr, in: Brügelmann, Band 2, BauGB § 22 Rn. 15.

938 Kraft, in: Berliner Kommentar, Band 1, § 22 Rn. 15.

939 Kraft, in: Berliner Kommentar, Band 1, § 22 Rn. 15; Söfker, in: Ernst/Zinkahn/Bielenberg/Krautzberger, Band 2, BauGB § 22 Rn. 30.

940 Söfker, in: Ernst/Zinkahn/Bielenberg/Krautzberger, Band 2, BauGB § 22 Rn. 30.

941 So jetzt auch Rieger, in: Schrödter, § 22 Rn. 11; a.A. noch in der 7. Auflage, § 22 Rn. 10.

942 Söfker, in: Ernst/Zinkahn/Bielenberg/Krautzberger, Band 2, BauGB § 22 Rn. 30.

der Fremdenverkehrssatzung nach § 22 BauGB darf, um als Inhalts- und Schrankenbestimmung des Art. 14 Abs. 1 Satz 2 GG gerechtfertigt zu sein, nur aus Gründen der geordneten städtebaulichen Entwicklung eingesetzt werden[943]. Unzulässig sind etwa Motive der Regulierung der Grundstückspreise und wettbewerbsrechtliche Gründe[944].

Voraussetzung einer möglichen Beeinträchtigung der geordneten städtebaulichen Entwicklung ist, dass die Gemeinde über eine städtebauliche Konzeption verfügt, aus der hervorgeht, dass dem Gebiet die Aufgabe zugewiesen ist, für Fremdenverkehrszwecke Beherbergungsmöglichkeiten bereitzuhalten[945]. Eine solche Konzeption der Gemeinde geht in der Regel aus den Bauleitplänen, informellen Planungen, insbesondere städtebaulichen Entwicklungskonzepten und sonstigen Gemeinderatsbeschlüssen hervor[946], kann sich aber auch aus der Darlegung der Gründe für die Satzung nach § 22 Abs. 10 BauGB selbst ergeben[947]. Richtigerweise erschöpft sich eine mögliche Beeinträchtigung der geordneten städtebaulichen Entwicklung nicht in der in den Gesetzesmaterialien zu findenden beispielhaften Aufzählung, dass keine gleichwertigen Gebiete für den Fremdenverkehr vorhanden sind oder bereitgestellt werden können[948]. Selbst wenn eine anderweitige Ausweisung möglich ist, wird einem Gebiet seine städtebauliche Funktion für den Fremdenverkehr genommen, wenn in diesem Wohngebäude und Beherbergungsbetriebe in Apartmenthäuser in größerem Umfang umgewandelt werden und das Gebiet damit in städtebaulich relevanter Weise gegen den Willen der Gemeinde faktisch modifiziert wird[949].

d) Zur Annahme einer Teilnichtigkeit der Fremdenverkehrssatzung

In dem Fall, dass die dargestellten Anwendungsvoraussetzungen des § 22 Abs. 1 Satz 3 und 4 BauGB für einzelne Bereiche des festgesetzten Geltungsbereichs der Satzung nicht vorliegen, kann auch eine Teilnichtigkeit der Satzung angenommen werden. Von Teilen der Literatur wird unter Hinweis auf eine Entscheidung des Bundesverwaltungsgerichts[950] herausgestellt, eine Teilnichtigkeit käme nicht in

---

943 Kraft, in: Berliner Kommentar, Band 1, § 22 Rn. 16.

944 Kraft, in: Berliner Kommentar, Band 1, § 22 Rn. 16; Söfker, in: Ernst/Zinkahn/Bielenberg/Krautzberger, Band 2, BauGB § 22 Rn. 31; Greiving, DVBl. 2001, 336, 339; Hilt/Gerold, BayVBl. 1993, 385, 389; Dürr, in: Brügelmann, Band 2, BauGB § 22 Rn. 17.

945 Hiltl/Gerold, BayVBl. 1993, 385, 390.

946 Dürr, in: Brügelmann, Band 2, BauGB § 22 Rn. 17; Söfker, in: Ernst/Zinkahn/Bielenberg/Krautzberger, Band 2, BauGB § 22 Rn. 31; Kröninger, in: HK-BauGB, § 22 Rn. 10.

947 Söfker, in: Ernst/Zinkahn/Bielenberg/Krautzberger, Band 2, BauGB § 22 Rn. 31.

948 Dürr, in: Brügelmann, Band 2, BauGB § 22 Rn. 17; Kraft, in: Berliner Kommentar, Band 1, § 22 Rn. 16.

949 Dürr, in: Brügelmann, Band 2, BauGB § 22 Rn. 17.

950 BVerwG, Urteil vom 07.07.1994 - 4 C 21.93 -, BVerwGE 96, 217 ff.

Betracht, denn das Normenkontrollgericht könne die notwendige Beurteilung der rechtsfehlerfreien Grenzen des Satzungsgebiets nicht ersetzen[951].

Dagegen wird richtigerweise von anderer Seite vorgetragen, dass tatsächlich keine Gründe erkennbar seien, warum entgegen der allgemeinen Grundsätze für die Annahme einer Teilnichtigkeit von Satzungen[952] im Falle des § 22 BauGB eine Teilnichtigkeit nicht angenommen werden könne, wenn der hypothetische Wille des Satzungsgebers erkennbar darauf abziele, für die übrigen rechtsfehlerfreien Teile nach wie vor eine Fremdenverkehrssatzung erlassen zu wollen[953]. Erst recht gilt dies für den Fall, dass der Genehmigungsvorbehalt nicht durch eine isolierte Satzung, sondern gerade über einen Bebauungsplan eingeführt wird. Zudem erscheint zweifelhaft, ob das Bundesverwaltungsgericht in der von der Gegenauffassung in Bezug genommenen Entscheidung überhaupt eine Aussage dahingehend getroffen hat, eine Teilnichtigkeit sei im Falle von Fremdenverkehrssatzungen nach § 22 BauGB grundsätzlich nicht anzunehmen. Betrachtet man die Entscheidungsgründe, so lässt sich diesen nicht mit Bestimmtheit entnehmen, dass das Bundesverwaltungsgericht die Annahme einer Teilnichtigkeit für Fremdenverkehrssatzungen nach § 22 BauGB ganz grundsätzlich ablehnt. In den Entscheidungsgründen stellt der erkennende Senat zunächst heraus, dass einzelne Rechtsfehler zwar dann nicht zur Gesamtnichtigkeit führen würden, wenn die übrigen Regelungen, Maßnahmen oder Festsetzungen, für sich betrachtet, noch eine sinnvolle städtebauliche Ordnung bewirken könnten und wenn zusätzlich die Gemeinde nach ihrem im Planungsverfahren zum Ausdruck gekommenen Willen im Zweifel auch eine Satzung dieses eingeschränkten Inhalts beschlossen hätte. Dies habe der erkennende Senat bei der Beurteilung von Bebauungsplänen wiederholt dargelegt. Es könne mit dem Berufungsgericht aber im konkreten Fall dahinstehen, welchen hypothetischen Willen die Gemeinde gehabt haben könnte. Ebenso könne dahinstehen, ob das Berufungsgericht im Einzelnen die durch § 22 Abs. 2 Satz 3 BauGB a. F. gekennzeichneten Gebiete hätte feststellen können. Dies bedürfe deshalb keiner näheren Erörterung, da die nach § 22 Abs. 2 Satz 1 BauGB a. F. ermöglichte Maßnahme der Sicherung von der Gemeinde eine Beurteilung erfordere, ob und in welcher Hinsicht sie von dem ihr eingeräumten Ermessen Gebrauch machen will, die in § 22 Abs. 2 Satz 3 BauGB a. F. aufgeführten Gebietsteile im Sinne des § 22 Abs. 2 Satz 2 BauGB a. F. vor Beeinträchtigungen zu schützen. Diese nötige und der Entschließung der Gemeinde aufgetragene Entscheidung habe das Berufungsgericht nicht durch eine eigene Beurteilung erset-

951 Söfker, in: Ernst/Zinkahn/Bielenberg/Krautzberger, Band 2, BauGB § 22 Rn. 33; Grziwotz, in: Spannowsky/Uechtritz, § 22 Rn. 7.

952 Siehe für Bebauungspläne BVerwG, Beschluss vom 14.08.1989 - 4 NB 24.88 -, NVwZ-RR 1990, 121, 123; Beschluss vom 18.12.1990 - 4 NB 19.90 -, NVwZ 1991, 778, 780 f.

953 Kraft, in: Berliner Kommentar, Band 1, § 22 Rn. 19; Spieß, in: Jäde/Dirnberger/Weiß, BauGB § 22 Rn. 7.

zen dürfen. Die Gemeinde sei von einem grundlegend unzutreffenden Verständnis der Ermächtigungsgrundlage ausgegangen. Sie habe keine weiteren Überlegungen darüber angestellt, in welcher Weise sie das ihr in § 22 Abs. 2 Satz 1 BauGB a. F. eröffnete Ermessen ausüben will. Die in § 22 Abs. 2 BauGB a. F. zugelassene Beschränkung der sonst freien Begründung und Teilung von Wohnungseigentum diene der Sicherung bestimmter Fremdenverkehrsfunktionen im Gemeindegebiet. Die Gemeinde habe zu beurteilen, wie § 22 Abs. 11 BauGB a. F. nochmals verdeutliche, welche Gebiete sie aus welchen Erwägungen heraus als in ihrer Fremdenverkehrsfunktion schutzbedürftig ansehe. Diese auch kommunalpolitisch zu verantwortende Entscheidung dürfe das Gericht der Gemeinde nicht abnehmen. Das Bundesverwaltungsgericht stellt damit aber nicht heraus, dass ganz grundsätzlich eine Teilnichtigkeit ausscheide, vielmehr scheitere die Annahme einer Teilnichtigkeit im vorliegenden Fall daran, dass die Gemeinde überhaupt keine weiteren Überlegungen darüber angestellt habe, in welcher Weise sie das ihr in § 22 Abs. 2 Satz 1 BauGB a. F. eröffnete Ermessen ausüben wolle. Im Gegenschluss lässt sich damit aber annehmen, dass das Bundesverwaltungsgericht in dem Fall, dass sich aus der Begründung der Satzung und den der Aufstellung zugrundeliegenden Unterlagen entsprechende Erwägungen deutlich entnehmen lassen, durchaus eine Teilnichtigkeit für zulässig erachten würde[954].

3. Einführung des Genehmigungsvorbehalts – Inhalte und Verfahren

Der Genehmigungsvorbehalt kann zum einen durch einen Bebauungsplan, zum anderen durch eine sonstige Satzung eingeführt werden, § 22 Abs. 1 Satz 1 BauGB. Die Einführung mittels Bebauungsplan dürfte die Ausnahme darstellen[955]. Diese Vorgehensweise bietet sich praktisch auch nur in den Fällen an, in denen ein Gebiet ganz neu überplant werden soll oder bestehende planungsrechtliche Festsetzungen geändert werden sollen und zugleich der Genehmigungsvorbehalt für den Planbereich oder einen Teil des Gebiets eingeführt werden soll[956]. Bei Sicherung bereits vorhandener Gebiete mit Fremdenverkehrsfunktion erweist sich die Einführung über einen Bebauungsplan eher nicht als zielführend[957]. Dies folgt schon daraus, dass sich das Verfahren zur Aufstellung einer sonstigen Satzung nach § 22 Abs. 1 Satz 1 BauGB als weniger aufwändig darstellt als das zum Erlass oder Änderung eines Bebauungsplanes und zudem die sonstige Satzung nicht von der Wirksamkeit des Bebauungsplanes abhängig ist[958].

954 So anscheinend auch Kraft, in: Berliner Kommentar, Band 1, § 22 Rn. 19.
955 Greiving, DVBl. 2001, 336, 339.
956 So auch Greiving, DVBl. 2001, 336, 339; Hiltl/Gerold, BayVBl. 1993, 385, 388.
957 Vgl. Kraft, in: Berliner Kommentar, Band 1, § 22 Rn. 19.
958 Greiving, DVBl. 2001, 336, 339.

a) *Satzungsinhalt und Begründung der Satzung*

Zentraler Inhalt der Satzung, ob mittels Bebauungsplan oder sonstiger Satzung eingeführt, ist die Begründung des Genehmigungsvorbehalts selbst. Durch den Genehmigungsvorbehalt wird bestimmt, dass für im Geltungsbereich liegende Grundstücke die Begründung oder Teilung von Wohnungseigentum (§ 1 Abs. 2 WEG) oder Teileigentum (§ 1 Abs. 3 WEG) sowie Wohnungserbbaurechten bzw. Teilerbbaurechten (§ 30 WEG) und Dauerwohnrechten und Nutzungsrechten (§ 31 WEG) der Genehmigung unterliegt[959]. § 22 Abs. 9 BauGB ermöglicht den Gemeinden darüber hinaus auch in einer sonstigen Satzung nach § 22 BauGB, die zulässige Zahl der Wohnungen in Wohngebäuden entsprechend § 9 Abs. 1 Nr. 6 BauGB zu beschränken[960].

aa) *Zum konkreten Satzungsinhalt*

Die Satzung sollte als Inhalt die Bezugnahme auf § 22 BauGB, den Satzungsbeschluss, die Bestimmung des Geltungsbereichs der Satzung durch zeichnerische und/oder textliche Darstellung und einen Hinweis auf die Rechtsfolgen enthalten[961]. Nicht hingewiesen werden muss auf den Übernahmeanspruch nach § 22 Abs. 7 BauGB und die Möglichkeit der Freistellung nach § 22 Abs. 8 BauGB, da es sich dabei um unmittelbar geltendes Recht handelt[962]. Der räumliche Geltungsbereich des Genehmigungsvorbehalts darf nur so weit gefasst sein, wie die materiellen Anwendungsvoraussetzungen vorliegen[963]. In dem betreffenden Gebiet muss eine vorhandene oder vorgesehene Zweckbestimmung für den Fremdenverkehr bestehen[964] sowie die Begründung oder Teilung der Rechte nach dem Wohnungseigentumsgesetz diese Zweckbestimmung des Gebiets und dadurch die geordnete städtebauliche Entwicklung beeinträchtigen können[965]. Es sei an dieser Stelle noch einmal hervorgehoben, dass sich die Annahme des Satzungsrechts selbst von den materiellen Anwendungsvoraussetzungen unterscheidet und nur in seltenen Fällen für das gesamte Gemeindegebiet der Genehmigungsvorbehalt begründet werden kann[966]. Ob einzelne Flächen aus dem Geltungsbereich der Satzung herauszunehmen sind, ist eine Frage des Einzelfalls[967].

---

959 Siehe zu den erfassten Rechtsvorgängen im Einzelnen I.I.

960 Dazu unter I.IV.3.a)cc).

961 Greiving, DVBl. 2001, 336, 339; Söfker, in: Ernst/Zinkahn/Bielenberg/Krautzberger, Band 2, BauGB § 22 Rn. 40.

962 Kraft, in: Berliner Kommentar, Band 1, § 22 Rn. 18; Grziwotz, in: Spannowsky/Uechtritz, § 22 Rn. 11; BVerwG, Beschluss vom 04.02.1993 - 4 NB 1.93 -, BWGZ 1993, 466.

963 Söfker, in: Ernst/Zinkahn/Bielenberg/Krautzberger, Band 2, BauGB § 22 Rn. 32.

964 Dazu unter I.IV.2.a).

965 Dazu unter I.IV.2.b) und I.IV.2.c).

966 Vgl. auch Söfker, in: Ernst/Zinkahn/Bielenberg/Krautzberger, Band 2, BauGB § 22 Rn. 32; Dürr, in: Brügelmann, Band 2, BauGB § 22 Rn. 9.

967 Siehe dazu bereits I.IV.2.a)dd).

bb) Begründungserfordernis

§ 22 Abs. 10 Satz 1 BauGB enthält für die sonstige Satzung eine Begründungspflicht. Satz 2 bestimmt, dass darzulegen ist, dass die in Absatz 1 Satz 3 bezeichneten Voraussetzungen für die Festlegung des Gebiets vorliegen. Bei Einführung des Genehmigungsvorbehalts mittels Bebauungsplan ergibt sich die Begründungspflicht im Grunde schon aus § 9 Abs. 8 BauGB[968]. Allerdings ergänzt § 22 Abs. 10 Satz 2 BauGB die Begründungspflicht inhaltlich dahingehend, dass, entsprechend zum Fall des Erlasses durch sonstige Satzung, darzulegen ist, dass die in Absatz 1 Satz 3 bezeichneten Voraussetzungen für die Festlegung des Gebiets vorliegen. Die Begründungspflicht umfasst damit auch Ausführungen über die vorhandene oder vorgesehene Zweckbestimmung des Gebiets für den Fremdenverkehr, die mögliche Beeinträchtigung der Zweckbestimmung des Gebiets durch die Begründung oder Teilung der Rechte und die Möglichkeit der Beeinträchtigung der städtebaulichen Entwicklung[969].

Nach § 214 Abs. 1 Satz 1 Nr. 3 BauGB ist ein Verstoß gegen das Begründungserfordernis aber nur beachtlich, wenn die Begründung gänzlich fehlt. Eine unvollständige Begründung ist nach § 214 Abs. 1 Satz 1 Nr. 3 2. Hs. BauGB unbeachtlich. Dies ist etwa der Fall, wenn hinsichtlich einzelner materieller Voraussetzungen Ausführungen fehlen oder unvollständig sind. Besteht die Begründung jedoch lediglich aus Worthülsen und Leerformeln, so ist vom gänzlichen Fehlen der Begründung auszugehen[970]. Ein etwaiger Begründungsmangel ist nach § 215 Abs. 1 Nr. 1 BauGB innerhalb der Jahresfrist geltend zu machen[971].

cc) Begrenzung der höchstzulässigen Zahl der Wohnungen nach § 22 Abs. 9 BauGB

In einem Bebauungsplan kann nach § 9 Abs. 1 Nr. 6 BauGB aus städtebaulichen Gründen die höchstzulässige Zahl an Wohnungen begrenzt werden. § 22 Abs. 9 BauGB ermöglicht diese Begrenzung auch in einer isolierten Fremdenverkehrssatzung nach § 22 Abs. 1 Satz 1 BauGB. Motiv einer solchen Festsetzung kann insbesondere sein, zusätzlich zum Genehmigungsvorbehalt den Anreiz und die Möglichkeit für die Schaffung von Wohnungseigentum einzudämmen[972]. Eine Begrenzung der höchstzulässigen Zahl der Wohnungen nach § 22 Abs. 9 BauGB wirkt

968 Kraft, in: Berliner Kommentar, Band 1, § 22 Rn. 23; Söfker, in: Ernst/Zinkahn/Bielenberg/Krautzberger, Band 2, BauGB § 22 Rn. 35.

969 Vgl. auch Söfker, in: Ernst/Zinkahn/Bielenberg/Krautzberger, Band 2, BauGB § 22 Rn. 35.

970 Vgl. auch Söfker, in: Ernst/Zinkahn/Bielenberg/Krautzberger, Band 2, BauGB § 22 Rn. 35 unter Hinweis auf BVerwG, Beschluss vom 21.04.1994 - 4 B 193.93 -, NVwZ 1995, 271, 272.

971 Vgl. auch Söfker, in: Ernst/Zinkahn/Bielenberg/Krautzberger, Band 2, BauGB § 22 Rn. 35.

972 BT-Drs. 10/4630, 54; Dürr, in: Brügelmann, Band 2, BauGB § 22 Rn. 61.

in dem betroffenen Bereich wie eine Festsetzung in einem Bebauungsplan und ist entsprechend generell bei der bauplanungsrechtlichen Beurteilung der Zulässigkeit eines Vorhabens, z. B. in einem Baugenehmigungsverfahren, zu berücksichtigen[973]. Dagegen hindert ein Verstoß gegen diese Festsetzung nicht die Eintragung von Rechten nach dem Wohnungseigentumsgesetz und ist vom Grundbuchamt bei der Eintragung der Rechte nicht zu prüfen[974]. Eine Begrenzung der höchstzulässigen Zahl der Wohnungen kann auch nur für einen Teilbereich der Fremdenverkehrssatzung erlassen werden.[975]

In materieller Hinsicht richten sich die Voraussetzungen der Zulässigkeit einer Festsetzung nach § 22 Abs. 9 BauGB in einer sonstigen Satzung nach § 9 Abs. 1 Nr. 6 BauGB und den allgemeinen Grundsätzen der Bauleitplanung nach § 1 BauGB[976]. Im Gegensatz zur Einführung des Genehmigungsvorbehalts selbst ist bei einer Festsetzung der höchstzulässigen Zahl der Wohnungen damit das Abwägungsgebot des § 1 Abs. 5 BauGB zu beachten[977]. § 9 Abs. 1 Nr. 6 BauGB erfasst lediglich Wohngebäude, also Gebäude, die ganz oder zum Teil Wohnzwecken dienen[978]. Der Begriff der Wohnung ist dem Bauordnungsrecht zu entnehmen[979]. Wie bei § 9 Abs. 1 Nr. 6 BauGB sind im Rahmen des § 22 Abs. 9 BauGB unter Wohnungen auch Ferienwohnungen zu verstehen und Gebäude, die Ferienwohnungen enthalten stellen Wohngebäude im Sinne der Vorschrift dar[980].

Im Falle der Einführung des Genehmigungsvorbehalts über einen Bebauungsplan folgt die Möglichkeit der Begrenzung der höchstzulässigen Zahl der Wohnungen unmittelbar aus § 9 Abs. 1 Nr. 6 BauGB[981]. Insoweit ergeben sich keine verfahrensrechtlichen Besonderheiten zum Verfahren zur Aufstellung, Änderung oder Ergänzung eines Bebauungsplanes[982]. Soll die Festsetzung in einer sonstigen Satzung nach § 22 Abs. 1 BauGB getroffen werden, so muss nicht das Verfahren zur Aufstellung eines Bebauungsplanes eingehalten werden[983], § 22 Abs. 9 Satz 2 BauGB bestimmt aber, dass der betroffenen Öffentlichkeit und den berührten Behörden und sonstigen Trägern öffentlicher Belange Gelegenheit zur Stellungnahme innerhalb angemessener Frist zu geben ist. Als Betroffene kommen vor allem die Eigentümer der

---

973 Kraft, in: Berliner Kommentar, Band 1, § 22 Rn. 20.
974 Dürr, in: Brügelmann, BauGB, Band 2, BauGB § 22 Rn. 61.
975 Kraft, in: Berliner Kommentar, Band 1, § 22 Rn. 20.
976 Greiving, DVBl. 2001, 336, 341; Söfker, in: Ernst/Zinkahn/Bielenberg/Krautzberger, Band 2, BauGB § 22 Rn. 71.
977 Greiving, DVBl. 2001, 336, 341; N. Gronemeyer, in: Gronemeyer, § 22 Rn. 9.
978 Söfker, in: Ernst/Zinkahn/Bielenberg/Krautzberger, Band 1, BauGB § 9 Rn. 69.
979 Ebenda.
980 Siehe oben unter C.VI.4.b)bb); Grziwotz, in: Spannowsky/Uechtritz, § 22 Rn. 12; Rieger, in: Schrödter, § 22 Rn. 14.
981 Dürr, in: Brügelmann, Band 2, BauGB § 22 Rn. 61.
982 Söfker, in: Ernst/Zinkahn/Bielenberg/Krautzberger, Band 2, BauGB § 22 Rn. 72.
983 Söfker, in: Ernst/Zinkahn/Bielenberg/Krautzberger, Band 2, BauGB § 22 Rn. 72; vgl. Kröninger, in: HK-BauGB, § 22 Rn. 14.

von der Festsetzung erfassten Grundstücke[984] sowie Eigentümer bereits vorhandener Wohnungen in Betracht. Welcher Zeitraum als angemessen zu betrachten ist, hängt vom Einzelfall ab, als Obergrenze dürfte aber die Monatsfrist des § 3 Abs. 2 Satz 1 und § 4 Abs. 2 Satz 2 BauGB heranzuziehen sein[985]. Ein Verstoß gegen die Beteiligungspflicht kann nach Maßgabe des § 214 Abs. 1 Satz 1 Nr. 2 BauGB beachtlich sein, wobei neben der Unbeachtlichkeitsregelung des § 214 Abs. 1 Satz 1 Nr. 2, 2. Hs. BauGB die Jahresfrist des § 215 BauGB für die Geltendmachung zu beachten ist[986].

b) Aufstellungsverfahren

Hinsichtlich der verfahrensmäßigen Anforderungen ist zwischen der Einführung des Genehmigungsvorbehalts mittels Bebauungsplan und sonstiger Satzung zu unterscheiden. In verfahrensmäßiger Hinsicht ist für die Einführung des Genehmigungsvorbehalts lediglich die Bekanntmachung in § 22 Abs. 2 Satz 1 BauGB geregelt, es besteht jedoch keine Pflicht zur Beteiligung der betroffenen Grundstückseigentümer bzw. allgemein zur Öffentlichkeitsbeteiligung[987]. Eine solche Beteiligung ist lediglich für den Fall der Festsetzung der zulässigen Zahl der Wohnungen nach § 22 Abs. 9 Satz 2 BauGB vorgeschrieben[988].

Für die Aufstellung der sonstigen Satzung sind die allgemeinen Regelungen des jeweiligen Kommunalrechts zur Aufstellung der Satzung zu beachten, die durch § 22 Abs. 2 und Abs. 10 BauGB ergänzt werden[989]. Ein Aufstellungsbeschluss ist nicht erforderlich[990]. Die Gemeinde kann zwar einen gesonderten Aufstellungsbeschluss fassen und diesen bekannt machen, durch das Europarechtsanpassungsgesetz Bau ist aber die daran anknüpfende Möglichkeit, eine befristete Grundbuchsperre nach § 22 Abs. 6 Satz 3 BauGB a.F. zu bewirken, entfallen[991].

Bei Einführung des Genehmigungsvorbehalts mittels Bebauungsplan sind die allgemeinen Vorschriften über die Aufstellung, Änderung oder Ergänzung eines Bebauungsplanes nach §§ 2 ff. BauGB zu beachten[992]. § 22 Abs. 10 Satz 2 BauGB enthält jedoch zusätzliche Anforderungen an die Begründung der Satzung[993].

---

984 Dürr, in: Brügelmann, Band 2, BauGB § 22 Rn. 62; N. Gronemeyer, in: Gronemeyer, § 22 Rn. 9; Kraft, in: Berliner Kommentar, Band 1, § 22 Rn. 21.

985 Dürr, in: Brügelmann, Band 2, BauGB § 22 Rn. 62.

986 Vgl. Söfker, in: Ernst/Zinkahn/Bielenberg, Band 2, BauGB § 22 Rn. 72.

987 Dürr, in: Brügelmann, Band 2, BauGB § 22 Rn. 21; Greiving, DVBl. 2001, 336, 342; Rieger, in: Schrödter, § 22 Rn. 13.

988 Siehe dazu I.IV.3.a)cc).

989 Kraft, in: Berliner Kommentar, Band 1, § 22 Rn. 22; Söfker, in: Ernst/Zinkahn/Bielenberg/Krautzberger, Band 2, BauGB § 22 Rn. 34; Grziwotz, in: Spannowsky/Uechtritz, § 22 Rn. 11.

990 N. Gronemeyer, in: Gronemeyer, § 22 Rn. 12.

991 Vgl. Kraft, in: Berliner Kommentar, Band 1, § 22 Rn. 22.

992 Söfker, in: Ernst/Zinkahn/Bielenberg/Krautzberger, Band 2, BauGB § 22 Rn. 34; Greiving, DVBl. 2001, 336, 342.

993 Siehe I.IV.3.a)bb).

c) Bekanntmachung und Inkrafttreten

Für den Fall der Einführung über einen Bebauungsplan ergibt sich die Pflicht zur Bekanntmachung aus § 10 Abs. 3 Satz 1 BauGB, wobei nach § 10 Abs. 3 Satz 3 bis 5 BauGB eine Ersatzverkündung durch Bereithaltung der Satzung zur Einsichtnahme durch jedermann möglich ist, statt diese selbst im jeweiligen amtlichen Amtsblatt abzudrucken[994]. Die sonstige Satzung ist nach § 22 Abs. 2 Satz 1 BauGB ortsüblich bekannt zu machen. Einzelheiten richten sich nach dem jeweiligen Kommunalrecht[995]. § 22 Abs. 2 Satz 2 BauGB ermöglicht aber die entsprechende Anwendung des § 10 Abs. 3 Satz 3 bis 5 BauGB[996]. Die Satzung tritt grundsätzlich mit der Bekanntmachung in Kraft[997]. Ein rückwirkendes Inkrafttreten ist auch im Falle der sonstigen Satzung, abgesehen von der Ausnahme der Fehlerheilung nach § 214 Abs. 4 BauGB, nicht möglich[998].

d) Information des Grundbuchamtes

Durch das Europarechtsanpassungsgesetz Bau wurde im Jahre 2004 die Verpflichtung zur Information des Grundbuchamtes durch die Gemeinde über den Erlass einer Fremdenverkehrssatzung nach § 22 Abs. 1 BauGB eingeführt. Im Zuge der Einführung der Informationspflicht ist die Möglichkeit der Beantragung eines sog. Negativattestes nach § 22 Abs. 3 Nr. 2 BauGB, also eines Zeugnisses, das bescheinigt, dass eine Genehmigung nicht erforderlich ist, entfallen[999]. § 22 Abs. 2 Satz 3 BauGB regelt, dass dem Grundbuchamt der Beschluss über die Satzung, das Datum ihres Inkrafttretens sowie die genaue Bezeichnung der betroffenen Grundstücke vor ihrer Bekanntmachung rechtzeitig mitzuteilen ist. § 22 Abs. 2 Satz 3 BauGB erfasst seinem Wortlaut nach nur die isolierte Satzung, nach Sinn und Zweck der Informationspflicht besteht die Mitteilungspflicht aber auch in dem Fall, dass der Genehmigungsvorbehalt mittels Bebauungsplan eingeführt wird[1000]. Die Informationspflicht soll das Grundbuchamt darüber in Kenntnis setzen, für welche Grundstücke eine Genehmigungspflicht besteht. Entsprechend wäre es nicht zielführend, den Fall der Einführung mittels Bebauungsplan auszunehmen[1001]. Von der genauen Bezeichnung der betroffenen Grundstücke kann nach § 22 Abs. 2 Satz 4 BauGB abgesehen werden, wenn die gesamte Gemarkung betroffen ist und die Gemeinde dies dem Grund-

---

994 Vgl. auch Dürr, in: Brügelmann, Band 2, BauGB § 22 Rn. 21; Rieger, in: Schrödter, § 22 Rn. 13.
995 Kraft, in: Berliner Kommentar, Band 1, § 22 Rn. 23.
996 Dürr, in: Brügelmann, Band 2, BauGB § 22 Rn. 21.
997 Kraft, in: Berliner Kommentar, Band 1, § 22 Rn. 23.
998 Kraft, in: Berliner Kommentar, Band 1, § 22 Rn. 23 unter Hinweis auf BVerwG, Urteil vom 21.08.1997 - 4 C 6.96 -, BVerwGE 105, 153, 158 ff.; Söfker, in: Ernst/Zinkahn/Bielenberg/Krautzberger, Band 2, BauGB § 22 Rn. 34.
999 Dürr, in: Brügelmann, Band 2, BauGB § 22 Rn. 23.
1000 Dürr, in: Brügelmann, Band 2, BauGB § 22 Rn. 22.
1001 Ebenda.

buchamt mitteilt. Dies ist der Fall, wenn für sämtliche Grundstücke der Gemarkung der Genehmigungsvorbehalt begründet wird[1002]. Nach dem Wortlaut des § 22 Abs. 2 Satz 3 BauGB hat die Gemeinde die genaue Bezeichnung der betroffenen Grundstücke dem Grundbuchamt mitzuteilen, also die Angabe des Grundbuches sowie die Nummer des Grundbuchblattes, der Flur und des Flurstücks[1003]. Die Gemeinde entspricht ihrer Informationspflicht aber auch dann, wenn sie dem Grundbuchamt die Satzung zukommen lässt, aus der sich schließlich über den Geltungsbereich die jeweils erfassten Grundstücke ergeben müssen, und mitteilt, wann die Bekanntmachung erfolgen soll[1004]. Die Information muss rechtzeitig vor der Bekanntmachung erfolgen, ein Zeitraum von mindestens einer Woche vor Bekanntmachung sollte dahingehend ausreichend sein[1005]. Eine unterbliebene Information nach § 22 Abs. 2 Satz 3 BauGB wirkt sich grundsätzlich nicht auf die Gültigkeit der Satzung aus, jedoch treten die Rechtswirkungen der Satzung verspätet ein[1006]. Zu beachten ist aber, dass eine unterlassene Mitteilung für Satzungen, die auf Grundlage der vor dem 20.07.2004 geltenden Fassung des § 22 BauGB erlassen wurden, weitreichende Folgen haben kann. § 244 Abs. 6 Satz 2 und Satz 3 BauGB bestimmen, dass in dem Fall, dass bis zum 30.06.2004 die Mitteilung an das Grundbuchamt nicht erfolgt ist, diese Satzungen nicht mehr anzuwenden sind[1007].

V. Voraussetzungen und Verfahren der Genehmigungserteilung

§ 22 Abs. 4 und Abs. 5 BauGB enthalten die Bestimmungen zur Versagung bzw. Erteilung der Genehmigung und des Verwaltungsverfahrens. Während Absatz 4 die materiellen Voraussetzungen zur Versagung einer Genehmigung enthält, regelt Absatz 5 das Verfahren, insbesondere Zuständigkeiten, das Erfordernis des Einvernehmens der Gemeinde, Fristen und normiert schließlich eine Genehmigungsfiktion.

1. Zu den materiellen Voraussetzungen der Genehmigungserteilung

Die Genehmigung zur Begründung oder Teilung der von der Satzung unter Genehmigungsvorbehalt gestellten Rechte darf nach § 22 Abs. 4 Satz 1 BauGB nur versagt werden, wenn durch die Begründung oder Teilung der Rechte die Zweckbestimmung des Gebiets für den Fremdenverkehr und dadurch die städtebauliche Entwicklung und Ordnung beeinträchtigt wird. Liegt kein Versagungsgrund vor,

---

1002 Dürr, in: Brügelmann, Band 2, BauGB § 22 Rn. 25.
1003 Vgl. Söfker, in: Ernst/Zinkahn/Bielenberg/Krautzberger, Band 2, BauGB § 22 Rn. 42.
1004 Vgl. Dürr, in: Brügelmann, Band 2, BauGB § 22 Rn. 22.
1005 Dürr, in: Brügelmann, Band 2, BauGB § 22 Rn. 23.
1006 Reidt, in: Battis/Krautzberger/Löhr, § 22 Rn. 11.
1007 Vgl. Söfker, in: Ernst/Zinkahn/Bielenberg/Krautzberger, Band 2, BauGB § 22 Rn. 42.

besteht ein Anspruch auf Erteilung der Genehmigung. Der Genehmigungsbehörde kommt bei der Entscheidung kein Ermessen zu[1008]. Wie im Folgenden näher zu sehen ist, sind die Fälle, in denen ein Anspruch auf Genehmigungserteilung besteht, indes äußerst selten.

a) Beeinträchtigung der Fremdenverkehrsfunktion

Während auf der Stufe des Erlasses der den Genehmigungsvorbehalt einführenden Satzung noch die Möglichkeit einer Beeinträchtigung der Fremdenverkehrsfunktion ausreichend ist[1009], muss auf der Stufe der Versagung der Genehmigung eine Beeinträchtigung der Fremdenverkehrsfunktion des Gebietes tatsächlich auch vorliegen[1010]. Die Betrachtung hat sich dabei auf das Satzungsgebiet zu beziehen und nicht etwa lediglich auf einen Teilbereich, z. B. ein in dem Geltungsbereich liegendes Wohngebiet[1011].

b) Vermutete Beeinträchtigung bei Einräumung der Rechte

Die an die Feststellung einer Beeinträchtigung der Fremdenverkehrsfunktion zu stellenden Anforderungen sind sehr gering und der Gegenbeweis kaum mit Aussicht auf Erfolg zu führen. Eine Beeinträchtigung der Zweckbestimmung eines Gebietes für den Fremdenverkehr liegt jedenfalls dann vor, wenn aufgrund der konkreten örtlichen Gegebenheiten und feststellbaren Entwicklungstendenzen durch die beantragte Teilung eine Verschlechterung der Situation eintritt[1012]. Dabei ist zu berücksichtigen, dass nach der Vermutung des Gesetzgebers davon auszugehen ist, dass in den Fremdenverkehrsgebieten nach § 22 Abs. 1 Satz 3 BauGB eine Eigentumswohnung als Zweitwohnung genutzt werden wird und dass diese Nutzung zu den städtebaulich negativen Auswirkungen des Entzugs von Beherbergungsmöglichkeiten und der Entstehung von „Rollladensiedlungen“ und „Geisterstädten“ führen wird[1013]. Die Begründung von Rechten nach dem Wohnungseigentumsgesetz in Gebieten mit Fremdenverkehrsfunktion indiziert

1008 Söfker, in: Ernst/Zinkahn/Bielenberg/Krautzberger, Band 2, BauGB § 22 Rn. 45.

1009 Vgl. oben zur Bestimmung der Fremdenverkehrsfunktion I.IV.2.a) und zur Möglichkeit der Beeinträchtigung I.IV.2.b).

1010 Dürr, in: Brügelmann, Band 2, BauGB § 22 Rn. 26; Söfker, in: Ernst/Zinkahn/Bielenberg/Krautzberger, Band 2, BauGB § 22 Rn. 45; Hiltl/Gerold, BayVBl. 1993, 385, 390; Greiving, DVBl. 2001, 336, 341.

1011 Söfker, in: Ernst/Zinkahn/Bielenberg/Krautzberger, Band 2, BauGB § 22 Rn. 46.

1012 Rieger, in: Schrödter, § 22 Rn. 18.

1013 Söfker, in: Ernst/Zinkahn/Bielenberg/Krautzberger, Band 2, BauGB § 22 Rn. 46; BVerwG, Beschluss vom 21.04.1994 - 4 B 193.93 -, NVwZ 1995, 271; Urteil vom 27.09.1995 - 4 C 12.94 -, BVerwGE 99, 237, 238 f.; VGH Mannheim, Urteil vom 02.10.1992 - 8 S 2849/91 -, NJW 1993, 3216, 3217; OVG Lüneburg, Urteil vom 01.02.1991 - 1 M 153.90 -, BRS 52 Nr. 92.

bereits die Beeinträchtigung der Zweckbestimmung für den Fremdenverkehr[1014]. Weiter ist zu sehen, dass es nach der ständigen Rechtsprechung des Bundesverwaltungsgerichts seitens der Genehmigungsbehörde nicht erforderlich ist, im Einzelfall den Nachweis zu erbringen, dass gerade die beantragte Begründung oder Teilung von Wohnungs- oder Teileigentum sich negativ auf die Fremdenverkehrsfunktion auswirken wird[1015]. Vielmehr dürfe die beantragte Teilung gerade nicht isoliert gesehen werden, da sie für sich genommen, gerade bei kleineren Vorhaben, oft nicht zu einer Beeinträchtigung der Fremdenverkehrsfunktion führen wird. Regelmäßig würde erst eine Reihe von Einzelvorgängen sukzessiv zu den negativen städtebaulichen Folgen führen. Ausreichend sei daher, dass von dem beantragten Vorhaben eine negative Vorbildwirkung ausginge, durch die die gegebene Situation gleichsam negativ in Bewegung gebracht werde. In einem vom Bundesverwaltungsgericht zu entscheidenden Fall wurde dies etwa bejaht, da innerhalb des Jahrzehnts, das der Antragstellung vorausging, in dem Satzungsgebiet 20 % der Wohnungen als Zweitwohnungen dem Fremdenverkehr entzogen worden sind, mit der Folge, dass bei einer weiteren Zunahme der Zweitwohnungen die Zweckbestimmung des Gebiets für den Fremdenverkehr weiter beeinträchtigt werden würde[1016].

Hervorzuheben ist jedoch, dass schon die ersten Umwandlungsfälle eine negative Vorbildwirkung besitzen können, denn bereits die ersten Umwandlungsfälle führen in der Regel zu einer negativen Beeinträchtigung der Zweckbestimmung für den Fremdenverkehr[1017]. Die Annahme der Gegenauffassung führt zum einen dazu, dass die ersten Aufteilungen noch genehmigt werden, spätere jedoch untersagt werden müssten („Windhundprinzip")[1018]. Zudem stellt sich die Frage, welche Anzahl an Zweitwohnungen dann noch als städtebaulich unbedenklich zu akzeptieren ist. Eine genaue Zahl bzw. verhältnismäßige Bestimmung lässt sich dahingehend aber kaum finden mit der Folge von Unsicherheiten bei der Rechtsanwendung.

Zudem ist zu berücksichtigen, dass die betreffende Gemeinde den Genehmigungsvorbehalt in aller Regel ohnehin nur einführen wird, wenn aufgrund einer sich abzeichnenden negativen Entwicklung in der Gemeinde ein Handlungsdruck besteht. Des Weiteren muss dann bereits auf Ebene der Einführung des Genehmigungsvorbehalts mittels Bebauungsplans oder sonstiger Satzung die Möglichkeit der Beeinträchtigung der Zwecke des Fremdenverkehrs und einer geordneten städtebaulichen

---

1014 Söfker, in: Ernst/Zinkahn/Bielenberg/Krautzberger, Band 2, BauGB § 22 Rn. 46; Grziwotz, § 22 Rn. 23.

1015 BVerwG, Urteil vom 27.09.1995 - 4 C 12.94 -, BVerwGE 99, 237, 239; Urteil vom 27.09.1995 - 4 C 28.94 -, BVerwGE 99, 242; Söfker, in: Ernst/Zinkahn/Bielenberg/Krautzberger, Band 2, BauGB § 22 Rn. 46.

1016 BVerwG, Urteil vom 27.09.1995 - 4 C 12.94 -, BVerwGE 99, 237, 240.

1017 Söfker, in: Ernst/Zinkahn/Bielenberg/Krautzberger, Band 2, BauGB § 22 Rn. 48; Grziwotz, in: Spannowsky/Uechtritz, § 22 Rn. 24; so jetzt auch Rieger, in: Schrödter, § 22 Rn. 11; a.A. noch in der 7. Auflage, § 22 Rn. 10.

1018 Grziwotz, in: Spannowsky/Uechtritz, § 22 Rn. 24.

Entwicklung zu bejahen sein[1019]. Es sind daher kaum Fälle denkbar, in denen zwar der Erlass der Fremdenverkehrssatzung selbst zulässig und aufgrund der Entwicklung der Gemeinde angezeigt ist, die ersten Etablierungen von Zweitwohnungen aber keine negative Beeinträchtigung der Zweckbestimmung für den Fremdenverkehr zur Folge haben würden. Eine Beeinträchtigung der Fremdenverkehrsfunktion ist daher in der Regel bereits dann anzunehmen, wenn überhaupt eine eigentumsrechtlich selbständig nutzbare Wohnung im von der Fremdenverkehrssatzung erfassten Gebiet entsteht[1020].

Obwohl das Bundesverwaltungsgericht betont, die Vermutung einer Beeinträchtigung der Fremdenverkehrsfunktion sei grundsätzlich widerlegbar, besteht dadurch, dass bereits die Möglichkeit einer negativen Vorbildwirkung ausreicht, im Ergebnis eine nahezu unwiderlegliche Vermutung, jede Begründung von Wohn- oder Teileigentum bzw. Einräumung der weiteren erfassten Rechte werde sich negativ auf die Fremdenverkehrsfunktion auswirken[1021]. Zahlreiche Versuche, diese Vermutung zu widerlegen, sind bereits von der Genehmigungsbehörde oder in einem sich anschließenden gerichtlichen Verfahren als untauglich verworfen worden. So existiert etwa nach zutreffender Auffassung des Bundesverwaltungsgerichts kein allgemeiner Erfahrungssatz, dass große Eigentumswohnungen in Ferienorten nicht als Zweitwohnung genutzt werden würden[1022]. Richtigerweise spielt es bei der Beurteilung, ob durch die Genehmigung eine Beeinträchtigung für den Fremdenverkehr vorliegen würde, auch keine Rolle, ob das Gebäude zuvor für Zwecke des Fremdenverkehrs zur Verfügung stand[1023]. Dass das Gebäude beispielsweise bisher lediglich als Wohngebäude genutzt worden ist, schließt eine konkrete Beeinträchtigung der Zwecke des Fremdenverkehrs nicht aus. Das Bundesverwaltungsgericht stellt dahingehend zutreffend fest, die Begründung zweier rechtlich selbständiger und damit unabhängig voneinander verkehrsfähiger Wohneinheiten könne die bereits eingeläutete Entwicklung weiter verfestigen, weil der Anreiz, eine größere und damit auch hinsichtlich der laufenden wirtschaftlichen Belastung kostspieligere wirtschaftliche Einheit zumindest gelegentlich zu vermieten, um auf diese Weise die Kosten für die Unterhaltung von Grund und Gebäude zu senken, größer sei als in dem Fall, dass es sich um zwei kleinere wirtschaftliche Einheiten handelt, die jeweils geringere Kosten in der Hand zweier voneinander selbstständiger Eigentümer verursachen[1024].

Weiter kann sich der Antragsteller richtigerweise nicht mit Aussicht auf Erfolg darauf berufen, im Kaufvertrag, in sonstigen nur schuldrechtlich wirkenden Vereinbarungen oder in der Teilungserklärung erklärt zu haben, die Wohnung nicht

1019 Vgl. Grziwotz, in: Spannowsky/Uechtritz, § 22 Rn. 23.
1020 Söfker, in: Ernst/Zinkahn/Bielenberg/Krautzberger, Band 2, BauGB § 22 Rn. 46.
1021 Dürr, in: Brügelmann, Band 2, BauGB § 22 Rn. 27.
1022 BVerwG, Urteil vom 27.09.1995 - 4 C 12.94 -, BVerwGE 99, 242, 244.
1023 BVerwG, Urteil vom 15.05.1997 - 4 C 9.96 -, BVerwGE 105, 1, 5 f.; Dürr, in: Brügelmann, Band 2, BauGB § 22 Rn. 28; a.A. Hiltl/Gerold, BayVBl. 1993, 385, 390.
1024 BVerwG, Urteil vom 15.05.1997 - 4 C 9.96 -, BVerwGE 105, 1, 5 f.; vgl. bereits unter I. IV.2.a)bb)(1).

als Zweitwohnung nutzen zu wollen, sondern auch zukünftig der wechselnden Vermietung an Fremde zur Verfügung stellen zu wollen[1025]. Die damit einhergehenden Probleme bei der Überwachung dieser zivilrechtlichen und lediglich inter partes wirkenden Verpflichtungen können der Behörde nicht zugemutet werden[1026]. Durch die Möglichkeit der Einführung eines Genehmigungsvorbehalts sollte die Notwendigkeit einer solchen aufwendigen Überwachung gerade entfallen[1027].

c) *Keine Ausräumung der Vermutung der Beeinträchtigung durch Fremdenverkehrsdienstbarkeit oder Baulast*

Die Vermutung, die Begründung von Wohnungs- oder Teileigentum bzw. Einräumung der weiteren erfassten Rechte werde sich negativ auf die Fremdenverkehrsfunktion auswirken, lässt sich auch nicht durch die Eintragung einer Fremdenverkehrsdienstbarkeit in das Grundbuch mit dem Inhalt, dass die Wohnung nicht als Zweitwohnung zu nutzen ist, widerlegen[1028], mag dies auch zum Teil praktisch so gehandhabt werden[1029]. Dagegen wird vorgetragen, die Prüfung der Einhaltung der Verpflichtung aus der Fremdenverkehrsdienstbarkeit sei mit nur einem minimalen Aufwand verbunden. Sie ließe sich in der Regel schon durch Auswertung der Abrechnung der Kurtaxe überwachen. Das Problem, dass die Einhaltung baurechtlicher Verpflichtungen überwachungsbedürftig sei, stelle sich überdies im Baurecht ohnehin stets[1030]. Diese Auffassung verkennt aber, dass zum einen durch die Einführung des Genehmigungsvorbehalts die baurechtlichen Überwachungspflichten ausgeräumt werden sollen. Dies ist gerade Sinn und Zweck der Schaffung der Möglichkeit des Genehmigungsvorbehalts nach § 22 BauGB gewesen[1031]. Würde man der Gemeinde nunmehr zumuten, flächendeckend die Einhaltung der Fremdenverkehrsdienstbarkeit zu überwachen, würde die der Gemeinde zuerkannte Erleichterung ausgehebelt. Zum anderen ist die Auswertung der Abrechnung der Kurtaxe eher untauglich, die Einhaltung der Fremdenverkehrsdienstbarkeit zu sichern, wenn diese schlicht nicht entrichtet wird.

Aufgrund der schweren Überprüfbarkeit der Einhaltung lässt sich desgleichen nicht durch Einräumung einer Baulast die Vermutung der Beeinträchtigung der Fremdenverkehrsfunktion entkräften[1032].

1025 BVerwG, Urteil vom 27.09.1995 - 4 C 12.94 -, BVerwGE 99, 237, 240; Dürr, in: Brügelmann, Band 2, BauGB § 22 Rn. 28.

1026 BVerwG, Urteil vom 27.09.1995 - 4 C 12.94 -, BVerwGE 99, 237, 240; Söfker, in: Ernst/Zinkahn/Bielenberg/Krautzberger, Band 2, BauGB § 22 Rn. 47.

1027 Rieger, in: Schrödter, § 22 Rn. 19.

1028 Söfker, in: Ernst/Zinkahn/Bielenberg/Krautzberger, Band 2, BauGB § 22 Rn. 47.

1029 Kristic, MittbayNot 2003, 263.

1030 Dürr, in: Brügelmann, Band 2, BauGB § 22 Rn. 28; Nettesheim, BB 1996, 1134, 1136 und BayVBl. 2006, 508, 511.

1031 Vgl. auch BVerwG, Urteil vom 27.09.1995 - 4 C 28.94 -, BVerwGE 99, 242, 246.

1032 Siehe auch Söfker, in: Ernst/Zinkahn/Bielenberg/Krautzberger, Band 2, BauGB § 22 Rn. 47.

d) Beeinträchtigung der städtebaulichen Entwicklung und Ordnung

Die Voraussetzung, dass durch die Begründung oder Teilung auch die städtebauliche Entwicklung und Ordnung beeinträchtigt werden muss, hat neben dem Merkmal der Beeinträchtigung der Zweckbestimmung für den Fremdenverkehr kaum eine selbständige Bedeutung, denn bei Bejahung der Beeinträchtigung der Zweckbestimmung für den Fremdenverkehr resultiert daraus in der Regel auch zugleich eine Beeinträchtigung der städtebaulichen Entwicklung und Ordnung[1033]. Dies gilt auch bereits bei den ersten Umwandlungsfällen[1034].

e) Durch Vormerkung gesicherte Übereignungsansprüche Dritter

Nach § 22 Abs. 4 Satz 2 BauGB ist die Genehmigung auch bei Vorliegen eines Versagungsgrundes zu erteilen, wenn sie erforderlich ist, damit Ansprüche Dritter erfüllt werden können, zu deren Sicherung vor dem Wirksamwerden des Genehmigungsvorbehalts eine Vormerkung im Grundbuch eingetragen oder der Antrag auf Eintragung einer Vormerkung beim Grundbuchamt eingegangen ist; die Genehmigung kann auch von dem Dritten beantragt werden. Die Vorschrift entspricht damit dem Gutglaubensschutz des § 883 BGB[1035]. Da sich die Probleme dieser Regelung auf der Ebene der Rechtmäßigkeit der wirksamen Einräumung der Vormerkung abspielen und letztlich nicht in Zusammenhang mit dem Genehmigungsvorbehalt als solchem stehen, sei für weitere Einzelheiten auf die Kommentarliteratur verwiesen[1036].

f) Besondere Härte

Die Genehmigung kann nach § 22 Abs. 4 Satz 3 BauGB auch bei Vorliegen der Voraussetzungen der Versagung erteilt werden, um wirtschaftliche Nachteile zu vermeiden, die für den Eigentümer eine besondere Härte bedeuten. Die Entscheidung steht im Ermessen der Behörde, die eine Abwägung zwischen dem Interesse des Eigentümers an der Einräumung der Rechte und dem Interesse der Gemeinde an der Förderung des Fremdenverkehrs vorzunehmen hat[1037]. Die Entscheidung erfolgt im Einvernehmen mit der Gemeinde nach § 22 Abs. 5 Satz 1 BauGB[1038]. Voraussetzung einer ausnahmsweisen Genehmigungserteilung aufgrund besonderer Härte ist zunächst, dass die Genehmigungsversagung in einem

---

1033 Dürr, in: Brügelmann, Band 2, BauGB § 22 Rn. 29; Rieger, in: Schrödter, § 22 Rn. 18.

1034 Grziwotz, in: Spannowsky/Uechtritz, § 22 Rn. 24; Ernst/Zinkahn/Bielenberg/Krautzberger, Band 2, BauGB § 22 Rn. 49; vgl. für das Merkmal der Beeinträchtigung der Zweckbestimmung für den Fremdenverkehr bereits unter I.IV.2.b).

1035 Dürr, in: Brügelmann, Band 2, BauGB § 22 Rn. 31.

1036 Söfker, in: Ernst/Zinkahn/Bielenberg/Krautzberger, Band 2, BauGB § 22 Rn. 49; Dürr, in: Brügelmann, Band 2, BauGB § 22 Rn. 31; Reidt, in: Battis/Krautzberger/Löhr, § 22 Rn. 15 jeweils m.w.N.

1037 Dürr, in: Brügelmann, Band 2, BauGB § 22 Rn. 33.

1038 Söfker, in: Ernst/Zinkahn/Bielenberg/Krautzberger, Band 2, BauGB § 22 Rn. 50.

ursächlichen Zusammenhang mit wirtschaftlichen Nachteilen selbst steht[1039]. Gerade die Versagung der Einräumung der erfassten Rechte nach dem Wohnungseigentumsgesetz muss zu wirtschaftlich bzw. finanziell negativen Auswirkungen führen[1040]. Des Weiteren müssen diese Nachteile den Eigentümer selbst treffen. Nicht ausreichend sind daher Nachteile für etwaige Erwerber oder sonst Begünstigte[1041]. Auch muss hinsichtlich der wirtschaftlich negativen Auswirkungen eine besondere Härte anzunehmen sein. Erforderlich ist, dass es sich um eine über die mit der Einführung des Genehmigungsvorbehalts üblicherweise einhergehenden Nachteile hinausgehende außergewöhnliche Belastung des Eigentümers handelt[1042]. Schließlich bedeutet das Abschneiden der Möglichkeit, selbständiges Wohnungseigentum zu schaffen und zu verwerten, in der Regel immer einen wirtschaftlichen Nachteil des Eigentümers. Dabei handelt es sich um eine notwendige durch die Einführung des Genehmigungsvorbehalts bedingte Folge. Abzustellen ist stets auf eine individuelle Betrachtung des Eigentümers in seinen persönlichen Verhältnissen[1043].

An einer besonderen Härte fehlt es in der Regel, wenn das Gebäude wie bisher genutzt werden kann[1044]. Nicht ausreichend sind des Weiteren etwaige Fehlkalkulationen bei Erwerb der Immobilie, etwa, wenn sich erst im Nachhinein herausstellt, dass eine gewinnbringende Nutzung bzw. Verwertung nur durch Aufteilung in Wohnungseigentum möglich ist[1045]. Richtigerweise kann auch eine unzureichende Alterssicherung keinen Fall der besonderen Härte begründen[1046], da, ebenso wie zunehmendes Alter, ein sich verschlechternder Gesundheitszustand und eine unzureichende Alterssicherung keine außergewöhnlichen Umstände und damit keine besondere Härte darstellen. Die unzureichende Alterssicherung ist vielmehr ein Problem, das viele Gewerbetreibende gleichermaßen treffen kann und, so bedauerlich sie im konkreten Fall auch sein mag, einer Fehlkalkulation gleichzustellen ist.

Eine besondere Härte ist am ehesten dann anzunehmen, wenn ohne die Aufteilung in Wohnungseigentum gerade die Fortführung eines Beherbergungsbetriebes gefährdet wäre[1047]. Dies kann der Fall sein, wenn ohne Verkauf von Teilen eines Beherbergungsbetriebs als Ferienapartments die Fortführung des

1039 Söfker, in: Ernst/Zinkahn/Bielenberg/Krautzberger, Band 2, BauGB § 22 Rn. 51.

1040 Ebenda.

1041 Ebenda.

1042 BVerwG, Urteil vom 27.09.1995 - 4 C 28.94 -, BVerwGE 99, 242.

1043 Söfker, in: Ernst/Zinkahn/Bielenberg/Krautzberger, Band 2, BauGB § 22 Rn. 51.

1044 BVerwG, Urteil vom 15.05.1997 - 4 C 9.96 -, BVerwGE 105, 1, 6.

1045 Söfker, in: Ernst/Zinkahn/Bielenberg/Krautzberger, Band 2, BauGB § 22 Rn. 51; Bracher, in: Bracher/Reidt/Schiller, Rn. 2657; Stüer, A. 12. Teil Rn. 2542.

1046 VG München, Urteil vom 26.04.2016 - M 1 K 15.5050 -, juris Rn. 49; a.A. Söfker, in: Ernst/Zinkahn/Bielenberg/Krautzberger, Band 2, BauGB § 22 Rn. 51.

1047 Söfker, in: Ernst/Zinkahn/Bielenberg/Krautzberger, Band 2, BauGB § 22 Rn. 51; Grziwotz, in: Spannowsky/Uechtritz, § 22 Rn. 29.

Betriebs selbst ernsthaft gefährdet wäre[1048]. Schließlich sind die in der Praxis eher seltenen Fälle zu nennen, wenn jede andere wirtschaftlich zumutbare Verwertung als die der Vermarktung von Rechten nach dem Wohnungseigentumsgesetz ausscheidet[1049].

Teilweise wird angenommen, bei einem gehäuften Auftreten von Härtefällen könne die Versagung der Genehmigung auch darauf gestützt werden, dass die Satzung andernfalls ihre Funktion verlieren könnte[1050]. Ein Ermessensfehler sei in diesen Fällen nicht anzunehmen[1051]. Richtigerweise ist danach zu differenzieren, aus welchen Gründen ein gehäuftes Auftreten von Härtefällen zu verzeichnen ist. Treten die Härtefälle auf, da insgesamt in der Gemeinde die Übernachtungszahlen so stark absinken, dass eine Vielzahl von Beherbergungsbetrieben nicht mehr rentabel geführt werden kann, kann die Genehmigung nicht unter Hinweis auf ein gehäuftes Auftreten von Härtefällen versagt werden, da andernfalls die Satzung ihre Funktion verlieren würde. Vielmehr würde in diesem Fall die in § 22 Abs. 8 Satz 1 BauGB statuierte Verpflichtung zur Aufhebung der Satzung bei Wegfall ihrer Voraussetzungen umgangen bzw. verzögert werden. In diesem Fall vollzieht sich nämlich ein Strukturwandel in der Gemeinde dergestalt, dass die wesentliche Voraussetzung für die Satzung, nämlich die Zweckbestimmung des Gebiets für den Fremdenverkehr, selbst entfällt[1052]. In diesen Fällen ist zum einen aufgrund der Härtefallregelung die Genehmigung zu erteilen, zum anderen aber auch seitens der Gemeinde die Satzung aufzuheben.

2. Genehmigungsverfahren im Überblick

§ 22 Abs. 5 BauGB enthält die Vorschriften über das Genehmigungsverfahren. Nach § 22 Abs. 5 Satz 2 BauGB ist über den Antrag innerhalb eines Monats nach Antragseingang zu entscheiden. Über die Genehmigung entscheidet nach § 22 Abs. 5 Satz 1 BauGB die Baugenehmigungsbehörde im Einvernehmen mit der Gemeinde[1053]. Letztere kann nach Landesrecht ohnehin zuständige Baugenehmigungsbehörde sein. Auffällig ist, dass § 22 Abs. 5 BauGB nicht wie § 36 Abs. 2 Satz 3 BauGB eine Ersetzungsbefugnis durch eine nach Landesrecht zuständige Behörde enthält[1054].

1048 Söfker, in: Ernst/Zinkahn/Bielenberg/Krautzberger, Band 2, BauGB § 22 Rn. 51.

1049 Kraft, in: Berliner Kommentar, Band 1, § 22 Rn. 33.

1050 Rieger, in: Schrödter, § 22 Rn. 21; Greiving, DVBl. 2001, 336, 342; Söfker, in: Ernst/Zinkahn/Bielenberg/Krautzberger, Band 2, BauGB § 22 Rn. 51.

1051 Rieger, in: Schrödter, § 22 Rn. 21; Greiving, DVBl. 2001, 336, 342.

1052 Vgl. Grziwotz, in: Spannowsky/Uechtritz, § 22 Rn. 29.

1053 Dürr, in: Brügelmann, Band 2, BauGB § 22 Rn. 34 und Kraft, in: Berliner Kommentar, Band 1, § 22 Rn. 35 halten eine Änderung der Zuständigkeit zugunsten der Gemeinde für zweckmäßiger, da nur ihre Belange durch die Genehmigung berührt würden.

1054 Vgl. auch Dürr, in: Brügelmann, Band 2, BauGB § 22 Rn. 35; Rieger, in: Schrödter, § 22 Rn. 22; Greiving, DVBl. 2001, 336, 343.

Unberührt bleibt jedoch die Möglichkeit der Kommunalaufsicht, das Einvernehmen zu ersetzen[1055].

§ 22 Abs. 5 Satz 6 BauGB fingiert wie im Fall des § 36 Abs. 3 Satz 2 BauGB das gemeindliche Einvernehmen, wenn es nicht binnen zwei Monaten nach Eingang des Ersuchens der Genehmigungsbehörde verweigert wird; dem Ersuchen gegenüber der Gemeinde steht die Einreichung des Antrags bei der Gemeinde gleich, wenn sie nach Landesrecht vorgeschrieben ist.

Über die Genehmigung ist nach § 22 Abs. 5 Satz 2 BauGB innerhalb eines Monats nach Eingang des Antrags bei der Baugenehmigungsbehörde zu entscheiden. Kann die Prüfung des Antrags in dieser Zeit nicht abgeschlossen werden, ist die Frist vor ihrem Ablauf in einem dem Antragsteller mitzuteilenden Zwischenbescheid um den Zeitraum zu verlängern, der notwendig ist, um die Prüfung abschließen zu können; höchstens jedoch um drei Monate, § 22 Abs. 5 Satz 3 BauGB. § 22 Abs. 5 Satz 4 BauGB enthält eine Genehmigungsfiktion; die Genehmigung gilt als erteilt, wenn sie nicht innerhalb der Frist versagt wird. Darüber hat die Baugenehmigungsbehörde auf Antrag eines Beteiligten ein Zeugnis auszustellen.

Des Weiteren ist die Baugenehmigungsbehörde für die Erteilung eines Zeugnisses über eine Genehmigungsfiktion nach § 22 Abs. 5 Satz 5 BauGB zuständig. Zwingende Voraussetzung für die Einleitung des Genehmigungsverfahrens und um die 1-monatige Bearbeitungsfrist des § 22 Abs. 5 Satz 2 BauGB in Lauf zu setzen, ist das Stellen eines schriftlichen[1056] Genehmigungsantrags, der eindeutig erkennen lassen muss, wie das Gebäude aufgeteilt werden soll[1057]. Dem Antrag sollte daher ein Plan beigefügt werden, aus dem sich die zur Genehmigung stehende Aufteilung zweifelsfrei erkennen lässt[1058].

Antragsbefugt ist in erster Linie der Eigentümer[1059], allerdings kann auch der Käufer einer Eigentumswohnung einen Genehmigungsantrag stellen[1060]. Im Falle der Antragstellung durch Miteigentümer muss der Antrag durch alle Miteigentümer unterzeichnet sein, wobei jedoch ein Miteigentümer als Vertreter der anderen handeln kann[1061]. Im Übrigen ist eine Antragstellung durch Vertreter grundsätzlich möglich. Die Frist des § 22 Abs. 5 Satz 2 BauGB beginnt auch bereits dann zu laufen, wenn bei Antragstellung keine Bevollmächtigung erteilt wurde, diese aber

---

1055 Greiving, DVBl. 2001, 336, 343; Söfker, in: Ernst/Zinkahn/Bielenberg/Krautzberger, Band 2, BauGB § 22 Rn. 53.

1056 BVerwG, Urteil vom 16.04.1971 - 4 C 2.69 -, BauR 1971, 246; Beschluss vom 28.05.1984 - 4 B 68.84 -, NJW 1984, 2481.

1057 Dürr, in: Brügelmann, Band 2, BauGB § 22 Rn. 36.

1058 Siehe weiterführend Dürr, in: Brügelmann, Band 2, BauGB § 22 Rn. 40 und Grziwotz, in: Spannowsky/Uechtritz, § 22 Rn. 35.

1059 Dürr, in: Brügelmann, Band 2, BauGB § 22 Rn. 37.

1060 Dürr, in: Brügelmann, Band 2, BauGB § 22 Rn. 37 unter Hinweis auf BVerwG, Urteil vom 09.04.1976 - IV C 75.74 -, BVerwGE 50, 311; Urteil vom 07.10.1977 - IV C 69.75 -, NJW 1987, 1339 zu § 19 BauGB a.F.

1061 Dürr, in: Brügelmann, Band 2, BauGB § 22 Rn. 37.

im Nachhinein erteilt wird[1062]. Die Antragstellung durch den Notar, der die Teilung oder den Kauf der Eigentumswohnung beurkundet hat, kann bei entsprechender Bevollmächtigung ausdrücklich erfolgen[1063].

Nach § 22 Abs. 5 Satz 2 BauGB ist über den Antrag innerhalb eines Monats nach dessen Eingang bei der Baugenehmigungsbehörde zu entscheiden. Die Berechnung der Frist erfolgt nach den allgemeinen Grundsätzen[1064] der § 31 VwVfG entsprechenden jeweiligen landesrechtlichen Bestimmungen, etwa § 89 LVwG SH in Verbindung mit § 187 ff. BGB. Für den Beginn der Frist ist auf den Eingang des Antrags bei der Genehmigungsbehörde abzustellen[1065]. Die Antragstellung bei der Gemeinde setzt die Frist nur in Gang, wenn die Gemeinde zugleich Genehmigungsbehörde ist, andernfalls ist der Zeitpunkt entscheidend, an dem der von der Gemeinde weitergeleitete Antrag bei der Genehmigungsbehörde eingeht[1066]. Zu Recht wird die Frist von einem Monat als zu kurz bemessen kritisiert[1067]. Die Frist von nur einem Monat verwundert erst recht, berücksichtigt man, dass hinsichtlich des gemeindlichen Einvernehmens die Genehmigungsfiktion erst nach zwei Monaten eintritt.

Kann die Prüfung des Antrags in dieser Zeit nicht abgeschlossen werden, ist die Frist nach § 22 Abs. 5 Satz 3 BauGB vor ihrem Ablauf in einem dem Antragsteller mitzuteilenden Zwischenbescheid um den Zeitraum zu verlängern, der notwendig ist, um die Prüfung abschließen zu können; höchstens jedoch um drei Monate. Richtigerweise setzt die Verlängerung der Frist voraus, dass die Prüfung des Antrags wegen außergewöhnlicher rechtlicher oder tatsächlicher Schwierigkeiten trotz Einsatzes eines zumutbaren Verwaltungsaufwands nicht abgeschlossen werden kann[1068]. Der Zwischenbescheid ist richtigerweise aufgrund der Regelung des § 44a VwGO nicht selbständig, sondern nur zusammen mit dem endgültigen Bescheid anfechtbar[1069].

1062 Dürr, in: Brügelmann, Band 2, BauGB § 22 Rn. 38; BVerwG, Beschluss vom 09.05.1979 - IV B 93.79 -, DVBl. 1979, 625; Urteil vom 09.11.1987 - 4 C 42.85 -, NJW 1988, 1226.

1063 Dürr, in: Brügelmann, Band 2, BauGB § 22 Rn. 38; Söfker, in: Ernst/Zinkahn/Bielenberg/Krautzberger, Band 2, BauGB § 22 Rn. 54; Bracher, in: Bracher/Reidt/Schiller, Rn. 2653.

1064 Dürr, in: Brügelmann, Band 2, BauGB § 22 Rn. 39; Grziwotz, in: Spannowsky/Uechtritz, § 22 Rn. 33.

1065 Dürr, in: Brügelmann, Band 2, BauGB § 22 Rn. 39.

1066 Dürr, in: Brügelmann, Band 2, BauGB § 22 Rn. 39; BVerwG, Urteil vom 21.02.1986 - 4 C 4/84 -, NJW 1986, 2774.

1067 Dürr, in: Brügelmann, Band 2, BauGB § 22 Rn. 41; Rieger, in: Schrödter, § 22 Rn. 23.

1068 Söfker, in: Ernst/Zinkahn/Bielenberg/Krautzberger, Band 2, BauGB § 22 Rn. 54b; Dürr, in: Brügelmann, Band 2, BauGB § 22 Rn. 41.

1069 Dürr, in: Brügelmann, Band 2, BauGB § 22 Rn. 41; a.A. Bracher, in: Bracher/Reidt/Schiller, Rn. 2650.

Das Gesetz enthält für den Genehmigungs- oder Ablehnungsbescheid selbst keine Vorgaben. Aus § 22 Abs. 6 Satz 1 BauGB, der bestimmt, dass bei einem Grundstück, das im Geltungsbereich einer Satzung nach Absatz 1 liegt, das Grundbuchamt die von Absatz 1 erfassten Eintragungen in das Grundbuch nur vornehmen darf, wenn der Genehmigungsbescheid oder ein Zeugnis gemäß Absatz 5 Satz 5 vorgelegt wird oder wenn die Freistellungserklärung der Gemeinde gemäß Absatz 8 beim Grundbuchamt eingegangen ist, ergibt sich jedoch, dass der Bescheid der Schriftform bedarf[1070].

Die Genehmigung gilt nach § 22 Abs. 5 Satz 4 BauGB als erteilt, wenn sie nicht innerhalb der Frist versagt wird. Darüber hat die Baugenehmigungsbehörde auf Antrag eines Beteiligten ein Zeugnis auszustellen, § 22 Abs. 5 Satz 5 BauGB. Dieser feststellende Verwaltungsakt[1071] entfaltet die gleiche Wirkung wie eine erteilte Genehmigung. Das Grundbuchamt ist also bei Vorlage des Zeugnisses zum Vollzug verpflichtet[1072]. Auf die Rechtmäßigkeit oder Rechtswidrigkeit des Zeugnisses kommt es dabei nicht an; die Genehmigungsbehörde kann ein rechtswidrig erteiltes Zeugnis allerdings nach den § 48 VwVfG entsprechenden landesrechtlichen Vorschriften wieder zurücknehmen[1073].

3. Übernahme des Grundstücks und Entschädigung

§ 22 Abs. 7 Satz 1 BauGB enthält einen Übernahmeanspruch gegenüber der Gemeinde. Wird die Genehmigung versagt, kann der Eigentümer von der Gemeinde unter den Voraussetzungen des § 40 Abs. 2 BauGB die Übernahme des Grundstücks verlangen. Die § 43 Abs. 1, 4 und 5 BauGB sowie § 44 Abs. 3 und 4 BauGB sind nach § 22 Abs. 7 Satz 2 BauGB entsprechend anzuwenden. Durch den Verweis auf § 40 Abs. 2 BauGB ist Voraussetzung des Übernahmeanspruchs, dass es dem Eigentümer durch die Versagung der Genehmigung wirtschaftlich nicht zuzumuten ist, das Grundstück zu behalten und es in der bisherigen oder einer anderen zulässigen Weise zu nutzen. Erforderlich ist ein kausaler Zusammenhang zwischen der Versagung der Genehmigung der Eintragung eines Rechts nach dem Wohnungseigentumsgesetz und der wirtschaftlichen Unzumutbarkeit[1074]. Im Übrigen finden nach § 22 Abs. 7 Satz 2 BauGB die Vorschriften über die Entschädigung nach § 43 Abs. 1, 3 bis 5 BauGB, über die Fälligkeit des Entschädigungsanspruchs nach § 44 Abs. 3 BauGB und über die Verjährung nach § 44 Abs. 4 BauGB, also Erlöschen des Entschädigungsanspruchs, wenn nicht innerhalb von drei Jahren nach Eintritt der Vermögensnachteile die Fälligkeit herbeigeführt wurde, entsprechend Anwendung.

1070 Dürr, in: Brügelmann, Band 2, BauGB § 22 Rn. 42.
1071 Dürr, in: Brügelmann, Band 2, BauGB § 22 Rn. 43.
1072 Ebenda.
1073 Ebenda.
1074 Söfker, in: Ernst/Zinkahn/Bielenberg/Krautzberger, Band 2, BauGB § 22 Rn. 62.

VI. Zur Aufhebung des Genehmigungsvorbehalts und Freistellung einzelner Grundstücke

Die Gemeinde hat nach § 22 Abs. 8 Satz 1 BauGB den Genehmigungsvorbehalt aufzuheben oder im Einzelfall einzelne Grundstücke durch Erklärung gegenüber dem Eigentümer vom Genehmigungsvorbehalt freizustellen, wenn die Voraussetzungen für den Genehmigungsvorbehalt entfallen sind.

Die Aufhebung des Genehmigungsvorbehalts ist dann vorzunehmen, wenn dessen materiell-rechtliche Voraussetzungen entfallen sind. Dies kann etwa der Fall sein, wenn ein in § 22 Abs. 1 Satz 4 BauGB aufgeführtes Baugebiet in ein Wohn- oder Mischgebiet umgewandelt wird und damit die Zweckbestimmung für den Fremdenverkehr entfällt oder sich der Gebietscharakter im unbeplanten Innenbereich entsprechend verändert[1075]. Die Aufhebung des Genehmigungsvorbehalts muss in derselben Form erfolgen wie dessen Begründung, also durch Aufhebung der sonstigen Satzung oder Änderung des Bebauungsplans[1076]. Zwar ergibt sich aus dem Wortlaut des § 22 Abs. 8 Satz 1 BauGB, dass die Gemeinde bei Vorliegen der Voraussetzungen zur Aufhebung verpflichtet ist („Die Aufhebung ist dann vorzunehmen, wenn...“), den Betroffenen steht jedoch unter Hinweis auf § 1 Abs. 3 Satz 2 BauGB kein subjektives Recht auf Aufhebung des Genehmigungsvorbehalts zu[1077]. Nach den allgemeinen Grundsätzen kann sich die sonstige Satzung bzw. der Bebauungsplan jedoch als funktionslos erweisen.

Nach § 22 Abs. 8 Satz 2 BauGB hat die Gemeinde die Aufhebung des Genehmigungsvorbehalts sowie die genaue Bezeichnung der hiervon betroffenen Grundstücke unverzüglich dem Grundbuchamt mitzuteilen. Unverzüglich bedeutet, dass die Mitteilung unmittelbar nach Satzungsbeschluss und noch vor dessen Inkrafttreten zu erfolgen hat. Für die Bezeichnung der Grundstücke ist es ausreichend, auf die Mitteilung nach § 22 Abs. 2 Satz 2 BauGB Bezug zu nehmen, sofern sich der Geltungsbereich des Genehmigungsvorbehalts und der der Aufhebung decken[1078]. Wird der Genehmigungsvorbehalt nur in Teilen aufgehoben, so ist eine genaue Bezeichnung der von der Aufhebung betroffenen Grundstücke erforderlich[1079]. Von der genauen Bezeichnung kann nach § 22 Abs. 8 Satz 3 BauGB abgesehen werden, wenn die gesamte Gemarkung betroffen ist und die Gemeinde dies dem Grundbuchamt mitteilt.

§ 22 Abs. 8 Satz 4 BauGB enthält die Regelung, dass der Genehmigungsvorbehalt erlischt, wenn die Mitteilung über seine Aufhebung beim Grundbuchamt eingegangen ist. Seinem Wortlaut nach macht das Gesetz die Wirksamkeit des Er-

---

1075 Dürr, in: Brügelmann, Band 2, BauGB § 22 Rn. 55.

1076 Ebenda.

1077 Dürr, in: Brügelmann, Band 2, BauGB § 22 Rn. 55; Söfker, in: Ernst/Zinkahn/Bielenberg/Krautzberger, Band 2, BauGB § 22 Rn. 66.

1078 Dürr, in: Brügelmann, Band 2, BauGB § 22 Rn. 58.

1079 Ebenda.

löschens des Genehmigungsvorbehalts damit von dem Eingang der Mitteilung beim Grundbuchamt abhängig und nicht von dem Inkrafttreten der Satzung. Eine solche Auslegung der Regelung des Satzes 4 erweist sich jedoch aus rechtsstaatlichen Gründen als bedenklich, da die Rechtswirkungen des Genehmigungsvorbehalts zu einem Zeitpunkt entfallen würden, der für die Betroffenen nicht erkennbar ist[1080]. Teils wird der Mitteilung nach Satz 3 keine Bedeutung beigemessen[1081].

Richtigerweise kann der Widerspruch dadurch aufgehoben werden, dass in dem Fall, dass bereits vor Inkrafttreten der aufhebenden Satzung eine Mitteilung an das Grundbuchamt erfolgt, die Rechtswirkungen des Genehmigungsvorbehalts entfallen. Die Situation ist dann mit derjenigen des § 33 BauGB vergleichbar[1082]. Auch in diesem Fall kann ein sich lediglich in Aufstellung befindlicher Bebauungsplan bereits Rechtswirkungen für die Zulässigkeit eines Vorhabens entfalten. Erfolgt die Information an das Grundbuchamt dagegen erst nach der öffentlichen Bekanntmachung der Aufhebungssatzung, kommt der Mitteilung keine konstitutive Wirkung mehr zu, da die Aufhebung bereits mit der Bekanntmachung wirksam ist.

Bei der 2. Alternative des § 22 Abs. 8 Satz 1 BauGB handelt es sich um eine Befreiung im Einzelfall von der grundsätzlich weiterhin bestehenden Genehmigungspflicht[1083].

VII. Miteigentümermodell – Umgehung des Genehmigungsvorbehalts durch die Bildung von Bruchteilseigentum

Wie bereits gezeigt, stellt die Erteilung der Genehmigung zur Bildung von Rechten nach dem Wohnungseigentumsgesetz bei Lage des Grundstücks innerhalb des Geltungsbereichs einer Satzung nach § 22 BauGB eher die Seltenheit dar. Um dennoch das gewünschte Ergebnis zu erzielen, also solche Wohneinheiten zu schaffen, über die einzeln verfügt werden kann, bedienen sich inzwischen nicht wenige Eigentümer der Möglichkeit zur Bildung von Bruchteilseigentum nach §§ 1008 ff. BGB. Denn § 22 Abs. 1 BauGB umfasst ausdrücklich nur die dort genannten Rechte nach dem Wohnungseigentumsgesetz. Vom Wortlaut nicht erfasst ist hingegen die Bildung von Bruchteilseigentum. Während eine Teilung des Gesamteigentums nach dem Wohnungseigentumsgesetz zu einer realen Aufteilung von Rechten führt, kommt es beim Bruchteilseigentum lediglich zu einer ideellen Aufsplittung. Geläufig ist in diesen Fällen die Bezeichnung Miteigentümermodell[1084]. Zu der Frage, ob bei der Bildung von Bruchteilseigentum statt Rechten

---

1080 Dürr, in: Brügelmann, Band 2, BauGB § 22 Rn. 59.

1081 So offenbar Söfker, in: Ernst/Zinkahn/Bielenberg/Krautzberger, Band 2, BauGB § 22 Rn. 69.

1082 Dürr, in: Brügelmann, Band 2, BauGB § 22 Rn. 59.

1083 Siehe weiterführend Dürr, in: Brügelmann, Band 2, BauGB § 22 Rn. 56 ff.

1084 Vgl. OLG Schleswig, Beschluss vom 19.07.2000 - 2 W 112/00 -, NZM 2001, 430 f.

nach dem Wohnungseigentumsgesetz der Genehmigungsvorbehalt analog Anwendung finden kann, hat das Oberlandesgericht Schleswig zutreffend festgestellt, dass eine analoge Anwendung schon deshalb nicht in Betracht komme, weil es insoweit an einer planwidrigen Regelungslücke fehle[1085]. Der Gesetzgeber habe ersichtlich nur Rechtsvorgänge nach dem Wohnungseigentumsgesetz erfassen wollen. Im Bericht des Ausschusses für Raumordnung, Bauwesen und Städtebau heiße es, dass die Vorschriften des § 22 BauGB wegen der besonderen Problematik in Fremdenverkehrsorten nach dem ausdrücklich in § 22 BauGB festgelegten Anwendungsbereich nicht auf andere Sachverhalte, insbesondere nicht auf die Umwandlung von Miet- in Eigentumswohnungen in den Städten, übertragen werden könne. Erfasst werden sollte nur die reale Teilung von Rechten nach dem Wohnungseigentumsgesetz[1086]. Tatsächlich kann mit dem Oberlandesgericht Schleswig aufgrund der deutlichen gesetzgeberischen Intention, nur die Bildung der in § 22 Abs. 1 BauGB genannten Rechte nach dem Wohnungseigentumsgesetz erfassen zu wollen, ein Genehmigungsvorbehalt nicht entsprechend auf die Bildung von Bruchteilseigentum angewandt werden.

1. Bildung von Bruchteilseigentum als verbotenes Umgehungsgeschäft

Alles andere als fernliegend ist jedoch die weitergehende Erwägung, ob die Bildung von Bruchteilseigentum bei Lage des Grundstücks im Geltungsbereich einer Satzung nach § 22 BauGB ein verbotenes Umgehungsgeschäft darstellt und damit nichtig wäre. Nach Auffassung des Oberlandesgerichts Schleswig ist allerdings auch die Annahme eines verbotenen Umgehungsgeschäfts zu verneinen[1087]. § 22 BauGB sei kein ausdrückliches Umgehungsverbot zu entnehmen. Ob ein allgemeines Umgehungsverbot als selbständiges Rechtsinstitut angenommen werden könne, könne dahinstehen, denn der Bundesgerichtshof habe bei der Umgehung eines Verbotsgesetzes § 134 BGB nur dann für anwendbar erklärt, wenn durch andere rechtliche Gestaltungsmöglichkeiten der Zweck des betreffenden Verbotsgesetzes vereitelt werde. Wird ein vom Gesetz missbilligter Erfolg mit grundsätzlich zulässigen Mitteln erreicht, so käme es darauf an, ob durch Auslegung des Verbotsgesetzes dargetan werden könne, dass dieses in Wahrheit auch der scheinbar zulässigen Regelung entgegenstehe. Der Gesetzgeber habe aber die Nutzung von Zweitwohnungen trotz der von ihnen ausgehenden negativen Wirkungen nicht insgesamt verhindern wollen. § 22 BauGB enthalte keine Verbotsvorschrift über die Nutzung von Wohnungen als Zweitwohnungen, es werde nicht, wie sonst im Bauplanungsrecht üblich, die Nutzung, in diesem Fall einer Wohnung als Zweitwohnung, als unzulässig festgesetzt; es sollten stattdessen

1085 Ebenda.

1086 BT-Drs. 10/6166, 143.

1087 OLG Schleswig, Beschluss vom 19.07.2000 - 2 W 112/00 -, NZM 2001, 430, 431.

sachenrechtliche Vorgänge unterbunden werden, die nach den Erfahrungen der Praxis in der Regel den Einstieg in die Nutzung als Zweitwohnung darstellten, nämlich die Begründung von Rechten nach dem Wohnungseigentumsgesetz, insbesondere von Wohnungseigentum.

Zudem bestünden zwischen der Aufteilung nach dem Wohnungseigentumsgesetz und den Miteigentümermodellen gravierende Unterschiede, die eine Gleichstellung nicht rechtfertigen könnten. Auch wenn die Vertragswerke den bei der Begründung von Wohnungseigentum verwendeten Texten ähnlich seien, gewährleisteten sie jedoch nicht die gleiche Sicherheit für den Erwerber wie das Wohnungseigentum. Der Bestand der Eigentümergemeinschaft könne bei Vorliegen eines wichtigen Grundes für die Aufhebung nicht gesichert werden. Zudem drohe bei Pfändung oder Versteigerung eines Miteigentumsanteils die Teilversteigerung des gesamten Objektes, die jedenfalls nicht ausgeschlossen werden könne. Schließlich seien Miteigentumsanteile im Grundstücksverkehr schwerer als Wohnungseigentum zu veräußern.

Die Auffassung des Oberlandesgerichts Schleswig mag jedenfalls zum Zeitpunkt der Entscheidung nachvollziehbar gewesen sein[1088]. Ob diese Erwägungen bei jetziger Betrachtung nach über 15 Jahren noch Geltung beanspruchen können, ist indes sehr fraglich. Die tatsächlichen Begebenheiten stellen sich inzwischen so dar, dass, obwohl die Bildung von Bruchteilseigentum mit den beschriebenen Risiken verbunden und entsprechend weniger attraktiv ist als die Begründung von Rechten nach dem Wohnungseigentumsgesetz, von dieser Möglichkeit dennoch nicht selten Gebrauch gemacht wird[1089] und der Genehmigungsvorbehalt faktisch so ausgehebelt wird. Der Wunsch nach einer Wohnung in entsprechend attraktiven Feriengegenden z. B. auf den Inseln oder am Bodensee, ob selbstgenutzt oder als Investition, lässt viele über die Risiken des Miteigentümermodells hinwegsehen. Zudem sind viele Investoren derart finanzstark, dass das „Worst-Case-Szenario“ der Insolvenz eines Gemeinschafters weniger abschreckend sein dürfte, als man zunächst erwarten könnte, indem der Zusammenbruch der Gemeinschaft durch den Ankauf der Eigentumsanteile des insolventen Gemeinschafters abgewendet wird. In den besonders attraktiven Regionen wird sich zum jetzigen Zeitpunkt ein Nachfolger zumeist ohne weiteres finden lassen.

Wenn auch von einer anderen Perspektive aus, trifft das Verwaltungsgericht Augsburg wiederholt ganz ähnliche Feststellungen[1090], wobei bereits jetzt darauf hinzuweisen ist, dass auf diese Entscheidungen noch einmal zurückzukommen

---

1088 Zustimmend Riedel/Volmer/Wilsch, Rn. 3831.

1089 Siehe auch Gesetzentwurf der Bundesregierung zur Umsetzung der Richtlinie 2014/52/EU im Städtebaurecht und zur Stärkung des neuen Zusammenlebens in der Stadt, BR-Drs. 806/16, 25 f., 40.

1090 VG Augsburg, Urteil vom 26.10.2005 - Au 4 K 05.791 -, BayVBl. 2006, 508 f.; VG Augsburg, Urteil vom 27.02.2008 - Au 4 K 07.1511 -, juris und Urteil vom 27.02.2008 - Au 4 K 08.41 -, juris.

ist, da sie für die in der Entscheidung im Streit stehende Frage, ob die Umwandlung wiederum von Bruchteilseigentum in Teileigentum als Beeinträchtigung im Sinne des § 22 Abs. 4 Satz 1 BauGB gesehen werden könnte, zu nicht plausiblen Ergebnissen gelangt. Von Interesse an dieser Stelle ist, dass das Gericht festhält, gemäß der ursprünglichen Baugenehmigung und des der Bruchteilseigentumsgemeinschaft zu Grunde liegenden Nutzungskonzepts seien die Kläger bereits zum gegenwärtigen Zeitpunkt nicht daran gehindert, die Wohnungen als Zweitwohnung zu vermieten oder selbst als solche zu nutzen. Es wird dann zwar in den Entscheidungsgründen weiter gesehen, dass Wohneinheiten, die als Zweitwohnsitz genutzt werden sollen, typischerweise nicht angemietet, sondern als Eigentum erworben werden. Ungeachtet dessen könne aber, und dahingehend kann die Entscheidung nur Zustimmung erfahren, auch Bruchteilseigentum jederzeit und ohne die Zustimmung der anderen Teileigentümer veräußert und übertragen werden. Den Klägern stünde damit bereits die Möglichkeit offen, ihr Teileigentum an einen beliebigen Dritten zu veräußern, der selbiges sodann zur Begründung eines Zweitwohnsitzes nutzen könne. Zwar sei der Erwerb von Bruchteilseigentum auf Grund der damit einhergehenden Beschränkungen weniger attraktiv als der Erwerb von Wohnungseigentum. Wie klägerseits zutreffend ausgeführt werde, würden die jeweiligen Eigentumsanteile von den Banken in vielen Fällen nicht als Sicherheit anerkannt. Werde ein Miteigentumsberechtigter insolvent, könne zur Masseverwertung eine Teilungsversteigerung erfolgen, wogegen der Ausschluss der Aufhebung der Gemeinschaft nicht greife. Dies könne durch die restlichen Bruchteilseigentümer nur durch den Ankauf der Eigentumsanteile des insolventen Gemeinschafters abgewendet werden. Obwohl die aufgezeigten Risiken den Erwerb von Bruchteilseigentum (im Vergleich zu Wohnungseigentum) weniger attraktiv erscheinen ließen, existiere aber kein gesicherter Erfahrungssatz dahingehend, dass Zweitwohnsitznehmer im Allgemeinen vor dem Erwerb von Bruchteilseigentum zurückschrecken und ihre Suche von vornherein auf den Erwerb von Grund- oder Wohnungseigentum ausrichteten. Da auf der anderen Seite weite Teile des – für die (Zweit-) Wohnnutzung geeigneten – Ortsbereichs dem Genehmigungsvorbehalt hinsichtlich der Begründung von Wohnungseigentum unterliegen, dürfte dem kaufinteressierten Zweitwohnsitznehmer vielfach keine andere Möglichkeit offen stehen, als sich auf den Erwerb von Bruchteilseigentum zu beschränken.

Nach alledem spricht vieles dafür, dass jedenfalls zum jetzigen Zeitpunkt im Vergleich zur damaligen, der Entscheidung des Oberlandesgerichts Schleswig zugrundeliegenden Sachlage, die Bildung von Bruchteilseigentum als verbotenes Umgehungsgeschäft angesehen werden kann. Zumindest aber resultiert aus den dargestellten tatsächlichen Entwicklungen, dass der Gesetzgeber auch die Bildung von Bruchteilseigentum in die Regelung des § 22 BauGB aufnehmen sollte, um Klarheit zu schaffen[1091].

1091 Siehe zum Regierungsentwurf I.VII.3.a).

2. Umwandlung von Bruchteils- in Wohnungseigentum als Anwendungsfall des Genehmigungsvorbehalts

In jedem Fall unterfällt die Umwandlung von Bruchteilseigentum in Wohnungseigentum dem Genehmigungsvorbehalt. Der gegenteiligen Auffassung des Verwaltungsgerichts Augsburg kann nicht gefolgt werden. Dieses hat wiederholt entschieden, dass die Umwandlung von Bruchteilseigentum in Teileigentum zumindest im konkreten Fall nicht als Beeinträchtigung im Sinne des § 22 Abs. 4 Satz 1 BauGB gesehen werden könnte[1092]. Nachdem das Gericht in den Entscheidungsgründen darstellt, dass, obwohl die aufgezeigten Risiken den Erwerb von Bruchteilseigentum (im Vergleich zu Wohnungseigentum) weniger attraktiv erscheinen ließen, kein gesicherter Erfahrungssatz dahingehend existiere, dass Zweitwohnsitznehmer im Allgemeinen von dem Erwerb von Bruchteilseigentum absehen und ihre Suche von vornherein auf den Erwerb von Grund- oder Wohnungseigentum ausrichteten, wird dann aber der Schluss gezogen, dass, – da bereits der gegenwärtige Zustand einer Zweitwohnnutzung des Wohnkomplexes nicht entgegenstehe und die Stattgabe des klägerischen Antrags die bestehende „Gefahr“ nicht intensiviere – eine (weitere) Zweckentfremdung des Gebiets für den Fremdenverkehr nicht zu erwarten sei. Diese Schlussfolgerung ist indes unzutreffend. Sie ist bereits in sich nicht schlüssig. Die Umwandlung von Bruchteilseigentum in Wohnungseigentum intensiviert die bereits bestehende Gefahr, da das Wohnungseigentum, aus den bereits vom Gericht selbst genannten Gründen, rechtlich stabiler ist als Bruchteilseigentum. Eine andere Frage ist, ob sich Interessenten durch die relative Unsicherheit des Bruchteilseigentums von einem Erwerb abschrecken lassen. Rechtlich sicherer ist die Erlangung von Rechten nach dem Wohnungseigentumsgesetz aber in jedem Fall, so dass bei der Umwandlung von Bruchteilseigentum in Wohnungseigentum in der Regel davon auszugehen ist, dass die Zweckbestimmung des Gebiets für den Fremdenverkehr und dadurch die städtebauliche Entwicklung und Ordnung beeinträchtigt wird.

3. Zur geplanten Erweiterung des Anwendungsbereichs des § 22 BauGB auf die Bildung von Bruchteilseigentum

Nach alledem ist festzuhalten, dass die mit der Bildung von Bruchteilseigentum verbundenen rechtlichen Unsicherheiten Investoren nicht abschrecken und der Genehmigungsvorbehalt demnach in weiten Teilen ins Leere läuft. Zu unterstützen ist daher das Vorhaben, durch Änderung des § 22 BauGB den Genehmigungsvorbehalt auch auf die Bildung von Bruchteilseigentum auszuweiten.

1092 VG Augsburg, Urteil vom 26.10.2005 - Au 4 K 05.791 -, BayVBl. 2006, 508 f.; VG Augsburg, Urteil vom 27.02.2008 - Au 4 K 07.1511 -, juris und Urteil vom 27.02.2008 - Au 4 K 08.41 -, juris.

Vor allem vom Land Niedersachsen ging zunächst die Initiative aus, die Bildung von Bruchteilseigentum der Bildung von Wohnungseigentum gleichzustellen, indem § 22 Abs. 1 BauGB dadurch ergänzt wird, dass nach den Worten „(§ 1 des Wohnungseigentumsgesetzes)" die Worte „sowie der Begründung von Bruchteilseigentum (§§ 1008 bis 1011 BGB)" angefügt werden[1093].

Nunmehr liegt der bereits angesprochene Regierungsentwurf eines Gesetzes zur Umsetzung der Richtlinie 2014/52/EU im Städtebaurecht und zur Stärkung des neuen Zusammenlebens in der Stadt vor, der auch einen Vorschlag zur Änderung des § 22 BauGB enthält[1094].

Der Entwurf sieht folgende Fassung des Absatzes 1 Satz 1 vor:

> „Die Gemeinden, die oder deren Teile überwiegend durch den Fremdenverkehr geprägt sind, können in einem Bebauungsplan oder durch eine sonstige Satzung bestimmen, dass zur Sicherung der Zweckbestimmung von Gebieten mit Fremdenverkehrsfunktionen Folgendes der Genehmigung unterliegt:
> 1. die Begründung oder Teilung von Wohnungseigentum oder Teileigentum nach § 1 des Wohnungseigentumsgesetzes,
> 2. die Begründung der in den §§ 30 und 31 des Wohnungseigentumsgesetzes bezeichneten Rechte,
> 3. die Begründung von Bruchteilseigentum nach § 1008 des Bürgerlichen Gesetzbuchs an Grundstücken mit Wohngebäuden oder Beherbergungsbetrieben, wenn zugleich nach § 1010 Absatz 1 des Bürgerlichen Gesetzbuchs im Grundbuch als Belastung eingetragen werden soll, dass Räume einem oder mehreren Miteigentümern zur ausschließlichen Benutzung zugewiesen sind und die Aufhebung der Gemeinschaft ausgeschlossen ist,
> 4. bei bestehendem Bruchteilseigentum nach § 1008 des Bürgerlichen Gesetzbuchs an Grundstücken mit Wohngebäuden oder Beherbergungsbetrieben eine im Grundbuch als Belastung einzutragende Regelung nach § 1010 Absatz 1 des Bürgerlichen Gesetzbuchs, wonach Räume einem oder mehreren Miteigentümern zur ausschließlichen Benutzung zugewiesen sind und die Aufhebung der Gemeinschaft ausgeschlossen ist,
> 5. die Nutzung von Räumen in Wohngebäuden oder Beherbergungsbetrieben als Nebenwohnung, wenn die Räume insgesamt an mehr als der Hälfte der Tage eines Jahres unbewohnt sind."

Die weiteren vorgesehenen Novellierungen dienen im Wesentlichen der Anpassung der Regelungen an die Änderungen. Satz 2 des Absatzes 1 soll aufgehoben werden und im neuen Satz 2 sollen nach den Wörtern „Teilung der Rechte" ein Komma und die Wörter „durch die Regelung nach § 1010 des Bürgerlichen Gesetzbuchs oder durch die Nutzung als Nebenwohnung" eingefügt werden.

1093 BR-Drs. 180/15, 1.
1094 BR-Drs. 806/16, 11.

§ 22 Abs. 2 BauGB soll wie folgt geändert werden: In Satz 3 sollen die Wörter „Die Gemeinde teilt dem Grundbuchamt" durch die Wörter „Für Bestimmungen nach Absatz 1 Satz 1 Nummer 1 bis 4 teilt die Gemeinde dem Grundbuchamt" ersetzt werden. In Satz 4 sollen nach dem Wort „kann" die Wörter „in den Fällen des Absatzes 1 Satz 1 Nummer 1 und 2" eingefügt werden.

Für Absatz 4 ist vorgesehen, dass in Satz 1 nach den Wörtern „Teilung der Rechte" ein Komma und die Wörter „durch die Regelung nach § 1010 des Bürgerlichen Gesetzbuchs oder durch die Nutzung als Nebenwohnung" eingefügt werden. In Satz 2 sollen die Wörter „Genehmigung ist zu erteilen" durch die Wörter „Genehmigung nach Absatz 1 Satz 1 Nummer 1 bis 4 ist zu erteilen" ersetzt werden. In Absatz 6 Satz 1 sollen die Wörter „die von Absatz 1 erfassten Eintragungen" durch die Wörter „die von Absatz 1 Satz 1 Nummer 1 bis 4 erfassten Eintragungen" ersetzt werden.

In § 213 BauGB ist flankierend eine Sanktionsmöglichkeit für Verstöße gegen § 22 Abs. 1 Satz 1 Nr. 5 BauGB vorgesehen[1095].

a) *§ 22 Abs. 1 Satz 1 Nr. 3 und Nr. 4 BauGB – Bruchteilseigentum*

Zur Begründung des Entwurfs wird Folgendes ausgeführt[1096]: Mit § 22 Abs. 1 Satz 1 Nr. 3 BauGB soll künftig auch die Begründung von Bruchteilseigentum an Grundstücken mit Wohngebäuden und Beherbergungsbetrieben einem Genehmigungsvorbehalt unterworfen werden können, wenn im Sinne des § 1010 BGB im Grundbuch zugleich als Belastung eingetragen werden soll, dass Räume zur ausschließlichen Benutzung zugewiesen sind und die Aufhebung der Gemeinschaft ausgeschlossen ist. Zweck eines solchen Genehmigungserfordernisses müsse – wie bei der Begründung oder Teilung von Wohneigentum oder Teileigentum – die Sicherung der Zweckbestimmung eines Gebietes mit Fremdenverkehrsfunktion sein. Zur Vermeidung einer unverhältnismäßigen Beschränkung des Grundstücksverkehrs sollen von der Neuregelung dann nur solche Fälle der Bruchteilseigentumsbildung erfasst werden, die von vornherein auf die Schaffung einer Rechtsposition gerichtet sind, die der Bildung von Wohneigentum vergleichbar ist. Dies ist insbesondere dann anzunehmen, wenn die Begründung des Bruchteilseigentums mit einer Regelung verbunden wird, wonach die Räume zur ausschließlichen Benutzung zugewiesen sind und die Aufhebung der Gemeinschaft ausgeschlossen ist. Die Begründung verweist dahingehend auf den der Entscheidung des Oberverwaltungsgerichts Schleswig zugrundeliegenden Sachverhalt[1097]. Mit Satz 1 Nr. 4 sollten ergänzend auch Fälle erfasst werden, in denen eine im Grundbuch einzutragende Benutzungsregelung mit Ausschluss der Aufhebung der Gemeinschaft (§ 1010 BGB) erst nach der Begründung des Bruchteilseigentums vereinbart wird. In diesem Fall unterliege nicht die Bildung des Bruchteilseigentums, sondern die Benutzungsregelung mit Aufhebungsausschluss

---

1095 BR-Drs. 806/16, 9, 41.

1096 BR-Drs. 806/16, 39 ff.

1097 OVG Schleswig, Beschluss vom 19.07.2000 - 2 W 112/00 -, NZM 2001, 430.

der Genehmigungspflicht. Die vorgeschlagenen Regelungen in § 22 Abs. 1 Satz 1 Nr. 3 und 4 BauGB würden auch der Entschließung des Bundesrates vom 12. Juni 2015[1098] Rechnung tragen. Dem Entwurf kann umfassend zugestimmt werden. Die Berücksichtigung der Begründung von Bruchteilseigentum ist begrüßenswert.

b) § 22 Abs. 1 Satz 1 Nr. 5 BauGB – Nutzung von Räumen als Nebenwohnung

aa) Zu Inhalt und Begründung der vorgeschlagenen Änderung

Neben der Erweiterung auf die Bildung von Bruchteilseigentum wird indes auch vorgeschlagen, in § 22 Abs. 1 Satz 1 Nr. 5 BauGB die Nutzung von Räumen in Wohngebäuden oder Beherbergungsbetrieben als Nebenwohnung unter Genehmigungsvorbehalt zu stellen, wenn die Räume insgesamt an mehr als der Hälfte der Tage eines Jahres unbewohnt sind.

In der Begründung des Entwurfs heißt es dazu[1099], § 22 Abs. 1 Satz 1 Nr. 1 bis 4 BauGB würden nur Fallgestaltungen erfassen, bei denen das jeweilige Rechtsgeschäft zu seiner Gültigkeit einer Grundbucheintragung bedürfe. Daneben seien zahlreiche, rein schuldrechtliche Vereinbarungen vorstellbar, durch die eine Nutzung von Räumen als Nebenwohnung bewirkt werden könne. Auch könne auf die Grundbucheintragung einer Regelung nach § 1010 BGB verzichtet werden. Um diese Fälle zu erfassen, solle künftig auch unmittelbar die Nutzung von Räumen in Wohngebäuden oder Beherbergungsbetrieben als Nebenwohnung unter einen Genehmigungsvorbehalt gestellt werden können. Bei dem Begriff der Nebenwohnung werde an die Begriffsbestimmung des § 21 des Bundesmeldegesetzes angeknüpft. Anders als in den Fällen des § 22 Abs. 1 Satz 1 Nr. 1 bis 4 BauGB, bei denen die Umsetzung der Genehmigungspflicht dadurch sichergestellt werde, dass andernfalls der erforderliche Grundbucheintrag ausbleibt, werde nach § 22 Abs. 1 Satz 1 Nr. 5 BauGB lediglich ein Verhalten unter Genehmigungsvorbehalt gestellt. Um ein genehmigungswidriges Verhalten zu unterbinden, sei durch einen entsprechenden Ordnungswidrigkeitentatbestand in § 213 BauGB (Art. 1 Nr. 16) flankierend eine Sanktionsmöglichkeit zu schaffen.

bb) Kritik

Von der vorgeschlagenen Änderung sollte Abstand genommen werden. Zunächst muss man sich den Inhalt und die Auswirkungen der anempfohlenen Erweiterung vor Augen führen. Die Gemeinden, die eine Fremdenverkehrsprägung aufweisen, würden durch § 22 Abs. 1 Nr. 5 BauGB n. F. ermächtigt, einen Genehmigungsvorbehalt nach § 22 BauGB einzuführen für die Fälle, in denen allein die Nutzung einer Nebenwohnung, also einer Zweitwohnung (unabhängig davon, ob angemie-

---

1098 BR-Drs. 180/15.

1099 BR-Drs. 806/16, 40.

tet oder als Wohnungseigentum), erfolgt, aber die Wohnung insgesamt an mehr als der Hälfte der Tage eines Jahres unbewohnt ist. Diese Nutzung bzw. fehlende Nutzung kann also untersagt werden, wenn dadurch die Zweckbestimmung des Gebiets für den Fremdenverkehr und dadurch die städtebauliche Entwicklung und Ordnung beeinträchtigt wird. Zugegeben trifft die Regelung das Problem in den Fremdenverkehrsgemeinden auf den Kopf, nämlich den Leerstand über weite Zeiträume des Jahres vornehmlich außerhalb der Saison[1100]. Allerdings wäre die Regelung mangels Gesetzgebungskompetenz des Bundes verfassungswidrig und würde auch zu Konflikten mit den Regelungen der Baunutzungsverordnung führen.

(1) Zur fehlenden Gesetzgebungskompetenz des Bundes

Der Vorschlag, neben der Erweiterung auf die Bildung von Bruchteilseigentum in § 22 Abs. 1 Satz 1 Nr. 5 BauGB die Nutzung von Räumen in Wohngebäuden oder Beherbergungsbetrieben als Nebenwohnung unter Genehmigungsvorbehalt stellen zu können, wenn die Räume insgesamt an mehr als der Hälfte der Tage eines Jahres unbewohnt sind, dürfte bereits verfassungswidrig sein. In der Sache stellt die vorgeschlagene Regelung nämlich die Ermächtigung zum Erlass eines Zweckentfremdungsverbots dar, da unter Genehmigungsvorbehalt gestellt werden können soll, dass bei Nichtnutzung an mehr als der Hälfte der Tage im Jahr eine Genehmigungspflicht eintritt. Mit der Änderung des Grundgesetzes vom 01.09.2006 haben aber die Bundesländer die ausschließliche Gesetzgebungskompetenz für den Bereich des Zweckentfremdungsrechts erhalten[1101]. Die Länderzuständigkeit ergibt sich im Umkehrschluss zur Formulierung des Grundgesetzes vor der Föderalismusreform, nach der in Art. 74 Abs. 1 Nr. 11 noch von „Wohnungswesen“ die Rede war[1102]. Dem Bund fehlt daher bereits die Kompetenz zur Einführung des § 22 Abs. 1 Satz 1 Nr. 5 BauGB.

(2) Konflikt mit den Regelungen der Baunutzungsverordnung

Man muss sich zudem vergegenwärtigen, dass es sich bei der gegenständlichen Nutzung als Nebenwohnung um eine Wohnnutzung nach der Baunutzungsverordnung handelt, die in den Wohngebieten ohne weiteres zulässig ist. Lediglich in Sondergebieten kann die Nutzung als Zweitwohnung ausgeschlossen bzw. allgemein den Begriffen der Baunutzungsverordnung ein anderer Sinngehalt gegeben werden[1103]. Den Gemeinden steht ein allgemeines „Baugebietsfindungsrecht“ nicht zu. Sie können lediglich aus dem Katalog der Baugebietstypen auswählen und die

1100 Vgl. auch BBSR, Planspiel zur Städtebaurechtsnovelle 2016/2017, 85.
1101 VG Berlin, Urteil vom 08.06.2016 - 6 K 160.16 -, juris Rn. 29.
1102 Vgl. dazu die Begründung des Gesetzentwurfs zur Föderalismusreform BT-Drs. 16/813, 13; Schröder, GewArch 2015, 392, 394.
1103 Siebe oben B.II.

verschiedenen Baugebiete einander zuordnen und im Wege der Feinsteuerung Modifikationen vornehmen[1104].

Zur Verdeutlichung stelle man sich vor, die Nutzung als Nebenwohnung fände in einem allgemeinen Wohngebiet statt. Der Eigentümer einer Eigentumswohnung nutzt diese jedoch nur fünf Monate des Jahres. Würde der Genehmigungsvorbehalt hier eingeführt, so wäre damit eine nach dem Bebauungsplan zulässige Nutzung, denn dem Eigentümer kann bauplanungsrechtlich seine Wohnung planungsrechtlich so lange er möchte ungenutzt lassen, genehmigungsbedürftig. Die Nutzung könnte und würde wohl auch untersagt werden, da gerade durch die Nichtnutzung die Zweckbestimmung des Gebiets für den Fremdenverkehr und dadurch die städtebauliche Entwicklung und Ordnung beeinträchtigt wird. Die Nutzung wäre also planungsrechtlich auf der einen Seite zulässig, würde aber aller Voraussicht nach aufgrund des Genehmigungsvorbehalts nach § 22 BauGB untersagt und daneben noch als Ordnungswidrigkeit sanktioniert.

Im Rahmen des Planspiels zur Städtebaurechtsnovelle 2016/2017 wurden zudem seitens der Insel Sylt berechtigte Zweifel hinsichtlich der Kontrollmöglichkeit geäußert[1105].

1104 Söfker, in: Ernst/Zinkahn/Bielenberg/Krautzberger, Band 6, Vorb. zu § 1 BauNVO Rn. 1.
1105 BBSR, Planspiel zur Städtebaurechtsnovelle 2016/2017, 85.

J. Zweckentfremdungsverbote – Exkurs

Die Nutzung für Ferienaufenthalte und die allgemeine Wohnnutzung stehen, wie gesehen, oftmals miteinander im Konflikt. Dies gilt sowohl hinsichtlich Störungen wie Lärmbelästigungen, aber auch dahingehend, dass durch die Nutzung von Wohnungen zu Ferienzwecken diese dem allgemeinen Wohnungsmarkt entzogen werden. Besonders virulent wird dies naturgemäß dort, wo wenig Raum zur Verfügung steht wie auf den Nord- und Ostseeinseln oder im dicht besiedelten innerstädtischen Bereich. Während in den Feriengebieten auf den Inseln tendenziell sich eher das Problem der Nutzung von Zweitwohnungen stellt mit den beschriebenen Auswirkungen der Entstehung von Rollladensiedlungen, liegen die Dinge im urbanen Bereich anders. Hier gewinnt die zumeist dauerhafte Vermietung von Wohnungen an Touristen immer mehr an Bedeutung. Befeuert wurde die Entwicklung noch durch Internetportale wie Airbnb oder Wimdu. Die Gewinnmargen sind beträchtlich, da die Investitionskosten sehr gering sind. Zudem findet in Großstädten neben der touristischen auch eine zumeist beruflich veranlasste Kurzzeitvermietung statt. So ist es mitunter in Großstädten weniger problematisch, eine möblierte Wohnung über entsprechende Portale anzumieten als eine Wohnung zum Dauerwohnen. Zahlreiche Städte wie z. B. München[1106], Berlin[1107] oder Stuttgart[1108], um nur einige zu nennen, haben daher bereits von der Möglichkeit Gebrauch gemacht, Satzungen oder Verordnungen basierend auf den entsprechenden Landesgesetzen über das Verbot der Zweckentfremdung von Wohnraum zu erlassen. Für Hamburg gilt das Hamburgische Wohnraumschutzgesetz, für dessen Vollzug eine Fachanweisung erlassen worden ist[1109]. In der Praxis stellt sich das Rechtsregime der Zweckentfremdungsverbote als scharfes Schwert dar, mit dessen Hilfe sich die Vermietung von Ferienwohnungen zumeist effektiver unterbinden lässt als auf bauordnungsrechtlicher Ebene. Dem Planungsrecht kommt daher rein faktisch oftmals geringere Bedeutung zu als dem Recht zur Verhinderung der Zweckentfremdung von Wohnraum.

Allen Regelwerken zur Zweckentfremdung von Wohnraum ist gemein, dass durch das Zweckentfremdungsgesetz die Ermächtigungsgrundlage für den Erlass der Verordnung geschaffen wird. Voraussetzung ist jeweils, dass festzustellen ist,

---

1106 Satzung der Landeshauptstadt München über das Verbot der Zweckentfremdung von Wohnraum (ZeS) vom 12.12.2013, MüABl., 550 ff.

1107 Verordnung über das Verbot der Zweckentfremdung von Wohnraum (ZwVbVO) vom 4. März 2014, GVBl. 2014, 73.

1108 Satzung über das Verbot der Zweckentfremdung von Wohnraum in der Landeshauptstadt Stuttgart vom 03.12.2015, Amtsblatt Nr. 51 vom 17.12.2015.

1109 Hamburgisches Wohnraumschutzgesetz vom 08.03.1982, GVBl. 47, zuletzt geändert durch Gesetz vom 21.05.2013, GVBl. 244; siehe weiterführend zu Einzelproblemen Hinrichs, NZM 2014, 545 ff. und Hinrichs, NZM 2013, 782 ff.

dass in den Städten oder Gemeinden ein Wohnraummangel vorhanden ist, also die Versorgung der Bevölkerung mit ausreichendem Wohnraum zu angemessenen Bedingungen besonders gefährdet ist (z. B. § 1 ZwEWG Baden-Württemberg oder § 1 Abs. 2, Abs. 2 ZwVbG Berlin).

Die daraufhin erlassene Verordnung oder Satzung stellt diesen Wohnraummangel fest. Als Rechtsfolge dieser Feststellung ergibt sich dann, dass eine Zweckentfremdung von Wohnraum der Genehmigung bedarf. Der Begriff der Zweckentfremdung ist weiter entweder nur im Zweckentfremdungsgesetz oder ergänzend in der Satzung oder Verordnung näher definiert. Des Weiteren stellt die Zweckentfremdung ohne Genehmigung eine Ordnungswidrigkeit dar. Daneben finden sich für gewöhnlich Regelungen zur Rückführung von Wohnraum, zur Datenverarbeitung und zur Erteilung von Auflagen. Die Zweckentfremdungsgesetze und Verordnungen bzw. Satzungen unterscheiden sich im Detail jedoch erheblich[1110]. So sieht beispielsweise München in § 8 der ZeS die Möglichkeit der Entrichtung von Ausgleichsbeiträgen vor. Im Einzelfall kann nach § 8 Abs. 1 ZeS durch die einmalige oder laufende Ausgleichszahlung erreicht werden, dass das öffentliche Interesse an der Erhaltung eines bestimmten Wohnraums hinter das Interesse an einer Zweckentfremdung zurücktritt. Die Ausgleichsbeiträge sind nach § 8 Abs. 1 Satz 3 ZeS zweckgebunden für die Schaffung neuen Wohnraums zu verwenden. In Berlin sind nach § 4 Abs. 1 ZwVbVO Genehmigungen in der Regel mit der Auflage zur Entrichtung einer Ausgleichszahlung verbunden. Auch die Definitionen der Zweckentfremdung unterscheiden sich. Die Satzung der Stadt Konstanz enthält in § 3 Abs. 2 Nr. 5 und Nr. 7, Abs. 4 relativ differenzierende Regelungen für die Nutzung von Ferienwohnungen.

Gegen die Verfassungsgemäßheit der Regelungen zur Zweckentfremdung von Wohnraum wurden verschiedentlich Bedenken vorgetragen[1111]. Das Bundesverfassungsgericht hat die Verfassungsbeschwerde gegen das Gesetz des Landes Berlin über das Verbot der Zweckentfremdung von Wohnraum und die auf Grundlage von § 1 Abs. 2 dieses Gesetzes erlassene Verordnung über das Verbot der Zweckentfremdung von Wohnraum jedoch wegen offensichtlicher Unzulässigkeit nicht zur Entscheidung angenommen[1112].

Nach Auffassung der 6. Kammer des Verwaltungsgerichts Berlin[1113] verletze das Zweckentfremdungsverbot die durch Art. 12 Abs. 1 GG geschützte Berufsfreiheit nicht. Auch die schutzwürdigen Eigentümerinteressen gemäß Art. 14 Abs. 1 GG blieben gewahrt. Aus der Eigentumsgarantie folge kein Anspruch, den Wohnraum mit der größtmöglichen Gewinnerwartung nutzen zu dürfen.

1110 Siehe vergleichend für München, Hamburg und Berlin Bueb, ZWE 2016, 207, 210 f.

1111 Insbesondere Sodan, Verfassungs- und andere Rechtsprobleme von Berliner Regelungen über das Verbot der Zweckentfremdung von Wohnraum; Schultz, Grundeigentum 2014, 96; Beitrag ohne Autor, Grundeigentum 2015, 371; Wenderoth, Grundeigentum 2016, 748, 750 und 953 ff.

1112 BVerfG, Nichtannahmebeschluss vom 13.02.2015 - 1 BvR 3332/14 -, juris Rn. 8.

1113 VG Berlin, Urteil vom 08.06.2016 - 6 K 103.16 -, juris Rn. 87 ff.

Den berechtigten Belangen der gewerblichen Anbieter von Ferienwohnungen sei durch die Einräumung einer zweijährigen Übergangsfrist Rechnung getragen worden. Schließlich werde auch der allgemeine Gleichheitssatz nach Art. 3 Abs. 1 GG nicht verletzt. Auf lange Sicht habe der Gesetzgeber sowohl die gewerbliche Vermietung von Ferienwohnungen als auch die gewerbliche und berufliche sonstige Nutzung von Wohnräumen gleichermaßen verboten. Die unterschiedlichen Übergangsregelungen für bereits bestehende Nutzungen seien sachgerecht, weil die Vermietung von Ferienwohnungen kurzfristig erfolge und sich an wechselnde Feriengäste richte, während die Nutzung von Wohnraum für gewerbliche und berufliche sonstige Zwecke auf längerfristige Geschäftsbeziehungen angelegt sei.

Anwendung und Auslegung der Zweckentfremdungsverbote werfen eine Reihe von Einzelproblemen auf, die die Rechtsprechung und Literatur voraussichtlich noch längere Zeit intensiv beschäftigen werden. Dies betrifft im Zusammenhang mit der Nutzung von Ferienwohnungen z. B. die Frage, in welchem zeitlichen und räumlichen Umfang die Vermietung als Ferienwohnung gar nicht vom Zweckentfremdungsverbot erfasst ist[1114]. Fraglich ist auch, welche Mindestanforderungen an die Räume zu stellen sind, so dass diese überhaupt den Zweckentfremdungsgesetzen und Zweckentfremdungsverordnungen unterfallen[1115]. Die 6. Kammer des Verwaltungsgerichts Berlin hat nunmehr einige relevante Entscheidungen zum Zweckentfremdungsverbot getroffen. Zusammengefasst bejaht die Kammer neben der Verfassungsmäßigkeit der Regelungen und dem Vorliegen einer Wohnraummangellage[1116], dass die Nutzung von Wohnraum zur gewerblichen Vermietung von Ferienwohnungen eine nach dem Zweckentfremdungsverbotsgesetz verbotene Zweckentfremdung darstellt[1117]. In zwei Entscheidungen vom 09.08.2016 hat die Kammer festgestellt, allein die Nutzung einer Wohnung als Zweit- und nicht als Hauptwohnung sei keine Zweckentfremdung, sondern Wohnen und damit eine zweckgemäße Nutzung. Der Tatbestand der Zweckentfremdung setze nicht voraus, dass die Wohnungseigenschaft vollständig aufgehoben werde. Ein öffentliches Interesse an der Erhaltung von Wohnraum durch das Zweckentfremdungsverbot könne lediglich dann bestehen, wenn die Räumlichkeiten nicht schon ohnehin zu Wohnzwecken genutzt werden[1118]. In einer weiteren Entscheidung vom 09.08.2016 stellt die Kammer fest, dass allein die Nutzung einer Wohnung als Zweit- und nicht als Hauptwohnung keine Zweckentfremdung, sondern Wohnen und damit eine zweckgemäße Nutzung

---

1114 Vgl. dazu Beuermann, Grundeigentum 2016, 578 f.; Wenderoth, Grundeigentum 2015, 432 ff.

1115 Vgl. dazu Wenderoth, Grundeigentum 2014, 1628 ff.

1116 VG Berlin, Urteil vom 08.06.2016 - 6 K 103.16 -, juris Rn. 43 ff.

1117 VG Berlin, Urteil vom 08.06.2016 - 6 K 103.16 -, juris Rn. 27 ff.; kritisch zum Urteil Wenderoth, Grundeigentum 2016, 748, 750 und 953 ff.

1118 VG Berlin, Urteile vom 09.08.2016 - 6 K 91.16 -, juris Rn. 31 ff.; - 6 K 151.16 -, juris Rn. 30 ff.; - 6 K 153.16 -, juris Rn. 28 ff.

sei. Der Tatbestand der Zweckentfremdung setze nicht voraus, dass die Wohnungseigenschaft vollständig aufgehoben werde. Ein öffentliches Interesse an der Erhaltung von Wohnraum durch das Zweckentfremdungsverbot könne nur dann bestehen, wenn die Räumlichkeiten nicht schon ohnehin zu Wohnzwecken genutzt würden[1119].[1120]

1119 Urteil vom 09.08.2016 - 6 K 112.16 -, juris Rn. 24 ff.

1120 Siehe weiterführend Brückner, Grundeigentum 2014, 713 ff.; Dyroff, Grundeigentum 2015, 232 ff.; Körner/Vaagt, Berliner Anwaltsblatt 2014, 181 ff.; Schröer/Kullick, NZBau 2013, 624 ff.

K. Thesen und Ergebnisse

I.

1. Die Eigennutzung eines Ferienhauses oder einer Ferienwohnung stellt in der Regel eine Wohnnutzung nach der Baunutzungsverordnung dar. Voraussetzung ist eine Besitzherrschaft, die sich insbesondere aus Eigentum ergeben kann. Eigentum bietet bereits rein objektiv die Möglichkeit, Dritte vollständig oder zumindest weitgehend von der Nutzung auszuschließen. Auf der anderen Seite ordnet sich der Eigentümer bei der im Bauplanungsrecht entscheidenden typisierenden Betrachtungsweise sozial in die Umgebung ein und lässt eine angemessene Rücksicht gegenüber dem Umfeld walten. Dies gilt insbesondere für Lärmbelästigungen, aber auch hinsichtlich des sonstigen Umgangs mit der Umgebung, z.B. Pflege von Gemeinschaftsanlagen. Entscheidend bei einer Miete oder Pacht ist daher zum einen, ob die Besitzherrschaft dem Berechtigen eine dem Eigentum vergleichbare Position einräumt, die es ihm erlaubt, eine auf Dauer angelegte Häuslichkeit in dem Objekt aufzubauen, und zum anderen, ob eine soziale Ein- und Unterordnung impliziert ist, die die städtebauliche Gleichbehandlung mit einem Eigentümer rechtfertigt.
2. Bei der tage- oder wochenweisen Vermietung von Anlagen zum Zwecke des Ferienaufenthalts an ständig wechselnde Gäste kann es sich nicht um eine Wohnnutzung handeln, denn das Merkmal der auf Dauer angelegten Häuslichkeit kann bei einem Aufenthalt von höchstens einigen Wochen nicht erfüllt sein.
3. In von ständig wechselnden Gästen genutzten Ferienwohnungen und Ferienhäusern ist die Gestaltung eines häuslichen Wirkungskreises im planungsrechtlichen Sinne nicht möglich.
4. Die Vermietung von Ferienhäusern und Ferienwohnung kann als (ggf. kleiner) Betrieb des Beherbergungsgewerbes eingeordnet werden. Weder ist dies durch die innere Systematik der Baunutzungsverordnung ausgeschlossen, noch kann es darauf ankommen, ob und in welchem Umfang Serviceleistungen angeboten werden. Das Serviceangebot hat allenfalls ganz marginale Auswirkungen auf das Störpotential und ist daher von untergeordneter Bedeutung. Entscheidend ist, dass von der Vermietung von Ferienwohnungen und Ferienhäusern ähnliche Auswirkungen auf die Umgebung ausgehen wie von klassischen Beherbergungsbetrieben, insbesondere von Pensionen. Beide Nutzungen sind durch einen tage- oder wochenweisen Gästewechsel mit entsprechend gleichen Störungen gekennzeichnet.
5. Die Vermietung von Ferienhäusern und Ferienwohnungen kann nicht unter den Begriff des sonstigen Gewerbebetriebs subsumiert werden. Vertritt man die Auffassung, dass es sich bei der Vermietung um einen (ggf. kleinen) Betrieb des Beherbergungsgewerbes handelt, schließt in den Gebieten nach §§ 2 bis 7

BauNVO die speziellere Nutzung „Betrieb des Beherbergungsgewerbes" den Rückgriff auf die generelle Nutzung „sonstiger Gewerbebetrieb" aus. Vertritt man die Auffassung, dass es sich nicht um einen Beherbergungsbetrieb handeln kann, so steht sie der Nutzung als Beherbergungsbetrieb aber so nah („jenseitige Beherbergungsform"), dass die Spezialregelung dennoch eingreift.

6. In Gewerbe- und Industriegebieten nach §§ 8, 9 BauNVO ist die gewerbliche Vermietung von Ferienwohnungen und Ferienhäusern in aller Regel unzulässig, da die von den gebietstypischen Nutzungen ausgehenden Störungen unzumutbar sind.
7. Die Vermietung von Ferienwohnungen und Ferienhäusern kann als bestandssichernde Festsetzung in anderen Baugebieten als Sondergebieten nach §§ 10, 11 BauNVO zulässig sein, wenn der Charakter des Gebiets nicht in Frage gestellt wird.
8. Auch die nur einmalige oder gelegentlich gewerbliche Vermietung eines primär selbstgenutzten Ferienhauses oder einer Ferienwohnung ist bauplanungsrechtlich keine Wohnnutzung mehr, sondern als eigenständige Nutzung planungsrechtlich zu beurteilen.
9. Die gelegentliche Weitergabe an Freunde und Familie kann im Einzelfall noch als Wohnnutzung eingeordnet werden. Entscheidend sind hier die Häufigkeit, Dauer, aber auch die Enge der Beziehung zwischen Eigentümer bzw. Dauermieter und dem gelegentlichen Nutzer. Derjenige, der gewissermaßen statt des eigentlich Berechtigten vor Ort ist, wird bei typisierender Betrachtungsweise ein ähnliches Maß an Rücksicht an den Tag legen wie der eigentlich Berechtigte. Es besteht ein deutlich höherer sozialer Rechtfertigungsdruck als bei der Anmietung einer Ferienwohnung von einem Fremden oder einem professionellen Anbieter. Ist man zwar nicht selbst gehalten, sich gegenüber dem Umfeld zu rechtfertigen, so weiß man aber doch, dass ggf. der Eigentümer oder der Hauptmieter nach Rückkehr gegenüber dem Umfeld für das eigene Verhalten geradestehen muss. Dieser Rechtfertigungsdruck ist umso stärker je enger die persönliche Bindung zwischen den Beteiligten ist.
10. Die gelegentliche Eigennutzung einer an ständig wechselnde Gäste vermieteten Ferienwohnung oder eines Ferienhauses durch den Eigentümer ist als Annexnutzung zulässig, auch wenn am Standort lediglich eine Vermietung zulässig ist.

II.

11. Das Boardinghouse stellt keine eigene planungsrechtliche Nutzungsform dar.
12. Die Zulässigkeit eines als Boardinghouse bezeichneten Vorhabens bestimmt sich nicht nach dem Nutzungsschwerpunkt. Diese von der Rechtsprechung zum ganz überwiegenden Teil vorgenommene Betrachtung ist dem Bauplanungsrecht bei der Prüfung der Zulässigkeit einer Nutzung fremd und widerspricht der planungsrechtlichen Dogmatik. Letztlich wird durch das Abstellen auf den Nutzungsschwerpunkt oftmals im Windschatten der zulässigen Nutzung eine

für sich betrachtet unzulässige Nutzung legalisiert. Richtigerweise ist anhand des Betriebskonzepts zu ermitteln, welche Nutzung tatsächlich geplant ist. Deren Zulässigkeit ist sodann in Gänze am konkreten Standort zu prüfen. Dabei sind die Nutzungsarten Wohnnutzung, Betrieb des Beherbergungsgewerbes und eine Ferienwohnnutzung vorrangig in den Blick zu nehmen.

13. Das Bereitstellen von Räumen zum Ferien- oder Freizeitaufenthalt an wechselnde Gäste in einem als Boardinghouse bezeichneten Vorhaben ist stets Kurzzeitvermietung, da die Nutzung in aller Regel maximal für vier Wochen erfolgen wird. Bei Fehlen eines nennenswerten Serviceangebots ergeben sich sodann letztlich keinerlei Unterschiede zu der Vermietung von Ferienhäusern und Ferienwohnungen.

III.

14. Bei der Bestimmung der Lärmschutzbedürftigkeit von Wochenendhaus-, Ferienhaus- und Campingplatzgebieten ist von einem abgestuften Schutzniveau auszugehen. Erforderlich ist eine Einzelfallbetrachtung anhand der konkreten Ausgestaltung des Gebiets, insbesondere hinsichtlich weiterer Anlagen nach § 10 Abs. 2 Satz 2 BauNVO oder auch nach § 13 BauNVO und etwaiger Vorbelastungen.
15. Mobilheime und ortsfest genutzte Wohnwagen sind planungsrechtlich nicht als Wochenendhäuser einzuordnen.
16. Eine halboffene Bauweise ist in einem Wochenendhausgebiet nur bei einer Festsetzung nach § 10 Abs. 3 Satz 2 BauNVO zulässig. § 10 Abs. 3 Satz 2 BauNVO ermöglicht auch die Festsetzung einer anderen Bauweise, soweit dadurch keine geschlossene Bauweise entsteht.
17. Ein Campingplatz stellt eine bauliche Anlage dar. Ein gewerblich betriebener Campingplatz ist kein sonstiger Gewerbebetrieb nach der Baunutzungsverordnung. Mobilheime sind auf einem Campinglatz nur bei ausdrücklicher Festsetzung zulässig.
18. In einem Sondergebiet nach § 10 Abs. 3 und Abs. 4 BauNVO und § 11 BauNVO ist es zulässig, gleichsam Ferienwohnen bzw. Wochenendwohnen als auch Dauerwohnen zuzulassen. In einem entsprechenden Gebiet kann der Ausschluss des Zweitwohnens festgesetzt werden.
19. § 9 Abs. 1 Nr. 6 BauGB kann auch dann zur Anwendung kommen, wenn es sich bei den Wohnungen um an ständig wechselnde Gäste vermietete Ferienwohnungen handelt.

IV.

20. Die Darstellung einer Sonderbaufläche nach § 1 Abs. 1 Nr. 4 BauNVO ohne nähere gesonderte Zweckbestimmung im Flächennutzungsplan ist nicht geeignet, die sich aus der beabsichtigten städtebaulichen Entwicklung ergebende

Art der Bodennutzung in den Grundzügen darzustellen. Die Darstellung eines Sondergebietes nach § 1 Abs. 2 Nr. 10 BauNVO erfordert grundsätzlich sowohl die Angabe einer Zweckbestimmung als auch die Art der baulichen Nutzung. Bei den in §§ 10, 11 BauNVO ausdrücklich benannten Gebieten sind Zweckbestimmung und Art der baulichen Nutzung jedoch in der Regel identisch, so dass keine getrennte Darstellung der Zweckbestimmung und Art der baulichen Nutzung erforderlich ist. Bei sonstigen unbenannten Sondergebieten ist entscheidend, ob die Darstellungen der Zweckbestimmung und Art der baulichen Nutzung so bestimmt sind, dass sich daraus ein ausreichender Rahmen für Konkretisierungen in einem Bebauungsplan und für Planungen anderer Planungsträger ergibt.

V.

21. Ferienhäuser sind im Innenbereich nach § 34 BauGB in der Regel als maßstabsbildendes Element zur Bestimmung des Ortsteils heranzuziehen, da sie dem ständigen Aufenthalt von Menschen dienen; Wochenendhäuser wirken hingegen für gewöhnlich nicht auf diese Weise, da ein vorübergehender Leerstand das Wochenendhaus gerade auszeichnet.
22. Eine größere Ansammlung von Ferienhäusern kann einen im Zusammenhang bebauten Ortsteil darstellen (sog. faktisches Ferienhausgebiet).
23. Auch eine größere Ansammlung von Wochenendhäusern kann im Einzelfall einen im Zusammenhang bebauten Ortsteil bilden (sog. faktisches Wochenendhausgebiet). Dass die Ansammlung als faktisches Wochenendhausgebiet nach § 10 Abs. 3 BauNVO einzustufen ist, ist ein gewichtiges Indiz für das Vorliegen eines Ortsteils, aber nicht Voraussetzung. Ob eine Bebauung mit Ortsteilqualität vorliegt, ist eine Frage des Einzelfalls und hängt auch von der Anzahl und Größe der Gebäude und von der Ausstattung der Wochenendhäuser ab.
24. Wochenendhäuser bestimmen in der Regel nicht die nähere Umgebung, in die sich ein Vorhaben nach § 34 Abs. 1 Satz 1 BauGB einfügen muss; bei Ferienhäusern ist dies tendenziell eher der Fall. Nicht die Eigenart der näheren Umgebung bestimmen Anlagen, die ungenehmigt errichtet wurden, nicht genehmigungsfähig sind und die nicht unzweifelhaft dauerhaft geduldet werden. Dies kann insbesondere bei gewerblich vermieteten Ferienhäusern und Ferienwohnungen der Fall sein. Selbst wenn sich in der näheren Umgebung tatsächlich Ferienwohnungen oder Ferienhäuser befinden, so sind diese oftmals materiell illegal, werden nicht dauerhaft geduldet und sind damit nicht maßstabsbildend für die Frage, ob sich das Vorhaben einfügt.
25. Auf sonstige Sondergebiete für den Fremdenverkehr nach § 11 Abs. 2 BauNVO (z.B. Kurgebiete, Gebiete für den Fremdenverkehr) ist § 34 Abs. 2 BauGB nicht anwendbar, da nach § 34 Abs. 2 BauGB „bezeichnet“ nur solche Baugebiete sein können, für die die Baunutzungsverordnung selbst die Art der zulässigen Nutzung regelt.

26. Auf Sondergebiete nach § 10 Abs. 3 bis 5 BauNVO (Wochenendhausgebiete, Ferienhausgebiete und Campingplatzgebiete) ist § 34 Abs. 2 BauGB anwendbar; auf unbenannte Sondergebiete nach § 10 Abs. 1 BauNVO hingegen nicht. Es handelt sich nur bei diesen Sondergebieten nach § 10 BauNVO um im Sinne des § 34 Abs. 2 BauGB „bezeichnete" Gebiete.

VI.

27. Die Vermietung von Übernachtungsmöglichkeiten an wechselnde Gäste hat für sich betrachtet keinen landwirtschaftlichen, forstwirtschaftlichen oder erwerbsgärtnerischen Bezug und kann daher selbst keinen entsprechenden Betrieb darstellen, dem ein Vorhaben dienen könnte. Die Zulässigkeit als privilegierter Betrieb nach § 35 Abs. 1 Nr. 1 oder 2 BauGB scheidet daher grundsätzlich aus.
28. Ein nichtlandwirtschaftlicher Betriebsteil kann wegen des engen Sachzusammenhangs aber einem Betrieb nach § 35 Abs. 1 Nr. 1 oder Nr. 2 BauGB zuzurechnen und ein konkretes Vorhaben auf diese Weise über den Privilegierungstatbestand genehmigungsfähig sein (sog. „mitgezogener Betriebsteil" oder „Unternehmensverbindung"). Für die Feststellung der Zulässigkeit eines Vorhabens im Zusammenhang mit einem solchen betriebsfremden Teil ist zu ermitteln, ob das geplante und selbst nicht privilegierte Vorhaben zu dem privilegierten Betrieb hinzuzurechnen ist. Die betriebsfremde Nutzung muss äußerlich erkennbar dem privilegierten Betrieb zu- aber gleichzeitig auch untergeordnet sein (sog. „Anhängsel"). Zwischen beiden Betriebsteilen muss es einen betrieblichen Zusammenhang geben, wobei der eigentlich nicht privilegierte Teil gegenüber dem privilegierten Teil eine bodenrechtliche Nebensache bleiben muss.
29. Die Zulässigkeit der Vermietung von Unterkünften an wechselnde Gäste ist im Außenbereich in aller Regel nicht als sonstiges Vorhaben nach § 35 Abs. 2 BauGB zulässig, da es für gewöhnlich öffentliche Belange beeinträchtigt.
30. Bei der Prüfung der Zulässigkeit der Vermietung von Unterkünften an wechselnde Gäste im Außenbereich ist die Möglichkeit der Teilprivilegierung nach § 35 Abs. 4 Satz 1 Nr. 1, Nr. 3, Nr. 4 und Nr. 6 und Satz 2 BauGB besonders zu beachten. Eine Teilprivilegierung nach § 35 Abs. 4 Satz 1 Nr. 2, Nr. 5 BauGB scheidet hingegen aus.
31. Bei einer im Außenbereich ausgeübten Nutzung eines Ferienhauses oder einer Ferienwohnung durch den Eigentümer oder Dauermieter im Sinne eines Zweitwohnsitzes scheidet eine Zulässigkeit als privilegiertes Vorhaben nach § 35 Abs. 1 BauGB aus. In der Regel ist auch die Zulässigkeit als sonstiges Vorhaben nach § 35 Abs. 2 BauGB wegen Beeinträchtigung öffentlicher Belange ausgeschlossen. In Betracht zu ziehen ist die Zulässigkeit im Außenbereich jedoch im Wege der Teilprivilegierung nach § 35 Abs. 4 Satz 1 Nr. 1, Nr. 3, Nr. 4 und Satz 2 BauGB. Eine Zulässigkeit nach § 35 Abs. 4 Satz 1 Nr. 2, Nr. 5 und Nr. 6 BauGB ist nicht möglich.

VII.

32. § 22 BauGB enthält in der zum Bearbeitungsschluss gültigen Fassung für durch den Fremdenverkehr geprägte Gemeinden die Ermächtigung zur Einführung eines Genehmigungsvorbehalts in einem Bebauungsplan oder einer sonstigen Satzung zur Sicherung der Zweckbestimmung von Gebieten mit Fremdenverkehrsfunktionen für die Begründung oder Teilung von Wohnungseigentum oder Teileigentum (§ 1 WEG) und entsprechend für die in den §§ 30 und 31 WEG bezeichneten Rechte.
33. Eine Fremdenverkehrsprägung im Sinne des § 22 BauGB ist anzunehmen, wenn in der Gemeinde oder Teilen der Gemeinde die öffentliche oder private Infrastruktur auf die Fremdenverkehrsbedürfnisse ausgerichtet ist und das Beherbergungsgewerbe eine dominierende Rolle gegenüber anderen Wirtschaftszweigen einnimmt und diesen den Rang abläuft. Wesentliche Anhaltspunkte für die Bejahung einer Fremdenverkehrsprägung sind die Übernachtungszahlen und die Frage, inwieweit Beherbergungsbetriebe oder private Zimmervermietungen im Gemeindegebiet überwiegen. Die Einschätzung, ob eine überwiegende Prägung durch den Fremdenverkehr vorliegt, erfordert eine wertende Betrachtung der gemeindlichen Gesamtstruktur bzw. der Gemeindeteile.
34. Das Merkmal der „überwiegenden Prägung durch den Fremdenverkehr" ist gerichtlich voll überprüfbar. Ein nur eingeschränkt überprüfbarer Beurteilungsspielraum kommt der Gemeinde richtigerweise bei der Bewertung nicht zu.
35. Gemeinden, die sich erst zu Fremdenverkehrsorten entwickeln wollen, sind (noch) nicht zum Erlass einer Fremdenverkehrssatzung nach § 22 BauGB ermächtigt. Eine bloß beabsichtigte städtebauliche Zentrierung auf Tourismus reicht nicht aus.
36. Bei der Regelung des § 22 Abs. 1 Satz 4 BauGB handelt es sich um eine gesetzliche unwiderlegliche Fiktion.
37. Die Nennung von Ferienhausgebieten in § 22 Abs. 1 Satz 4 BauGB erweist sich nicht als unstimmig. Ferienhäuser in Ferienhausgebieten nach § 10 Abs. 4 BauNVO sind schon per Definition dazu bestimmt, überwiegend und auf Dauer einem wechselnden Personenkreis zur Erholung zu dienen, und sollen daher gerade nicht in erster Linie dem Erholungsbedürfnis eines Inhabers zugutekommen. Die Schaffung von Wohnungseigentum kann gerade in Ferienhausgebieten nach § 10 Abs. 4 BauNVO die für diesen Gebietstyp vorgesehene Nutzung durch wechselnde Gäste gefährden.
38. Auch die Einbeziehung von Wochenendhausgebieten stellt sich als überzeugend dar. Zwar werden Wochenendhäuser bestimmungsgemäß durch denselben Eigentümer genutzt und dienen gerade nicht der Unterbringung ständig wechselnder Gäste. Da aber eine Beeinträchtigung der Fremdenverkehrszwecke selbst dann angenommen werden kann, wenn ein Wohngebäude bereits zuvor faktisch als Zweitwohnung genutzt und damit der Fremdenbeherbergung ohnehin entzogen ist, ist auch die Einbeziehung von Wochenendhausgebieten sinnvoll.

39. Nur in dem Fall eines beschlossenen, aber noch nicht vollzogenen Bebauungsplans ist von einer „vorgesehenen Zweckbestimmung für den Fremdenverkehr“ nach § 22 Abs. 1 Satz 3 BauGB auszugehen. Lediglich informelle Planungen nach § 1 Abs. 6 Nr. 11 BauGB, Darstellungen in Flächennutzungsplänen, Raumordnungsplänen oder Regionalplänen sind für sich betrachtet nicht ausreichend.
40. Eine reizvolle Landschaft kann weder für sich allein noch im Zusammenspiel mit einer nicht prägend wirkenden Bebauung eine Zweckbestimmung für den Fremdenverkehr nach § 22 Abs. 1 Satz 4 BauGB begründen.
41. In dem Fall, dass die Anwendungsvoraussetzungen des § 22 Abs. 1 Satz 3 und 4 BauGB für einzelne Bereiche des festgesetzten Geltungsbereichs der Satzung nicht vorliegen, kann auch eine Teilnichtigkeit der Satzung angenommen werden.
42. Eine Beeinträchtigung der Zweckbestimmung eines Gebietes für den Fremdenverkehr nach § 22 Abs. 4 Satz 1 BauGB liegt jedenfalls dann vor, wenn aufgrund der konkreten örtlichen Gegebenheiten und feststellbaren Entwicklungstendenzen durch die beantragte Teilung eine Verschlechterung der Situation eintritt. Dabei ist zu berücksichtigen, dass nach der Vermutung des Gesetzgebers davon auszugehen ist, dass in den Fremdenverkehrsgebieten nach § 22 Abs. 1 Satz 3 BauGB eine Eigentumswohnung als Zweitwohnung genutzt werden wird mit den städtebaulich negativen Auswirkungen des Entzugs von Beherbergungsmöglichkeiten und der Entstehung von „Rollladensiedlungen“ und „Geisterstädten“. Bereits die ersten Umwandlungsfälle führen in der Regel zu einer negativen Beeinträchtigung der Zweckbestimmung für den Fremdenverkehr.
43. Die Vermutung, die Begründung von Wohnung oder Teileigentum bzw. Einräumung der weiteren erfassten Rechte werde sich negativ auf die Fremdenverkehrsfunktion auswirken, lässt sich nicht durch die Eintragung einer Fremdenverkehrsdienstbarkeit in das Grundbuch mit dem Inhalt, dass die Wohnung nicht als Zweitwohnung zu nutzen ist, widerlegen.
44. Der im Regierungsentwurf eines Gesetzes zur Umsetzung der Richtlinie 2014/52/EU im Städtebaurecht und zur Stärkung des neuen Zusammenlebens in der Stadt enthaltene Vorschlag, § 22 BauGB auch auf die Bildung von Bruchteilseigentum auszuweiten, ist begrüßenswert.
45. Der Vorschlag, neben der Erweiterung auf die Bildung von Bruchteilseigentum in § 22 Abs. 1 Satz 1 Nr. 5 BauGB die Nutzung von Räumen in Wohngebäuden oder Beherbergungsbetrieben als Nebenwohnung unter Genehmigungsvorbehalt stellen zu können, wenn die Räume insgesamt mehr als die Hälfte der Tage eines Jahres unbewohnt sind, ist bereits verfassungswidrig. § 22 Abs. 1 Nr. 5 BauGB würde in der Sache eine Ermächtigung zum Erlass eines Zweckentfremdungsverbots darstellen. Mit der Änderung des Grundgesetzes vom 01.09.2006 haben die Bundesländer die ausschließliche Gesetzgebungskompetenz für den Bereich des Zweckentfremdungsrechts erhalten. Dem Bund fehlt die Kompetenz zum Erlass einer solchen Ermächtigungsgrundlage.

46. Bei Annahme der Verfassungsgemäßheit des im Entwurf enthaltenen § 22 Abs. 1 Nr. 5 BauGB würde die Regelung jedenfalls aber zu sich widersprechenden planungsrechtlichen Genehmigungslagen führen. Bei der gegenständlichen Nutzung handelt es um eine Wohnnutzung nach der Baunutzungsverordnung, die in den Wohngebieten ohne weiteres zulässig ist. Lediglich in Sondergebieten kann die Nutzung als Zweitwohnung ausgeschlossen bzw. allgemein den Begriffen der Baunutzungsverordnung ein anderer Sinngehalt gegeben werden. Die Nutzung als Zweitwohnsitz wäre in Wohngebieten planungsrechtlich zulässig, ganz unabhängig davon, wie oft sich der Eigentümer oder Dauernutzer dort aufhält, würde aber aller Voraussicht nach aufgrund des Genehmigungsvorbehalts untersagt und daneben noch als Ordnungswidrigkeit sanktioniert werden. Die Umsetzung des Entwurfs würde somit zu sich widersprechenden bauplanungsrechtlichen Ergebnissen führen.

VIII.

47. Zweifelsohne ist die Initiative, der gewerblichen Vermietung von Ferienhäusern und Ferienwohnungen einen festen rechtlichen Rahmen zu geben, äußerst begrüßenswert. Bei der Vermietung von Ferienwohnungen und Ferienhäusern handelt es sich um eine flächendeckend anzutreffende und nicht hinwegzudenkende Nutzungsform vom Dorf bis in die Großstadt. Die Zeit für Planungssicherheit ist mehr als reif.
48. Indes kann der zum Bearbeitungsschluss vorliegende Regierungsentwurf, der die Einführung eines § 13a BauNVO vorsieht, keine Zustimmung erfahren. Wie die vorliegende Arbeit aufzeigt, kann die Vermietung von Ferienwohnungen und Ferienhäusern nicht nur ohne weiteres unter den Begriff des Betriebs des Beherbergungsgewerbes subsumiert werden, sie ist vielmehr sogar geboten. Von weiten Teilen der Literatur ist dies bereits erkannt worden, gute Ansätze in der Rechtsprechung konnten sich jedoch in der Breite nicht durchsetzen.
49. Die in dem Entwurf des § 13a BauNVO enthaltene Legaldefinition des Begriffs Ferienwohnungen („Räume oder Gebäude, die einem ständig wechselnden Kreis von Gästen gegen Entgelt vorübergehend zur Unterkunft zur Verfügung gestellt werden und die zur Begründung einer eigenen Häuslichkeit geeignet und bestimmt sind“) erweist sich als unzutreffend, denn an wechselnde Gäste vermietete Ferienwohnungen dienen gerade nicht dazu, eine eigene Häuslichkeit zu begründen.
50. Das systematische Verhältnis von Betrieben des Beherbergungsgewerbes und (sonstigen) Gewerbebetrieben in der Baunutzungsverordnung stellt sich genau entgegengesetzt dar, als es in § 13a BauNVO vorgesehen ist. Die Nutzung Betrieb des Beherbergungsgewerbes ist die gegenüber dem (sonstigen) Gewerbebetrieb speziellere Nutzung. Es ist daher bereits systematisch äußerst schwierig, wenn „in den übrigen Fällen“, also wenn Satz 1 nicht vorgeht, die Nutzung als Betrieb des Beherbergungsgewerbes gelten soll, vor allem bleiben die An-

wendungsfälle des Satzes 2 unklar. Das Abstellen in Satz 2 auf eine bauliche Unterordnung gegenüber der Hauptnutzung ist nicht zielführend.

51. Stimmige Ergebnisse ließen sich schon dadurch erzielen, dass in die §§ 3 bis 7 BauNVO jeweils hinter den Begriff „Betrieb des Beherbergungsgewerbes“ eingefügt wird „einschließlich Ferienhäuser und Ferienwohnungen“. Die Regelungen des §§ 10, 11 BauNVO blieben davon ohnehin unberührt. Die Möglichkeiten der Feinsteuerung für Betriebe des Beherbergungsgewerbes sind auch für die Vermietung von Ferienwohnungen und Ferienhäuser angezeigt. Einer eigenen Definition der Begriffe „Ferienhäuser und Ferienwohnungen“ bedarf es nicht; ausreichend ist eine Klarstellung in der Begründung. Für reine Wohngebiete sollte in der Begründung darauf hingewiesen werden, dass sich im reinen Wohngebiet die Maßstäbe zur Zulässigkeit von Ferienhäusern und Ferienwohnungen an denen der kleinen Betriebe des Beherbergungsgewerbes orientieren sollen. Auf die im Entwurf des Landes Mecklenburg-Vorpommern enthaltene Beschränkung auf „kleine Ferienwohnungen“ bzw. „kleine Ferienhäuser“ sollte verzichtet werden, da sie den Anschein erweckt, es käme auf die Größe der Räume an. Entscheidend sind jedoch die städtebaulichen Auswirkungen, die nicht absolut bestimmbar sind, sondern sich erst aus einem Vergleich der Auswirkungen im konkreten Gebiet ergeben können.

52. Alternativ könnte in Anlehnung an den Entwurf des Bundeslandes Mecklenburg-Vorpommern in den Baugebieten der §§ 3 bis 7 BauNVO jeweils ein eigener Zulässigkeitstatbestand eingeführt werden „Ferienhäuser und Ferienwohnungen“, mit dem jeweils parallel zur Zulässigkeit der Betriebe des Beherbergungsgewerbes die generelle oder ausnahmsweise Zulässigkeit bestimmt wird. Aufgabe der Baunutzungsverordnung ist, die von den verschiedenen Nutzungsformen ausgehenden Störungen der Art der baulichen Nutzung nach so abzugrenzen bzw. nebeneinander zuzulassen, dass unzumutbare Nutzungskonflikte vermieden werden. Von der Vermietung von Ferienhäusern und Ferienwohnungen gehen solche Störungen insbesondere auf die Wohnnutzung aus, die entweder mit denen eines (kleinen) Betriebs des Beherbergungsgewerbes vergleichbar sind oder sogar eher geringer sind. Selbst wenn man die Nutzung von Ferienwohnungen und Ferienhäusern durch ständig wechselnde Gäste nicht als Betrieb des Beherbergungsgewerbes einordnen möchte, so ist die Gleichbehandlung der Nutzungsformen jedenfalls im Ergebnis unbedingt geboten.

53. § 13a BauNVO ist nicht auf bereits vor seinem Inkrafttreten erlassene Bebauungspläne anwendbar. Eine konstitutive Neuregelung kann in jedem Fall nur für diejenigen Bebauungspläne gelten, die auf Grundlage der Neuregelung erlassen werden. Vorherigen Planungsentscheidungen von Gemeinden kann über eine erst nach Erlass des Bebauungsplanes erfolgte Änderung der Baunutzungsverordnung rückwirkend kein neuer Inhalt „untergeschoben“ werden. Dies gilt auch bei einer wie hier intendierten lediglich klarstellenden Regelung. Erfasst man die Vermietung von Ferienwohnungen und Ferienhäusern hingegen als „Betrieb des Beherbergungsgewerbes“ im Wege der Auslegung, so stellt sich das Problem schon nicht.

L. Literaturverzeichnis

Battis, Ulrich: Öffentliches Baurecht und Raumordnungsrecht, 6. Auflage, Stuttgart 2014

Battis, Ulrich / Krautzberger, Michael / Löhr, Rolf-Peter [Begr.]: Baugesetzbuch, 13. Auflage, München 2016

Bengelsdorf, Torsten: Ferienwohnungen werden Stressfaktor, online verfügbar unter: http://www.nordkurier.de/mecklenburgische-schweiz/ferienwohnungen-werden-stressfaktor-259976309.html (zuletzt besucht am 13.03.2017)

Beuermann, Rudolf: Einzelzimmervermietung keine Zweckentfremdung? Grundeigentum 2016, 578–579

Bielenberg, Walter: Planungsrecht und Wohnungseigentumsgesetz – Zur Problematik in Kur- und Erholungsgemeinden, ZfBR 1982, 7–13

Bielenberg, Walter: Ferienwohnungen und Windenergieanlagen im Außenbereich – zugleich ein Beitrag zu den baurechtlichen Auswirkungen des Strukturwandels in der Landwirtschaft – Teil I Problemübersicht, ZfBR 1989, 49–52

Bienek, Heinz G.: Die Novelle des Baugesetzbuches 2013 im allgemeinen Städtebaurecht, SächsVBl. 2013, 288–298

Blümmel, Dieter: „Schlüsselbranche Berlin-Tourismus": Rechtssichere Vermietung von Ferienwohnungen, Grundeigentum 2012, 310–312

Boeddinghaus, Gerhard: Baunutzungsverordnung, 5. Auflage, München 2005

Bönker, Christian / Bischopink, Olaf [Hrsg.]: Baunutzungsverordnung, Baden-Baden 2014

Borges, Georg: Gibt es faktische Sondergebiete? – Zur Anwendbarkeit des § 11 BauNVO im Rahmen des § 34 II BauGB, DVBl. 1998, 626–629

Bracher, Christian-Dietrich / Reidt, Olaf / Schiller, Gernot [Hrsg.]: Bauplanungsrecht, 8. Auflage, Köln 2014

Breuer, Rüdiger: Struktursicherung in Kur- und Erholungsgemeinden, NVwZ 1985, 635–639

Brohm, Winfried: Öffentliches Baurecht, 3. Auflage, München 2002

Brückner, Carsten: Anzeige einer Nutzung von Räumen als Ferienwohnung, Grundeigentum 2014, 713–715

Brügelmann, Hermann [Begr.]: Baugesetzbuch, Loseblattsammlung, 100. Ergänzungslieferung, Stuttgart Stand: November 2016

Bueb, Simone: Rechtsprobleme bei Privatvermietung von Wohnungen an Touristen, ZWE 2016, 207–212

Bundesinstitut für Bau-, Stadt- und Raumforschung im Bundesamt für Bauwesen und Raumordnung (BBSR) [Hrsg.]: Planspiel zur Städtebaurechtsnovelle 2016/2017, Berlin 2017

Cholewa, Werner [Begr.] / Dyong, Hartmut / von der Heide, Hans-Jürgen [Begr.] / Arenz, Willi: Raumordnung in Bund und Ländern, Loseblattsammlung, 13. Ergänzungslieferung, Stuttgart Stand: September 2016

Decker, Andreas: Bauen im Außenbereich – Der neue Begünstigungstatbestand des § 35 Abs. 4 Satz 2 BauGB, KommunalP spezial 2013, 155–160

Deutscher Tourismusverband e. V. [Hrsg.]: Zahlen – Daten – Fakten, Bonn 2016

Deutscher, Jörg: Milieuschutz, Vorkaufsrecht, Umwandlungs- und Zweckentfremdungsverbote in Berlin – Investoren unerwünscht?, Grundeigentum 2013, 308–312

Dirnberger, Franz: Die BauGB/BauNVO-Novelle 2013 – Auswirkungen auf die notarielle Praxis, DNotZ 2014, 424–434

Drasdo, Michael: Das Boarding-House-System, NJW-Spezial 2007, 561–563

Dürr, Hansjochen: Aktuelle Rechtsfragen des öffentlichen Baurechts – Die Rechtsprechung des Bundesverwaltungsgerichts und der Oberverwaltungsgerichte in den Jahren 1995 und 1996 –, DÖV 1997, 845–855

Dyroff, Axel: Bauplanungsrecht: Was ist eine Ferienwohnung?, ZMR 2014, 936

Dyroff, Axel: Öff.-recht. Wohnnutzung: Wann wird aus der Vermietung von „Ferienwohnungen" ein Beherbergungsbetrieb?, Info M 2012, 136

Dyroff, Axel: Zweckentfremdungsverbot: Wie lange gilt der Bestandsschutz für Ferienwohnungen wirklich?, Grundeigentum 2015, 232–233

Emmer, Marcus: Baulast „Hotelnutzung" setzt sich am Wohnungseigentum fort!, Ibr-online 2012, 420

Erbguth, Wilfried / Schubert, Mathias: Gesamtplanerische Steuerung von Bauvorhaben auf dem Wasser – am Beispiel schwimmender Ferien- und Wochenendhäuser in Küsten- und Binnengewässern –, UPR 2006, 51–56

Erbguth, Wilfried / Schubert, Mathias: Öffentliches Baurecht, 6. Auflage, Berlin 2015

Ernst, Werner / Zinkahn, Willy / Bielenberg, Walter / Krautzberger, Michael [Hrsg.]: Baugesetzbuch, Loseblattsammlung, 123. Ergänzungslieferung, München Stand: Oktober 2016

Ewer, Wolfgang: Wohnen – ein vielschichtiger Begriff im Planungsrecht, in: Umwelt und Planung, Anwalt im Dienst von Rechtsstaat und Demokratie, Festschrift für Dieter Dolde zum 70. Geburtstag, München 419–431

Eyermann, Erich [Begr.]: Verwaltungsgerichtsordnung, 14. Auflage, München 2014

Ferner, Hilmar / Kröninger, Holger [Hrsg.]: Handkommentar zum Baugesetzbuch mit Baunutzungsverordnung, 3. Auflage, Baden-Baden 2013

Fickert, Hans Carl / Fieseler, Herbert [Begr.]: Baunutzungsverordnung, 12. Auflage, Stuttgart 2014

Finkelnburg, Klaus: Die Änderungen des Baugesetzbuchs durch das Europarechtsanpassungsgesetz Bau, NVwZ 2004, 897–903

Fock, Alexandra: Zweckentfremdungsverbotsregelungen zwischen Mieterschutz und Städtebaurecht am Beispiel Berlins, LKV 2003, 495–500

Fraatz-Rosenfeld, Thomas / Kahrmann, Jens: Die Verortung von Ferienwohnungen in der BauNVO, VR 2014, 37–39

Franke, Holger: Die baurechtliche Zulässigkeit von Ferienwohnungen in reinen und allgemeinen Wohngebieten – Zur aktuellen Situation im Landkreis Rostock –, DVP 2015, 186–188

Frind, Frank: Bruchteilsgemeinschaft statt Wohnungseigentümergemeinschaft – Keine Umgehung von § 22 BauGB, aber insolvenzgefährdet?, ZMR 2001, 429–431

Fugmann-Heesing, Annette: Der bauplanungsrechtliche Begriff des Wohngebäudes – ein Abwehrmittel gegen „unliebsame Nachbarn"?, DÖV 1996, 322–326

Gatz, Stephan: Ausübung des allgemeinen Vorkaufsrechts (§ 24 Abs. 3 BauGB), jurisPR-BVerwG 7/2010 Anm. 5

Gatz, Stephan: Dauerhaftes Wohnen in einem Sondergebiet „Wochenendhausgebiet", JurisPR-BVerwG 22/2013, Anm. 6

Gatz, Stephan: Rechtsfragen der Windenergienutzung, DVBl. 2009, 737–748

Gelzer, Konrad: Die baurechtlichen Probleme bei der Strukturveränderung des Außenbereiches und bei der Aufgabe von Betrieben der Landwirtschaft, BauR 1970, 207–219

Graupeter, Uwe: Demografischer Wandel, Gemeindeneugliederung und Bauplanungsrecht, ZfBR 2010, 742–751

Greiving, Stefan: Die Satzung zur Sicherung von Gebieten mit Fremdenverkehrsfunktion gemäß § 22 BauGB und ihre gemeindliche Anwendungspraxis, DVBl. 2001, 336–345

Gronemeyer, Steffen [Hrsg.]: Baugesetzbuch, Wiesbaden und Berlin 1999

Große-Suchsdorf, Ulrich [Hrsg.]: Niedersächsische Bauordnung, 9. Auflage, München 2013

Grziwotz, Herbert: Nutzungsbeschränkung in Sondergebieten, ZfIR 2015, 61–62

Guldi, Harald: Die angemessene Erweiterung eines Gewerbebetriebs im Außenbereich, NVwZ 1996, 849–852

Haaß, Bernhard: Faktische Sondergebiete nach § 10 BauNVO, NJW-Spezial 2007, 508–509

Hagebölling, Clemens: Das Gesetz zur Stärkung der Innenentwicklung in den Städten und Gemeinden und weiteren Fortentwicklung des Städtebaurechts – Eine erneute BauGB-Novelle tritt in Kraft –, NuR 2013, 99–105

Hermanns, Casper David / Hönig, Dietmar: Das „Boardinghouse" – Wohnnutzung im Sinne des Bauplanungsrechts, BauR 2001, 1523–1530

Hiltl, Christoph / Gerold, Roland: Probleme des § 22 BauGB, insbesondere der sog. „Fremdenverkehrs-Dienstbarkeit", BayVBl. 1993, 385–392

Hinrichs, Frank: Ferienwohnungen und Zweckentfremdung – Hamburgs neue Fachanweisung zum Wohnraumschutzgesetz, NZM 2014, 545–548

Hinrichs, Frank: Hamburgs neue Instrumente gegen die rechtswidrige Nutzung von Wohnraum als Ferienwohnung, NZM 2013, 782–785

Hoefer, Bernd: Das Jugendherbergswesen – Eine Darstellung aus rechtswissenschaftlicher Sicht –, Stuttgart u. a. 2009

Hoffmann, Jürgen: Auf der Insel Sylt werden die Wohnungen knapp, online verfügbar unter: http://www.welt.de/finanzen/article5562914/Auf-der-Insel-Sylt-werden-die-Wohnungen-knapp.html (zuletzt besucht am 13.03.2017)

Hoppe, Werner: Die angemessene bauliche Erweiterung eines gewerblichen Betriebs im Außenbereich als Privilegierungstatbestand (§ 35 Abs. 4 Satz 1 Nr. 6 BauGB), DVBl. 1990, 1009–1017

Hoppenberg, Michael / de Witt, Siegfried [Hrsg.]: Handbuch des öffentlichen Baurechts, Loseblattsammlung, 44. Ergänzungslieferung, München Stand: Februar 2016

Ingold, Albert: Die „Sharing Economy“ der kurzzeitigen Unterkunftsvermietung als Herausforderung für das Gewerbe-, Bau- und Ordnungsrecht, DÖV 2016, 595–603

Jäde, Henning / Dirnberger, Franz / Weiß, Josef [Hrsg.]: Baugesetzbuch, Baunutzungsverordnung, 7. Auflage, Stuttgart u. a. 2013

Jäde, Henning / Dirnberger, Franz / Weiß, Josef [Hrsg.]: Baugesetzbuch, Baunutzungsverordnung, 8. Auflage, Stuttgart u. a. 2017

Jarass, Hans D. / Kment, Martin: Baugesetzbuch, München 2013

Kamp, Martin: Neue Richtlinie VDI 3894 ersetzt Richtlinienreihe VDI 3471, AuR 2013, 294–300

Knaup, Hans [Begr.] / Stange, Gustav-Adolf: Baunutzungsverordnung, 8. Auflage, Düsseldorf 1997

Koch, Hans-Joachim / Hendler, Reinhard [Hrsg.]: Baurecht, Raumordnungs- und Landesplanungsrecht, 6. Auflage, Stuttgart u. a. 2015

König, Helmut / Roeser, Thomas / Stock, Jürgen [Hrsg.]: Baunutzungsverordnung, 3. Auflage, München 2014

Konrad, Christian: Das sog. „zweite Standbein“ der Landwirtschaft aus bauplanungsrechtlicher Sicht – Probleme der baurechtlichen Praxis mit dem Strukturwandel der Landwirtschaft im Außenbereich –, BayVBl. 1998, 233–237

Kopp, Ferdinand / Schenke, Wolf-Rüdiger [Hrsg.]: Verwaltungsgerichtsordnung, 22. Auflage, München 2016

Körner, Raimund / Vaagt, Gero: Die Vermietung von Ferienwohnungen in Berlin als Zweckentfremdung von Wohnraum, Berliner Anwaltsblatt 2014, 181–187

Krautzberger, Michael / Söfker, Wilhelm: Baugesetzbuch mit BauNVO, 8. Auflage, München 2007

Krebs, Georg Waldemar: Zulässigkeit der Nutzung von Eigentumswohnungen zu „boarding-house"-Zwecken, jurisPR-MietR 17/2006 Anm. 5

Kristic, Thomas: Die Fremdenverkehrsdienstbarkeit in der notariellen Praxis – zugleich ein Beitrag zur Dienstbarkeitsdogmatik –, MittBayNot 2003, 263–267

Kummetz, Daniel: Wohnungsnot gefährdet Sylt, online verfügbar unter http://www.taz.de/!5079527/ (zuletzt besucht am 13.03.2017)

Lau, Ulrich: Vorprogrammierte Nutzungsänderung durch neue Formen der Landwirtschaft?, BauR 1986, 1–6

Leder, Walter / Scholtissek, Friedrich Karl: Baunutzungsverordnung, 5. Auflage, Köln u. a. 1992

Lippert, André / Kindler, Lars: Boardinghouses, Serviced Apartments – moderne Wohn- und Beherbergungsformen im Lichte des Baurechts, ZfBR 2016, 219–224

Maurer, Hartmut: Allgemeines Verwaltungsrecht, 18. Auflage, München 2011

Muckel, Stefan / Ogorek, Markus: Öffentliches Baurecht, 2. Auflage, München 2014

Nettesheim, Wolfgang: Versagung der Genehmigung der Gemeinden für die Begründung von Wohnungseigentum in sog. Fremdenverkehrsgemeinden – Anmerkung zu BVerwG, Urteil vom 27.09.1995 - 4 C 28.94, BB 1996, 1134–1137

Nettesheim, Wolfgang: Anmerkung zum Urteil des VG Augsburg vom 26.10.2005 – Au 4 K 05.791, BayVBl. 2006, 508

Nicolai von, Helmuth: Ferienwohnungen im unvermeidbaren Konflikt zum Dauerwohnen? – Analyse und machbare Lösungsansätze, NordÖR 2015, 361–367

Nies, Volkmar: Die bauplanungsrechtliche Zulässigkeit von landwirtschaftsfremden Betriebsteilen im Außenbereich, AgrarR 1986, 307–310

Ohne Autor: Berlins Zweckentfremdungsgesetz verfassungswidrig, Grundeigentum 2015, 371

Ohne Autor: Woher die Sylt-Pendler kommen, online verfügbar unter: http://www.shz.de/lokales/sylter-rundschau/woher-die-sylt-pendler-kommen-id10229.html (zuletzt besucht am 13.03.2017)

Ohne Autor: Touristen verderben die Preise – Sylt stirbt aus, online verfügbar unter: http://www.welt.de/regionales/hamburg/article13482329/Touristen-verderben-die-Preise-Sylt-stirbt-aus.html (zuletzt besucht am 13.03.2017)

Pernice-Warnke, Silvia: Ferienwohnungen in Wohngebieten, NVwZ 2015, 112–116

Pfeffer, Gerd: Ferienwohnungen im Wohngebiet – Ende oder Wende?, NVwZ 2016, 729–735

Pfeffer, Gerd: Naht das Ende der Ferienwohnung?, VBlBW 2015, 503–506

Portz, Norbert: Besser steuern, was wohin gebaut wird, Städte- und Gemeinderat 2013, 6–8

Prahl, Albert: Wohnungsrechte auf nordfriesischen Inseln und anderswo – Die „§ 1010-Regelung“ v. § 22 BauGB, RPfleger 2008, 411–414

Redeker, Helmut: Nutzung einer Wohnung als Ferienwohnung ist Nutzungsänderung!, IMR 2016, 346

Redeker, Konrad [Begr.] / von Oertzen, Hans-Joachim: Verwaltungsgerichtsordnung, 16. Auflage, Stuttgart 2014

Reichel, Hans [Hrsg.] / Schulte, Bernhard: Handbuch Bauordnungsrecht, München 2004

Reidt, Olaf / von Landwüst, Stefanie: Die bauplanungsrechtliche Behandlung von Ferienwohnungen, UPR 2015, 12–16

Reidt, Olaf / von Landwüst, Stefanie: Allgemein oder hoteltypisch? Bauplanungsrechtliche Einordnung von Ferienwohnungen nicht eindeutig geregelt, Die Gemeinde 2015, 7–9

Rixner, Florian / Biedermann, Robert / Steger, Sabine [Hrsg.]: Systematischer Praxiskommentar BauGB/BauNVO, 2. Auflage, Köln 2014

Roesch, Hans Eberhard: Anmerkung zum Beschluß des Bundesverwaltungsgerichts vom 7. September 1984 – BVerwG 4 N 3.84 -, ZfBR 1985, 46–48

Roesch, Hans Eberhard: Ferienwohnungen und Windenergieanlagen im Außenbereich nach dem Städtebaurecht – Teil III: Einzelfragen, ZfBR 1989, 187–193

Sauthoff, Michael: Neuere Rechtsprechung des OVG Mecklenburg-Vorpommern zum Bauplanungsrecht, LKV 2007, 344–348

Schlichter, Otto [Hrsg.] / Stich, Rudolf / Driehaus, Hans-Jürgen: Berliner Kommentar zum BauGB, Loseblattsammlung, 35. Ergänzungslieferung, Köln Stand: Januar 2017

Schmidt-Eichstaedt, Gerd: Zulässigkeit von Ferienwohnungen und Ferienhäusern in den regulären Baugebieten nach den §§ 4 bis 9 BauNVO, ZfBR 2016, 225–230

Schmidt-Eichstaedt, Gerd / Weyrauch, Bernhard / Zemke, Reinhold: Städtebaurecht, 5. Auflage, Stuttgart 2014

Schoch, Friedrich / Schneider, Jens-Peter / Bier, Wolfgang: Verwaltungsgerichtsordnung, Loseblattsammlung, 31. Ergänzungslieferung, München Stand: Juni 2016

Riedel, Ernst / Volmer, Michael / Wilsch, Harald: Handbuch der Rechtspraxis, Band 4, Grundbuchrecht, 15. Auflage, München 2012

Schreiber, Christoph [Hrsg.]: Handbuch Immobilienrecht, 3. Auflage, Berlin 2011

Schröder, Meinhard: Bau- und Ordnungsrechtliche Fragen der kurzzeitigen Wohnraumvermietung über Internetportale im Rahmen der Sharing Economy, GewArch 2015, 392–398

Schrödter, Wolfgang [Begr.]: Baugesetzbuch, 8. Auflage, Baden-Baden 2015

Schrödter, Wolfgang [Begr.]: Baugesetzbuch, 7. Auflage, München 2006

Schröer, Thomas / Kümmel, Dennis: Aktuelles zum öffentlichen Baurecht, NVwZ 2016, 1452–1456

Schröer, Thomas / Kullick, Christian: Gewerbliche Untervermietung als „Zweckentfremdung" von Wohnraum, NZBau 2013, 624–626

Schultz, Michael: Das neue Berliner Zweckentfremdungsverbot-Gesetz, Grundeigentum 2014, 96–102

Schwier, Volker: Handbuch der Bebauungsplan-Festsetzungen, München 2002

Sodan, Helge: Verfassungs- und andere Rechtsprobleme von Berliner Regelungen über das Verbot der Zweckentfremdung von Wohnraum, Berlin 2015

Sodan, Helge / Ziekow, Jan [Hrsg.]: Verwaltungsgerichtsordnung, 4. Auflage, Baden-Baden 2014

Söfker, Wilhelm: Ferienwohnungen und Windkraftanlagen im Außenbereich nach dem Städtebaurecht – Teil II: Einzelfragen, ZfBR 1989, 91–95

Spannowsky, Willy / Uechtritz, Michael [Hrsg.]: Baugesetzbuch, 2. Auflage, München 2014

Stüer, Bernhard: Handbuch des Bau- und Fachplanungsrechts, 5. Auflage, München 2015

Stüer, Bernhard: Städtebaurechtsnovelle 2012 – Gesetz zur Stärkung der Innenentwicklung und zur weiteren Fortentwicklung des Städtebaurechts –, DVBl. 2012, 1017–1027

Terwiesche, Michael: Die Wirkung städtebaulicher Konzepte auf die Zulässigkeit von Bauvorhaben, NVwZ 2010, 553–556

Thies, Jesco-Alexander: Wohngemeinschaft ausländischer Arbeitnehmer im Allgemeinen Wohngebiet – Anmerkung zu OVG Lüneburg, Beschluss vom 18.09.2015 - 1 ME 126/15, jurisPR-UmwR 11/2015 Anm. 4

Uechtritz, Michael: Die Bedeutung informeller Planungen für Bauleitplanung und für Genehmigungsentscheidungen, ZfBR 2010, 646–653

Weidemann, Holger: Das gesetzliche Vorkaufsrecht der Gemeinde – Ein unterschätztes Steuerungsinstrument?, DVP 2015, 456–460

Wenderoth, Lukas Andreas: Berliner Zweckentfremdungsverbot: Wann liegt geschützter Wohnraum vor? – Noch immer besteht Unsicherheit über betroffene Räumlichkeiten, Grundeigentum 2014, 1628–1632

Wenderoth, Lukas Andreas: Keine Chance für Ferienwohnungen – Verwaltungsgericht bestätigt Zweckentfremdungsverbot-Gesetz, Grundeigentum 2016, 748–750

Wenderoth, Lukas Andreas: Gelegentliche Vermietung der eigenen Wohnung an Feriengäste ist keine Zweckentfremdung, Grundeigentum 2015, 432–433

Wenderoth, Lukas Andreas: Zweckentfremdungsverbot bestätigt – Erhebliche Zweifel an der Begründung des Verwaltungsgerichts, Grundeigentum 2016, 953–959

Weyreuther, Felix: Bauen im Außenbereich, Köln u. a. 1979

Wüsthof, Lucas: (Unter-)Vermietung an Touristen – zugleich eine Anmerkung zu BGH, Urteil vom 8.1.2014, III ZR 210/13, ZMR 2014, 421–426

Ziegler, Wolfgang: Bauplanungsrechtliche Abgrenzungsprobleme beim Begriff der Landwirtschaft und bei den im Außenbereich privilegierten Vorhaben landwirtschaftlicher Betriebe, DVBl. 1986, 451–456

Ziegler, Wolfgang: „Ferien auf dem Bauernhof" im Außenbereich nach § 35 BauGB, AuR 2005, 290–293